D1719255

Harald Burger
Das Gespräch in den Massenmedien

Harald Burger

Das Gespräch in den Massenmedien

Walter de Gruyter · Berlin · New York
1991

∞ Gedruckt auf säurefreiem Papier,
das die US-ANSI-Norm über Haltbarkeit erfüllt.

CIP-Titelaufnahme der Deutschen Bibliothek

Burger, Harald:
Das Gespräch in den Massenmedien / Harald Burger. – Berlin ;
New York : de Gruyter, 1991
ISBN 3-11-012215-4

Printed in Germany
Satz und Druck: Arthur Collignon GmbH, Berlin
Buchbinderische Verarbeitung: Lüderitz & Bauer GmbH, Berlin

Für Kristian

Inhalt

1. Einführung

Mediengespräche sind nicht einfach Gespräche im Medium, Gespräche also, die durch das Medium bloß transportiert würden. Sie haben ihre eigenen Rahmenbedingungen, Spielregeln, Funktionen, durch die sie sich von sogenannt *alltäglichen* Gesprächen abheben. Kurz und pauschal gesagt: sie haben eine eigene Art von *Wirklichkeit*, die zusammenfassend im letzten Kapitel beschrieben werden soll. Wir wissen aus der neueren linguistischen Forschung, daß *Alltagsgespräche* keine homogene Größe sind, daß Gespräche beim Arzt, Beratungsgespräche, Prüfungsgespräche, Familiengespräche usw. jeweils sehr verschiedenen Spielregeln gehorchen. Dennoch sind ihnen Grundvoraussetzungen gemeinsam, die sie von Gesprächen in den Medien abheben. Ebensowenig gibt es „das" Mediengespräch. Gespräche im Radio unterliegen anderen Bedingungen als Gespräche im Fernsehen, ganz zu schweigen von in die Schriftlichkeit transponierten Gesprächen, wie sie in der Presse anzutreffen sind. Und ein Dialog im Rahmen einer Nachrichtensendung ist etwas ganz anderes als eine Talkshow. Dennoch meine ich, daß Mediengespräche – im Kontrast zu Alltagsgesprächen – durchgehende Züge einer spezifischen Wirklichkeit aufweisen, wodurch sie als – relativ – stabile Größe faßbar werden. Ziel dieses Buches ist es, das Einheitliche sichtbar zu machen und der Vielfalt der Gesprächsformen auf dem Hintergrund dieser Einheit nachzugehen.

In der linguistischen und kommunikationswissenschaftlichen Literatur ist das Spezifische des Mediengesprächs natürlich nicht unbeachtet geblieben. Unter Titeln wie *Inszeniertheit*[1] oder *zum*

---

1 Z. B. Bayer 1975, Holly/Kühn/Püschel 1986.

Fenster hinaus reden[2] sind an einzelnen Sendungstypen auffällige Merkmale dieser Gesprächswirklichkeit hervorgehoben worden. Doch scheint es mir zum jetzigen Zeitpunkt einerseits wichtig, die Einzelbeobachtungen einmal zusammenzusehen und Mediengespräche aller Art auf diese Gesichtspunkte hin zu befragen, andererseits auch globale Behauptungen, wie sie sich in Fachliteratur und Medienkritik finden, zu differenzieren. So ist der Begriff der *Inszeniertheit,* wie er in der Literatur verwendet wird, nur unklar abgegrenzt gegen die Inszeniertheit etwa eines Theaterstückes oder von Dialogen innerhalb von Fernsehfilmen oder auch Werbedialogen. Zudem hat er sehr unterschiedliche Aspekte, je nach dem Bereich von Sendungen, die man berücksichtigt.

In medienpädagogischen und kulturkritischen Zusammenhängen ist die Rede davon, daß die Medien, insbesondere das Fernsehen, ein „verzerrtes", u. U. sogar falsches Bild der Wirklichkeit vermitteln. „So sind in der Fernsehfiktion – um nur einige wenige Beispiele zu nennen – Frauen, ältere Leute, Arbeiter, Arbeitslose deutlich unterrepräsentiert; Männer, Ärzte, Rechtsanwälte kommen überdurchschnittlich häufig vor; bestimmte Minderheiten erscheinen fast gar nicht im Fernsehen; Gewaltkriminalität spielt auf dem Bildschirm eine bei weitem größere Rolle als in der Realität – kurz, wann und wo immer wir die beiden Welten messend miteinander vergleichen können, kommen wir zu dem Ergebnis: Die Fernsehrealität ist eine Welt für sich, eine Welt, in der die Akzente der Betrachtung und damit auch der Gewichtung deutlich anders gesetzt sind als in der objektiven Realität." (Maletzke 1988, 57) Das ist ein Gesamtbild, das sich aus zahlreichen inhaltsanalytischen Studien ergibt. Ich werde auf solche Befunde zurückgreifen, wo es sich anbietet, aber mein Ziel ist es nicht, die Welt der Medien inhaltlich mit der „Realität" zu vergleichen. Was herausgearbeitet werden soll, könnte man die *kommunikative Wirklichkeit* des Mediengespächs nennen – mit ihren situativen Bedingungen, ihren Normen und Spielregeln, ihren mächtigen und ihren schwachen Aktanten.

---

2 Z. B. Dieckmann 1985, 54 ff.

In der Massenkommunikationsforschung stellt die Frage nach der *Wirkung* der Medienereignisse auf den Rezipienten ein traditionelles und viel erforschtes Gebiet dar. Heute ist man allgemein von monokausalen und linearen Ursache-Wirkungs-Modellen abgekommen, auch von der Vorstellung, der Rezipient sei den Medien hilflos ausgeliefert. Statt dessen sieht man ein komplexes Geflecht von medienseitigen und rezipientenseitigen Faktoren, die ineinandergreifen und die die Prognose von Wirkungen erschweren wenn nicht überhaupt verunmöglichen. In diesem Sinne wehrt sich Maletzke auch vehement gegen vorschnelle Adaptation der inhaltsanalytischen Befunde in der Wirkungsforschung. Als Beispiel kritisiert er die Untersuchungen von G. Gerbner in Philadelphia: Gerbner erhob inhaltsanalytisch den Befund, daß die im Fernsehen (der USA) gezeigte Welt „schlimm, böse, gefährlich" ist. „Auf der anderen Seite untersuchte er, wie die Fernsehzuschauer die reale Welt sehen, welche Vorstellungen sie von der „wirklichen Welt" haben. Dabei verglich er die Vielseher mit jenen Zuschauern, die normal oder nur wenig fernsehen. Die Daten entsprachen den Erwartungen: Vielseher haben ein deutlich schlechteres Bild von der Welt als Normal- und Wenigseher." (Maletzke ebd., 59). Die Anlage dieser Untersuchungen läßt keinen Schluß auf Ursache-Wirkungszusammenhänge zu, da es sich „um Korrelationen [handelt], die sich durchaus auch anders interpretieren lassen. Nicht: Die Menschen haben ein schlechtes Vorstellungsbild von der Welt, weil sie so viel fernsehen; sondern: Menschen, die die Welt schlimm finden, neigen (aus Gründen, die genauer zu untersuchen wären) dazu, besonders viel fernzusehen." (ebd.) Hinzu kommen naheliegende soziologische Deutungsmöglichkeiten: Die Vielseher gehören vorwiegend den unteren Sozialschichten an, wohnen in Stadtteilen, „in denen das Leben schlechter und unsicherer ist, so daß die Vielseher möglicherweise ihr negatives Weltbild gar nicht vom Fernsehen beziehen, sondern aus ihrer realen Alltagserfahrung." (ebd.)

Wenn schon im Bereich der Inhalte der Schluß vom Medienereignis auf die Wirkung beim Rezipienten nur mit größter Vorsicht möglich ist, so erst recht im Bereich der Kommunikationsformen. Die Spielregeln, nach denen sich Mediengespräche vollziehen, lie-

gen nicht so an der Oberfläche wie die Inhalte von Sendungen. Sie
sind vielfach latent, werden nur gelegentlich thematisiert und metakommunikativ ans Licht gehoben, d. h. sie werden i.allg. auch
nicht bewußt wahrgenommen. Ob und wie sie sich allenfalls auf
den Rezipienten auswirken, ist darum schwer zu beurteilen, und
größere empirische Arbeiten dazu gibt es meines Wissens nicht.
Immerhin findet man Indizien dafür, daß solche Wirkungen vorhanden sind. Ein Beispiel aus der deutschen Schweiz (ein weiteres
Beispiel s. u. S. 357 f.):

Deutschschweizer Kinder kommen bis zum Ende der Kindergar-
tenzeit in der Familie und auch bei ihren sonstigen Aktivitäten
kaum je mit Hochdeutsch in Berührung – außer über das Fernsehen. Nun kann man leicht feststellen, daß fünf- bis sechsjährige
Kinder beim Spielen ganze hochdeutsche Passagen in der Art von
Fernsehdialogen produzieren und daß sie schon über eine erstaunlich gute passive Kompetenz des Hochdeutschen verfügen, bevor
sie in die Schule kommen. Dafür kann kaum ein anderer Grund
namhaft gemacht werden als der Fernsehkonsum. (Man weiß aus
Umfragen, daß die Kinder im Vorschulalter mit Vorliebe deutsche
und österreichische Programme anschauen, während der Radio-
konsum sich vorwiegend auf die einheimischen, fast gänzlich mundartlichen Programme konzentriert.) Hier haben wir also einmal
einen Fall, wo so etwas wie ein monokausaler Zusammenhang
angenommen werden kann. Der Normalfall ist das aber sicher
nicht. Die Wirklichkeit des Mediengesprächs wirkt nicht in dem
Sinn auf den Rezipienten, daß sie ihm ein „verzerrtes" Bild von
Gesprächsrealität suggeriert, sondern indem sie ihn – wie zu zeigen
sein wird – vereinnahmt und zu einem Teil ihrer selbst transformiert.

Eine fundamentale Gegebenheit im Bereich der Medienkommunikation ist die Unterscheidung verschiedener *Kommunikationskreise*[3]. Bei einer Talkshow mit Saalpublikum beispielsweise sprechen Moderator und Gast zunächst miteinander – das ist der
innere Kommunikationskreis. Dann sprechen sie aber auch auf das
Publikum im Saal hin, und das Publikum reagiert auf ihre Äuße-

---

3 Vgl. Burger 1984, 44 ff.

rungen – das ist ein *äußerer*, und zwar der erste äußere Kommunikationskreis. Schließlich reden die beiden und klatscht das Publikum letztlich auch im Blick auf die Übertragung am Bildschirm, und der Rezipient daheim nimmt dieses ganze Ereignis als Einheit wahr – das ist der zweite äußere Kommunikationskreis. Daß es sich hier nicht bloß um theoretische Spitzfindigkeiten handelt, sieht man, wenn die Diskrepanz der Wahrnehmung innerhalb der einzelnen Kreise einmal thematisch gemacht wird. In der „Rudi-Carrell-Show" wechseln die Realitätsebenen zwischen aufgezeichneten Szenen und Live-Show. Für die Beteiligten im Saal ist die Unterscheidung problemlos, da sie die Aufzeichnungen auf der Leinwand dargeboten bekommen. Für den Zuschauer daheim gehen diese Realitäten durch technische Überblendung gleitend ineinander über. In den aufgezeichneten Szenen führt Carrell Gespräche mit Leuten, die in der Sendung live als Imitatoren berühmter Sänger auftreten. Eine Aufzeichnung hört sich z. B. so an (2. 7. 88):

C: (...) Und es geht wieder weiter mit unseren Gesangsimitatoren. Sie kommt aus Österreich. Brigitte L. (...)
L: Hallo.
C: Wohnen Sie mitten in Innsbruck?
L: Nein ein bissel außerhalb.
C: Ja?
L: Mhm.
C: Also mitten in Tirol?
L: Mitten im Tirol, ja.
C: Können Sie auch jodeln?
L: Ja, e bisserl.
C: Jaaa?
L: Ja.
C: Können Sie mal machen?
L: (JODELT, APPLAUS)
C: Können alle Leute das da?
L: Das weiß ich net. (JEMAND IM PUBLIKUM JODELT)
C: Ah ja, im Publikum ist auch ein Tiroler, ja.

Als Zuschauer am Bildschirm hört man ein Publikum klatschen, und im Publikum – das von Carrell ausdrücklich als solches

angesprochen wird — jodelt jemand. Selbstverständlich nimmt man
zunächst an, es sei das gleiche Publikum wie im Saal bei der Live-
Show. Dem ist aber nicht so, wie der Moderator in der gleichen
Sendung erläutert:

> Meine Damen und Herren. Viele — viele Zuschauer fragen
> uns, wie wir das machen, daß wir zuerst die Leute da sehen
> in Arbeitsklamotten und am Arbeitsplatz und gehen durch
> eine Tür, hier hinten, und plötzlich stehen sie in Showklei-
> dung auf einer Showbühne. Kann ich Ihnen mal eben ver-
> raten, und zwar nachmittags machen wir die Gespräche mit
> denen, ja, in Arbeitskleidung und so, *vor Publikum*, Gene-
> ralprobe und abends wird das zugespielt und sie machen
> ihren Auftritt dann live auf der Bühne. Ich kann's Ihnen mal
> eben demonstrieren. Sogar, mal kucken, ob es überhaupt mal
> live geht, von einem zum anderen. (2. 7. 88)

Damit die entscheidende Phase des Showblocks — die Imitation
— nicht irrtümlich als Aufzeichnung aufgefaßt wird, wird der
Hinweis „live" eingeblendet. In jeder Sendung gibt Carrell ein
weiteres Stück des technischen Raffinements der Show preis, und
offensichtlich rechnet er mit einem festen Rezipientenkreis, der mit
der Zeit alle die Effekte zu durchschauen weiß. Ein Beispiel aus
einem Einleitungsmonolog der Show, wo ihm der Hinweis auf die
technischen Spezialitäten zugleich Anlaß zu allerlei Witzeleien und
Schlüpfrigkeiten gibt:

> Danke schön! Herzlich willkommen, meine Damen und Her-
> ren, hier in Berlin, in Deutschland Österreich Schweiz überall
> wo Sie uns sehen. Und haben die mich nicht wieder toll
> angezogen? Wahnsinn hm. Anzug — mit Katalysator. Mit
> Katalysator, schauen Sie mal her mit — ja jaha. Was ich so
> schade find' beim Fernsehen ist, da hat man alles, tolles
> Oberhemd eine tolle Jacke Hose Krawatte und dann stört
> das Mikro. Ja, das ist eigentlich,das sieht nicht aus, es stört,
> ja und äh, ich hab' was Neues daran, ja, ich hab' so nen
> kleinen Kontakt hier. Es ist nämlich so, daß wenn wir hier
> anfangen zu proben, wird das aufgemacht, mein Mikro, den

ganzen Tag ist das Mikro auf und man hört mich den ganzen Tag über alle Lautsprecher hier, auf der Toilette hört man mich, ja, geht ein hübsches Mädchen vorbei: Hallo Fräulein, möchten sie mal altmodisch schmusen? Ja, sagt sie, ich schick mal meine Großmutter, ja, das hört man alles hier. Ja, da haben sie was Neues gemacht, ich kann mich selbst abschalten, hier, hier mit dem Ding kann ich mich abschalten. Normalerweise schalten die Zuschauer Showmaster ab, ich bin der erste Showmaster der sich selbst abschalten kann, gucken mal her, so (APPLAUS, UNVERST.) gesehen haben, das geht hier durch mein Oberhemd, dann geht es hier durch, hier so weiter, und dann ist hier der Sender ist hier, sehen Sie, hier sehen Sie den Sender, da, da so, das ist die Antenne, das ist erst im letzten Jahr so so so nen ganz kleines Ding da. Früher war das ganz lange, die die die hingen, so, so bis unten hin hingen die in deiner Hose. Kulenkampff hat mal in einer EWG-Sendung gesagt: Nur weil bei mir in der Hose etwas hängt, kann ganz Deutschland mich verstehen.

Überhaupt ist es nicht mehr so, daß die Produzenten die Vorstellung von einem ahnungslosen, vor den Wundern der Technik fassungslosen Rezipienten konservieren würden. Im Gegenteil, man gibt sich offen und gewährt dem Rezipienten Einblick in die „Werkstatt".

Natürlich ist niemand auf eine vollständige Desillusionierung des Zuschauers aus, die Entmythologisierung der Technik findet nur punktuell statt. Für den Rezipienten heißt das: er kann nie ganz sicher sein, ob er wirklich durchschaut, was sich gerade ereignet. Die Grenze zwischen Sein und Schein bleibt letztlich unbestimmbar.

Der zunächst nur formale Tatbestand der *Mehrfachadressiertheit*, die Tatsache nämlich, daß sich die Teilnehmer von Mediendialogen gleichzeitig an Adressaten in verschiedenen Kommunikationskreisen wenden, wirkt sich qualitativ auf Charakter und Verlauf von Gesprächen aus. Diese qualitativen Aspekte der Medienkommunikation gilt es am Material sichtbar zu machen und in den verschiedenen Gesprächsformen auszudifferenzieren.

Ich schreibe dieses Buch als Linguist, aus der Perspektive des
Linguisten, aber es ist nicht meine Absicht, diskursanalytische
Verfahren an Sprachmaterial der Medien zu erproben. Vielmehr
soll die spezifische Wirklichkeit des Gesprächs in den Medien mit
Hilfe linguistischer und kommunikationstheoretischer Kategorien
charakterisiert werden. Das bedingt ein eklektisches Vorgehen.
Linguistische Begriffe aller Analyseebenen werden fallweise herangezogen (und Begriffe verwandter Gebiete wie der Ethnographie
der Kommunikation), um darstellen zu können, daß die Medien
ihre eigenen Normen des Miteinander-Sprechens setzen, daß sie
ihre eigenen Mythen gelungener Konversation bilden.

Es geht mir auch nicht um eine neue Typologie von dialogischen
Medien-Textsorten[4]. Für eine solche klassifikatorische Arbeit
könnte die vorliegende Studie eine Reihe von Kriterien bereitstellen.
Doch angesichts des raschen Wandels von Präsentationsformen in
den Medien und der vielen Unschärfezonen zwischen den „Sende-
gefäßen" erschiene mir dies als ein Unternehmen von sehr begrenz-
ter theoretischer und zeitlicher Gültigkeit. Die Praktiken der Medien sind ständig im Fluß. Kaum hat man sich bemüht, einen
synchronen Schnitt durch das Angebot zu legen, fällt einem Journalisten etwas Neues ein, und schon verschiebt sich das Bild.
Gleichwohl halte ich es für möglich und sinnvoll, die in einer
überblickbaren Zeitspanne vorkommenden und typischen Gesprächsformen in ihren wichtigsten differentiellen Merkmalen zu
beschreiben. Denn etwas ganz Neues gibt es auch unter der Sonne
der Medien nur sehr selten. In terminologischer Hinsicht gehe ich
dabei von der geläufigen, zugegebermaßen unscharfen und unein-
heitlichen Begrifflichkeit aus und werde die Termini dort defini-
torisch schärfen, wo es für die Zwecke dieser Arbeit nötig ist.

---

4 Vgl. dazu Franke 1989, Hess-Lüttich 1989. Ich würde mich der eher skep-
   tischen Haltung Hess-Lüttichs gegenüber einer Taxonomie von Dialogsorten anschließen. Ramseier 1988 hat für das Radio DRS eine Typologie
   aller vorkommenden Textsorten versucht, bei der aber journalistische und
   linguistische Kriterien nicht scharf getrennt sind und die nicht viel weiter
   führt als die herkömmlichen Klassifikationen.

Der Horizont meiner Studie ist begrenzt durch die Begrenztheit des untersuchten Materials: Ich mußte mich — von einigen Ausnahmen abgesehen — auf Medienereignisse des deutschsprachigen Raums beschränken. Vergleichende Analysen sind von größter Wichtigkeit, wären jedoch nur im Rahmen eines größeren Forschungsunternehmens zu leisten. Nur interkulturelle Vergleiche könnten zeigen, welche der in meiner Studie beschriebenen Charakteristika des Mediengesprächs kulturspezifisch sind und wo es sich allenfalls um universale Züge handelt.[5] Da kommunikative Wirklichkeit in der Regel ein hohes Maß an kultureller Idiosynkrasie aufweist, ist zu vermuten, daß sich meine Beobachtungen nur beschränkt auf andere Kulturräume werden generalisieren lassen. Eine weitere Beschränkung ergibt sich daraus, daß ich die Entwicklungen im Rahmen des privaten Fernsehens nicht mehr berücksichtigen konnte. Auch dazu sind eigene Studien erforderlich.

Im Vordergrund meiner Untersuchung stehen Fernsehgespräche, da sich hier die reichere Palette von Typen und Realisierungen findet als beim Radio. (Großgruppengespräche beispielsweise sind beim Radio viel seltener, weil es schwierig ist, sie in einer für den Rezipienten nachvollziehbaren Form zu realisieren.) Radiogespräche kommen dort zur Sprache, wo sie innovative Tendenzen aufweisen, die der Medienkommunikation neue Wege zeigen.

Die Perspektive, aus der ich die Texte analysiere, ist im allgemeinen die des Rezipienten. Die Wirklichkeit des Mediengesprächs ist eine Wirklichkeit für den Rezipienten oder: eine Wirklichkeit des Rezipienten. Wenn ich fallweise die Perspektive der Produzenten mit einbeziehe, so geschieht das nicht in der Meinung, damit könne man etwaige verborgene Machenschaften der Macher ans Licht bringen. Von der Produktionsseite her werden hingegen manche Phänomene verständlich, die dem Rezipienten aus seiner Sicht unverständlich bleiben müssen.

---

5 Einen ersten Ansatz zu derartigen kontrastiven Untersuchungen bietet Löffler (1989) mit einem Vergleich von Open-end-Diskussionen der deutschen Schweiz und Österreichs.

Neben der fachlichen Beschreibung der Texte sollen die Texte
selber zur Geltung kommen. Daher werden ausführliche Gesprächs-
ausschnitte geboten. Durch die Verschriftung wird der Gesprächs-
text erheblich verfremdet, aber bei der distanzierten Lektüre fallen
die Regelmäßigkeiten viel stärker ins Auge, als dies bei der Rezeption des Originals der Fall wäre. Mag sein, daß man nach diesen
Leseerfahrungen die Medienereignisse bewußter und kritischer
wahrnimmt. Es geht mir aber nicht um ein pauschales Kritisieren
– das wird ja von den professionellen Medienkritikern hinreichend
praktiziert. Ich möchte vielmehr die Medien-Wirklichkeit *von innen heraus*, d. h. in ihren immanenten Regeln und Werten, mit
ihren genutzten und verpaßten Chancen, zu verstehen versuchen,
wobei alles-verstehen nicht unbedingt auch alles-verzeihen heißen
muß.

Das Buch ist assoziativ aufgebaut. Der Leser soll mit der Lektüre
beginnen können, wo ein Thema oder Stichwort ihn reizt. Durch
interne Verweise werden die für das Verständnis nötigen Bezüge
hergestellt.

Wenn Gespräche lesbar sein sollen, muß die Transkription die
Balance halten zwischen wissenschaftlicher Genauigkeit und An-
passung an die Usancen schriftlicher Textgestaltung. Die schwer
lesbaren diskursanalytischen Notationsverfahren werden deshalb
nur dort eingesetzt, wo die Beschreibung der Gesprächsstruktur es
erfordert. Im übrigen wird ein Kompromiß angestrebt (für die
Einzelheiten vgl. S. 423 f.).

Statistische Repräsentativität ist nicht angestrebt und ohne große
Forschungsprojekte auch nicht erreichbar. Meinen Studentinnen
und Studenten sowie meinen Mitarbeiterinnen habe ich es zu
verdanken, daß das Vorgelegte mehr ist als eine Sammlung zufällig
gehörter und gesehener Medienereignisse. Durch ihre Transkrip-
tionen konnte ich meine eigenen Materialien ergänzen und berei-
chern, und vielfach verdanke ich ihnen inhaltliche Anregungen.
Für die Herstellung des Manuskripts bin ich Frau Ulla Günther
und Frau Eva Wyss zu Dank verpflichtet.

Im Buch kommen Moderatorinnen und Moderatoren, Teilneh-
merinnen und Teilnehmer vor. Wenn ich um der stilistischen Einfachheit willen die herkömmlichen generalisierenden Formen wie

der Moderator, die Gäste verwende, so sind damit jeweils beide Geschlechter gemeint.

Das Manuskript ging im Frühjahr 1990 in den Druck. Damals gab es noch eine BRD und eine DDR. Und manche Sendungen, die es damals gab, existieren jetzt schon nicht mehr oder haben ihre Gestalt verändert.

2. Zeit

Zeit ist eine Bedingung des Sprechens, ist Hintergrund und wird nicht wahrgenommen, allenfalls phasenweise oder bei spezifischen äußeren Bedingungen, die *Zeitdruck* bewirken (z. B. beim Prüfungsgespräch). Anders in den Medien. Hier wird Zeit thematisiert, wird zu einer verhandelbaren Größe. Niemand hat Zeit. Nur wer enormes Prestige hat, kann sich leisten, Zeit zu haben. Alle anderen hetzen hinter der Zeit her.

Das sei unter verschiedenen Aspekten demonstriert.[6]

Trivial, aber folgenreich ist die Tatsache, daß Medien-Zeit sehr teuer ist, Fernseh-Zeit noch teurer als Radio-Zeit. Das sieht man bei der Werbung. Im kommerziellen Bereich bemißt sich der Erfolg eines Senders am Preis der Werbe-Zeit. Zeit wird quantifiziert und bezahlt, nach Minuten und Sekunden. Und nur wer über das nötige Geld verfügt, kann überhaupt im Fernsehen werben. Mit den Lokalradios gestaltet sich das Bild ein bißchen demokratischer. Hier ist Zeit – relativ zum öffentlich-rechtlichen Radio oder gar zum Fernsehen – billig, so daß auch kleinere Lokalfirmen die Möglichkeit haben, übers Radio zu werben.

Zeit ist kostbar – das gilt im finanziellen wie in allen denkbaren übertragenen Sinnen für alle Medienereignisse. Und die Kommunikatoren werden nicht müde, immer wieder darauf zu verweisen. Zeit zu haben, sich Zeit lassen zu können – das ist die große

---

6 Während hier das Problem der Medien-Zeit vom Medium selbst her, also von innen her, beschrieben wird, befassen sich neuere zeitsoziologische Untersuchungen mit der „Zeitnot", die man paradoxerweise für die künftige Freizeit-Gesellschaft prognostiziert und die „weitreichende Konsequenzen für Programmstrukturen und -inhalte des Fernsehen haben könnte" (so Neumann-Bechstein 1988, 174), also mit äußeren zeitlichen Relationen zwischen Freizeitverhalten und Medienkonsum.

•

Ausnahme. Drastisch sieht man das bei den großen Unterhaltungsshows. Alle renommierten Showmaster *überziehen*. Das war in den Anfängen vielleicht die Folge mangelnder Routine. Inzwischen glaubt das niemand mehr. Das *Überziehen* gehört inzwischen zu den Ritualen (vgl. S. 94 ff.) der Unterhaltungsshows. Und je prominenter ein Showmaster ist, umso eher und umso mehr kann er sich leisten zu *überziehen*. Ein winziges und symptomatisches Beispiel aus „Wetten daß…"(5. 11. 88):

Nach einer Wette redet Th. Gottschalk ganz zwanglos mit den prominenten Gästen über die Leistung des letzten Kandidaten, u. a. plaudert er mit A. Biolek:

B: Sag mal eine Frage Thomas/, entschuldige hast du schon überzogen oder?

G: Nein ich bin gerade dabei (Publikum lacht, Applaus)

B: Ich sitze sonst immer vor dieser Sendung am Fernsehschirm also zu Hause und kuck mir das an [dann kommt die *Frage*, die er zunächst hatte stellen wollen]

Beides ist charakteristisch: die Frage des Gastes nach dem *Überziehen* und die Antwort Gottschalks. Der Gast — selber Medienunterhalter — ist sich des Zeitdrucks bewußt, gibt zu verstehen, daß er das Rederecht nicht ungebührlich beanspruchen will, weiß zugleich, daß das *Überziehen* eines der Vorrechte Gottschalks ist, gibt ihm damit die Möglichkeit, dieses Vorrecht zur Sprache zu bringen, und Gottschalk nutzt die Gelegenheit mit einer vieldeutigen Antwort, die zumindest zeigt, wie souverän er mit diesem Problem umgehen kann.

In seiner Show „Nase vorn" überzieht Elstner selbstverständlich gleich bei der ersten Sendung. Und auch hier ist in der Show selbst vom *Überziehen* mehrfach die Rede. Eine interessante Variante ergibt sich dadurch, daß Peter Alexander — als einer der prominenten Gäste — das Thema humoristisch ins Spiel bringt:

Nachdem ein eingeladener Gast die sensationelle Erfindung eines Doppelbettes, in dem einer der Partner den beim Umarmen „überzähligen" und störenden Arm in einem Loch unterbringen kann, im Detail erläutert hat, bemerkt Elstner, zu den Gästen gewendet:

Ist zufällig einer von Euch hier, der das jetzt gerne mit seiner Partnerin testen möchte, ob das auch richtig funktioniert äh Günter wollt Ihrs mal ausprobieren?

Und Peter Alexander fällt ihm ins Wort (mit feierlicher Stimme):

Frank, du solltest nicht überziehen!
(10. 12. 88)

In „Mensch Meier" unterhalten sich A. Biolek und H. J. Kulenkampff (als prominenter Gast) über Kulenkampffs frühere Unterhaltungssendungen und kommen dabei aufs Überziehen zu sprechen – und darauf, wer wieviel überziehen darf und warum:

[K. sagt, die Unterhaltungssendungen hätten ihn viel weniger anstrengt als z. B. Theaterpremieren]

K: Das is doch n schönes Spiel
B: ja ja   is n schönes Spiel
K: Du schwitzt doch auch nich?
B: Nein, das nicht   innerlich ein bißchen, weil ich äh ich
K: na also
B: darf nicht überziehn, weil die „Tagesthemen" hinter mir stehn, du hast ja immer hemmungslos überzogen
K: Ja (LACHT)
B: (ZUM PUBLIKUM GEWENDET) Da kann der nur lachen ne? (LACHEN, APPLAUS)

Damit ist bereits klar, wer hier der Prominentere ist, wer sich was leisten kann. Und dann kommt ein aufschlußreicher Rückblick auf den Wandel in der Einschätzung des *Überziehens*:

B: Weißt du eigentlich – weißt du eigentlich, was die längste Überziehung war, die du je gemacht hast?
K: Ja – ja, das will ich dir erzählen, das war eine Stunde fünfzehn Minuten (LACHEN) Moment! und das weiß ich noch wie heute, das war – neunzehnhundertvierundfünfzig oder fünfundfünfzig in Offenbach – am Main. Da machten wir ne Sendung, die hieß „Kleine Stadt ganz groß" (...) und damals wurde jeder Anstalt innerhalb der ARD, da gab s ja noch kein ZDF, wurde jeder wurde die Zeit, die sie gefüllt

hatten‚ angerechnet — auf das Gesamtprogramm‚ das war
ja nicht so groß, und wenn man dá überzogen hat, ham
dieselben Leute‚ die dich später dafür beschimpft haben, dich
auf den Ármen getragen‚ haben gesagt‚ Menschenskind was
wir heute gespart haben‚ eíne Stunde mehr hast du gemacht
eíne Stunde mehr, da waren se ganz glücklich, und später als
das alles enger zusammenrückte‚ da waren se natürlich immer
n bißchen — únzufrieden — Ich habe eínmal nicht überzogen
— um acht Minuten (…) ich war eínmal acht Minuten unter
der Zeit — das war die größte Katastrophe (…) und das war
viel schlimmer als überziehen‚ an das Überziehen hatten se
sich ja gewöhnt (LACHEN) das wußten se ja — aber acht
Minuten früher — hatten sie níchts — níchts — nicht den
kleinsten Film, nicht ein paar Pferde‚ die irgendwo auf der
Wiese sprangen (LACHEN, UNVERST.) nichts — null — sie
saßen rum und zogen Schwarzblende und waren sauer (LA-
CHEN) — víel saurer als wenn ich überzogen habe.

Die Bewertung des *Überziehens* hat sich gewandelt — und damit
wird das Überziehen erst zu einem Testfall für Prominenz —, aber
daß Zeit zugemessen wird, das ist seit den Anfängen des Fernsehens
eine Konstante geblieben.

In der Deutschschweizer Diskussionssendung „Telefilm", die von
Heidi Abel bis zu ihrem Tod moderiert wurde, konnte man ein
ganz anderes Verhalten gegenüber dem Zeitproblem beobachten:
Obwohl Heidi Abel es sich sicher hätte leisten können zu überzie-
hen, tat sie es nicht und bewies damit eine ganz ungewöhnliche
Gesprächskultur.

Im letzten Drittel einer Sendung (2. 4. 86) wartet sie den Moment
ab, wo sich in der Diskussion eine „natürliche" Pause ergibt, und
sagt dann:

[Heidi Abel = M 1, zweite Moderatorin = M 2; aus dem Schwei-
zerdeutschen übersetzt]
M1: Wir haben achtzehn Minuten Film, und ich bin jetzt gar
     nicht ganz sicher, wie wir das machen wollen, aber ich hab
     das Gefühl wir könnten
M2:   also wir könnten ohne weiteres auch länger machen

M1: (ÜBERLEGT KURZ) Ja ich möchte einfach nicht die Tagesschau-
M2:   wir können

M1: Leute — die die auf die Tagesschau warten
M2: ohne weiteres bis elf machen, das ist kein Problem

Obwohl die Kollegin ihr das Überziehen suggeriert, geht sie nicht
darauf ein, sondern kommt nach einer kurzen Diskussionsphase
wieder auf ihre Bedenken zurück:

> Aber vielleicht nehmen wir jetzt doch Yvonne den Schluß
> vom Film, sonst sind wir über elf hinaus und das wäre für
> die Sportfreunde eine Riesen-Zumutung. Danke schön viel-
> mal.

Aber eine Zeit ist nicht wie die andere. Zeiten sind qualitativ
verschieden. Es ist nicht gleichgültig, ob eine Sendung am Morgen
oder Abend, am frühen oder späten Abend, während der Woche
oder am Wochenende ausgestrahlt wird. Eine Sendung, die während der Hauptsendezeit nach 20 Uhr gesendet wird, ist „mehr
wert" als eine, die ihren Platz gegen Mitternacht hat. Das muß
nicht mit Beispielen belegt werden, da es bei jeder Umstrukturie-
rung von Programmen deswegen zu öffentlichen Streitereien
kommt.

Auch Gespräche unterliegen natürlich dem Zwang zur Quantifizierung und optimalen Nutzung der verfügbaren und meist knapp
bemessenen Zeit.

Das äußert sich zunächst darin, daß bei einem Gespräch mit
mehreren Teilnehmern der Moderator die Zeit „gerecht" *verteilt*,
zuteilt. Bei politischen Sendungen, bei denen viel auf dem Spiel
steht — also bei Gesprächen mit führenden Politikern, insbesondere
vor Wahlen —, heißt das, daß jeder die gleiche Redezeit zugewiesen
bekommt und daß über die Einhaltung der Verteilung gewacht
wird. Hier spielt — auch für die Bemessung der Redezeit — der
Proporz eine zentrale Rolle.[7] Und wenn der Moderator nicht über

---

7 Das haben Holly et al. (1986) eindrücklich beschrieben.

die Zuteilung der Zeit wacht, dann tun es die Gesprächsteilnehmer selber.

„Drei Tage vor der Wahl" (mit Kohl, Strauß, Genscher, Vogel und den zwei Moderatoren Nowotny und Reichle, ARD 3. 3. 83) war ein gutes Beispiel dafür, daß die Moderatoren sich u. U. flexibler geben als die Teilnehmer selbst. Vogel z. B. reklamiert mehrfach, daß er bei der Redezeit zu kurz komme:

[V = Vogel, N = Nowotny]
V: Herr Reichle, ich stehe hier vor einer gewissen Schwierigkeit, die sich aus der Natur der Sache ergibt. Hier kommen immer drei Beiträge, ich bin allein. Und es ist ein bißchen schwierig
N: Das ist die Parteilandschaft, Herr Vogel
V: Ja nein, ich beschwer mich auch gar nicht, nicht, ich mach nur darauf aufmerksam, was hier an Behauptungen aufgestellt worden ist, daß ich das in der eben mir zu Verfügung stehenden Zeit jeweils aufgreifen kann, nich, das geht bei den Verhältnissen eins zu drei nicht, und das werden die Zuschauer auch gut verstehen.

Daß sich Vogels *Schwierigkeit aus der Natur der Sache* ergebe, ist natürlich nur eine euphemistische Formulierung dafür, daß Redezeit hier nach dem Proporz verteilt wird. Mit seiner zweiten Äußerung bringt Vogel das Prinzip des „Abarbeitens von Provokation"[8] auf den Punkt, ein Prinzip, das mit dem Zeit-Proporz in Konkurrenz treten kann. An sich müßte Vogel die Möglichkeit haben, die Behauptungen der Gegner abzuarbeiten, aber dazu reicht – wie er behauptet – die ihm zugeteilte Zeit eben nicht.

Nach einem langen Beitrag von Strauß, in dem eine Menge von Zahlen und Statistik zuungunsten der SPD ausgebreitet wird, bekommt Vogel wieder das Rederecht zugeteilt:

V: Ja, Herr Nowotny, vielen Dank. Wir haben jetzt also vierzehn Minuten lang diese Darlegungen gehört mit einem Bombar-
N: Mir wars viel kürzer, war

---

8 Nach Holly et al., 1986, 60 ff.

> V: ganz interessant   (UNVERST.)   Herr Vogel dement/ Ja ja, nein äh mit einem Bombardement an Zahlen, aber die Zahlen

> V: Nein nein, Herr Kohl hatte ja auch ein bißchen vorher die Möglichkeit, sich zu äußern, sich/
> N: Ja sie müssen nicht beide zusammenrechnen. Jetzt sind Sie dran und streiten wir nicht darum, wer wie lange. Ich möchte nur sagen: Wir haben keine Stoppuhr laufen. Wir verlassen uns darauf, daß da vier erwachsene Staatsmänner sitzen.
> V: Ja nein, aber wenn Zahlenvergleiche angestellt werden, dann is also vielleicht diese Zahl, die ich nannte, auch von einem gewissen Interesse.

Hier beruft sich Vogel auf ein Recht, das der Sendung sicher konzeptuell zugrunde liegt; die Moderatoren aber berufen sich auf eine – unterstellte – Gesprächskultur der Politiker und weisen blauäugig den Verdacht von sich, die Zeit könne hier quantifiziert worden sein.

Zeit wird auch dort zugemessen, wo die Struktur einer Sendung so rigide ist, daß schon leichte zeitliche Abweichungen vom vorgesehenen Fahrplan das Konzept in Gefahr bringen würden. Beispielsweise in „Pro und Contra" (vgl. S. 116), einer Sendung, die einem Gerichtsverfahren nachmodelliert ist. Hier ist für die *Plädoyers* nur eine bestimmte Zeit verfügbar, ein Zeitzeichen macht sich penetrant bemerkbar, sobald das Ende der Redezeit naht, und es mahnt in kurzen Abständen, sobald die Redezeit überschritten ist. In der Sendung vom 15. 12. 88 überzieht einer der beiden *Anwälte* die Plädoyer-Zeit, der Moderator unterbricht ihn:

> Herr B., ich bitte um ein ganz kurzes Plädoyer, wir sind hier leider am Fernsehen, nicht vor Gericht. Sie haben jetzt schon zwei Minuten gesprochen, das ist unfair gegenüber Herrn C. B.

Die in dieser Sendung sonst so beliebte Analogie zum Gerichtsverfahren wird hier – wo es um Zeitdruck geht – explizit außer Kraft gesetzt und gegen den Anwalt gewendet (der – was sonst

in dieser Sendung nicht die Regel ist – diesmal tatsächlich ein
Jurist ist). *Zeitdruck* ist selber ein Strukturprinzip, das andere
Prinzipien – wie das Muster des Gerichtsverfahrens – dominiert.
Die Quantifizierung der Zeit erfährt sukzessive eine Umdeutung:
Zunächst kann man Zeitknappheit als institutionelles Problem
sehen – das „Programm" verlangt eine zeitliche Strukturierung,
verlangt Termine –, dann wird sie zu einem quasi-juristischen
Problem und schließlich zum „Unterhaltungswert". So sieht es aus
der Perspektive des Produzenten aus, der sozusagen aus der Not
eine Tugend macht. Für den Rezipienten bedeutet der gleiche
Vorgang: *Zeitknappheit* wird zu einer spezifischen Qualität des
Mediengesprächs. Ein Gespräch, das unter permanentem Zeitdruck
geführt wird – das ist für den Zuschauer Nervenkitzel, eine Art
kommunikativer Krimi.
Dieses Phänomen ist auch zu beobachten dort, wo viel weniger
auf dem Spiel steht als in Sendungen unmittelbar vor einer Wahl.
In der Sendung „Schlag auf Schlag", deren Titel schon ein hekti-
sches Programm vermuten läßt, interviewt ein Moderator einen
Gast. Nach einiger Zeit übergibt der Moderator das Recht der
Interviewführung einem weiteren Gast, und nun sollen sich die
zwei Gäste genau 15 Minuten lang *auseinandersetzen*. Dieser Übergang hört sich dann so an:

[Sendung vom 1. 9. 88. Moderator: Claus Hinrich Casdorff; Gast:
Verteidigungsminister Prof. Rupert Scholz = S; zweiter Gast: Dr.
Walther Stützle, Institut für Friedensforschung Stockholm]
M: [leitet thematisch über zur Friedenspolitik]
     Da gibt es einen Gesprächspartner für Sie, der sehr viel
     sachverständiger ist als ich (...), ich hol ihn jetzt hierher, und
     dann sollen Sie beide sich mal über diese Thematik ausein-
     andersetzen (M STEHT AUF, DER NEUE GAST NIMMT AUF DEM
     GLEICHEN STUHL PLATZ, M GEHT IN DEN HINTERGRUND)
     Ich weiß ja nich ob Sie sich kennen, wern sich ja gleich
     kennenlernen äh – 15 Minuten – Schlag auf Schlag heißt
     die Sendung – bitte ein schneller ja? (LACHT) ein schneller
     Wortwechsel (DAS FOLGENDE SEHR SCHNELL GESPROCHEN)
     ich hör ja auch auf, schneller Wortwechsel, Herr Stützle, Sie

> hams erste Wort äh Herr Professer bitte nich als Professer
> – der redet lange – als Minister – der redet kurz
> S: Ja wieviel wieviel Sekunden geben Se

> denn pro Antwort
> M: Ach wenn ich Sie so ansehe und Ihr freund-

> liches Gesicht dann mein ich doch zwischen 38 und 42
> Sekunden sollen Sie/
> S: (ZU STÜTZLE):   Jetz können Sie sich ausrechnen, wieviel Fra-
> gen Sie offen haben
> (LACHEN)
> M: Ja also – also – toi toi toi

Am Schluß des Gesprächs tritt der Moderator wieder vor und
beendet die Phase abrupt:

M: Ich weiß ich weiß – Herr Stützle, Sie haben noch viele
Fragen, Sie haben noch viele Antworten, aber auch in einer
so kurzen Sendung muß ein solches Gespräch, so interessant
es ist, nich endlos werden. Herzlichen Dank, Herr Stützle (…)

Ein Wortwechsel soll es sein, Schlag auf Schlag, ein schneller
Wortwechsel ausdrücklich, so daß der Minister sich bemüßigt fühlt,
nach der Zuteilung der Redezeit zu fragen, und der Moderator
teilt – man nimmt an: ironisch – 38 bis 42 Sekunden zu, wobei
man nicht so genau weiß, ob das vielleicht doch nicht nur ironisch
gemeint ist.
    Am Schluß wird auf die Kürze der Sendung verwiesen, die den
Zeitdruck legitimiert, mit der unlogischen Fortsetzung im letzten
Satz (wieso sollte eine Gesprächsphase in einer ohnehin kurzen
Sendung „endlos" werden können?). Der Zeitdruck ist nicht nur
durch den Programmrahmen bedingt, er ist künstlich erzeugt,
gehört zum Konzept der Sendung und schafft Nervenkitzel. Der
Wortwechsel ist ein Wettlauf mit der Zeit, darum das „toi toi toi"
des Moderators.
    Einen Nervenkitzel anderer Art bedeutet es, wenn in einem
längere Zeit sehr populären „Kontakt"-Phone-in eines Schweizer
Lokalradios (Radio 24, Zürich) die Anrufer Gelegenheit hatten,

sich selbst vorzustellen, und wenn sie dafür genau 3 Minuten Zeit hatten, wobei sie immer wieder durch die betont aggressiven Moderatoren unterbrochen und ironisiert wurden. Für die i.allg. nicht redegewohnten Anrufer bedeutete das ein erhebliches Risiko, und die Zuhörer konnten schadenfroh auf den vorprogrammierten Reinfall warten.

Zeitdruck ist nicht nur ein Konstrukt der Kommunikatoren, sondern wird auch von den Teilnehmern als Muster wahrgenommen – und allenfalls genutzt. Daß Zeitdruck strategisch eingesetzt werden kann, ist für Medien-gewohnte Gesprächsteilnehmer selbstverständlich, so sehr selbstverständlich, daß sie sich selbst gelegentlich dieser Waffe bedienen. In einer sehr kontrovers geführten Diskussion zum Thema „Sitzblockierer" (Heute in Schwäbisch Gmünd, S 3 12. 10. 88) wendet sich ein CDU-Politiker (= P) dagegen, daß Richter an Blockaden teilnehmen. Der anwesende Richter (= R), der selbst wegen Sitzblockade angeklagt ist, wendet sich scharf gegen den Politiker, ohne aber seine Argumente auszuformulieren. Daß er sie nicht ausformuliert – nicht ausformulieren kann oder will? –, schreibt er dem Zeitmangel zu:

[Moderatorin = M 1; Moderator = M 2]

M1: Habe ich Sie richtig verstanden, äh daß Sie sagen, Richter sollen ausgenommen werden von der Amnestie oder war das jetzt falsch?

P: Wenn der Richter Martin Meier áls Martin Meier blockiert, denn ist er normaler Mitbürger. Wenn er bewußt nach außen äußert, daß er als Richter diese Blockade macht, wenn Sie (ZU R GEWENDET) bewußt von Richter-Blockade sprechen, dann halte ich dies für einen besonders schweren Fall des Mißbrauchs des Amtes des Richters, der die Autorität der Rechtspflege in Frage stellt.

M2: Dann werden die Politiker sehr viel zu tun haben die Politiker sehr viel zu tun haben, wenn sie immer zu prüfen haben, wer saß jetzt aus persönlichen Motiven da und wer saß jetzt in seiner Ámtsfunktion da. Sie wollten was dazu sagen, Herr H. [= R]

R: (UNVERST...) ich mich da einmische. (SEHR RHETORISCHE, SÜFFISANTE SPRECHWEISE:) So reden Politiker, naß forsch – mit

flockigen Sätzen. Ich hätte mir. Ich hätte mir (APPLAUS)
P: Das ist eine Unverschämtheit

R: Sie haben den Ball mir zugeworfen, ähm es steht nicht zur Debatte, ob ich als Richter ein besonderes (sic) strenges Strafmaß bekomme, sondern es geht hier eigentlich um die Frage von Amnestie. Was mich bedrückt hat, ist die Art der Denkweise von Ihnen, die plakative naß-forsche schnell dahingeredete Floskel, ich hätte mir etwas mehr Nachdenklichkeit, etwas mehr Deliberation
P: Was soll denn diese Unterstellung?

R: Sie sind schon wieder so, Sie sind schon wieder so.
P: Was soll denn das?

M2: Wir sollten uns vielleicht auf das Austauschen von Argumenten beschränken (GLEICHZEITIG UNVERSTÄNDLICHES DURCHEINANDER DER ANDEREN)

P: Ich mache mir dieses Thema nicht leicht.

R: Es hörte sich so an. Vielleicht könnten wir, wenn wir mehr Zeit hätten – leider haben wir nur noch wenige Minuten Zeit (SCHAUT AUF DIE UHR), um uns um dieses Thema zu kümmern, mir ist nur aufgefallen, wie häufig in Ihrer Rede der Begriff Gewissen vorgekommen ist – angesichts einer Bedrohung, die
P: Der Begriff kam ein einziges Mal vor in meiner

R: Geben Sie mir eine Chance? Geben Sie mir eine Chance?
P: Rede   Ja

R: Äh wir haben es nicht damit zu tun, daß man sich auf die Straße setzt als Richter wegen einer Gehaltserhöhung oder wegen einer empörenden Maßnahme im Beihilferecht, sondern es geht um gravierendere Probleme. Was mich bedrückt hat, Geben Sie mir noch eine Chance?
P: (UNVERST.) Sie haben jede Chance

R: Äh was mich bedrückt hat, ist daß knapp acht Monate nach
dem fürchterlichen Unfall von Tschernobyl eine Partei im
Wahlkampf die Probleme unserer Zeit verkürzt hat auf den
Satz „Weiter so Deutschland", das ist ein Bedenken gegen/
das ist ein Bekenntnis gegen Nachdenklichkeit, der (sic) mich
umso nachdenklicher macht. Wir können das gerne, <u>wenn
wir mehr Zeit hätten</u>, über Stunden durchdiskutieren, aber
ich will nicht das Mikroskop/ ich will nicht das Mikrofon
blockieren.

Für den Richter ist der tatsächliche oder vielleicht auch eingebildete
Zeitdruck ein Alibi dafür, daß er von der konkreten Thematik
abgleitet und zu allgemeinen politischen Bekenntnissen und Angriffen übergeht; wohl auch eine Taktik, die ihm ermöglicht,
scharfe Attacken zu formulieren, zu deren Abarbeitung der Gegner
keine Gelegenheit mehr hat. Übrigens muß er den − vorher wohl
abgesprochenen − Zeitplan sehr gut verfolgt haben, wenn er
realisieren kann, daß die Zeit für das gerade laufende Teilthema
bald zu Ende ist.

Für den Moderator kann der Hinweis auf den Zeitdruck ein
Instrument des Krisenmanagements sein (vgl. S. 407).

Zeit wird gemessen, bemessen. Darum sind *Anfang* und *Ende*
einer Sendung − als Rahmen des Zeitquantums − wichtig. Das
gilt für alle Fernsehsendungen, besonders aber für Gespräche. Bei
nicht-dialogischen Sendungen hat der Produzent den Rahmen völlig
im Griff. Er müßte ihn nicht einmal dem Zuschauer vorführen −
obwohl das im allgemeinen auch dort gemacht wird. Man denke
nur daran, in wievielen immer gleichen Schritten eine Tagesschau
angekündigt, angesagt, durch Schrift-Inserts vorbereitet wird, wie
der laufende Uhrzeiger den Countdown dramatisiert und so fort.
Und auch für den Schluß gibt es stereotype Abläufe, die dem
Zuschauer signalisieren: jetzt ist's fast zu Ende, jetzt gleich ganz
zu Ende...

Das alles muß bei dialogischen Formen weitgehend im Gespräch
selbst geleistet werden. Da die Eingangsphase für den Ablauf und
das Gelingen eines Medien-Dialoges von entscheidender Bedeutung
ist, haben sich dafür Rituale herausgebildet, die später zu besprechen sein werden (S. 95 ff.).

Auch der *Schluß* von Gesprächen hat seine medienspezifischen Eigenheiten. Die Schlußphase nicht-moderierter, natürlicher Alltagsgespräche ist i.allg. durch eine „verminderte Zugänglichkeit" der Teilnehmer charakterisiert[9]. D. h. der Dialog erschöpft sich sozusagen von selbst. Bei Mediengesprächen ist das genaue Gegenteil der Fall, wie A. Linke (1985, 100) z. B. für politische Diskussionen gezeigt hat. Die Teilnehmer sind ja dazu da, sich und/oder ihre Meinungen auszustellen. Wenn die Schlußphase angesagt ist, müssen sie ihre letzte Chance nutzen, noch nicht Gesagtes anzubringen. Darum geraten die Schlußphasen meist besonders lebhaft, es gibt ein regelrechtes „Gesprächsgedränge", und die Moderatoren müssen sich nicht selten besonders autoritär einschalten, um die Sache unter Kontrolle zu halten. Alle Beteiligten haben ein Bewußtsein von der besonderen Wichtigkeit der Schlußphase, und darum geben sich alle, jeder seiner Rolle entsprechend, besondere Mühe.

Der Moderator kündigt das nahende Ende besonders sorgfältig und bewußt an, er bereitet in mehreren Stufen darauf vor.

Eine wenig elegante, aber simple und darum oft praktizierte Methode ist der Blick und der nackte Verweis auf die Uhr :

M: Da können Sie sich sicher dazu äußern, aber ich darf noch grade weil wir nur noch ein paar Minuten haben, die nächste Frage dranhängen (...)

Und einen Sprecherwechsel später:

M: Ich glaube, da könnte man noch/ wir haben noch eine Minute (ebd.)
   [nach Linke 1985, 97, aus dem Schweizerdeutschen übersetzt]

Und nach der nächsten Antwort erfolgt bereits das Schlußwort.

Es gibt, soweit ich sehe, nur einen Gesprächstyp im Fernsehen, bei dem die stufenweise Ankündigung des Schlusses nicht auftritt: Gespräche ohne Moderator (vgl. S. 71). In einer Sendung von „Wortwechsel" (10. 12. 82) kämpfen die beiden Teilnehmer, eine

---

9 Vgl. Linke 1985, S. 100 (nach K. H. Jäger).

Frau und ein Mann, ständig um das Rederecht, und daran ändert sich bis zum Schluß nichts:

[Nachdem sie wieder einmal unverständlich simultan geredet haben, gelingt es ihm, sich durchzusetzen:]

Herr S.: Lassen Sie mich das mal zu Ende bringen – die Tierversuche, ja? die Optimierung der Tierversuche, mit dem Ziel zu reduzieren, Schmerz zu lindern beziehungsweise die Tierversuche ganz zu ersetzen, is ein kontinuierlicher Vorgang, der seit Jahren, Jahrzehnten in der Industrie läuft (...) ich habe die englischen Statistiken hier, Sie kennen unsere eigenen Statistiken – obwohl zusätzliche – äh Tierversuche qua Behörde qua Amt gefordert werden.

Frau H.: Herr Doktor S./

M: Frau H., entschuldigen Sie bitte, Herr Doktor S., unsere Sendezeit ist zu Ende. Ich darf mich ganz herzlich für Ihr engagiertes Streitgespräch bedanken.

(MUSIK UND SIGNET)

Das ist ein extrem brüsker Schluß. In moderierten Gesprächen wäre das ganz undenkbar, hier wirkt es geradezu als Bestätigung, daß das *Streitgespräch* tatsächlich gehalten hat, was man sich davon versprach.

Der eigentliche Schluß, das *Schlußwort* des Moderators, ist dann ein ritualisierter Akt[10], der das Fernsehgespräch offiziell beendet. D. h. für den Zuschauer, für den äußeren Kommunikationskreis ist das Ereignis beendet, im inneren Kommunikationskreis, den man nicht mehr sieht, kann u. U. ein neues, viel gelösteres Gespräch beginnen. Ein Bildregisseur bemerkte gegenüber A. Linke, „daß sich die Studiogäste erst dann so richtig telegen verhalten, wenn er nicht mehr aufzeichnet" (Linke 1985, 95).

„Schlußworte" verlaufen auch thematisch und sprachlich in stereotypen Bahnen. Ein besonders für Diskussionen typisches Schema ist das Resümieren oder bloße Aufzählen des Erreichten und der Verweis auf Nicht-Geleistetes, meist mit einem entschuldigen Hin-

---

10 Vgl. Linke 1985, 107.

weis auf die „knappe Zeit". Ein Beispiel aus der Groß-Diskussion
„Limit" (SRG, 5. 1. 89):

M: Erlauben Sie mir zum Schluß − − noch einen Gedanken
       hineinzugeben͡, der eigentlich nur einmal aufgekommen ist͡,
       ich glaube er ist früher gekommen, den wir nicht weiter
       diskutiert haben, der aber − − glaub ich doch ein wichtiger
       ist. [Es folgt ein längerer Hinweis auf die möglichen sozialen
       und ökonomischen Hintergründe des Brutalo-Konsums in
       den reichen Ländern.] Darüber haben wir nicht geredet. Ich
       glaube, wir können jetzt nicht mehr darüber reden −, aber
       es ist ein Gedanke, den wir − leider − nicht haben packen
       können. Und ich möchte allen denen danken, die fürs Erzie-
       hen sind − in dem Fall − der jungen Menschen, das heißt
       nämlich Einsatz der Eltern (...) Und ich glaube, wir kommen
       nicht darum herum, auch solche Filme lesen zu lernen. Das
       können viele Erwachsene nicht͡, ich glaub͡, es gibt sehr viele
       Erwachsene͡, wie wir s da gehört haben͡, die entsetzt gewesen
       sind, als sie den Film gesehen haben. Wie wollen sie denn
       den Jugendlichen helfen? Muß man da umgekehrt helfen
       lassen? Das ist auch keine Lösung. Und deshalb meine ich
       − ist Information und Auseinandersetzung in größerem
       Maßstab nötig.

(Man denkt, hier sei die Sendung zu Ende. Da es sich aber um
eine Open-end-Veranstaltung handelt, toleriert der Moderator noch
einmal eine kurze Schlußrunde, die von den Teilnehmern bestritten
wird.)
      Daß Zeit und Zeitdruck mehr ist als eine produktionsseitige
Rahmenbedingung, daß Zeit im Medium eine spezifische Qualität
gewinnt, zeigt sich gerade auch bei den Sendungen, die programmatisch nicht von Zeitdruck beherrscht sein sollen: *Open-end-
Gesprächen.* Das sind solche Sendungen, die keine festgelegte
Schluß-Zeit haben, bei der also theoretisch geredet werden könnte,
bis die Teilnehmer vor Erschöpfung vom Stuhl fallen... Der ORF
hat mit dem „Club 2" hier den Weg gewiesen. Die Sendung existiert
seit 1976 und wurde bis zum Herbst 1988 ca. 850 mal ausgestrahlt.
Das Deutschschweizer Fernsehen führte dann nach dem österrei-

chischen Vorbild den „Zischtigs-Club" ein. Die Sendung wurde in der ersten Zeit zweimal pro Woche produziert, um ihr so bald wie möglich den Charakter von etwas Selbstverständlichem, Routinemäßigem zu geben. Open-end birgt ja manches Gesprächsrisiko und darum viel Sensationspotential in sich, aber den Produzenten ging es wohl darum, diesen Aspekt nicht in den Vordergrund treten zu lassen. Der Diskussionsleiter (programmatisch als *Gastgeber* bezeichnet) ist nicht unbedingt ein journalistischer Profi (ca. die Hälfte der Gastgeber sind Außenstehende). Wichtig ist, daß er Erfahrung in Gesprächsführung hat und daß er in einem weiteren Sinne vom Thema etwas versteht, ohne aber eigentlicher Experte zu sein.

Man sieht schon an der Konzeption der Sendung, daß mit *Open-end* mehr gemeint ist als die bloße quantitative Offenheit. Die Merkmale, die unter Zeitdruck stehende Sendungen typischerweise haben, sollen von vornherein abgebaut werden, zugunsten gelösterer, entspannterer Gesprächsformen.

Daß die Teilnehmer sich vom Zeitdruck entlastet fühlen, zeigt sich zunächst in metakommunikativen Äußerungen, z. B. zum Gesprächsstil (die folgenden Beispiele stammen aus der Sendung „Auf in den Kosmos − neue Wege zum Verständnis der Welt", Club 2, 17. 5. 88):

Gastgeber: Ich wollt einfach ein bißchen mit Ihnen sprechen Frau Euler.

Der Gesprächsstil wird hier als ein sehr lockerer, alltagsnaher definiert, im bewußten Gegensatz zu Gesprächsformen, in denen *gestritten* wird, in denen man *sich auseinandersetzt* usw.

Es wird auch explizit gesagt und hervorgehoben, daß man hier Zeit hat. Ein Teilnehmer spricht vom Zusammenhang zwischen Ökologie, Feminismus, Spiritualität:

Ich habe auch die berühmten 15 Jahre, die die heute schon oft erwähnt wurden, daran gearbeitet. Und ich sehe wirklich jetzt wie der Zusammenhang liegt und das möcht ich jetzt in in zwei Minuten ausführen, oder in fünf Minuten.

Nachdem er sehr ausführlich darüber geredet hat, gibt er das Wort
mit einem abschließenden Satz wieder an die Runde zurück: „Und
so hängt das Spirituelle , so hängt das damit zusammen."
   Was in anderen Gesprächsformen kaum möglich wäre, wird hier
toleriert: daß ein Teilnehmer einen längeren Beitrag ankündigt und
daß die ganze Runde das akzeptiert und ihn dann sprechen läßt,
ohne ihn zu unterbrechen.
   Ein anderes Symptom für das Bewußtsein von Zeit-haben zeigt
die folgende Passage (Es ist die Rede vom Fasten und Schlafentzug
in Klöstern):

A: Schlafentzug!
B: Schlafentzug, Singen und so weiter. Das ist alles. Nur sind
       wir das schon gewohnt und hier sind für uns ungewöhnliche
       neue Sachen und da sträuben wir uns ein bißchen und das
       führt auch zur der Frage nach dem New Age, also, das Frau
       E. nicht zufällig aufgeworfen hat. Aber ich möchte jetzt noch
       nicht fragen.
Gastgeber: Nein jetzt. Wir müssen ja bald [sic], um dem Schlaf-
       entzug zu entkommen, sonst werden wir alle noch erleuchtet.

Der Teilnehmer hat offensichtlich nicht das Gefühl, er müsse unbedingt jetzt anbringen, was er zu sagen hat, sondern er werde
später schon noch einmal Gelegenheit dazu haben. Der Gastgeber
aber kommt nicht darum herum, in dieser letzten Phase des Gesprächs doch auf das nahende Ende zu verweisen, und bringt damit
wieder eine Regel ins Spiel, die für Gesprächsformen unter Zeitdruck gilt: 'Laß dir keine Gelegenheit entgehen, zu sagen, was du
zu sagen hast.'
   Freilich ist Open-end keine Garantie dafür, daß eine Sendung
auch wirklich vom Zeitdruck entlastet wird. Die Sendung „3 Tage
vor der Wahl" (vom 3. 3. 83, vgl. S. 17), die von den Moderatoren
explizit als Open-end-Diskussion angekündigt war, artete dann
aber in regelrechte Stellungskämpfe um die Rede-Zeit aus. Es ist
zu vermuten, daß in einer derart gespannten Situation wie unmittelbar vor einer Wahl die Öffnung der Zeit-Grenze eher noch
zusätzlichen Streß erzeugt — weil man von dem unvorhersehbar

großen Zeit-Kuchen soviel wie möglich ergattern will – , als daß sie zur Entspannung beitrüge.

Auch Open-end-Gespräche müssen ein *Ende* haben. Und sowohl beim „Club 2" als beim „Zischtigs-Club" ist das Ende im voraus ungefähr festgelegt: es ist bestimmt durch den Beginn der letzten Nachrichtensendung. Wie bei anderen Gesprächen bietet auch hier die *Schlußrunde* die meisten Probleme, und hier manchmal noch mehr als anderswo, da das Beenden einer Open-end-Sendung definitionsgemäß eine milde Paradoxie in sich birgt. Alle Beteiligten wissen, daß das Gespräch ein ungefähr vorhersagbares Ende haben wird, und der Gastgeber muß an einem bestimmten Punkt das offene Ende zu einem geschlossenen machen. Das Ende müßte also in einer Weise angekündigt und durchgesetzt werden, daß es nicht wie ein Ende nach den üblichen Fernseh-Ritualen aussieht. Dennoch ähnelt das Ende der Open-end-Veranstaltungen nur allzu sehr dem von geschlossenen Sendungen.

Bereits der Einladungsbrief an die Gäste enthält beim „Zischtigs-Club" den Hinweis darauf, daß die Sendung „zwischen 90 und 120 Minuten" dauere. Und tatsächlich ergibt sich (bei sechs untersuchten Sendungen: 6. 1. 86; 27. 1. 87; 1. 3. 88; 5. 4. 88; 26. 4. 88; 31. 5. 88) eine erstaunliche Übereinstimmung: 5 Sendungen liegen im Bereich von 102 – 107 Minuten, nur eine Sendung weicht (mit 90 Minuten) deutlich ab.

Beim „Zischtigs-Club" entscheidet die Regie, wann Schluß gemacht werden soll, und die Moderatoren sagen manchmal explizit, daß das so ist. Daß sich ein Gastgeber gegen das Diktat der Regie wehrt, kommt vor, ist aber offenbar sehr selten.

Nicht sehr typisch ist es, wenn der Gastgeber brüsk, ohne vorbereitende Hinweise, den Beginn der Schlußrunde dekretiert:

Gastgeber: Okay, darf ich vorschlagen, es ist ziemlich spät, können wir... noch abschließend sagen... (9. 6. 88)

Normal ist es – wie bei anderen Gesprächen – , das Ende längerfristig anzukündigen, vorzubereiten, bevor es dann wirklich ernst wird.

Bezeichnenderweise scheint ein konkreter Hinweis auf die Uhrzeit – im Gegensatz zu anderen Gesprächen – bei Open-end-

Veranstaltungen nicht üblich zu sein. Das würde wohl nicht in das Image einer solchen Sendung passen. Der indirekte Hinweis auf die Uhrzeit im folgenden Beispiel aus der als Open-end-Veranstaltung angekündigten Groß-Diskussion „Limit" (SRG, 5. 1. 89, vgl. S. 249), ist wohl dadurch legitimiert, daß zahlreiche Jugendliche anwesend sind:

M: Bitte lassen Sie alle Arme oben, ich werde nur aufgefordert, ordnungshalber alle die, die auf den Zug müssen, jetzt zu bitten, daß sie gehen – oder halt eben nicht gehen, aber sie haben s gewußt – weil – ich glaube wir müssen noch ein bißchen weiterreden. Ja? – bitte schön.

Das Ende wird hier vor-angekündigt, und gleichzeitig wird noch einmal eine – wahrscheinlich letzte – Gesprächsphase eingeleitet.
  Ein indirekter Hinweis auf die Uhrzeit kann auch als Disziplinierungsmittel eingesetzt werden – eine sonst sehr übliche Technik (vgl. S. 407), die die Moderatoren von Open-end-Sendungen aber selten einsetzen. Als eine Beteiligte recht langfädig redet, unterbricht sie der Moderator:

Entschuldigen Sie, daß ich unterbrech – ein Teil derer, die uns zuschauen, muß morgen in die Arbeit gehn
(Club 2, 20. 12. 88)

Die endgültige Ansage der *Schlußrunde* erfolgt manchmal ungeschminkt (wie oben), manchmal so elegant wie im folgenden Fall:

[In der Sendung, in der von Schlafentzug die Rede war:]
A: Das ist ein Randphänomen.
M: Moment, Bruder David, ich möchte jetzt etwas sagen, laßt uns, wir müssen leider, weil die Nacht kommt und kommt und kommt/
A: Schlafentzug!
M: Wir müssen äh uns zu einem Ende zusammentun. Ich ich möchte Sie bitten/
A: Zu einem offenen Ende, es ist ja ein open end
M: Ich mach es im allgemeinen nicht gern, so Schlußrunden, aber hier muß ich's machen, weil sonst fallen wir zu sehr über uns her, der eine oder andere (...)
(17. 5. 88)

Die Schlußrunden bei Open-end-Diskussionen scheinen allgemein länger zu dauern als bei sonstigen Gesprächen. Bei den untersuchten Club-2-Sendungen waren 15 Minuten das Minimum, bei einer Sendung gar dauerte die Schlußrunde 30 Minuten. Das liegt daran, daß auch in der Schlußrunde noch neue Argumente eingebracht werden können, daß auch längere Gesprächsbeiträge und Wortwechsel toleriert werden. Und das macht aus der Schlußrunde wieder so etwas wie eine vollwertige Gesprächsphase.

Ein Beispiel:

A: Also ich würde vorschlagen, jetzt einmal von Macht zu reden
   und nicht immer nur so Macht rauszuwerfen, auf n Tisch,
   sondern wirklich davon zu reden, was ist Macht und/
M: Aber ich
   muß leider sagen, nur noch kurz
A: Nur noch kurz?
B: Also, nehmen wir die multinationalen Konzerne in der
   Welt, Reagan ist ja nur Hampelmann von den multinationalen Konzernen, nehmen wir das jetzt das mal als Macht,
   oder nehmen wir die Großbanken in der Schweiz, das ist
   knallharte Macht. [Dann diskutieren alle weiter, als wäre
   von Zeit nicht die Rede gewesen..]
   (Club 2, 17. 5. 88)

Oder ein Beispiel aus der schweizerischen Sendung:

Die Moderatorin setzt an zu einem regelrechten Schlußwort — ohne vorherige Ankündigungen des Endes — nach dem stereotypen Schema 'Katalog der behandelten Themen' und 'Themen, die noch hätten behandelt werden sollen':

M: (...) ich denke, es ist langsam Zeit zum Schlußmachen. Wir
   haben über verschiedene Sachen geredet, wir haben über
   Vergangenheitsbewältigung geredet, wir haben über Quellen-
   erschließung geredet, wir haben über einen Punkt, über den
   ich eigentlich gerne noch geredet hätte, zu dem sind wir gar
   nicht gekommen, das ist nämlich äh das Stichwort „Geschichte von unten", also was für ein Geschichtsbild haben
   wir? Wir haben ein Geschichtsbild von eben von Helden, von

großen Taten, von großen Ereignissen – wir haben eigentlich, also ich habe in der Schule wenig erfahren über den
Alltag der kleinen Leute, über das, was in den Fabriken
passiert ist, über das, was bei den Bauern passiert ist und so
weiter – und äh wir – kommen jetzt einfach nicht mehr
dazu, darüber zu reden, aber ich habe/

A: Aber entschuldigen Sie, ich darf nun noch einen Punkt sagen,
der mir doch sehr wichtig scheint (...)
(Zischtigs-Club 1. 3. 88, aus dem Schweizerdeutschen übersetzt)

Daraufhin entspinnt sich noch einmal eine sehr lebhafte Diskus-
sionphase, während derer die Moderatorin mehrmals das definitive
Schlußwort anzubringen versucht, ohne aber zu Wort zu kommen.
Schließlich setzt sie sich doch durch:

M: Also gut, äh es ist ja zu hoffen, daß vielleicht die Geschichte,
daß die Geschichte von unten, daß die in nächster Zukunft
noch ein bißchen mehr geschrieben wird äh, ich möchte
einfach zum Schluß noch äh nicht als Ersatz für eine Diskussion über Geschichte von unten, aber als vielleicht eine
kleine Anregung das Gedicht von Brecht zitieren, „Fragen
eines lesenden Arbeiters" heißt das (...)

Selbst wenn die Moderatorin das definitive Ende bekanntgibt und
– wegen des von der Regie verordneten Zeitdrucks – nicht einmal
mehr eine Schlußrunde eröffnen will, kann es noch zu einer letzten
Gesprächsphase kommen:

M: Wir haben – glaub ich auch äh – ganz schön viel erfahren.
Ich weiß nicht, ob wir was über die Jenseitigen erfahren
haben, ich für mich hab viel erfahren über die Diesseitigen,
nämlich über die Leute, die hier waren, äh über das, was in
diesen Köpfen – vor sich geht, und ich fand das sehr spannend. Ich danke Ihnen ganz herzlich, daß sie hier waren. Ich
möchte – – eigentlich niemandem das Schlußwort geben

A: Doch, dem Skeptiker! Bitte, aber klar! (LACHT)

M: sondern ich – dem Skeptiker? (UNVERST.) Gut okay!

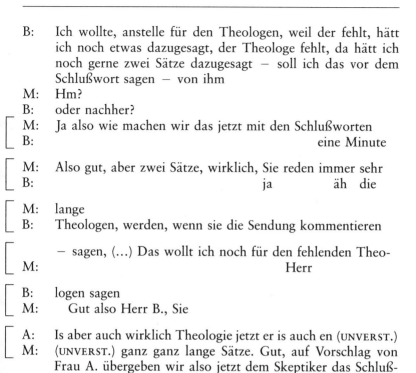

B: Ich wollte, anstelle für den Theologen, weil der fehlt, hätt
     ich noch etwas dazugesagt, der Theologe fehlt, da hätt ich
     noch gerne zwei Sätze dazugesagt – soll ich das vor dem
     Schlußwort sagen – von ihm
M: Hm?
B: oder nachher?
M: Ja also wie machen wir das jetzt mit den Schlußworten
B: eine Minute

M: Also gut, aber zwei Sätze, wirklich, Sie reden immer sehr
B: ja   äh   die

M: lange
B: Theologen, werden, wenn sie die Sendung kommentieren

     – sagen, (...) Das wollt ich noch für den fehlenden Theo-
M: Herr

B: logen sagen
M: Gut also Herr B., Sie

A: Is aber auch wirklich Theologie jetzt er is auch en (UNVERST.)
M: (UNVERST.) ganz ganz lange Sätze. Gut, auf Vorschlag von
     Frau A. übergeben wir also jetzt dem Skeptiker das Schluß-
     wort – nein, jetzt gibt's kein anderes Schlußwort mehr, Herr
     C.!
(Zischtigs-Club, 5. 4. 88)

In einer äußerst heftig und polarisiert geführten Debatte (Zischtigs-
Club „Die Angst vor dem Fremden", 22. 1. 87) gelingt es dem
Moderator über längere Zeit nicht, überhaupt die Schlußphase
anzukündigen. In einer Atempause – nach einer unglaublich langen Phase eines gänzlich simultanen Streites zwischen zwei Teilnehmern – hakt er schließlich ein und übergibt das Schlußwort
einem Theologen. An dessen Monolog entzündet sich wieder ein
Durcheinander von Angriffen bis hin zu Beschimpfungen, der Moderator ringt buchstäblich die Hände, versucht – da er verbal
nicht durchdringt (man hört in dem Chaos so etwas wie *Wir
müssen nun...* und immer wieder *meine Damen und Herren*) –

mit Gestik ein Ende herbeizuführen, bis er schließlich eine Art
Pseudo-Schlußwort anzubringen vermag:

M: Doch noch ein andeutungsweise versöhnlicher Abschluß:
      meine Damen, meine Herren, ich danke Ihnen für die ange-
      regte Runde, gute Nacht.

Das Fazit unserer Überlegungen zum Thema *Zeit* könnte man
kaum besser formulieren, als es ein Moderator einer Diskussionssendung mit Rezipientenbeteiligung tat („Wahl '88 in Baden-Württemberg", 9. 3. 88, vgl. S. 405):

      Ich bedaure, daß nicht alle Fragen/ es sind viele übriggeblie-
      ben — ich weiß es/ (LÄRM IM SAAL) nicht alle beantwortet
      werden konnten, aber neunzig Minuten sind nur anderthalb
      Stunden, ich wünsche Ihnen einen guten Abend.

3. Räume

Von Zeit ist in Mediendialogen viel die Rede, von Räumen selten bis nie. Der Grund ist klar: Zeit ist eine Größe, die innerhalb einer Sendung „bewältigt" werden muß, ihre Verteilung muß ausgehandelt werden, sie kann den Beteiligten „entgleiten" usw. Zeit ist eine für Radio und Fernsehen gleichermaßen wichtige (wenn auch beim Fernsehen wesentlich teurere!) Größe. Die Dimension Raum hingegen spielt beim Radio keine so große Rolle wie beim Fernsehen; beim Fernsehen ist sie zwar von großer Bedeutung, aber von gänzlich anderer Qualität als die Zeit.

Bei *Radio*-Gesprächen wird die räumliche Anordnung − abgesehen einmal von Hörspielen, die unterschiedliche Räume und Anordnungen hörbar machen bzw. imaginative Räume evozieren können − meist nur insofern relevant, als sie die Stimmen erkennbar und unterscheidbar macht. Ausnahmen sind Gespräche, bei denen O-Ton vermittelt wird. O-Ton soll ja meist eine irgendwie „natürliche" Originalszene evozieren, etwa bei einem Vor-Ort-Interview (vgl. S. 217).

Beim *Fernsehen* sind der Raum und seine Konstituenten, die Beleuchtung, die Requisiten, die Sitzgelegenheiten und ihre Anordnung, von Anfang an festgelegt, sie sind von den Beteiligten kaum abzuändern und (während der Sendung) in der Regel nicht mehr verhandelbar. Damit ist auch ein großer Teil des nonverbalen, insbesondere des proxemischen Verhaltens von vornherein determiniert und steht nicht mehr als kommunikatives Instrument ad hoc zur Verfügung. Die Teilnehmer einer Diskussionsrunde pflegen nicht ab und zu aufzustehen und eine Zigarette zu rauchen, man wechselt auch nicht die Kleidung, wenn man ins Schwitzen geraten ist. So wirkt es als eine deutliche Durchbrechung der situativen Konstellation, wenn in einer Gesprächssendung wie „Club 2" ein Teilnehmer sich erhebt und die Aktivität, von der gerade die Rede ist, sichtbar vorführt (3. 3. 88, zum Thema „Streß"). Es ist in der betreffenden Gesprächsphase die Rede von therapeutischen Verfahren, mit denen man dem Streß begegnen kann. Ein Psychotherapeut erläutert seine Methode der „Körper-Therapie". Darauf der Moderator: „Könnten Sie das hier machen? Können Sie mich mal entspannen?", und zur Gesprächsrunde gewendet: „Worüber reden Sie dann? Sie warten nicht auf uns, wir machen das hier ganz nebenbei." Allerdings machen sie es dann keineswegs *nebenbei*, sondern die Kamera und der Ton sind bei der Entspannungsübung dabei, während man die Gesprächsrunde nur im Hintergrund und meist unverständlich plaudern hört. Natürlich ist die Szene nicht spontan herbeigeführt, sondern bestens vorbereitet: Matte und Kissen liegen schon bereit. Die „Therapie"-Szene dauert gut acht Minuten, bevor der Moderator sich wieder erhebt und die Gesprächsrunde wieder ins Bild kommt.

Wenn der Raum während der Sendung modifiziert wird, dann nicht durch die Teilnehmer, sondern durch eine andere, sehr wirksame Instanz: die *Kamera* bzw. die Bildregie. Durch die vielfältigen Bild-Techniken wird dem Zuschauer am Bildschirm ein dauernd wechselndes Bild der räumlichen Proportionen geboten, das „Auge" der Kamera lenkt seine Aufmerksamkeit mal auf die ganze Gesprächsrunde, mal auf einen Sprecher, mal auf den Hörer, auf Gesichter, auf Beine usw.[11]. Das hat natürlich Folgen für die Rezeption des Dialogverlaufs[12]. Eine größere Untersuchung zur Rolle der Bild-Technik für Mediengespräche steht noch aus. Ich will hier nur zwei Punkte anführen:

(1) Durch die Kameratechniken kann ein Gespräch auf den Fernsehrezipienten anders wirken – langweiliger, spannender usw. –, als es z.B. einem Beobachter im Studio erscheint. D. h. die *Gesprächsqualität*, wie sie der Rezipient wahrnimmt und wie er sie dem sprachlichen und nonverbalen Verhalten der Teilnehmer zuschreibt, ist faktisch ein kompliziertes Mischprodukt aus Kommunikation und Technik.

---

11 Zum „Ausdruckspotential der kinematographischen Formen und Techniken" vgl. Siegrist 1986.
12 Zum ganzen Problemkreis vgl. Linke 1984, Kap. 11, Burger 1984, S. 290ff.

(2) Die Mechanismen des *Sprecherwechsels* (Formen der Selbstwahl oder der Fremdwahl), die in der linguistischen Diskursanalyse
so große Beachtung gefunden haben, werden durch das Bild häufig
nicht oder nur partiell transportiert, da vielfach nur der Sprechende
ins Bild genommen wird. Dadurch entgeht dem Rezipienten ein
Großteil der kommunikativen (oder parakommunikativen) Aktivitäten, die für den Ablauf von Gesprächen im Alltag wesentlich
sind.

Bei verschrifteten Presse-Interviews pflegt man die *Primärsituation* des Original-Gesprächs und die *Sekundärsituation* — wie sie
bei der Lese-Rezeption des verschrifteten Textes entsteht — zu
unterscheiden. Eine analoge Unterscheidung ist auch beim Fernsehen zu machen: Die Primärsituation des Gesprächs im Studio
(oder an sonst einem Original-Ort) unterscheidet sich für die Teilnehmer wesentlich von der Sekundärsituation, die durch die Zu-
schauer-Rezeption des über Bildschirm vermittelten Ereignisses entsteht. Der Zuschauer nimmt das Ereignis auf eine Weise wahr, wie
er es mit seinen „bloßen Augen" in einer realen Gesprächssituation
nie könnte: mal sieht er die Personen von nah, mal von fern, mal
von vorn, mal von hinten. Freilich sieht er sie häufig auch gar
nicht, vielleicht sogar gerade in einem Moment, wo er ihre Reaktion
besonders gern sehen würde. Die Handhabung der Mikrofone trägt
das Ihre zur Veränderung der ursprünglichen Wirklichkeit bei: Die
Lautstärke-Unterschiede, wie sie durch die unterschiedlichen Ab-
stände bei Alltagssituationen selbstverständlich sind, können ni-
velliert werden, so daß der Rezipient den Eindruck hat, immer in
nächster Nähe des jeweiligen Sprechers zu sein. Wir wissen aus
vielen Untersuchungen, daß Kinder die filmischen Techniken nach
und nach sehen lernen, daß also ein eigentlicher Erwerbsprozeß
nötig ist[13]. Wieweit das auch auf die Wahrnehmung der fernseh-
spezifischen Vermittlung dialogischer Ereignisse zutrifft, ist meines
Wissens noch nicht empirisch untersucht, wäre aber auch für die
Wirkungsforschung in diesem Bereich von großer Bedeutung.

Der Raum mit seinen Ingredienzien steht somit für die Teilnehmer nicht zur Disposition. Aber er trägt in hohem Maße zur

---

13 Vgl. etwa Siegrist, S. 53 ff.

Definition der Gesprächssituation bei. Die Raum-Gestaltung könnte geradezu ein typologisches Kriterium für eine Differenzierung von Medien-Textsorten abgeben. Dabei spielen nicht nur Anordnung und Requisiten eine Rolle, sondern insbesondere auch die Entscheidung darüber, ob ein Publikum anwesend sein soll und ob das Publikum den Status von Requisiten oder eine aktive kommunikative Funktion hat. Offensichtlich präjudiziert die Sitzordnung dann weitgehend die potentiellen Funktionen des Publikums[14].

Zu den Gesprächen ohne Publikum:

Die am meisten *wortzentrierte* Form von Gespräch findet im kahlen Studio zwischen zwei Leuten statt (z.b. politische Studio-Interviews oder Talkshows wie „Wortwechsel" oder „Vis à vis"). Außer zwei Stühlen, einem Tisch, Gläsern und ein paar minimalen Requisiten ist nichts zu sehen, so daß sich die Aufmerksamkeit gänzlich auf die beiden Sprechenden richten kann. Überdeutlich wird das z.B. in der Talkshow „Vis à vis" (SRG), etwa in der Sendung mit H. M. Simmel, 2. 3. 83, vgl. S. 84) bereits in der Einführungsphase: Da gibt ein Off-Sprecher biographische und thematische Informationen über den Gast und das folgende Gespräch, während die beiden Beteiligten stumm da sitzen und versuchen, die Peinlichkeit dieser prä-kommunikativen Phase zu bewältigen. Die Kamera zeigt erbarmungslos, wie sie versuchen, Mimik und Körperbewegungen auf das absolute Minimum zu reduzieren.

Es ist also die räumlich-außersprachliche Aufmachung, die eine solche Sendung als reine Wort-Sendung definiert. Bezeichenderweise werden diese Gespräche meist nicht als „Talkshow" angesagt, sondern mit individuelleren Titeln („Vis à vis", „Wortwechsel" u. ä.), obwohl die definitorischen Bedingungen von Talkshow auch hier gegeben sind (vgl. S. 168 ff.).

Eine ganz andere Art von Studio-Raum wird in Open-end-Sendungen wie „Club 2" arrangiert: Tiefe Ledersessel, um einen Tisch gruppiert, sollen den Eindruck von *Zwanglosigkeit, Gemüt-*

---

14 Vgl. Mühlen 1985, 25 ff. in bezug auf Talkshows.

lichkeit u. dergl. erzeugen und damit von *Nähe zum Alltagsgespräch*, zu alltäglichen Formen der *Plauderei* usw. Aber eben: die *Zwanglosigkeit* ergibt sich nicht einfach, sie muß als Eigenschaft des Gespräches sorgfältig vorbereitet und erzeugt werden.

Noch einen Schritt weiter in Richtung *Natürlichkeit* und *Alltäglichkeit* geht man bei Gesprächen, die in „natürlichen" Räumen − ausserhalb der artifiziellen Studio-Räume − situiert sind. So fanden die von H. Gautschy moderierten Talkshows meist im Haus der Interviewten statt. Der Anspruch auf Alltäglichkeit steht freilich in krassem Widerspruch zum gewaltigen Aufwand an technischer Vorbereitung, der z.B. für die Sendung „Unter uns gesagt" nötig war. Gautschy schildert das so:

> Meist mehrere Wochen vor dem Sendetag kommen Carchef, Chefkameramann, Aufnahmeleiter, Tonchef, Realisator und Gesprächsleiter (...) in der Wohnung des Gesprächspartners zur sogenannten Reko, zur Vorbesichtigung zusammen. Sendeablauf, Kamerastandorte, Scheinwerfereinstellungen, Kabelwege, Parkplätze für Regie, Material- und Richtstrahlwagen werden festgelegt, und immer wieder ergeben sich fast unlösbare Probleme − eine Wohnung ist kein Studio , die dann von den technischen Kollegen eben doch gelöst werden. (...) Am Sendetag fahren drei Übertragungswagen so groß wie Möbelwagen und ein Richtstrahlwagen der PTT zum Sendungsort und parken unter Gedröhn vor, hinter, neben oder in der Nähe des Hauses, aus dem übertragen werden soll. Eine Horde von 23 Mann fällt in das Haus oder in die Wohnung ein und „übernimmt". Kabelstränge werden gezogen, Kameras und zentnerschwere Pumpstative werden angeschleppt, Möbel verschoben, Scheinwerfer montiert − die Wohnung verwandelt sich in ein Fernsehstudio, prächtig ausgeleuchtet und vom Herrn oder von der Dame des Hauses kaum mehr wiederzuerkennen. (Gautschy 1984,11 f.)

Die naheliegende Frage „Lohnt sich das?" beantwortet Gautschy selber lakonisch: „Ich glaube ja. Ich hoffe es." Im gedruckten, mit Fotos angereicherten Text, der die Bild-Atmosphäre des Fernsehens nicht aufbewahren kann, kommt schonungslos zum Vorschein, wie

artifiziell diese Form von *Natürlichkeit* ist, wie sehr hier — auf
eine eher unbeholfene Art — Techniken des Theaters adaptiert
werden. Die Äußerungen, die sich auf die Räume beziehen, wirken
wie irrtümlich vorgelesene Regieanweisungen, z.B. in einem Interview mit Zuckmayer (und einem kurzen Gespräch mit Frau Zuckmayer):

G: Ich sehe, Ihre Frau ist schon da... Sie, Herr Zuckmayer,
       erwarten uns ja später wieder in Ihrem Arbeitszimmer im
       ersten Stock. (ZUCKMAYER GEHT AB)

(später:)
G: Dürfen wir noch einen Schritt in Ihr Eßzimmer tun?
Z: Gerne! Es liegt gleich neben meinem Arbeitszimmer.
       (später:)
G: Wenn Sie gestatten, Frau Zuckmayer, gehen wir nun hinauf
       ins obere Stockwerk, wo uns Ihr Herr Gemahl erwartet.
       (24 ff.)

In Gautschys Talkshows dominierten die Männer. Und ohne besonders zynisch zu sein, kann man sagen, daß bei diesen Veranstaltungen die jeweiligen Ehefrauen als *Requisiten* des Hauses
vorgeführt wurden. Beispielsweise eröffnet Gautschy die Talkshow
mit Wolfgang Leonhard durch eine kurze Gesprächsphase mit Frau
Leonhard:

[Gautschy = G; Frau Leonhard = FL; Herr Leonhard = HL]
G: Guten Abend, Herr Professor Leonhard. Guten Abend, Frau
       Leonhard. Unsere Sendung „Unter uns gesagt" kommt heute
       aus Manderscheid in der Eifel, aus einem Gebiet, das so
       ungefähr zwischen Trier, Aachen und Koblenz liegt. Und nun
       befinden wir uns in Ihrem Arbeitszimmer, Herr Professor
       Leonhard. Am Schreibtisch sitzen aber nicht Sie, sondern Ihre
       Frau. Das hat seine Gründe, nehme ich an?
       [Bei einer „dummen" Frage wie dieser zeigt sich, daß Gaut-
       schy mit seiner Vorbereitetheit nicht umgehen kann.]
FL: Ja, ich schreibe eine Dissertation über das Menschenbild
       deutscher Sozialisten. Das Material ist sehr umfangreich, und

da hat mir Wolfgang freundlicherweise sein Arbeitszimmer
zur Verfügung gestellt.
[Wirklich sehr entgegenkommend von ihm!]

G: Was haben Sie studiert?

FL: Ich habe Psychologie, Soziologie und Pädagogik studiert, und
diese Arbeit ist über die Geschichte der Arbeiterbewegung.

G: Das hat eigentlich mit der Tätigkeit Ihres Mannes zu tun?

FL: Na ja, das sind Randgebiete – unsere Streifpunkte, mein
Mann: Kommunismus, ich: Sozialismus.

G: Arbeiten Sie zusammen?

HL: Nein, aber wir diskutieren (...)

G: Und Sie, Frau Leonhard, sind mitten in der Examensarbeit?

FL: Jaja, in der Endphase der Dissertation.

G: Ich drücke Ihnen beide Daumen.

FL: Ich bedanke mich, Herr Gautschy.

G: (ZU LEONHARD) Kommt es vor, daß Sie noch mit Sowjetleuten
zusammenkommen und mit ihnen reden? (155 f.)

Die Frau ist ganz eindeutig Staffage und nicht mehr. Auf Gautschys
gute Wünsche hin bedankt sie sich, und mit diesem Dank der
Befragten ist – in Umkehrung der sonstigen Rollenverteilung bei
Interviews – das Gespräch mit ihr zu Ende. Daß es zu Ende ist
und die eigentliche Talkshow mit Herrn Leonhard beginnt, wird
(im Drucktext) nur dadurch erkennbar, daß auf dem nebenstehen-
den Foto die beiden Männer die Treppe hinuntergehend abgebildet
sind.

Noch drastischer wirkt der *Auftritt* der Frau im Gespräch mit
dem in der Schweiz sehr bekannten Pfarrer Sieber. Kurz vor Ende
des Gesprächs tritt die Frau buchstäblich auf die Bühne, sogar das
Stichwort fehlt nicht:

[FS = Frau Sieber; HS = Herr Sieber]

G: Fallen Sie manchmal in Resignation?

HS: Eigentlich nicht.

G: Ich hatte im stillen gehofft, Ihre Antwort würde lauten:
„Gelegentlich schon." Denn das wäre für mich das geeignete
Stichwort gewesen, um zu sagen: „Dann finden Sie wahr-

scheinlich Trost in der Musik, und das heißt auch bei Ihrer
Frau."
(Frau Sieber kommt herein.)

HS: Gelt, ich gebe Dir nicht nur im geheimen einen Kuß, sondern
auch jetzt vor der Kamera. (Er umarmt und küßt sie auf
beide Wangen. Gautschy schmunzelt. Alle drei setzen sich.)

G: Frau Sieber, ich möchte Sie bitten, jetzt gut zuzuhören.
(Von einer Schallplatte erklingt Wolfgang Amadeus Mozarts
„Laudamus Te", ein Ausschnitt aus der c-Moll-Messe KV
427, gesungen von Sonja Sieber für die Stiftung „Puurehei-
met". Frau Sieber erkennt sich sogleich und hört aufmerksam
zu.)
Wunderschön. Bis vor ein paar Tagen wußte ich nichts von
Ihrer Begabung und von der Existenz dieser Platte. (...)
(121 f.)

Ich weiß nicht, wie das in der Fernsehaufzeichnung gewirkt hat,
im Druck liest es sich jedenfalls wie Dilettantentheater. Gautschy
bringt sein Stichwort an, obwohl der Pfarrer nicht so reagiert hat,
wie er angenommen hatte, Frau Gautschy tritt pünktlich auf (wie
im Gespräch mit Zuckmayer *Ich sehe, Ihre Frau ist schon da*) und
weiß dann programmgemäß nichts von dem, was sie erwartet,
erkennt sich aber *sogleich*, und die Sendung endet in geradezu
peinlicher Einstimmigkeit der „Gäste" und des Moderators:

HS: Unsere älteste Tochter hat von den Konfirmanden als erstes
Wort in ihrem Leben das Wort „Halleluja" gelernt. Als sie
einmal mit ihrer Mutter spazierenging und hinfiel, rief sie:
„Halleluja" (...) Unser Anliegen aufgrund eines felsenfesten
Glaubens ist, daß der Herrgott diese Welt fest in seiner Hand
behält. Halleluja – für Sie, für uns, für unsere Gemeinde,
für unsere Kirche, für die Welt, für die ganze Menschheit!

G: Sie haben mich schon weitgehend überzeugt, Herr Sieber,
und ich schließe die heutige Sendung darum mit einem mächtigen Halleluja!
(Sieber stößt einen gewaltigen Juchzer aus.) (125)

Über eine Talkshow im Radio („Bei uns zu Haus", WDR), bei der
die Atmosphäre des Wohnzimmers einer realen Familie durch O-

Ton vermittelt werden soll, berichtet Troesser (1986, 63 ff., vgl. S. 339).

Zu den Gesprächen mit Publikum:

Talkshows mit Publikum sind von Mühlen (1985) beschrieben worden. Gegenwärtig bekanntestes Beispiel dürfte „Heut' abend" mit Joachim Fuchsberger sein: Hier sitzen Gastgeber und Gast auf einer Art Bühne, deutlich getrennt vom Publikum im Saal. Dem Publikum bleibt da nicht viel mehr, als durch Klatschen und Lachen (weniger erwünscht: Buh-Rufe) Feedback zu liefern. Ähnlich *unkommunikativ* ist die Sitzordnung in der Talkshow „Showgeschichten". Hier kommt – für das Publikum erschwerend – hinzu, daß die erhöht sitzenden Gesprächsteilnehmer sich zeitweise dem Film-Bild zuwenden und damit ganz vom Publikum abwenden müssen. Diesen nachteiligen Effekt versucht man durch Drehsessel zu mindern, mit denen die Sprechenden sich jederzeit wieder dem Publikum zuwenden können.

Mindestens potentiell *kommunikativ* sind räumliche Arrangements mit Wirtshauscharakter (entweder echte Wirtshäuser oder in dieser Weise dekorierte Studioräume). Das Modell hierfür ist der Stammtisch mit weiteren Tischen, wobei aber – im Gegensatz zum „echten" Wirtshaus – die Leute an den anderen Tischen gänzlich auf das – durch Lautsprecher verstärkte – Geschehen am Stammtisch ausgerichtet sind. Am Stammtisch wird schon mal laut disputiert, man schlägt mit der Faust auf den Tisch und nimmt kein Blatt vor den Mund. Im Gegensatz zum echten Stammtisch ist die räumliche Anordnung dann meist so, daß Publikumstische locker um die Gesprächsteilnehmer herum gruppiert sind. Diese Art der Anordnung schafft mindestens die Möglichkeit einer Publikumsbeteiligung, die über bloßes Feedback hinausgeht – in Form von Dreinrufen und Zurufen. Wie sehr solche Zurufe den Gang des Gesprächs beeinflussen können, sollen zwei kurze Ausschnitte aus einer regionalpolitischen Diskussion in „Treffpunkt Alte Feuerwache Mannheim" (10. 3. 85) zeigen: Es geht um Smogverordnungen in Mannheim. Am Stammtisch sitzen Politiker (darunter ein Landesminister), Fachleute und der Moderator, darum

herum ein sehr lebhaftes und engagiertes Publikum, das sich durch
vielfältige Zurufe bemerkbar macht. In der folgenden Szene will
der Moderator dem Minister eine Frage stellen, kommt aber nicht
dazu, weil Leute aus dem Publikum den Minister wegen seiner
vorhergehenden Äußerung attackieren (daß nämlich alle wichtigen
Smog-Komponenten erfaßt würden), der Minister wehrt sich gegen
die Zurufe, und der Moderator knüpft dann offensichtlich an die
(für den Zuschauer nicht verständlichen) Zurufe an:

Moderator: Ich habe eine Frage an Sie Herr X. äh
Publikum: (ZURUFE UNVERST.)

Moderator: Mannheim ist äh (UNVERST.)
Publikum: (ZURUFE)
Minister: In Mannheim werden alle Kom-

Moderator: aber Ozon zum Beispiel
Publikum: nein
Minister: ponenten   gemessen natürlich natürlich

Moderator: findet im Smogalarmplan keinen Niederschlag
Publikum: (ZURUFE UNVERST.)
Minister: wird es gemessen

In der folgenden Szene wird die Mehrfachadressiertheit der Äußerungen der Diskutierenden erkennbar. Der Minister wendet sich
zugleich an seinen Partner im inneren Diskussionskreis und an die
Zurufenden im Saalpublikum, was auch nonverbal durch Körperhaltung und Blickkontakt signalisiert ist. Außerdem wenden sich
der Minister wie auch der Moderator unmißverständlich ans Publikum am Bildschirm, wenn sie um eine Deutung der *Reaktionen
des Publikums* streiten:

[Minister = Mi; Teilnehmer = T; Moderator = M; Publikum =
Pu]
Mi: Ich möcht folgendes dazu sagen, zunächst einmal kommt von
       hier [d.h. aus dem Publikum] schon wieder der Einwand, in
       der neuen [i.e. Verordnung] steht dies und jenes gar nicht.
       Die neue wird in den nächsten Wochen vom Kabinett beraten,
       es gibt noch gar keine neue.

T: (UNVERST.)   Weiß überhaupt nich, Herr G., Herr G., ich
                   da ist Ozon nicht drin

Mi: weiß überhaupt nicht, warum Sie schon wieder anfangen, so
       dazustellen, wie fürchterlich alles wird, bevor es überhaupt
       beraten und verab/ bevor es beraten und verabschiedet ist,

G: Sie beschwichtigen doch immer, sagen Se doch zu,
       daß Ozon drin sein wird

Mi: jetzt hören Se doch auf mit der Beschwichtigungstheorie.
       Wenn bei uns ned einer vor Ihnen hinsteht und erklärt, hier
       sei der Weltuntergang bereits vorprogrammiert, dann is er
       für Sie zu optimistisch

M: Aber jetzt machen Se sichs doch n bißchen zu einfach
Pu: (ZURUFE UNVERST . . . . KLATSCHEN)

Mi: Ich mach mirs überhaupt ned einfach, ich machs mir über-
Pu: (ZURUFE . . . . TUMULT . . . .)

Mi: haupt nicht einfach, ich habe im Landtag erklärt − auf
Pu: (ZURUFE . . . . TUMULT . . . .)

Mi: Anfrage des Abgeordneten Doktor. M., daß ich bereit bin,
Pu: (ZURUFE . . . . TUMULT)

Mi: dem Landtag bis zum dreißigsten vierten zu berichten. Des
Pu: (ZURUFE . . . . TUMULT . . . .)

Mi: war die Frage im Landtag, und des war die   Aber ích war
Pu: (. . . . ZURUFE UNVERST . . . .)

Mi: doch dabei un ned Sie
Pu: (ZURUFE UNVERST.) und in Mannheim?

Mi: und in Mannheim hab ich erklärt, daß wir genáu so vorgehen,
       wie wenns Belastungsgebiet wáre, und wenn das nicht ein-
       gehalten wird, wird die Verordnung erlassen − Genau das

> war
>
> Pu: Herr Minister (ZURUFE UNRUHE)
> M: Herr W., ich verstehe die

> Pu: (ANHALTENDE UNRUHE...............)
> M: Reaktionen des Publikums hier so als einen Appell an Sie
> Mi: Jetzt sind

> Pu: (ANHALTENDE UNRUHE ....)
> M: als Umweltminister, dafür zu sorgen, daß Mannheim in
> Mi: Se doch fairerweise so freundlich und sagen Se von Téilen

> Pu: (UNRUHE, VIELE REDEN DURCHEINANDER)
> M: (UNVERST.)
> Mi: des Publikums und ned vóm Publikum

Das Arrangement der Sitzordnung kann — über diese allgemeinen
Praktiken hinaus — im Einzelfall auch ganz konkrete, geradezu
symbolische Bedeutung bekommen. In der Sendung „Veto" (BR),
in der es um Ereignisse mit rechtlichen Konsequenzen geht, sitzen
die Beteiligten an einem paragraphenförmigen Tisch, auf der einen
Seite die betroffenen Bürger, auf der anderen die Vertreter der
offiziellen Stellen (vgl. S. 118).

Die technischen Möglichkeiten der Medien erweitern für den
inneren Kommunikationskreis die Grenzen des Face-to-face-Ge-
sprächs, sie erlauben die Partizipation nicht am gleichen Ort an-
wesender Teilnehmer. Das geschieht einerseits durchs Telefon, andererseits durch Vermittlung des Bildschirms im Studio.

Telefonkommunikation ist uns aus dem Alltag geläufig und sollte
daher problemlos ins Medium transponierbar sein. Das ist aber
nur beim *Radio* der Fall. Ein Telefonanruf ist dort akustisch
unschwer zu identifizieren, da er sich durch seine spezifische
(schlechte) Tonqualität von der Studio-Stimme mit Studio-Raum-
klang abhebt. Dabei wirkt die schlechte akustische Qualität, sofern
sie nicht viel schlechter ist als die alltäglicher Telefonate, nicht
störend, sondern transportiert eine eigene Qualität: die Authentizität des *O-Tons* mit seinen vielfältigen Funktionen.

Das gilt soweit auch fürs *Fernsehen*. Doch im Gegensatz zum
bloß akustischen Medium ergibt sich beim Fernsehen das Problem

des _visuellen Vakuums:_ In einem Theaterstück würde es niemanden stören, daß man einen Anrufer nicht sehen kann, da dies eben unseren alltäglichen Erfahrungen entspricht. Beim Fernsehen aber wird die bloße Alltagswirklichkeit als defizient empfunden. Eine Stimme ohne sichtbaren Körper erzeugt ein visuelles Vakuum. Wie macht man dann den unsichtbaren Anrufer sichtbar? Man kann dies behelfsweise tun, indem man sein Foto einblendet, man kann es aber auch suggestiver inszenieren, indem der Telefonapparat sozusagen „personale" Funktion übernimmt. In der Diskussionssendung „Zur Sache" (SRG), an der sich Hörer per Telefon beteiligen können (vgl. S. 399), steht der Telefonapparat in der Mitte des Tisches. Wenn wieder ein Anrufer angekündigt ist, richtet sich die Aufmerksamkeit der Teilnehmer – durch Mimik und Körperhaltung erkennbar – auf den Apparat. Und während der Anrufer spricht, starren die Teilnehmer gebannt aufs Telefon – für den Zuschauer eine oft grotesk wirkende Demonstration des visuellen Vakuums.

In einer Großdiskussion der Reihe „Limit" (SRG, 5. 1. 89, vgl. S. 249), in der es um Brutalofilme ging, durften Zuschauer via Telefon ihre Meinung zur laufenden Sendung bekanntgeben. Diese Anrufe wurden zusammengeschnitten und phasenweise in die Sendung eingespielt. Dabei baumelte vor den Augen der Teilnehmer im Studio ein überdimensionales blutrotes Telefon langsam hin und her – ein echter Horror-Effekt.

Die Partizipation via _Bildschirm_ ist zu einem wesentlichen Element von Gesprächen in Nachrichtensendungen geworden (vgl. S. 225). Für den Zuschauer erscheinen die Gesprächspartner zwar räumlich face-to-face, aber in verschiedenen „Modalitäten". Das bewirkt eine Verfremdung, die natürlich auch die Teilnehmer selbst spüren, und es führt zu einer neuen Form von Proxemik und von nonverbalem Verhalten der Beteiligten: Zunächst verhalten sich der im Studio „real" sichtbare und der am Bildschirm sichtbare Sprecher nicht so zueinander, wie es sonst Gesprächspartner tun. Derjenige am Bildschirm hat die nonverbale Attitüde eines monologischen Sprechers, und derjenige im Studio ist dem Bildschirm zugewendet wie einem Heiligenbild. Mindestens dann, wenn der Bildschirm gegenüber der Sitzposition des Studio-Sprechers erhöht

erscheint. Besonders „sakral" wirkt es, wenn – wie häufig bei
Antenne 2 – der Bildschirm einen überlebensgroßen Kopf vermittelt, der – für den Zuschauer daheim – die Szene beherrscht.

Die Verfremdung wird natürlich noch stärker, wenn zwei (oder
sogar noch mehr) Teilnehmer über Bildschirm erscheinen. Ein
geradezu groteskes – weil technisch mißlungenes – Beispiel aus
der „Rundschau" der SRG ist auf S. 128 diskutiert.

Die Gesprächs-Räume, die das audiovisuelle Medium vermittelt,
unterscheiden sich also in mancher Hinsicht von den aus dem
Alltag vertrauten Konstellationen, und auch dort, wo sie dem
Alltäglichen unmittelbar nachgebildet sind, haben sie ihre medienspezifische Qualitäten.

4. Sei spontan!

Wenn man nach einem Etikett suchen wollte, unter dem sich alle positiven Qualitäten eines alltagssprachlichen Dialogs subsumieren ließen, dann böte sich am ehesten das Wort *echt* an. Dieses Etikett ließe sich auffächern in eine Reihe von verwandten Begriffen wie *ursprünglich, unmittelbar, natürlich, individuell, spontan... Echtheit* meint, daß sich die Gesprächspartner geben, „wie sie sind", daß sie nicht ihre Masken anlegen, daß ihre Individualität nicht hinter den Rollen verschwindet, daß der „Mensch" sich unverfälscht, ehrlich, offen, spontan äußert. Das ist am ehesten möglich *unter vier Augen.* Die Realität alltäglicher Gespräche ist natürlich weit entfernt von dieser Idee – oder wenn man will: Utopie – des *echten* Gesprächs. Wir brauchen die vielfältigen Masken, die Zäune um unser Ich herum, um uns nicht wehrlos den alltäglichen Attacken preiszugeben.[15]

Wie hat ein Mediengespräch zu sein? Natürlich ist das nicht allgemein zu beantworten, da je nach Funktion und Kontext des Gesprächs andere Qualitäten im Vordergrund stehen. Dennoch gibt es Werte, die von den Produzenten – im offenkundigen Einverständnis mit den Rezipienten – als unabdingbar für Mediengespräche erachtet werden. In den Medien gibt es keine Gespräche *unter vier Augen,* Mediengespräche sind das krasse Gegenteil davon, und alle Beteiligten – die Rezipienten eingeschlossen – sind sich dessen bewußt. Und dennoch sind unter den vom Mediengespräch postulierten Qualitäten auch solche , die der Idee vom *echten Alltagsgespräch* entlehnt sind. *Echtheit* – oder wie man meist hört: *Authentizität* – ist vielfach nicht erreichbar, wäre aber

---

15 Ein dramatisches Bild von der Wirklichkeit alltäglichen Sprechens bieten Goffman, z. B. 1969 und 1971, oder Brown/Levinson 1978.

auch da wünschbar, wo die Rahmenbedingungen es verunmögli-
chen. So beschwert sich der routinierte Polit-Interviewer
H. D. Lueg einmal in einem Gespräch mit dem Unterhaltungsprofi
Th. Gottschalk (vgl. S. 220) darüber, daß die Politiker nicht bereit
seien, ihre Masken abzulegen und *ihr wahres Gesicht* zu zeigen.
Nur in seltenen Augenblicken sei das möglich:

> Also unschlagbar als Stunde der Wahrheit ist der Wahlabend
> sélbst, dann wenn man in dem Gedränge irgendwo in den
> Parteizentralen — dabei ist. Dann kann man dem Sieger nun
> wirklich sein siegreiches Gesicht abnehmen und dem Verlierer
> auch seinen Kummer.

Ein Aspekt von *Echtheit*, der für Mediengespräche als zentral gilt,
ist *Spontaneität*. In bezug auf Sprache heißt das: die Beteiligten
sollen aus dem Augenblick heraus formulieren, sie sollen nicht
jedes Wort auf die Goldwaage legen, sondern *frisch von der Leber
weg reden*, mit dem Mut zur unvollständigen, vorläufigen, eventuell nicht korrekten, aber korrigierbaren Formulierung. Für den
Moderator — und im allgemeinen auch für die Gesprächsteilnehmer — ist das zunächst eine paradoxe Forderung in dem allgemeinen kommunikationstheoretischen Sinn, wie er von Watzlawick
et al. (1969, 184) formuliert wurde: „Sei spontan!" — das heißt ja,
man solle das bewußt und mit Absicht tun, was sich nur „ergeben"
kann, was sich gerade dann erst ergibt, wenn die Kontrolle ausfällt.
Darüberhinaus ist es eine unter den spezifischen Bedingungen der
Medienkommunikation unerfüllbare Forderung: Kein Moderator
kann es sich leisten, sich völlig unvorbereitet auf einen Dialog
einzulassen. Oder vielleicht könnte er es sich leisten — aber es
widerspricht den journalistischen Vorstellungen von Professiona-
lität (vgl. S. 213). Für den Moderator besteht also der Balanceakt
darin, im Rahmen des Vorbereiteten sich einen möglichst großen
Spielraum der Spontaneität zu bewahren bzw. zumindest die Vorbereitetheit so weit wie möglich im Hintergrund zu behalten und
den Eindruck spontanen Fragens und Reagierens zu erwecken. Der
heutige mediengewohnte Rezipient ist nicht mehr so naiv anzunehmen, der Moderator „erfinde" das, was er tut und sagt, im Augenblick. Wie minutiös z.B. die großen Unterhaltungsshows geplant

werden, das kann heutzutage jedermann in den Programmheften
und den Boulevardblättern nachlesen. Und wenn er sich für die
Teilnahme bewirbt, erfährt er es am eigenen Leibe. Gefragt ist also
nicht ein völliges Kaschieren der Vorbereitung — was auf eine
Täuschung des Zuschauers hinausliefe, die heute wohl nur noch
sehr beschränkt möglich wäre —, sondern eine Spontaneität jenseits
aller Planung, im Bewußtsein, daß auch der Rezipient sich dieses
Balanceaktes bewußt ist.

Die Moderatoren reagieren auf diese Herausforderung sehr unterschiedlich und mit unterschiedlichsten Strategien. Nehmen wir
als Beispiel zunächst die *Talkshow*:
Moderatoren von Talkshows müssen sich in zwei Richtungen
vorbereiten: Zum einen zu den Themen, die sie zur Sprache bringen
wollen, zum anderen zur Person, zur Biographie des Gesprächs-
partners. Zur Vorbereitung dient häufig auch ein Vorgespräch.
Während sich die erste Art der Vorbereitung nicht grundsätzlich
von derjenigen bei anderen Gesprächssorten unterscheidet, hat die
Vorbereitung zur Biographie ihre besonderen, z. T. kuriosen Folgen
für den Diskurs. H. Gautschy charakterisiert seine Vorbereitung
so:

> Man plaudert. Sobald sich aber ein ernsthaftes Gespräch
> entwickelt, bitte ich um Vertagung, denn ich möchte nicht
> schon im voraus wissen, was dann vielleicht in der Sendung
> zur Sprache kommt. Absprachen zwischen mir und den Ge-
> sprächspartnern vor der Sendung gibt es nie. Aber natürlich
> bereite ich mich vor, meist allzu gründlich, durch Lektüre
> von Biographien, Zeitungsartikeln, Werken, aber auch durch
> Befragung Dritter. Nicht selten könnte ich die Antworten auf
> meine Fragen selbst geben. (Gautschy 1984, 11 f.)

Spontaneität in thematischer Hinsicht versucht Gautschy also dadurch zu ermöglichen, daß er im Vorgespräch an der Oberfläche
der Probleme bleibt und sich damit einen noch offenen Spielraum
für den „Ernstfall" bewahrt. Viel schwieriger ist es mit der biographischen Vorbereitung. Hier handelt es sich ja im allgemeinen um
Fakten, die keinen oder nur einen minimalen Deutungsspielraum
offenlassen. Daß der Moderator *die Antworten auf seine Fragen*

selbst geben könnte, hat z. T. merkwürdige Folgen für die Dialogstruktur. Häufig übernimmt der Moderator die Rolle des Erzählers, so daß dem Interviewten nicht viel mehr übrigbleibt, als die Fakten zu bestätigen[16], wie im folgenden Text:

Int-er: Sie waren/ und in der IG Metall zunächst.
Int-ter: Ja.
Int-er: Sie waren mit sechsunddreißig Deutschlands jüngster Minister als Innensenator in Hamburg.
Int-ter: Ja.
Int-er: Sie waren Staatssekretär im Verkehrministerium.
Int-ter: Ja.
(Mühlen 1985, 73; Transkription adaptiert)

Nicht jeder Interviewte läßt sich diesen Rollentausch widerspruchslos gefallen:

Int-er: Irgendwann ham Sie auch überlegt, ob Sie sich als Künstlernamen den Namen [Tott] zulegen sollten.
Int-ter: (LACHT) Ach Gotteswillen, Sie ham ja auch alles gelesen, nein! (LACHEND)
Int-er: (LACHT) Ich weiß alles.
Int-ter: Hoffentlich kommt nich noch sehr viel mehr. (LACHEND)
Int-er: Vielleicht fragen Sie mích über Sie aus.
Int-ter: Nein, nein. Dás ist nun Ihre Sache. (LACHEND)
(Mühlen, 74; Transkription adaptiert)

Der Moderator reagiert geschickt, indem er seine Vorbereitung hyperbolisch „zugibt" *(ich weiß alles)* und dann das Spiel des Rollentausches ins Absurde weitertreibt *(Vielleicht fragen Sie mich über Sie aus)*. Der Interviewte kontert ebenso geschickt, indem er diese Drehung an der Rollentausch-Spirale ablehnt und damit den Moderator auf seine Rolle zurückverweist.

Ich habe den Eindruck, daß der routinierte Fernsehkonsument von heute es nicht mehr schätzen würde, wenn ein Moderator seine Vorbereitetheit so sehr (und so unbeholfen) zu kaschieren versuchen würde, wie es H. Gautschy oft getan hat, z.B.:

---

16 Mühlen 1985, 72 ff.

[H. Gautschy = G; Maximilian Schell = S]

G: Guten Abend, Herr Schell. Sie sind für diese Sendung extra aus Ungarn hierher nach München zurückgekommen, obwohl Sie in Ungarn mit Dreharbeiten beschäftigt sind – dafür vielen Dank. Was drehen Sie in Ungarn?

S: Einen Film, den ich gar nicht erwähnen möchte, denn ich bin mit dem, was dort gemacht wird, nicht einverstanden...

G: Ich bin jedenfalls sehr froh, daß Sie da sind, und freue mich riesig darüber. Befinden wir uns hier in Ihrer eigenen Wohnung?

S: Das ist die Wohnung meiner Schwester, die ich aber immer mitbenützen kann, wenn ich in München bin.

G: Wie oft sind Sie in München?

S: Tja, das kommt ganz darauf an ... meine Arbeit spielt sich ja hauptsächlich in den Vereinigten Staaten ab.

(Gautschy 1984, 255)

Gautschy interviewt seine Partner meist in deren Wohnung, und die Zuschauer wissen das. Gautschy weiß natürlich, daß es sich in diesem besonderen Fall n i c h t um die eigene Wohnung Schells handelt. Wenn nicht die Frage *Befinden wir uns hier in Ihrer eigenen Wohnung?* gestellt würde, käme niemand auf die Idee, daß es nicht Schells Wohnung ist. Die Frage supponiert also das Vorwissen, daß es sich hier nicht um den Normalfall handelt. Hätte Gautschy das einfach festgestellt, würde sich niemand wundern. So aber macht die Einführung einen kuriosen Eindruck (dies umso mehr, als es sich um die gedruckte Fassung des Interviews handelt, in der man offensichtliche Ungeschicklichkeiten hätte berichtigen können).[17]

---

17 Gautschy (1984, 13) schreibt selbst über die Retuschen, die bei der Umsetzung in den Drucktext vorgenommen wurden:
„Gewisse Sendungen eigenen sich besser zur Übertragung in die Buchform als andere. Weiter ist das freie Gespräch weitgehend amorph. Immer enthält es auch Überflüssiges – Schlacken: Füllwörter, Wiederholungen, abgebrochene Sätze, Belanglosigkeiten. Wo solche Äußerungen weder für den Inhalt des Gesprächs noch für dessen Atmosphäre oder für die Charakterisierung der Gesprächsteilnehmer bedeutsam waren, wurden sie weggelassen."

thematische
Steuerung
Subthemen
+
Großthema

Die Vorbereitetheit des Moderators hat nicht nur für ihn kommunikative Komplikationen zur Folge – die Balance zu halten zwischen Wissen-zugeben und Wissen-dissimulieren –, sondern sie engt auch den Spielraum des Partners ein. Wenn ein Moderator sich aufgrund seiner Vorbereitung einen Plan für ein Gespräch gemacht hat, dann ist es klar, daß er diesen Plan soweit wie möglich zu realisieren versucht, ungeachtet der vielleicht teilweise anderen Intentionen des Gastes. Das kann behutsamer und brüsker geschehen, direkter und indirekter. Als Beispiel sei die Talkshow „Heut' abend" herangezogen: Der Moderator Fuchsberger ist sichtbar vorbereitet – die schriftlichen Unterlagen hat er offen vor sich liegen –, und er hat offensichtlich ein klares Konzept vom thematischen Ablauf des Gesprächs. Wenn er den Gast behutsam in die gewünschte thematische Richtung steuern würde, müßten die Übergänge „natürlich" wirken, d.h. sie müßten an Stellen stattfinden, wo der Gast verbal oder nonverbal zu erkennen gibt, daß er mit einem Subthema zu Ende ist und auf weitere Direktiven wartet. Fuchsberger wartet solche Stellen aber nicht ab, sondern greift aktiv ein. Das kann ganz rüde geschehen, z.B. indem er dem Gast ins Wort fällt. Z. B. fragt er Christiane Hörbiger, ob ihr Wegzug aus Wien eine Flucht gewesen sei und wovor sie geflüchtet sei, worauf sie auf ihre Familie zu sprechen kommt. Fuchsberger fällt ihr ins Wort:

> Nee, also da möcht ich Ihnen ein helfendes Stichwort geben. Ich meinte jetzt weiß Gott nicht mehr die Familie, das ist wirklich abgehakt, sondern ich meinte jetzt Wien, Wien als Stadt, Wien als Lebensform (29. 4. 88)

Oder er fragt G. Konsalik [= K] nach dem Verhältnis von Fiktion und Realität. Der Gast redet um den Brei herum, und Fuchsberger holt ihn brüsk wieder zum Thema zurück:

K: es gibt Romane, die rein aus der Fantasie, die die unterhaltende Romane sind, die

F: Danke für das Stichwort, die Fantasie (...)
       (10. 5. 85)

Fuchsberger gibt seinen Gästen *Stichwörter*, die wahrscheinlich bis zu einem gewissen Grad abgesprochen sind. Und wie die obigen Beispiele zeigen, benutzt er das Wort *Stichwort* auch als metakommunikatives Signal der thematischen Steuerung.[18]

Es kann dabei passieren, daß ein Gast aus der Äußerung des Moderators irrtümlich ein Stichwort heraushört, das noch gar nicht vorgesehen war. In der Sendung mit R. Mey (18. 3. 88) will Fuchsberger auf Meys Schulzeugnis zu reden kommen, dabei fällt das Wort *Liedermacher*, was Mey als Stichwort auffaßt, so daß er zu erzählen ansetzt. Doch ist das Thema *Liedermacher* hier noch nicht vorgesehen, und so blockt Fuchsberger ihn ab mit dem Satz *Denk darüber noch nach!*. Erst später, an der vorgesehenen Stelle, wird dann das Thema *Liedermacher* freigegeben.

Auch das Umgekehrte kommt vor:

Nicht jeder Gast reagiert flink auf die zugespielten Stichwörter. Mancher möchte seinen eigenen Gesprächsplan weiterverfolgen und „überhört" das Stichwort. Im folgenden Beispiel sieht sich Fuchsberger zu regelrechten sprachlichen Turnübungen gezwungen, um sich gegen den Gast durchzusetzen:

[Sendung mit M. Schautzer, 15. 4. 88]
Max Schautzer erzählt von seinem beruflichen Werdegang. Fuchsberger versucht ihn durch ein Stichwort auf das nächste Subthema zu bringen:

Aber dieser dieser ähm Devisendisponent wurde dann Betriebsorganisator einer Versicherung – also –

Schautzer greift das Stichwort *Betriebsorganisator* nicht auf, sondern erzählt dort weiter, wo er vorher stehengeblieben war. Fuchsberger gibt dieses Subthema auf und versucht zum nächsten zu gelangen, was ihm aber nur über das – ausgelassene – Stichwort *Betriebsorganisator* möglich zu sein scheint:

---

18 Dieses Verfahren der thematischen Steuerung kann man als gezielte und bewußte Nutzung einer auch im Alltag üblichen Technik der Verknüpfung von Themen auffassen, wie sie Bublitz (1989, 186 f.) im Anschluß an A. Lötscher beschreibt.

F: Lassen wir beim <u>Betriebsorganisator</u> den Betrieb weg
S: Ja
F: Dann bleibt der <u>Organisator</u> und ersetzen wir den
S: Ja
F: <u>Organisator</u> durch eine <u>Nudel</u>, dann wird aus dem Max
      Schautzer eine <u>Betriebsnudel</u>. Stimmt das eher? Bist Du so
      was wie ne <u>Betriebsnudel</u>?

Fuchsberger hat sich offenbar im Netz seiner eigenen *Stichwörter*
verfangen, und nun versucht er seine mangelnde Flexibilität durch
sprachliche Kunststückchen zu kaschieren. Das wirkt auch gar
nicht besonders auffällig, da auch sonst eine seiner bevorzugten
Techniken der Steuerung darin besteht, daß er ein Wort aus dem
Text des Gastes aufgreift und zum Stichwort für das nächste
Subthema macht. Die sprachlichen Brücken sind dabei oft schmal,
und der Übergang wirkt wie ein Kalauer:

[Sendung mit R. Mey = Me; 18. 3. 88]
Me: Und dann hab ich manchmal das Glück gehabt, und auch
      die komische Überraschung, daß ich viele Sachen, die ich in
      dem deutschen Lied gar nicht unterbringen konnte, von dem
      ganzen Material, das ich gesammelt hatte, daß ich das plötz-
      lich in dem französischen Lied noch drin hatte. Das war oft
      ne <u>schöne Erfahrung</u>, daß ich irgendeine Idee, die leider
      wegen Platzmangels, wegen Wortmangels in das deutsche
      Lied gar nich mehr reinpaßte zack in dem französischen noch
      untergebracht habe.
F: <u>Schöne Erfahrung</u>. <u>Wie schön war die Erfahrung</u> für Dich,
      als du 1968 als erster Ausländer überhaupt den Prix Inter-
      national de la Chanson (...)

Andere Spielarten des Verhältnisses von Vorbereitetheit und Spontaneität sind in den großen *Unterhaltungsshows* realisiert. Ich
möchte hier auf einen Showmaster verweisen, der das Problem auf
eine sehr individuelle und geradezu raffinierte Weise gelöst hat:
Rudi Carrell in seiner „Rudi-Carrell-Show" (für andere Varianten
vgl. S. 317). Eines der beiden Hauptelemente der Show sind *Überraschungen* (das andere sind Imitationen berühmter Sänger). Das

Fernsehpublikum ebenso wie das Saalpublikum weiß das. Alle sind
also darauf gefaßt, daß *jemand überrascht wird*, natürlich auch
diejenigen Damen und Herren im Saal, die Carrell auf die Bühne
holt. Man weiß und weiß doch nicht genau... Dieses Spiel mit der
halben Gewißheit macht den Reiz mancher Gespräche dieser Show
aus. Da setzt sich Carrell scheinbar absichtslos auf einen „zufällig"
gerade freien Stuhl neben eine Dame und beginnt sie mit aus-
drucksloser Miene ein bißchen zu befragen, etwa so (2. 7. 88):

C: Man sitzt schön hier, echt so bequem, so, wie heißen Sie?
K: Petra Klaus.
C: Petra Klaus, aus?
K: Berlin.
C: Geboren, wo?
K: DDR, in B.
C: Und wie lange wohnen Sie schon hier?
K: Ein Jahr.

Es beginnt wie eine Gerichtsbefragung, so knapp und barsch, daß
es unhöflich wirken würde — wenn nicht jedermann ahnen würde,
daß Carrell gleich die Katze aus dem Sack lassen wird. Und das
tut er denn auch:

C: Ein Jahr wohnen Sie hier. Ja, ich weiß das alles.
K: Hm.
C: Ja, denn Sie haben uns geschrieben, sie möchten eine Ju-
       gendfreundin mal wieder sehen, und zwar äh, Sie haben die
       in einem Jugendlager kennengelernt, ja?
K: Ja.
C: Brigitte heißt sie, oder Britta?
K: Britta.
C: Britta, Britta, ja. Britta, äh, wie heißt sie? Britta ...
K: Schneider.
C: Britta Schneider, ja.

Man weiß nicht, ob seine Unsicherheit bezüglich der Namensform
echt ist oder Masche. Es verstärkt jedenfalls den Eindruck von
Echtheit.

C: Und Sie waren jahrelang Freundinnen und dann ist sie auch
     nach Berlin umgesiedelt.

K: Ja.

C: Weit bevor Sie das gemacht haben, und dann haben Sie
     nochmal geschrieben und haben keine Antwort mehr bekom-
     men, und jetzt suchen Sie, weil Sie wissen, daß sie auch in
     Berlin ist, suchen Sie diese Britta Schneider.

K: Hm (+).

C: Und dann haben Sie uns geschrieben, dann haben wir es
     versucht, aber es ist wahnsinnig schwierig, beim Einwohner-
     meldeamt, wenn man da kommt mit dem Namen Schneider,
     fangen die an zu lachen, natürlich, ah, heißen Sie auch
     Schneider?

H: Nee, Hochklaus.

C: Es wimmelt von Schneiders hier in Berlin, daß Sie das wissen,
     und so, da haben wir gedacht, wir laden Sie ein und machen
     einen Aufruf im Fernsehen, ich kann's auch für Sie machen:
     „Frau Britta Schneider, Ihre Freundin möchte Sie unbedingt
     gerne mal wieder sehen." Ist das schon ne Hilfe für Sie?

K: Jo.

Natürlich weiß er, daß sie nicht *Schneider* heißt, hier ist die
Unsicherheit ganz eindeutig komische Masche. Und am Ende der
Phase scheint der Briefwunsch erfüllt. Nicht sonderlich begeistert
klingt das Angebot, und nicht sehr enthusiastisch die Antwort.
Eigentlich hätte man sich von Carrell mehr an Überraschung er-
hofft... Dann aber kommt der Knalleffekt, als man ihn schon nicht
mehr erwartete:

(KURZE PAUSE)

C: Ja, das müßte eigentlich klappen, jemand kennt sie, ja.

K: Ja.

C: Wie? Sie ist schon unterwegs, ah, sie ist schon, wie? (JETZT
     SEHR ENTHUSIASTISCH, BEGEISTERT:) Sie ist schon da, sie ist
     schon da. Da ist Ihre Freundin. Britta Schneider! (APPLAUS)
     Komm her, komm her, kommen Sie her, wir kommen sonst
     zu Ihnen. Bitte nehmen Sie Platz. Ja, wie lange haben Sie
     sich nicht gesehen?

S: Ja, also zehn Jahre mindestens nicht.

C: Zehn Jahre nicht gesehen, ja. Und, ja was ist mit Ihnen passiert, äh warum, haben Sie, standen Sie nicht im Telefonbuch, oder wie war das? Haben Sie geheiratet?

S: Nein.

C: Das nicht. Aber Sie waren nicht im Telefonbuch, das hat sie versucht, Sie zu finden, da waren Sie nicht drin.

S: Nein, ich hab' mich nicht im Telefonbuch eintragen lassen.

C: Ah ja, darum war es so schwierig, aber es ist uns doch noch gelungen und herzlichen Dank beim Einwohnermeldeamt, daß sie's dann doch noch gemacht haben, ja. Sie haben einander viel zu erzählen, aber schauen Sie sich erst mal an, was wir sonst noch an Überraschungen gedreht haben. Davon eine ganze Menge, äh, in verschiedenen Orten in Deutschland, und die erste Überraschung drehten wir am Rhein.

Nun ist die „Zusammenführung" gelungen – ein Überraschungsmuster, das sich inzwischen vielfach bewährt hat und das in einer Szene kulminierte, in der zwei ältere Männer vor Freude und coram publico weinten. Und der deutsche Blätterwald seufzte auf:

Die Tränen eines Ostfriesen rührten 12 Millionen
Zwei Männer fielen sich in die Arme, weinten einfach los, vergaßen, daß sie 12 Millionen Zuschauer hatten: Rudi Carrell hatte am Schluß seiner Samstag-Abend-Show zwei Freunde zusammengeführt, die sich vor 32 Jahren zum letzten Mal gesehen und seitdem rund um die Welt verzweifelt einander gesucht hatten. Sie weinten so sehr, daß Carrell ergriffen die Kamera dezent zur Seite schwenken ließ. (BILD, 4. 9. 89)

Während die Überraschungen im Saal Ereignisse sind, auf die sich der zu Überraschende wenigstens psychisch einstellen kann (ohne vielleicht im Einzelfall zu wissen, worauf die Sache hinauslaufen wird), ist bei den gefilmten Überraschungen Carrells der Haupteffekt die gänzlich authentische, spontane, unverfälschte Reaktion des überraschten Partners. Zwar kann man sich kaum vorstellen, daß die Überraschten von dem Riesenaufwand an technischer In-

stallation für die Vorbereitung der Aufnahme nichts gemerkt haben
sollten. Dennoch wirken viele Szenen gänzlich authentisch.

[Film. Carrell im Off:]

C: (...) mitten in der Nacht. Es ist jetzt drei Uhr vierzig und
     Leverkusen schläft noch, mit Ausnahme von ein paar Men-
     schen, die Zeitungen austragen. Und eine davon ist Frau
     O.(...) Ein Lastwagenfahrer hat die Zeitungen, so ein paar
     Paketen (sic) hier, vor die Tür gelegt und gleich wird sie
     kommen und die Zeitungen abholen und ich kenn' einen
     ganz großen Wunsch von ihr. Sie kommt. (SINGT:) „Laß Dich
     überraschen, mitten in der Nacht." Hähähä. Tag Frau O(...).

O: Guten Morgen, Herr Carell. (EMPHATISCH:) Dat darf nich
     wahr sein.

C: Doch. Jetzt äh Zeitung austragen, wie lange machen Sie das
     schon?

O: Zehn Jahre, zehn Jahre jetzt.

C: Zehn Jahre.

O: Ja.

C: Jeden Morgen?

O: Jeden Morgen.

C: Auch wenn es friert?

O: Immer. Ob's regnet, stürmt oder schneit, immer.

C: Wieviel Zeitungen sind das in etwa?

O: So gut hundertfünfzig Stück.

C: Ah, ja. Zehn Jahre machen Sie das.

O: Ja, äh, ich kann das noch nicht fassen, nein, ich kann das
     einfach nicht fassen. Ich kann dat noch nicht fassen.

C: Wann haben Sie zuletzt Urlaub gemacht?

O: Vor zwei, drei Jahren, sonst ein, zwei Tage. Aber so richtig
     Urlaub noch nicht.

C: Ihre Tochter Sabina hat uns nämlich geschrieben, daß Sie
     seit dreiundzwanzig Jahren nicht richtig Urlaub gemacht
     haben.

O: Nee.

C: Ich möchte Ihnen einen Tag Urlaub besorgen, ja? Ich kenn,
     Ihre Tochter hat geschrieben, Sie haben einen ganz großen

Wunsch, Sie möchten einmal in einem Rennwagen – auf dem Nürburgring fahren –

O: auf dem Nürburgring fahren, ja.

C: Das machen wir heute.

O: Nein!

C: Ja. Hahaha. Damit wir schnell hinkommen, möchte ich äh Ihnen helfen, denn ich war auch mal Zeitungsausträger in meiner Jugend und später mal im Rundfunk, da hatte ich so ne Nummer als Zeitungsausträger mit Aktualitäten, ich kenn' mich da aus. Hab' en Fahrrad dabei und da fahren wir zusammen und Sie müssen mir immer sagen, wo ich die Zeitungen reinwerfen soll.

O: Dat gibt's nicht, dat gibt's.

C: Hähähä.

O: Also ich komm da noch nich drüber weg.

C: Setzen sich sich mal eben hin, eben erst mal beruhigen, ja, nun erzählen Sie mir mal genau die Adressen und so, wo wir hingehen sollen und so. Gehen wir in die Richtung? Ja? (APPLAUS)
(2. 7. 88)

Die Sprachlosigkeit der Überraschten äußert sich – authentisch und klischiert zugleich – in typischen Phraseologismen: *dat darf nich wahr sein, ich kann das noch nicht fassen* (mehrmals ähnlich), *dat gibt's nicht, ich komm da noch nich drüber weg*. Für ihre berufliche Tätigkeit hat sie ebenfalls ein Klischee bereit: *ob's regnet, stürmt oder schneit*. Soziolinguistisch interessant auch das Hin und Her zwischen regional-dialektalen und standardsprachlichen Formen *(dat/das)*. Man könnte denken, man befinde sich in einem Volksstück Kroetzscher Prägung. Frappierend ist zu sehen, daß das Arsenal der Formulierungen, die den Überraschten zur Verfügung stehen, offenbar sehr klein ist – auch das ein interessanter soziolinguistischer Aspekt. In zahlreichen Sendungen, die ich angeschaut habe, wiederholen sich die immergleichen Wendungen. Ich gebe nur ein weiteres Beispiel aus der gleichen Sendung (2. 7. 88):

C: Die hat uns geschrieben, und zwar seit einigen Jahren suchen
     Sie eine bestimmte Platte von Peter Alexander, von der Sie
     und auch wir den Titel nicht kennen.
B: Oh wei.
C: Wir wissen bloß, daß eine Zeile dieses Liedes lautet: „und
     hinterher, dann nehm ich Dich in meine Arme". Sie sitzt oft
     nächtelang vor dem Radio in der Hoffnung dieses Lied zu
     erwischen und aufzunehmen.
B: Ja, das stimmt.
C: Bisher saß sie vergebens, auch im Plattenladen blieb der
     Erfolg aus, niemand kennt diese Platte. Kann das sein, daß
     es dieses Lied ist?
     [Lied]
B: Ja. Das is es.
C: Das is es.
B: Das is es.
C: Ja?
B: Das ist mein Lieblingslied.
C: Ihr Lieblingslied. Wir haben die Platte gefunden.
B: Das gibt's nicht.
C: Hier ist sie.
B: Das gibt's nicht. Das gibt's nicht, ist das toll. (APPLAUS)

In der gleichen Sendung führt Carrell ein Gespräch mit Profis,
Kollegen (Thomas Gottschalk = G, Herbert Fischer = F), die als
prominente *Überraschungsgäste* auftreten (zum Anfang der Szene
vgl. S. 6). Da ist kein Spielraum mehr für Spontaneität. Jede
Pointe – bei allen Beteiligten – ist offensichtlich geplant und
abgesprochen, und die ganze Szene läuft auf eine Werbeveranstal-
tung für den neuen Film („Zärtliche Chaoten II") der Gäste hinaus:

C: Meine Damen und Herren. Viele – viele Zuschauer fragen
     uns, wie wir das machen, daß wir zuerst die Leute da sehen
     in Arbeitsklamotten und am Arbeitsplatz und gehen durch
     eine Tür, hier hinten, und plötzlich stehen sie in Showklei-
     dung auf einer Showbühne. Kann ich Ihnen mal eben ver-
     raten, und zwar nachmittags machen wir die Gespräche mit
     denen, ja, in Arbeitskleidung und so, vor Publikum, Gene-

ralprobe und abends wird das zugespielt und sie machen ihren Auftritt dann live auf der Bühne. Ich kann's Ihnen mal eben demonstrieren. Sogar, mal kucken, ob es überhaupt mal live geht, von einem zum anderen. – – Ich möchte auch mal jemanden imitieren. Sie glauben, daß kann ich nicht, hm? Wetten daß?

(APPLAUS. GOTTSCHALK TRITT AUF)

G: Zugabe, herzlich willkommen bei „Wetten daß", jawohl. Schönen Abend. (CARRELL TRITT HINZU) Hallo.

C: Hi Tommi. Warum bist Du in Berlin?

G: Ja, also, eigentlich nicht núr Deinetwegen, obwohl ich gern natürlich gekommen bin, aber auch ein bißchen wegen der zärtlichen Chaoten.

C: Wieso, ist die Bundesregierung da?

G: Gibt ja auch noch andere zärtliche Chaoten.

C: Ah Du meinst die holländischen Schlachtenbummler?

G: Auch nicht, obwohl – die fand ich toll, die ham sich irgendwie so richtig ins Wettspiel rein, ins Endspiel reingesungen, das könnt Ihr.

C: In die Tore reingesungen. Die sangen fast wie die wie die Fischer-Chöre.

G: Du es wáren die Fischer-Chöre.

C: Hä? – – Du willst doch nicht behaupten, daß der Fischer die Holländer dirigiert hat.

G: Doch, hast Du nicht gesehen?

C: Nein.

G: Fischer hat die Holländer dirigiert.

C: Na, das glaub ich nicht.

G: Soll ich ihn fragen? Willste es wissen? Ja? (RUFT:) Herr Fischer, bitte!

(FISCHER TRITT AUF, MIT ORANGER JACKE, ORANGEM HÜTCHEN MIT WEIßEM RAND UND FAHNE DER HOLLÄNDISCHEN FANS)

F: Holland, hepp! Holland, hepp! Holland, hepp! Hepp! Hepp!

(APPLAUS)

C: Ist der verrückt geworden?

G: Nein, es ist Holland, Fischer erzähl ihm, warum Du so
      herumläufst.

F: Es war so: als ich eine Eintrittskarte gekauft habe, da is
      irgendwie ein Fehler passiert, ich saß plötzlich, als einziger
      Deutscher, unter dreißigtausend Holländern. Ich mein einer
      allein wär' ja genug − (GELÄCHTER) Ja, und dann, i bin ja
      i bin ja n schlaues Kerlchen, nicht. Gib zu, daß ich ein
      schlaues Kerlchen bin. Er gibt's zu.

C: Ja, ich geb's zu.

G: Ich hab's gehört.

F: Und dann hab' ich mir − gewissermaßen aus Tarnungs-
      gründen hab ich mir diesen, dieses Ding da (ZEIGT AUF SEINE
      JACKE) gekauft. Und dann mußte ich auch noch, leider äh
      damit ich unerkannt bleibe, mitsingen äh: Oranje boven,
      Oranje boven. Also musikalisch bin ich nicht so auf Trab.

C: So so. Ich mein, bißchen übertrieben ich mein Hütchen hätte
      doch gereicht, aber auch noch ne Fáhne!

G: Du, die Holländer hatten alle ne Fahne. (GELÄCHTER, AP-
      PLAUS)

C: Herbert ich hab' was für Dich. Für das Spiel am 19. Oktober:
      Deutschland − Holland, ja, hab' ich ne Eintrittskarte für
      Dich. Aber sei vorsichtig, zieh die Jacke aus, denn Du sitzt
      im deutschen Block.

F: Da hab' ich vorgesorgt.

C: Vorgesorgt? − − (FISCHER ZIEHT DIE JACKE AUS, WENDET
      SIE; SIE HAT NUN DIE FARBEN SCHWARZ-ROT-GOLD. APPLAUS)

C: Aha!

G: Oooh − die Wendejacke! (GELÄCHTER)

C: Ja, jetzt äh seit zwei Tagen läuft in den deutschen Kinos äh
      „Zärtliche Chaoten II" ein Film, auch geschríeben von Tho-
      mas. Und äh ich möchte Ihnen mal n paar Ausschnitte aus
      diesem Film zeigen.
      [Filmausschnitte]

C: Herzlichen Dank, Herbert Fischer und Thomas Gottschalk.
      (APPLAUS)

Es beginnt damit, daß Carrell ankündigt, er werde sich — wie seine Imitatoren — verwandeln, und auch er möchte einmal jemanden imitieren. Wer dieser Jemand sein wird, läßt sich aus seiner Frage *(Sie glauben, das kann ich nicht, hm? Wetten daß?)* unschwer erraten. Er „verschwindet" und kommt als — Gottschalk zurück. Aber es ist der leibhaftige Gottschalk, der da auftritt, und er begrüßt das Publikum wie bei seiner eigenen Show. Carrell kommt von der Seite wieder auf die Bühne. Dann gibt es einen Schlagabtausch von Pointen, die zusammenhanglos wirken könnten, wenn sie nicht zielstrebig auf den Auftritt von Fischer hinlenken würden. Und der Dialog mit Fischer dreht sich um den Gag mit der „Wendejacke", bis dann etwas abrupt die Werbephase angesagt wird. Die ganze Szene läuft nach einem minutiös geplanten Drehbuch, jeder Kalauer, jede Handlung, jede Geste ist einstudiert.

Während die Unterhaltungsprofis mit ihrer Vorbereitetheit variantenreich umzugehen gelernt haben, ist die Situation gerade in dem Bereich, der von Kommunikationswissenschaftlern am meisten durchleuchtet wurde, noch geradezu archaisch: im Nachrichtenwesen. Ich nehme hier als Beispiel die Interviews in *Radio-Nachrichtenmagazinen*, da sie von der Produktionsseite[19] gut untersucht sind. (Für Dialoge in Fernsehnachrichtensendungen vgl. u. S. 219).

Inwieweit die Interviewer sich auf ein Gespräch vorbereiten sollen, ob sie sich nur inhaltlich vorinformieren oder im Extremfall alle Fragen schriftlich und wörtlich konzipieren sollen, darüber gibt es unter Journalisten die verschiedensten Auffassungen. Überwiegend aber tendiert man in Richtung weitgehende schriftliche Vorbereitung. Dies geht aus Befragungen von Journalisten hervor[20], und Narr (1988) hat dies am Beispiel des Nachrichtenmagazins „Heute-Mittag" (SWF 1) und seiner Produktionsbedingungen eindrücklich demonstriert. Während man als Rezipient und Linguist sonst immer auf eine Rekonstruktion der vermuteten Vorbereitetheit aufgrund von diskursanalytischen Beobachtungen angewiesen

---

19 Vgl. Narr 1988.
20 Z. B. Thorn 1981, 245.

ist, zeigt Narr auch die produktionsseitigen Hintergründe. Er druckt authentische Moderationsmanuskripte und die tatsächlich gesendeten Interviews ab, so daß man die Vorbereitungsverfahren im Detail beobachten kann. Es zeigen sich dabei Unterschiede zwischen Interviews mit *Primärinformanten* und *Sekundärinformanten*: „Primärinformanten stehen in direktem Zusammenhang mit dem Sachverhalt, über den es zu berichten gilt, sie sind von ihm betroffen", „Sekundärinformanten sind Teil des Nachrichtenapparates (...) und geben beruflich Informationen weiter, die sie aus verschiedenen Quellen sammeln." (Hang 1976, 81 f.)

Bei Primärinformanten ist die Tendenz, von den vorformulierten Fragen abzuweichen, viel größer als bei Sekundärinformanten. Interviews unter journalistischen Profis tendieren zu einer gänzlich rigiden Struktur.

Ich zitiere zwei Ausschnitte aus Narrs Beispielen, die den Gegensatz klar belegen:

Zunächst aus einem Interview mit einer Primärinformantin (241 f.): [nur die Fragen des Interviewers sind abgedruckt]

Moderationsmanuskript	Sendeoriginalton
(1) ... P. S., in Paris, was hat denn die größte Furore gemacht?	P. S., in Paris, was hat denn die größte Furore gemacht bei der Haute-Couture-Woche in Paris, die jetzt angelaufen ist? Was ist so besonders aufregend?
(2) Gilt immer noch, daß da nicht fotografiert, sondern nur mitgezeichnet werden darf?	
(3) Was ist denn so der Favorit: Enge Röcke, weite Röcke, lange oder kurze?	

(4)   Bloß etwas unbequem
kommt mir vor. So breite
Schultern geht ja noch,
meinetwegen, das stört
nicht weiter, unbedingt.
Aber wenn da unten die
Röcke so eng sind, das
finde ich etwas unbe-
quem. Ich glaub, ich
bleib da lieber bei engen
Hosen oder so. Das ist ja
auch noch modern,
haben Sie gerade gesagt,
enge Hosen, gell?

Von den (insgesamt 7) Fragen des Manuskripts ist nur eine in der
Sendung tatsächlich realisiert (1), und zwar bereits in angereicherter
Formulierung. Die Interviewte spricht sehr ausführlich und selbständig, so daß der Interviewer seine Fragenliste entweder gar nicht
anbringen kann oder aber — was wahrscheinlicher ist — bewußt
flexibel auf ihre Äußerungen reagiert. So ist denn (4) eine Reaktion
in Form eines Einwandes *(bloß..., aber wenn da ...)*, und erst an
diesen Einwand schließt sich eine Frage an, die sich an die Ma-
nuskriptfrage (3) anlehnt.

Ganz anders sieht das Beispiel eines Interviews mit einem Sekundärinformanten aus (244):

Moderationsmanuskript	Sendeoriginalton
(1) ... Kirchschläger soll auch gesagt haben, daß die Österreicher am 4. Mai bei der Wahl ent-scheiden sollen — auch über die weiße Weste Waldheims, H. D. in Wien?	(nach O-Ton Kirchschlä-ger): Soweit Kirchschlä-ger, der auch gesagt haben soll, daß die Österreicher am 4. Mai bei der Wahl entscheiden sollen. Sollen sie dann auch über die weiße We-ste Waldheims mitent-scheiden, H. D. in Wien?

(2) Was hat Kurt Waldheim   Ja, Herr D, was hat denn
     zu den Erläuterungen   eigentlich Kurt Waldheim
     Kirchschlägers denn ge-   zu den Erläuterungen ge-
     sagt?   sagt? Hat er sich schon
                                      geäussert?

Der Interviewer realisiert genau die Fragen, die im Manuskript
stehen, „Aspekte, die im Rahmen des telefonischen Vorgesprächs
mit dem Korrespondenten in Wien abgesprochen wurden" (Narr,
245). Er formuliert sie ein bißchen „sprechsprachlicher" (die bereits
im Manuskript vorhandene Partikel *denn* in 2 wird erweitert zu
denn eigentlich; die elliptische Formulierung *auch über die weiße
Weste... in 1 wird ausformuliert Sollen sie dann auch...). Er ergänzt
die eigentliche Frage in (2) durch eine Zusatzfrage *(Hat er sich
schon geäußert)*, die insofern überflüssig, ja unsinnig ist, als die
Hauptfrage präsupponiert, daß er sich geäußert hat. „Durch die
persönliche Anrede des Interviewten (...) und Pseudo-Bezugnahmen
auf vorhergehende Äußerungen (...) entsteht dennoch der Eindruck,
es handle sich um eine spontane (Live-)Interaktion. Dieser ‚Bluff'
wird für den Rezipienten aber nicht erkennbar, schon deshalb, weil
er — im Gegensatz zu Interviews im Fernsehen — die Gesprächs-
beteiligten nicht sieht, also nicht wahrnimmt, daß diese in ihren
schallisolierten Studios häufig nicht frei formulieren, sondern vorab
erstellte Frage-Antwort-Konzepte ‚verlesen'." (Narr, 245 f.)
    Die Vorbereitung von Interviews mit Sekundärinformanten kann
so weit gehen, daß nicht nur der Interviewer seine Fragen wörtlich
vorformuliert und der Fragenkatalog mit dem Interviewten abgesprochen wird, sondern daß „wie nach regelrechten Drehbüchern
perfekte Rollenspiele zwischen Moderatoren und Berichterstattern
(...) in Szene gesetzt werden. (...) Die Akteure sitzen sich im Studio
direkt gegenüber, es handelt sich also, was die Szenerie besonders
grotesk erscheinen läßt, um Face-to-face-Interaktionen (...)" (Narr,
246).[21]

---

21 Bei Narr 1988, 246 ff. sind zwei Beispiele für derartige „Drehbücher"
   abgedruckt.

Hier haben wir also den krassen Fall vor uns, daß Spontaneität *inszeniert* werden soll. Beim Radio ist eine solche „Täuschung" des Rezipienten – aufgrund der beschriebenen technischen Bedingungen – relativ leicht möglich. Aber auch beim Fernsehen verhält es sich in vergleichbaren Sendungen nicht grundsätzlich anders. Es ist im Grunde paradox, daß gerade im Bereich der Informationsvermittlung am wenigsten getan wird, um die faktischen Produktionsverhältnisse durchsichtig zu machen.

Narr hält Aussagen von Journalisten, die jegliche schriftliche Vor-Konzeption von sich weisen, auf Grund seiner Erfahrungen in der Nachrichten-Praxis für unglaubwürdig[22], und zu dieser Auffassung gelangt man auch als Rezipient beim bloßen Anhören typischer Interviews. Warum Journalisten zu dieser Art von Vorbereitung tendieren, ist leicht einsehbar und wird auch von den Journalisten selber so gesagt: Es gehört zu ihrem professionellen Ehrgeiz, „perfekte Präsentation" (Narr, 251) anzustreben. Versprecher und andere Symptome spontaner gesprochener Sprache gelten als unprofessionell.

Ein Merkmal, das dem Alltagsgespräch nicht unbedingt abverlangt wird, das im allgemeinen eher als störend empfunden wird, ist für Mediengespräche zum Gütezeichen geworden: die unvorhergesehene Wendung des Gesprächsverlaufs, die *Gesprächs-Krise*. Aus der Perspektive des Zuschauers: Wenn der Gesprächsplan des Moderators zusammenbricht, wenn der Gesprächspartner unerwartete Initiativen ergreift oder wenn er den Moderator attackiert, so hat das einen spezifischen Sensationsreiz. Ein solches Gesprächsrisiko ist am ehesten gegeben bei „Live"-Sendungen.

---

22 Narr 1988, 251. Wenn das de facto so ist, dann ist es allerdings fragwürdig, Nachrichten-Interviews als Formen „gesprochener Sprache" anzusehen, wie das die Forschungsstelle für gesprochene Sprache in Freiburg getan hat. Man ging damals davon aus, daß Hörfunk-Interviews „nicht rezitiert, nicht memoriert und nicht im Detail vorkonzipiert" seien (Hang, nach Narr 250). Narrs Untersuchungen zeigen, daß diese Annahme ungerechtfertigt ist. Man wird also gut daran tun, nicht gerade Merkmale dieser Textsorte zur Charakterisierung von gesprochener Sprache heranzuziehen.

Das Wort *live* ist zu einem der Hauptschlagwörter der elektronischen Medien geworden. Das Radio hatte von Anfang an den Printmedien seine Beweglichkeit voraus; dem Radio war es möglich, *vor-Ort live* dabei zu sein. Dennoch hatten auch beim Radio die vorproduzierten Sendungen das Übergewicht, so wie es heute in den Kultur- und Minoritätenprogrammen immer noch der Fall ist. Mit dem Aufkommen der *Begleitprogramme* hat sich das Bild gründlich gewandelt: Der *Moderator* als *Freund* und *Begleiter* durch den Tag hindurch ist selbst eine hier und jetzt lebende und sich an den Zuhörer wendende Person, er spricht von seiner jetzigen Befindlichkeit, vom Wetter draußen, von der Mühe, die er mit den Apparaten hat u. dergl.[23]. Er führt Gespräche mit im Studio Anwesenden oder – häufiger – per Telefon mit Journalisten *vor Ort*, mit Politikern, Experten, Bürgern etc. All das ist *live*, im technischen Sinne zunächst, dann aber auch in einem „ideologischen" Sinn: nicht (oder nicht völlig) vorprogrammiert, offen für Risiko und Unvorhergesehenes. Beim Fernsehen ist man dabei, diesen „Vorsprung" des Radios einzuholen. Allerorten ertönt in Programmdiskussionen der Ruf nach mehr Live-Sendungen jeglicher Art. Wie sich diese – im Prinzip erwünschten – Risiken im einzelnen darstellen und welche Strategien die Moderatoren entwickelt haben, um damit fertigzuwerden, wird noch darzustellen sein (vgl. S. 210 ff. u. 400 ff.).

Wie es Gesprächs-Eigenschaften gibt, die im Medium erwünscht, im Alltag eher unerwünscht sind, so gibt es auch das Umgekehrte. Nicht alles, was *alltäglich*, *natürlich*, *spontan* daherkommt, ist auch medienfähig.

Die Interviews in Radio-Nachrichtenmagazinen waren schon ein Beleg dafür. Daß aber auch für Gespräche, bei denen Spontaneität ausdrücklich angestrebt ist, die *Spontaneität* ihre *Grenzen* hat, zeigte z.B. die Radio-Senderreihe „Gegensätze" (Radio DRS), eine Art Talkshow ohne Moderator (ein vergleichbares Fernseh-Beispiel, „Wortwechsel", wird S. 110 diskutiert).

Bei einer Talkshow ist es der Normalfall, daß ein professioneller Interviewer die Moderation leistet. D. h. er führt das Gespräch

---

23 Vgl. Burger 1984, 191 ff.

nach seinen professionellen Kriterien und sorgt ständig dafür, daß die vorgesehene Struktur und der Zeitplan eingehalten werden, daß Krisen eingedämmt werden usw. Wenn kein Moderator vorhanden ist, ist das Risiko einer Gesprächskatastrophe groß. Andererseits hat das Fehlen des Moderators einen spezifischen Show-Wert. Soweit ich sehe, haben die Sendeanstalten kaum je den Mut zu dieser Gesprächsform. Und wenn sie vorkommt, dann non-live, so daß immer noch die Möglichkeit nachträglicher Bearbeitung bleibt. Das Radio mit seinen vielfältigen Möglichkeiten der Bearbeitung von O-Ton ist natürlich eher geeignet für derartige Experimente.

„Gegensätze" war ein solches Experiment. Es wurden jeweils zwei Leute mit gegensätzlichen Ansichten zu einem bestimmten Thema miteinander konfrontiert, sozusagen aufeinander losgelassen, also z.B. zum Thema „Pro Karriere – Anti Karriere". Damit ein solches Gespräch überhaupt stattfinden und allenfalls auch gelingen kann – was im Minimum heißt, daß kein Chaos entsteht –, muß es von Seiten der Redakteure sorgfältig vorbereitet sein. Die Redakteurin, die die Sendung moderierte, sah sich die Leute vorher genau an und testete sie auf ihre Gesprächsfähigkeit. Am Tag der Sendung ging es dann z.B. so weiter:

> Gegen 19.00 Uhr am Abend trafen sich die beiden ungleichen Männer. Sie wußten nichts voneinander, außer welchen Part sie im kommenden, gemeinsamen Gespräch einnehmen würden. Da saßen sie nun im Aufnahmeraum – zwischen ihnen das Mikrophon – und hatten jeder ein Getränk vor sich, der Anti-Karriere-Herr ein Glas Weißwein, während der karrierefreundliche Jura-Student beim bewährten Mineralwasser blieb. Durchs Regie-Fenster gab die Technikerin ein Zeichen und die beiden Herren konnten loslegen. Ich fand das unheimlich spannend; da saßen sich zwei wildfremde Menschen gegenüber, die außer ihrem Gegensatzthema nichts voneinander wußten. (Balmer 1983, 98)

Das Gespräch läuft dann problemlos ab:

> Beide Männer betonten, daß ihnen das Gespräch Freude
> gemacht hatte, und daß ihnen sehr bald das anfänglich be-
> fremdliche Mikrophon entglitten sei — als Störfaktor und
> überhaupt. Auch den fehlenden Gesprächsleiter empfanden
> sie nicht als Manko. (ebd.)

Die Redakteurin bezweifelt, ob das Gespräch ebenso lebhaft und
spannend verlaufen wäre mit einem Gesprächsleiter. Bei manchen
Gesprächen sei es allerdings — trotz der sorgfältigen Vorselektion
der Teilnehmer — sehr chaotisch zugegangen. Auch der nachträgliche Zusammenschnitt habe das nicht retuschieren können. Daß
ein solches Gesprächschaos über die Grenze des fürs Radio Tolerierbaren hinausging, hätten Hörerreaktionen gezeigt:

> Pikanterweise duellierten sich in besagtem Fall zwei gläubige
> mit zwei ungläubigen Menschen. Kaum einer der vier kam
> je mal umfassend zu Wort. Nach der Sendung erhielt ich
> Briefe, in denen Hörer fragten, wie ich solch unerzogene
> Menschen überhaupt vor ein Mikrophon lassen könne. An-
> dere meinten, es töne mittlerweile am Radio schon wie zu
> Hause am Familientisch. (ebd.)

Da sieht man drastisch, wo *Spontaneität* und *Natürlichkeit* von
Mediengesprächen ihre Grenzen haben. „Hier spielten Hörerge-
wohnheiten eine Rolle, die vom offiziellen Medium erwarteten,
nur gute, aufbauende und geordnete Gespräche angeboten zu bekommen und eben nicht so etwas wie das, was man schon zu
Hause habe." (ebd.) Der Spielraum des Mediengesprächs ist also
nicht nur durch die technischen und die kommunikativ-situativen
Bedingungen eingeschränkt, sondern in hohem Maße auch durch
Rezipientenerwartungen. Der Rezipient erwartet vom Medium
nicht bloß Spontaneität — die hat er selber daheim! Er erwartet
vom Medium nicht einfach ein Duplikat des Natürlichen, Alltäglichen, sondern mindestens eine in irgendeiner Weise *aufbereitete*
und damit *verfremdete, nicht-alltägliche Natürlichkeit*, eine mindestens *retuschierte Spontaneität*. Das ist sicher nicht nur — wie

Balmer meint — ein Folge von Rezeptionsgewohnheiten, sondern eine grundsätzliche Einstellung gegenüber den Medien. (Ob sich eine solche Einstellung mit zunehmender alltäglicher Nutzung der Medien ändern wird, ist schwer zu prognostizieren. Immerhin deuten die Erfahrungen mit den Phone-ins daraufhin, daß ein Wandel denkbar ist. Vgl. S. 374 ff.)

5. Intimität
in der Öffentlichkeit

Mediensendungen sind grundsätzlich *öffentlich*, d. h. für jedermann zugänglich, der über ein Gerät verfügt; und da es im westlichen Europa kaum noch einen Haushalt ohne Radio und Fernsehen gibt, erreichen die elektronischen Medien faktisch jedermann. Wer in den Medien auftritt, ist sich also bewußt, daß sein Auftritt potentiell von jedermann registriert wird; er ist kein *Privatmensch* mehr, sondern eine öffentlich gewordene Person. Die Journalisten leben berufsmäßig mit und von dieser Art Öffentlichkeit, und sie haben ihre Masken, Routinen, eingespielten Rollen entwickelt, die ihnen ein Leben als öffentliche Wesen ermöglichen. Sodann gibt es die Politiker, dann auch die Stars, die alle in dieser Öffentlichkeit und dazu in anderen Öffentlichkeiten (wie dem Parlament, dem Theater, der Rockbühne, dem Kino) existieren und ihre Weisen des Umgangs mit den Medien eingeübt haben. Zwischen Journalisten auf der einen Seite, Politikern und Stars auf der anderen Seite besteht eine eingespielte Kooperation, mit bewährten Umgangs- und Gesprächsregeln. Neben diesen Medienprofis treten aber in den Medien auch *Unbekannte*, *Bürger*, *Betroffene* auf − und wie sie auch immer qualifiziert werden mögen. Auch diese Unbekannten werden für die Zeit ihres Auftritts zu öffentlichen Personen, ohne daß sie aber über die routinierten Verhaltensweisen verfügen würden, die ihnen eine selbstverständlich-zwanglose Existenz in der Öffentlichkeit ermöglichen könnten. Hier besteht also kein prästabiliertes Einverständnis zwischen Moderatoren und Gästen, und es gehört zu den schwierigen Aufgaben der Moderatoren, mit unbekannten Gästen so zu sprechen, daß sie sich nicht düpiert vorkommen, daß sie ihren Auftritt wo nicht genießen, so doch erträglich finden, daß sie in ihrer sozialen Umgebung nicht *das Gesicht verlieren*, sondern möglichst an Prestige gewinnen. Auf die spezifische Problematik, die sich bei den Hörertelefonen im Radio ergibt, gehe ich später (S. 375) näher ein.

Hier möchte ich – an Beispielen aus Fernsehgesprächen – einen *Konflikt* bewußt machen und in seinen Folgen veranschaulichen, der sich aus der trivialen Tatsache ergibt, daß die im Medium Auftretenden einerseits zwar zu *öffentlichen* Personen werden, andererseits aber *Privatmenschen* bleiben und ihre privaten Gefühle, Denkweisen, Verhaltensweisen hinter den Masken nicht grundsätzlich verbergen können. Das gilt natürlich zunächst für die Unbekannten, aber letzten Endes auch für die Medienprofis, wenn sie z. B. unter Streß stehen (man erinnere sich an die Bemerkungen des Journalisten Lueg über *die Stunde der Wahrheit* in der Wahlnacht, vgl. S. 50). Privatheit bedeutet aber auch: geschützte Zonen zu haben, in die niemand eindringen kann oder darf, Bereiche, die gegenüber jeder Art von Öffentlichkeit tabu sind.

Für Mediengespräche in den öffentlich-rechtlichen Medien gilt allgemein, daß der Bereich des sehr Persönlichen, Intimen, ganz Privaten ausgespart bleibt. Das ist ein Grundsatz journalistischer Ethik. Der Moderator hat die *Privatsphäre* des Partners zu respektieren, andernfalls würde er das *Image*, das *Gesicht (face)* des anderen bedrohen[24]. Dabei hätte natürlich ein voyeuristischer Blick in das Privatleben von Berühmtheiten auch hier seinen Unterhaltungswert. Aber eben: es schickt sich nicht. Oder: es schickt sich nur bis zu einem gewissen Grad, und hier ist gerade interessant zu sehen, wie weit die Grenze im Einzelfall hinausgeschoben werden kann.

Natürlich ist die Definition dessen, was als *intim* zu gelten hat, abhängig von soziokulturellen und historischen Faktoren. Sex ist das beste Beispiel für die weitgehende Enttabuisierung eines Intimbereichs – ein Prozeß, der sich innerhalb weniger Jahrzehnte

---

24 Vgl. Holly 1979, der die Theorie des Soziologen Goffman unter linguistischen Aspekten weiterführt, und Brown/Levinson 1978. Jucker (1986) wendet die Theorie der „face threatening acts" von Brown/Levinson auf BBC-Nachrichteninterviews an.

vollzogen hat. Die Medien haben ihren Anteil an derartigen Enttabuisierungsvorgängen. Man denke an die gegenwärtig in den öffentlich-rechtlichen Medien stattfindende Diskussion um Pornofilme, die durch den Druck der Privatsender erzwungen wurde. Aber sieht man einmal ab von diesen soziokulturellen Wandlungen und legt man einen synchronen Schnitt durch die Medienpraxis, dann wird bald einmal klar, daß manche Moderatoren sich mehr leisten (können) als andere und daß manche Gesprächsformen eine größere Toleranz ermöglichen als andere.

Nach meinen Beobachtungen gibt es hingegen keinen deutlichen Unterschied in der Art und Weise, wie Medienprofis und Unbekannte in bezug auf ihre *Privatsphäre* behandelt werden. Man würde denken, nur bei den Berühmtheiten sei es für einen Moderator interessant, die *Toleranz* gegenüber *Zudringlichkeiten* zu testen. Das scheint aber durchaus nicht der Fall zu sein. Je prominenter ein Moderator ist, desto eher kann er sich einen gelegentlichen Blick über den Privatzaun leisten, und mancher Medienstar macht es zu seinem Markenzeichen, daß er gerade dies tut und daß man dies von ihm erwarten darf. Kulenkampff[25] ist beispielsweise weniger zimperlich als Fuchsberger, der nur unter Vorkehrung aller möglichen präventiven und begleitenden Schutzmaßnahmen private Themen zur Sprache bringt (vgl. S. 89).

Freilich handelt sich bis anhin eher um ein *Spiel auf der Grenze* oder um mehr oder weniger dreiste Versuche, die Grenze um ein Weniges zu verschieben, als um eigentliche Grenzüberschreitungen.

Ein Beispiel, in dem der Moderator geradezu programmatisch das Spiel mit der Toleranzgrenze auf den Punkt bringt, fand ich in der ZDF Talkshow „live" (2. 3. 89). Die Schauspielerin und Sängerin Senta Berger hat vorher schon recht ungehalten auf die Frage nach dem Verhältnis von Schönheit und beruflichen Fähigkeiten reagiert (vgl. S. 91), und nun versucht sie der Moderator Harry Valerien noch einmal aus der Reserve zu locken:

---

25 Vgl. den Gesprächsausschnitt in Burger 1984, 45 ff., oder auch das Beispiel
S. 312.

Senta Berger = B, Jurek Becker = JB]

M: Ich hoffe͡, daß Sie das jetzt nicht aúch übel nehmen — wenn
     man mit solchen Schauspielern zusammen war — vor der
     Kamera͡, wie Richard Widmark oder Mastroianni (…) —
     und man ist ja Frau (SÜFFISANT), man hat Gefühle (GELÄCH-
     TER) — Vor-lieben (GELÄCHTER) also was lachen Sie jetzt
     schono͡, mir san noch gar ned so weit (GELÄCHTER, UNVERST.)
     — im übrigen͡, ich bin immer ein Fán gewesen von Ihnen
     (…) Ich wollte nur sagen äh Senta, wie ist das dann, wenn
     man also äh solchen berühmten Namen als junge Dame
     begegnet, dann muß doch irgendwo was Besonderes sein bei
     dem einen͡, und bei dem anderen sagst nee eigentlich wider-
     lich͡, möcht ich gar nicht͡, hab ich mir ganz anders vorgstellt,
     und beim andern ziehts dich da hin

B: Ich glaube͡, es is wie in einem Postamt oder in einem Büro
     oder am Flughafen — man lernt viele Menschen kennen, und
     Menschen haben verschiedene Qualitäten und Eigenschaften,
     und der eine hat Charme, der andere kann schön erzählen
     und hat Humor, und äh es kann dir passieren — in jédem
     Büro, überall — das hat nichts zu tun mit meinem Beruf͡,
     möglicherweise sind die Leute͡, mit denen ich zusammenar-
     beite͡, bizarrer, spontaner, ungeschützter — das is interessánt.
     Aber letztlich reduziert sich's doch auf mích, und ob ich den
     als Kollegen sehe oder als Mánn, und da werd ich Ihnen jetzt
     sicherlich keine Auskunft geben, wann ich wen — wie ge-
     sehen habe (GELÄCHTER)

M: Hab ich auch gar nicht erwartet (UNVERST., DURCHEINANDER,
     GELÄCHTER, DANN JUREK BECKER:)

JB: Ich hätte das gern gewúßt (GELÄCHTER)

M: Es muß ja erlaubt sein zu fragen͡, wie sagt Oscar Wilde? „Es
     gibt keine indiskreten Fragen, es gibt nur indiskrete Anwor-
     ten" (GELÄCHTER)

B: Ja, daran halte ich mich

M: und Sie haben sich genaú dran gehalten

Hier setzt die Befragte die Grenze des Beantwortbaren selber, und
der Moderator gibt sich zufrieden. Mit dem Wilde-Zitat rechtfertigt

er schlau, daß er als Moderator die Grenze weiter stecken wollte, als die Befragte es tolerierte. Und Becker bekundet als momentan Außenstehender, daß dieses Vorgehen im Interesse des Publikums liegt. Das Zitat könnte als Motto über vielen ähnlichen Versuchen von Moderatoren in Talkshows stehen, die Fragen ein Stück weit in intime Bereiche voranzutreiben.

Meist sind es nur Spielchen an der sexuell-erotischen Toleranz-grenze, die da gespielt werden, das was man alltagssprachlich als *Anzüglichkeit,* als leicht *schlüpfrig* charakterisieren würde, viel seltener natürlich sind ernsthafte Bedrohungen der Intimsphäre. Meister der Anzüglichkeiten war H. J. Kulenkampff; aber auch R. Carrell bewegt sich gekonnt — freilich viel cooler — auf diesem Glatteis. Ein Beispiel für viele:

[Aufgezeichnetes Interview mit einer Gesangsimitatorin (= G), das in der live-Show eingespielt wird:]

C: Was machen Sie beruflich?
G: Ich bin Schauspielerin.
C: Wie? Wo?
G: Zuletzt war ich am Landestheater in Innsbruck.
C: Was haben Sie da gespielt?
G: Da habe ich gespielt: „Dorf ohne Männer" von Horváth.
C: „Dorf ohne Männer"!
G: Ja.
C: Die Alice Schwarzer Sitz/Siedlung
G: Äh, nein, es ist nicht so schlimm, wie sich's anhört, es sind mehr Männer drin als im Titel vorkommen.
C: Äh, schreiben Sie auch mal selbst mal was?
G: Ja ich selber schreib Theaterstücke für Kinder und zusammen mit meinem Mann hab' ich schon mal Kindermusical ge-schrieben.
C: Sie sind verheiratet.
G: Ja.
C: Wie lange?
G: Zehn Jahre.
C: Zehn Jahre.
G: Ja. Hm (+).

C: Sie sehen so jung aus.

G: Bin ich auch.

C: Aber zehn Jahre verheiratet. Wie alt waren Sie als Sie geheiratet haben?

G: Siebzehn.

C: Mit siebzehn haben sie geheiratet. Warum mit siebzehn?

G: Weil ich Lust dazu gehabt hab.

C: Schön, gut.

G: Ja.

C: Und Sie bereuen es nicht?

G: Nein.

C: Nein. Und welches Lied wollen sie jetzt singen für uns?

G: Ich will singen: I wonna be loved by you.

C: Trotzdem

G: Mhm. Trotzdem.

C: Und wen würden Sie dabei imitieren? Frage überflüssig, denn...

G: Marilyn Monroe.

C: Marilyn Monroe, ja. Wir haben auch äh, wie vorher ganz in weiß ja, für Sie.

G: Oh toll, super.

C: das berühmte Kleid von Marilyn Monroe. Nicht das Original, das Original ist vor einem halben Jahr versteigert worden für ein Vermögen in London, ja, wir haben auch die Marilyn Monroe-Perücke, bitte sehr. Meine Damen und Herren. Brigitte L(...) soeben noch in der Garderobe, jetzt auf unserer Showbühne.
(2. 7. 88)

Es beginnt damit, daß er den Titel *Dorf ohne Männer* erstaunt-anzüglich ausspricht und ihn dann mit Alice Schwarzer in Verbindung bringt. Der Witz *(Alice-Schwarzer-Siedlung)* kommt aber nicht an, weil Carrell sich zuerst verspricht und undeutlich artikuliert, und so läßt er diesen Faden sofort fallen. Es geht dann unverfänglich weiter, bis zu der mit neutraler Intonation gesprochenen Feststellung/Frage *Sie sind verheiratet*. Und dann geht es Schlag auf Schlag, jede Frage Carrells eine kleine Provokation, sogar der englische Lied-Titel entgeht nicht der anzüglichen Kommentierung *(trotzdem)*.

Die Moderatoren von „live" (ZDF) wagen sich gelegentlich recht weit in *tabuisierte* private Bereiche vor, deren partielle Enttabuisierung noch nicht zum gängigen Spiel gehört. So sind sichtbare Gebrechen, unfallbedingte Entstellungen und dergleichen im allgemeinen noch kein Thema für wagemutige Moderatoren. Anders in einem Beispiel (31. 3. 88) mit dem Rennfahrer Niki Lauda, der durch einen Unfall Verunstaltungen erlitten hat. Die Moderatorin Amelie Fried kommt ganz direkt darauf zu sprechen:

M: Aber das klingt also äh auch für mich supercool, wenn einer sagt, der gerade am Tod vorbeigeschlittert ist — ja dann bin ich zum Glück gut behandelt worden und war schnell wieder fit zum Weitermachen, also Sie haben (GELÄCHTER) Sie

L: deswegen wollt ich wieder fahren ne

M: haben auch Narben zurückbehalten, Sie äh sind also gekennzeichnet wirklich für den Rest Ihres Lebens von dieser Erfahrung. Ich frag mich zum Beispiel, Sie könnten diese Narben w-weiterbehandeln lassen mit kosmetischen Operationen, Sie tun das bewußt nicht, Sie lehnen das ab, warum eigentlich?

L: S'kostet Geld und tut weh.

M: Na also, Geld haben Sie doch genug.

L: Na aber weh tun tut's.

M: Weh tut's. Gut, das ist vielleicht ein Argument.

Sie hat ihm zwei provozierende Fragen gestellt, mit der zweiten kommt sie auf den heiklen Punkt des Aussehens, er antwortet klipp und klar, sie hakt nach, er präzisiert, und sie konzediert ihm die Berechtigung seines Argumentes. Dann geht sie noch weiter ins Private, in den Bereich der Gefühle des Gastes, und jetzt wird sie in ihren Formulierungen deutlich unsicherer, zögernder, vager:

M: Aber leiden Sie nicht doch manchmal unter diesen — einfach unter dieser (sic) Veränderungen, die — Ihr Gesicht da erlebt hat?

Längere Pausen, zweifacher Ansatz zur Formulierung mit gram-
matischer Fehlplanung *(dieser)*, eine semantisch sehr unspezifische
Paraphrase des Gemeinten *(Veränderungen...)* – all das sind Signale für die Unsicherheit beim Übertritt in tabuisierte Gesprächs-
zonen. Er antwortet weiterhin *cool*, man merkt, daß er auf Fragen
dieser Art gefaßt ist und rationalisierende Antworten parat hat:

L: Also ich muß Ihnen ehrlich sagen, wie det ja ich mein ich
     bin ja der Überzeugung, daß ich jetzt ja viel besser ausschau
     wie grad nach dem Unfall, no oder auch vorher, das kann
M: als vorher? (LACHT)
L: ich nicht beurteilen – aber – es ist immer wieder das gleiche
     w-wenn S sich vorstellen würden, daß Ihnen so ein Unfall
     passiert, dann – schauen'S sich mal in'n Spiegel und den-
M: hm
L: ken sich, ja gut, jetzt schau ich so aus, was mach ich jetzt
     damit, ja. Ja also tun kann man nichts damit, man muß sich
     damit abfinden und muß also sagen äh so is es halt jetzt
     und wenn man dann
M: Ja, als Mann – als Mann hat man noch eine Chance,
     man kann diese Narbe als Trophäe betrachten, als Frau hat
     man diese Chance wirklich nich, glaub ich – also für einen
     Mann, für einen Rennfahrer, der kann immer noch sagen,
L: Ja als Trophäe
M: hier schaut her, ich bin ein Held
L: Als Trophäe betrachte ich das sicher
     nicht. Es gibt aber zum Beispiel Menschen, die sind von
     Geburt aus nicht so schön, i mein, die können ja auch nix
     dafür.

Nicht selten wird das Überschreiten einer Toleranzschwelle dadurch ermöglicht, daß der Gast den Moderator dazu provoziert.
Ich gebe drei Beispiele für derartige *Initiativen* von Seiten des
Gastes:
     Der erste Fall stammt aus der Unterhaltungsshow „Auf los geht's
los" mit J. Fuchsberger. Eine Spielkandidatin (= K) nimmt in ihrem

Bewerbungsbrief die Pointe vorweg, so daß Fuchsberger nicht umhin kann, den Brief zu zitieren und nachzufragen:

M: Sind Sie verheiratet?
K: Nein, ich bin ledig.
M: Ja, dann brauch ich nicht fragen, ob Sie Kinder haben?
K: Ja, ich habe eine Tochter, eine neunjährige. Also sie wird am zwanzigsten Jänner neun Jahre alt.
M: Jetzt weiß ich's: Sie haben in Ihrem Brief geschrieben, ich bin zwar ledig, hab aber eine Tochter, kann ja mal vorkommen.
K: Ja genau (LACHT, APPLAUS)
M: Wollen Sie dieses „mal" noch ein bißchen präzisieren?
K: Ja, es kommt öfters mal vor, glaub ich.
M: Das dachte ich.

(15. 1. 83)

Auf kleinstem Raum spielt sich hier ein gekonntes Versteckspiel ab: Wenn jemand geantwortet hat, *ich bin ledig*, fragt man eben nicht nach Kindern. Wenn er es dennoch tut, ist klar, daß er Vorinformationen hat. Sie antwortet auch nicht mit der textlinguistisch zu erwartenden Partikel *doch* (er hat gefragt, ob er zu fragen brauche), sondern mit *ja*, als wenn er einfach gefragt hätte *haben Sie Kinder?* Darauf tut er so, als falle ihm erst jetzt der Brief ein, und zitiert ihn. Der Intonation kann man nicht entnehmen, ob *kann ja mal vorkommen* sein Kommentar oder noch Zitat ist. Der Applaus gilt denn wohl auch der vermeintlichen Pointe des Moderators. Erst die Nachfrage klärt, daß er tatsächlich zitiert hat. Zum Glück insistiert er nach ihrer nichtssagenden *Präzisierung* nicht weiter, sondern schließt das Gespräch mit „wissender" Geste ab.

Das zweite − ähnlich gelagerte, aber bedeutend peinlichere − Beispiel stammt aus der „Rudi Carrell Show" (2. 7. 88):

C: Vincenzo Possini als Roy Black. Toller Applaus. Bei den tausenden Briefen, die wir nach der letzten Show bekommen haben, fand ich eine kleine, lustige Geschichte, aber ich möchte erst mal fragen: ist ein Jost Hartmann hier im Publikum? Ein Jost Hartmann?

H: Ja.

C: Ach, können Sie mal eben zu mir kommen? Herr Hartmann? Meine Damen und Herren, das ist Jost Hartmann. (APPLAUS)

Carrell spielt hier das oben (S. 56) beschriebene Überraschungsspiel. Natürlich weiß er, daß *ein Herr Hartmann* im Saal ist, und Herr Hartmann weiß offenbar – wie das folgende Gespräch zeigt –, was nun auf ihn zukommt.

C: Herr Hartmann, bitte nehmen Sie Platz. Das ist ne kleine, lustige Geschichte. Und zwar vor drei Jahren haben Sie das elterliche Nest verlassen.

H: Ja, stimmt.

C: Ja, und seitdem haben Sie einen kleinen, lustigen Krieg mit ihrer Mutter, einen Kleinkrieg.

H: Ja. Das stimmt auch, ja.

C: Ja. Warum?

H: Und zwar mein Vater hatte immer so ne schöne Unterhose, die er mir unbedingt vermachen wollte, äh, ich glaube, orange war sie mit blauem Rand, und da meine Mutter immer noch meine Wäsche wäscht, hat sie die mir mal so untergeschoben, aber ich wollte die wegen der Mode nicht unbedingt tragen und da hab' ich sie ihr wieder zurückgegeben, dann hat sie sie wieder bei mir versteckt, ich hab' sie ihr mit der Post zurückgeschickt, sie hat sie bei mir in der Wohnung versteckt, ich versteck sie bei ihr hinter Bildrahmen und so ging das einfach seit drei Jahren hin und her, daß wir uns die Hosen gegenseitig so versteckt haben.

C: Ja, sie hat sogar im Gefrierfach haben Sie die Hose getan, ja? Drei Jahre. Wir erfüllen Wünsche, ja, und nach drei Jahren möchte Ihre Mutter diesen Kleinkrieg beenden und Sie doch herzlichst bitten, ob Sie die Hose nun endgültig behalten.

H: Och ja, ich glaub, auf durch diese Art, ja.

C: Vor Millionen Menschen, ja da muß man doch eigentlich, die Idee von Ihrer Mutter ist so gut.

H: Die ist gut, ja.
C: Also Sie behalten die Hose.
H: Ich behalt' die Hose.
C: Ja. Das können Sie ihr gleich sagen. Hier ist Ihre Mutter.
     (MUSIK, APPLAUS)
C: Kommen Sie mal hier in die Mitte, zu mir, ja.
M: Ich hab' gleich gesagt, das is ja wohl nicht wahr.
C: Aber haben Sie die Hose dabei?
M: Aber natürlich.
C: Da sind wir ja gespannt. Ohohoho. (APPLAUS)
M: Ich wußte nicht, wie ich sie Dir sonst noch zurückgeben
     sollte, und da hab' ich an Rudi geschrieben und hat es so
     hier geklappt.
H: Das ist die einzige Person auf der Welt, die ich kenne, der
     ich das zutrauen würde: meiner Mutter.
C: Wunderbar. Sie brauchen sie jetzt natürlich nicht anzuziehen.
     Jedenfalls, es war so wie ich sagte, eine schöne, kleine, nette,
     lustige Geschichte, ja, und die nächste Überraschung drehten
     wir in Leverkusen.

Von Unterhosen ist in Fernsehgesprächen im allgemeinen nicht die
Rede, und gezeigt werden sie – außerhalb der Werbung – schon
gar nicht. Daß der intime Kleinkrieg zwischen Mutter und Sohn,
der an Peinlichkeit nichts zu wünschen übrig läßt, auf diese Weise
publik gemacht wird, ist – wie im obigen Gespräch mit Fuchsberger – wieder der Initiative des Gastes bzw. seiner Mutter zu
„verdanken". (Man beachte übrigens wieder den stereotypen Phraseologismus der Überraschung *das is ja wohl nicht wahr*.)
    Der dritte Fall ist ganz anders gelagert. Hier handelt es sich
nicht um eine Einzelinitiative eines Gastes, sondern um das ganze
Auftreten und das kommunikative Verhalten des Gastes, durch das
die Privatsphäre zur Sprache kommt. Der Schriftsteller Hans Mario
Simmel macht kein Hehl aus seinen Schwächen: er ist schüchtern,
stottert, und er war Alkoholiker. Wenn jemand beim Sprechen
behindert ist, ist er normalerweise nicht gerade der ideale Gesprächspartner in einer Fernsehsendung. Da Simmel aber auch diese
Behinderung geradezu exhibitionistisch vorführt, bekommt sie

einen gewissen Unterhaltungswert. In einer Talkshow mit
F. A. Meyer (Vis à vis, SRG, 2. 3. 83) verbreitet er sich ausführlich
und mit beinahe masochistischem Behagen über die Nachtseiten
seiner Person. Und auch in der Unterhaltungsshow „Wetten daß…"
(11. 12. 82) kommen sie zur Sprache. Möglicherweise hat F. Elstner
ihn gerade deswegen eingeladen — weil man von ihm die öffentliche Selbstentblößung erwarten darf. Was in einer Talkshow vielleicht noch echt wirkt, wird im Kontext der Unterhaltungsshow
peinlich, zumal dann, wenn es — wie hier — mit einer unverhohlenen Eigenwerbung kombiniert ist. Elstner führt ihn überschwenglich ein, aber bereits mit einer Andeutung des Aspekts „Schwäche":

M: Johannes Mario Simmel — Sie müssen in der Zwischenzeit
   einen großen Teil Ihrer Ruhe verloren haben, wenn Sie sehen,
   daß meine Gesprächszeit fast zu Ende is und ich grade erst
   bei Ihnen lande. — Ein Mann mit Ihren Erfolgen — über 50
   Millionen Bücher in der ganzen Welt, ich bin davon überzeugt, daß viele unserer Zuschauer grade Ihre neuesten Bücher alle gelesen haben, auch die älteren, jetzt ob das der
   „Kaviar" war, Ihre wunderbaren Romane, die verfilmt wurden — (ZU HEIDI KABEL GEWENDET:)Heidi, haben Sie mal n
   Buch von ihm gelesen?
K: Aber sicher — den „Kaviar" — ganz bestimmt
M: ja   die Rezepte
   nachgemacht?
   (GELÄCHTER, WEITERES GEPLAUDER ÜBER DIE REZEPTE)

Dann beginnt er das eigentliche Gespräch, schonend-fürsorglich —
fast wie wenn er ein unbeholfener Saalkandidat wäre:

M: Herr Simmel — Sie sind eigentlich, in Wirklichkeit ein so
   irrsinnig erfolgreicher Mann, und wer Sie 'n bißchen näher
   kennt, weiß, Sie sind schüchtern — und haben Angst.
S: Richtig, ja.

Daß ein Prominenter Schwächen hat wie ein unbekannter Saalkandidat, das würde ein Moderator sicher nicht thematisieren — wenn
die Sache nicht sowieso bekannt und vom Gast toleriert (oder
sogar gewünscht) würde.

Die pflegliche Behandlung wird dann noch weiter getrieben:

M: Ist das jetzt für Sie ne große Belastung, hier bei uns zu sitzen?

S: Nein − nein − überhaupt keine. Daran hab ich mich inzwischen gewöhnt, ans Fernsehen, aber ich b-bin schüchtern,
das weiß die ganze Welt, und Angst − hab ich weder/ wie
jeder normale Mensch

E: (SEHR LIEBENSWÜRDIG) ‚n bißchen mehr -. Macht's Ihnen
denn en bißchen Spaß bei uns, so, hier im Fernsehstuhl?

S: Ja, großen Spaß.

Simmels Reaktion ist eine Mischung von Selbstentblößung und
Überheblichkeit *(die ganze Welt)*. Im folgenden dominiert zunächst
die unverhohlene Selbstdarstellung, vom Moderator toleriert und
sogar unterstützt. Er erzählt davon, wie er mit seinen Büchern die
Welt habe verbessern wollen, was ihm aber nur (oder immerhin!)
in einem einzigen Fall gelungen sei:

S: Ich hab ein Buch über geistig behinderte Kinder geschrieben,
und − alle Regierungen der Welt angeklagt, daß sie für die
Kinder zu wenig tun. Und daraufhin haben fünf Länder ihre
Gesetze zugunsten der Kinder geändert. Und das ist für einen
Schriftsteller ein schönes Gefühl

M: Ja   Das kann man wohl
sagen. (APPLAUS) Ich glaube, daß Sie immer wieder versuchen, in jedem Buch ähm ein paar Kernsätze Ihrer Lebens-
philosophie unterzubringen, wo Sie den Menschen schon im
Buchtitel fast sagen möchten ähm, wie Sie es ja gerne

S: Ja

M: hätten, daß es ein bißchen ruhiger auf der Welt zugeht.

Diese feierliche Deklaration bereitet thematisch die nun folgende
Eigen-Werbung vor, die somit bruchlos sich anschließt:

S: aja − äh wenn ich sagen darf (HUSTET), ich weiß genau äh
Sie habens mir erklärt, das Zweite Deutsche Fernsehen ist
nicht dazu da, Reklame für Bücher zu machen − ich hab 'n
neues Buch geschrieben − das Buch heißt − „Bitte laßt die
Blumen leben" − gemeint sind natürlich die Menschen −
− − Und das Buch kommt na (LACHT VERLEGEN) und das
Buch kommt am 8. Januar raus.

M: Sie müssen sich (LACHT) — Herr Simmel, Sie müssen sich
doch wírklich nicht schämen (APPLAUS) — Reklame für Ihre
Bücher zu
machen — jeder Sänger, der hier sitzt, spricht von seinen
S: Nein ich wollt etwas sagen
M: Schallplatten, der Günter spricht von seinem HSV Sie sind
ein Mann, der einen Buchstapel mit ner Auflage von zwei
hunderttausend Büchern — das ist ja Ihr Beruf — ich mein,
S: Ja
M: ich kann mich ja nun mit Ihnen nich ich weiß nich was über
Haareschneiden
S: (SEHR VERLEGEN) nein nein, ich unterhalt mich gérn mit Ihnen
— ich weiß nur nich, ob Ihre Leute es so gerne sehen, wenn
Sie wenn ich es tu
M: Na machen sich da mal keine Sorgen, Herr Simmel

Nach dieser unverhohlenen Aufforderung zur Selbst-Werbung
kommt Elstner auf die persönlichen Schwächen Simmels zu sprechen. Daß das Thema — freilich nachdem Simmel am Anfang
schon Andeutungen gemacht hat — nun vom Moderator initiiert
wird, deutet auf vorherige Absprache hin:

M: Ich möchte — gerne eín ernstes Wort jetzt noch sagen, weil
S: ja
M: mir das bei Ihnen/ das beeindruckt mich so. Ich hab in meinen
Sendungen schon mit Menschen zusammengesessen, die
Schwächen hatten, mit denen sie nich fertig geworden sind,
und wenn ich an mich selber denke, dann weiß ich auch,
daß ich meine Schwächen habe, mit denen ich bis heute nich
fertig geworden bin. Sie waren mal Alkoholiker und haben
S: ja
M: aufgehört zu trinken, Sie haben sich fast fertig gemacht,
fast ruiniert in Ihrem Leben
S: äh Alkoholiker is ein feines Wort — ich war ein
Säufer
M: Aber Sie haben sich fast umgebracht
S: Ich hab mich fast umgebracht, und — bin dann, im letzten
Moment, in meinem letzten klaren Moment, nach Wien

gefahren, weil ich gewußt hab, die Wiener Schule is wieder
gut – nach dem Krieg gewesen, und ich hatte das unglaub-
liche Glück, einen Schulfreund zu treffen, der inzwischen ein
weltberühmter Psychiater geworden is – ich hab eine Schlaf-
Entziehungskur gemacht und äh man kann hier ja ruhig
darüber reden – ein Jahr Psychotherapie, es is gut, daß wir
darüber reden, Weihnachten steht vor der Tür und das wird
für viele Leute ein Problem werden, wie kommen we-wir
über die Runden, wenn wir grade – en en bißchen viel
trinken. Aber – mit Stolz, sonst hätte die Geschichte ja
keinen Sinn, mit Stolz sage ich, daß ich seit zwa/ nunmehr
zwanzig Jahren – keinen einzigen Tropfen Alkohol mehr
getrunken habe. (APPLAUS)

Man erkennt die Strategie: Simmel gibt deshalb seine persönlichen
Schwächen preis, stellt sie der Öffentlichkeit dar, weil er sich als
Exempel sehen will: sein Fall mit einstigen Tiefen und jetzigen
Höhen als Vorbild für alle, die ähnliche Probleme haben. Auch
seinen literarischen Produktionen schreibt er einen didaktischen
Wert zu – wieweit das berechtigt oder Selbstüberschätzung ist,
mag jeder Leser selbst beurteilen. Für die Medien jedenfalls ist
Simmel offenbar – gerade als Ausnahmefall – ein idealer Partner.

Überblickt man alle diese Beispiele, so sieht man Gemeinsames
und Unterschiedliches hinsichtlich der Behandlung von Berühmtheiten und Unbekannten. Die *Privatsphäre* der Unbekannten ist
für die Moderatoren nicht „privater" als die der Stars. Aber bei
den prominenten Gästen besteht zwischen Moderator und Gast
entweder ein stillschweigendes Einverständnis darüber, daß man
das Spiel auf der Grenze gemeinsam spielt, oder der Gast hat die
Waffen, um sich gegen die Zumutungen des Moderators erfolgreich
zur Wehr zu setzen. Die Unbekannten hingegen müssen die Attak-
ken des Moderators hinnehmen und gute Miene zum bösen Spiel
machen (ein deutliches Beispiel dafür ist auch der Dialog S. 315)
oder sie treten die „Flucht nach vorn" an, indem sie den Moderator
von sich aus zum Eindringen in die Privatsphäre provozieren.

Daß man mit der Privatsphäre auch ganz anders umgehen kann,
zeigt Fuchsberger in der Gesprächsreihe „Heut' abend". Ihm liegt

daran, eine Atmosphäre von *Gesprächsharmonie* zu schaffen (vgl. S. 190), und dazu gehört eine intensive Pflege des Image seines Gastes. Fragen, die möglicherweise den Gast bloßstellen könnten, vermeidet er oder formuliert sie so, daß es dem Gast möglich bleibt, das Gesicht zu wahren.

Extreme Beispiele dafür bot das Gespräch (31. 5. 85) mit Dr. Antje Katrin Kühnemann, Deutschlands wohl bekanntester Medizinjournalistin. Diese Gesprächspartnerin behandelt er derart mit Samthandschuhen, daß es schon fast grotesk ist, und er treibt seine Euphemismen so weit, daß sie selbst ihm kaum mehr folgen kann:

[Fuchsberger = F; Kühnemann = K]
F: Und jetzt kommt das, wovor ich ein bißchen Angst hatte: Hat es dir oft, im Laufe der Jahre der Karriere Schwierigkeiten gemacht, so gut auszusehen, wie du aussiehst?
K: (LACHT) Ja meine Güte ich habe da auch nich dárüber hab ich wirklich nich viel nachgedacht, sondern so seh ich halt einfach aus (LACHT)
F: Nee nee nich nachgedacht, hat es Schwierigkeiten gemacht?
K: (GEDEHNT, ERSTAUNT:) Nein
F: Ich muß das jetzt einfach mal 'n bißchen präziser machen,
K: ja
F: normalerweise sagt man, ne Frau, die so gut aussieht, die kann nicht viel da/ nachdenken, die kann nich viel
K: Ja   Ja
F: das is doch so diese übliche
K: Ja   aber das is so die Hypothek, unter der man steht, und ich weiß schon, wenn ich also in einer Klinik neu angefangen hatte, man muß ja nun verschiedene Stellen erst mal durchlaufen, bis man dann auf die Menschheit auch alleine losgelassen wird, da war immer erst mal so eine gewisse Zurückhaltung, steckt in diesem Kopf eigentlich auch was drin? Aber (LACHT) Aber
F: Só meinte ich es
K: wenn man dann es auch bewiesen hat (...)

Sie reagiert auf seine Andeutungen so begriffsstutzig, daß er es schließlich *'n bißchen präziser machen* muß; aber auch jetzt wird er nicht deutlicher, sondern überläßt es ihr, den Klartext zu formulieren, worauf er sich endlich erleichtert *(Só meinte ich es)* zurücklehnen kann.

Später kommt er auf ihre Ehe zu sprechen. Diesmal versteht sie seine verblümten Anspielungen, aber der Zuschauer dürfte Mühe haben, ohne „Vorkenntnisse" die gewundenen Formulierungen auf ihre wörtliche Bedeutung zurückzuführen:

F: Ich versuch es mit größtmöglicher Delikatesse anzusprechen,̂ neunzehnhundertvierundsiebzig glaube ich gab es einen Journalisten, der dich interviewen wollte, nach eigener Aussage, um dich − wie hat er gesagt − anzuprangern

K: Ja

F: Das gehört ja in diesen Bereich hinein. Was wollte er anprangern?

K: Genau das,̂ wovon du vorhin gesprochen hast,̂ diese sogenannte Karrierefrau, weil da hat er gesagt,̂ gut,̂ wenn da eine Frau einen fertigen Beruf hat und den auch ausübt, wenn die im Fernsehn is und eine Sendung moderiert, also die Sprechstunde, wenn die auch noch schreibt und wenn die ihre Kolumnen hat und wenn die das also nun alles macht, muß das die typische Karrierefrau sein und die wolln mer mal auseinandernehmen. So war die Voraussetzung. Und als er dann mit mir gesprochen hatte,̂ hat er geglaubt, ich sei doch eigentlich ne ganz normale Frau (LACHT)

F: Das muß er wohl gedacht haben, denn er er hat dich äh vielleicht weniger angeprangert,̂ aber er hat dich

          festgenagelt im wahrsten Sinne des Wortes − daraus entstand

K: Ja

F: eine Ehe,̂ aus diesem Interview

K: Ja

F: Diesen Doppelnamen hast du in der Zwischenzeit wieder abgelegt

K: Ja

F: Ich hoffe ich hab das äh sehr fein ausgedrückt. You are/ you feeling better now?

K: Ja͜, ich fühl mich sehr wohl und sehr glücklich und auch
         zufrieden, und äh sicher steht so ne Frage im Raum͜, also
         kann ich auch einen Satz einfach dazu sagen. Ähm, eine
         Partnerschaft ist eben eine Pártnerschaft, und dazu gehören
         zwei͜, die sich wirklich ergänzen (...)

„Feiner", d. h. indirekter kann man es wohl nicht mehr ausdrücken,
eine Steigerung ist nur noch – fremdsprachlich möglich. Und sie
beschließt die Phase mit einem sehr passenden Gemeinplatz (*eine
Partnerschaft ist eben eine Partnerschaft*).

Ähnlich indirekt wird das Thema *Schönheit und Intelligenz*
angegangen in einer Ausgabe der ZDF Talkshow „live" (2. 3. 89).
Die Moderatorin stellt der Schauspielerin Senta Berger die Frage,
wie sie es empfinde, daß sie zwar immer als *schön* charakterisiert
werde, im gleichen Atemzug aber auch als *unnahbar*. Das ist eine
implizite Formulierung der eigentlich gemeinten Frage: Ist sie nur
schön oder auch intelligent? Wie Frau Kühnemann macht sie selber
die Frage explizit und weist sie gleichzeitig als Frechheit zurück –
vordergründig als Frechheit der Presse, damit aber gleichzeitig als
versteckte Frechheit der Moderatorin:

     In der Presse is es so͜, man hat zwölf Zeilen͜. Die stehn unter
     dem Foto͜, da schreibt man drunter „Die schöne" und dann
     in letzter Zeit auch „und intelligente"͜, was mich immer
     geärgert hat (GELÄCHTER), weil ich gedacht habe, daß ist
     eine solche chauvinistische Frechheit, wieso stehn jetzt nicht
     alle Frauen in Deutschland auf und wehren sich gegen diese
     Beschreibung, die man mir anhängt?

Nachdem die Interviewte das Problem so aggressiv angesprochen
hat, hakt die Moderatorin ihrerseits nun unverblümt nach – was
dem Stil der relativ angriffigen Talkshow durchaus entspricht:

M'in: Das mit der Schönheit, das würd ich schon gern nochmal
       aufgreifen (UNVERST.)
B: das mit dem „unnahbaren"͜, das nehm ich Ihnen
       übel

M'in: Ich zitiére nur Senta, ich zitiere nur, was ich gelesen habe,
      ich weiß inzwischen auch, daß das nicht stimmt, sondern ich
      gebe auch nur wieder, was ich eben – an
      Beschreibungen gelesen habe, was sícherlich unzureichend ist
B: Okay

Die Moderatorin bohrt in der Wunde weiter, worauf S. B. sich auf
einem „Nebengleis" wehrt (das Prädikat *unnahbar* weist sie als
persönlichen Affront der Moderatorin zurück) – und die Moderatorin muß nun diesen persönlichen Angriff abarbeiten, indem sie
sich von ihm distanziert. Das ist eine in „live" häufig zu beobach-
tende Taktik der Moderatoren: Kritik als Zitat zu verpacken.

Holly (1979, 144 ff.) zitiert eine Talkshow bereits von 1975, in
der der Moderator Rosenbauer gegenüber der gleichen Senta Berger
das gleiche Problem zur Sprache bringt. Es muß sich wohl inzwischen um einen Topos handeln, um dessen Thematisierung der
Interviewer einer schönen und intelligenten Frau nicht herum-
kommt. Auch Rosenbauer bringt das Problem ins Spiel, indem er
es zitierend einführt. Seine Frage, die sich auf das Zitierte bezieht,
ist aber – absichtlich oder unabsichtlich, das ist wohl kaum
auszumachen – mehrdeutig; und je nach Deutung ist sie eher ein
Kompliment oder eine Unverschämtheit:

> Frau Berger, äh es wird immer so viel hergemacht, daß man
> sagt: also Senta Berger is eine der ganz wenigen Schauspie-
> lerinnen, die schön is und außerdem noch intelligent. Stimmt
> das wirklich oder is das nur ein Vorurteil?

Holly zeigt sehr schön, wie sich dann aus der unklaren Referenz
von *das* im letzten Satz eine Eskalation ergibt, die zu einer eigentlichen, wenn auch partiell gespielten Gesprächskrise führt.

Mit der Einführung von *Lokalradios* hat sich die *Grenze des
Tolerierbaren* deutlich verschoben. Hier ist manches möglich geworden, was im Rahmen der öffentlich-rechtlichen Anstalten nicht
denkbar wäre. Und zwar geht hier der Wandel nicht so sehr von
den Moderatoren wie von den Gesprächspartnern aus, die ihre
Intimität ganz bewußt der Öffentlichkeit des Mediums preisgeben.
In der nächtlichen Talkshow des nicht durch Werbung finanzierten,

„alternativen" Lokalradios „Lora" (Zürich) geht es zeitweise zu wie in einem psychotherapeutischen Gespräch, Tabu-Themen gibt es, soweit ich sehe, keine. Und nicht nur ist die Grenze des Sagbaren verschoben, auch der Umgang mit Intimität ist ein anderer geworden, so daß „öffentlich" und „privat" nicht mehr unbedingt als Gegensätze erfahren werden (vgl. S. 376).

6. Rituale

Der Begriff des *Rituals* ist in der neueren linguistischen Forschung erheblich ausgeweitet worden gegenüber seiner ursprünglichen Bindung an religiöse und institutionelle Kommunikation (wobei Taufakte, Priesterweihe, Gerichtsurteile etc. als typische Rituale galten). In Weiterführung der Arbeiten von Goffman spricht z. B. Holly (1979, 35 ff.) von *ritueller Ordnung*, durch die die Relationen der individuellen *Images (faces* bei Goffman) geregelt sind. Innerhalb eines Gespräches bedarf es der *Imagearbeit (face work* bei Goffman) der Interaktanten, damit die rituelle Ordnung, und das heißt sowohl die soziale Identität der Individuen als auch die Interaktion selbst, gesichert wird oder bleibt. Im jetzigen Zusammenhang scheint es mir praktikabler, einen (weniger umfassenden) Begriff des Rituals zu verwenden, der nicht so sehr den Beziehungsaspekt der Kommunikation, als vielmehr strukturelle Muster in Gesprächen in den Vordergrund rückt. Es entspricht einer geläufigen terminologischen Praxis der Gesprächsforschung, verfestigte sprachliche Formeln und Muster, wie sie etwa bei der Eröffnung oder Beendigung von Gesprächen auftreten, als ritualisiert zu betrachten. Mit Lüger (1989, 130) möchte ich unter *ritueller Kommunikation* „solche Fälle schematisierten Sprachhandelns verstehen, die für institutionell festgelegte oder bestimmte standardisierte Situationen keine oder nur eine begrenzt individuelle Realisierung durch die Kommunikationsbeteiligten zulassen".

Rituelle Kommunikation kann sich in Schematismen der Auswahl und Anordnung von Sprechhandlungen manifestieren; vielfach stehen aber auch eigentliche Formeln *(Routineformeln),* lexikalisch und strukturell verfestigte sprachliche Ausdrücke dafür zur Verfügung.

In Mediendialogen haben Rituale weitgehend andere *Funktionen* als in Alltagsdialogen, bzw. solche Funktionen, die auch im Alltag vorkommen, weisen medienspezifische Modifikationen auf. Beispiele dafür, daß die Beendigung von Gesprächen im Medium andere Probleme bietet als im Alltag und damit nach anderen Ritualen verlangt, boten bereits die Beobachtungen zum Umgang mit „Zeit" (S. 24 ff.) Hier möchte ich zunächst einige derjenigen Rituale besprechen, die für die *Eröffnung* eines Mediengespräches charakteristisch sind.

Im Alltag dient die Gesprächseröffnung u. a. dazu, den sozialen Kontakt überhaupt erst herzustellen, Bereitschaft zum Gespräch zu signalisieren, den beabsichtigten Charakter des Gesprächs und die Art der Beziehung zwischen den Teilnehmern zu definieren.[26] Das meiste davon ist für Mediengespräche irrelevant. Die Teilnehmer des inneren Kreises kennen sich schon vor Gesprächsbeginn, der Typ des erwarteten Gesprächs ist im voraus definiert, die Rollen der Teilnehmer sind festgelegt, und es wären eigentlich keine Rituale nötig, um den Einstieg ins Gespräch zu ermöglichen. Dennoch sind die Eröffnungsphasen gerade in Mediengesprächen hochgradig ritualisiert. Hier ergibt sich die Ritualisierung aus der u.U. komplizierten Kommunikationskonstellation.

Linke (1985, 92) nennt als typische Strukturelemente der Gesprächseröffnung von *Fernsehdiskussionen*:

1. Begrüßung der Zuschauer
2. Einführung in das Thema
3. Vorstellung der Studiogäste
4. Überleitung zum Hauptgesprächsteil
5. Einstiegsrunde

Aufschlußreich ist dabei nicht nur die weitgehend fixe Anzahl und Reihenfolge der ritualisierten Handlungen, sondern vor allem die Tatsache, daß Moderator und Teilnehmer in Kooperation am Zustandekommen des Gesamtrituals beteiligt sind. Die Realisierung von 1 und 2 obliegt dem Moderator, 4 kann auch von einem Gast übernommen werden, bei 3 und 5 ist die Gesprächsarbeit verteilt.

---

26 Beispiele von Gesprächseröffnungen außerhalb der Medien untersucht Werlen 1984, 230 ff.

Daß auch die Gäste ihren Anteil beitragen, kann auf Absprache
beruhen, es kann aber auch Zeichen eines stillschweigenden Ein-
verständnisses aller Beteiligten über Notwendigkeit und Funktion
der Rituale sein.[27]

Bemerkenswert ist insbesondere der Block der *Einstiegsrunde*:
Nachdem die Gäste bereits vorgestellt wurden und der thematische
Übergang zur eigentlichen Diskussion auch schon geleistet ist, ist
regelmäßig noch einmal eine Phase zu beobachten, in der die Gäste
der Reihe nach zu Wort kommen, entweder in kurzen, vom Moderator straff geführten und auch beendeten Einzelinterviews oder
durch Eigeninitiative der Gäste. Nachdem die Gäste als Personen
ja bereits vorgestellt sind, bietet diese Phase den Teilnehmern die
Möglichkeit, sich als „Sprecher" zu profilieren und ihre themabe-
zogene Position zu umreißen. Wenn jeder der Reihe nach zu Wort
kommt, wird zudem programmatisch demonstriert, daß *Ausgewogenheit* als eines der Gesprächsprinzipien gelten soll.

In Diskussionssendungen agiert zwar ein Moderator als Leiter,
aber er kann einen Teil der ritualisierten Aufgaben an die Gäste
abgeben und er vereinigt nicht soviele Funktionen auf sich wie der
Moderator einer *Unterhaltungssendung*. Der Showmaster, der als
ersten Block seiner Show ein Gespräch präsentieren will, hat eine
Vielzahl von Ritualen zu absolvieren, bis die eigentliche Show
beginnen kann. Ein Beispiel aus „Mensch Meier" (15.12.88) möge
genügen:

Die Eröffnung setzt schon außerhalb der Show ein, außerhalb
des eigentlichen Kommunikationsereignisses: mit der Ansage. Das
Ereignis selber beginnt, indem A. Biolek unter dem Applaus des
Publikums auf die Bühne tritt und die Sendung eröffnet:

> (WÄHREND DES APPLAUSES:) Guten Abend — danke — danke
> schön — danke — vielen Dank — vielen Dank. Meine Damen
> und Herren, ich möchte mich bei Ihnen — unfaßlich (WOHL
> AUF DEN APPLAUS BEZOGEN) — ich möchte mich bei Ihnen
> (BLICK AUFS SAALPUBLIKUM) für den freundlichen Empfang
> bedanken und bei Ihnen zu Hause (BLICK IN DIE KAMERA)

---

27 Vgl. Linke 1985, 88.

dafür, daß Sie fünfundzwanzigmal vor dem Bildschirm saßen
und „Mensch Meier" gekuckt ham. Wir ham so ne Art
Silberne Hochzeit heute abend, für einen eingefleischten Jung-
gesellen sehr ungewöhnliche Situation äh wir haben uns
überlegt, wie können wir so einer Jubiläumssendung einen
gewissen Glánz verleihen, und ich frage Sie, was gibt mehr
Glanz als dreí charmante Damen auf der Kandidatenbank!
(Applaus)

Dieser Monolog ist polyfunktional: Er dient der Begrüßung der
Zuschauer im Saal und derjenigen am Bildschirm, er dient der
Eröffnung der Show und schließlich der Überleitung zum Gespräch
mit den Kandidatinnen. Die Begrüßung erfolgt dabei formelhaft,
jedoch in medientypischer Ausprägung. Fernsehspezifisch ist die
formelhafte Zweiteilung der Begrüßung (Zuschauer im Saal/Zu-
schauer daheim am Bildschirm), fernsehspezifisch auch die Anfor-
derung, daß die sonst weitgehend festgelegten sprachlichen Formeln
ad hoc und möglichst phantasievoll adaptiert, ergänzt, ausgebaut
werden. Hier geschieht dies auf dem Weg einer Unterstellung: daß
nämlich die am Bildschirm Begrüßten alle 25 Sendungen gesehen
hätten. Daraus ergibt sich der humoristische Hinweis auf die Silberne Hochzeit, auf das Jubiläum, und dieser Pfad führt dann
„zwanglos" zur Vorstellung der Kandidatinnen. Da es sich bei den
Kandidatinnen und dem Gespräch mit ihnen um einen Show-Block
handelt – und nicht etwa um ein Gespräch um des Themas oder
der beteiligten Personen willen –, werden sie als *charmante Damen*
präsentiert, die der Show *Glanz* verleihen sollen. Eine „Entauto-
matisierung" des Rituals der Vorstellung besteht dann darin, daß
sich die Kandidatinnen selbst vorstellen, und dann beginnt das
Gespräch des Moderators mit den Kandidatinnen (vgl. S. 309 ff.).

Wiederum zeichnen sich bei den *Lokalradios* Möglichkeiten der
Entritualisierung oder auch der Bildung *neuartiger Rituale* ab.
Freilich betrifft das nur sehr wenige Sendungsformen und wohl
auch nur diejenigen Sender, die sich selbst als „alternativ" deklarieren. Ein Phone-in des Zürcher Senders LoRa zeigt beispielsweise,
daß Eröffnungen sich nicht so anhören müssen, wie wir es sonst
von Phone-ins des Radios gewohnt sind:

[Aus dem Schweizerdeutschen übersetzt. Der Moderator liest während der „Flauten" des Phone-ins gelegentlich Passagen aus Büchern vor. Das hat er gerade getan, als das Telefon klingelt.]

M: Hallo?
C: Hallo?
M: Hallo
C: Da ist Claudia (LACHT VERLEGEN)
M: (LACHT) Wer bist du? – Laube?
C: Claudia

⌈ M: Ah, Claudia! Ciao, wie geht's?
⌊ C: Habe ich dich gerade in deinem Gedicht
     unterbrochen?
M: Nein, es war gerade fertig.

⌈ C: Es war gerade fertig?   Ich hab
⌊ M: Also, es war gerade der Abschnitt

⌈ C: gemeint ich störe dich
⌊ M: der Abschnitt war gerade fertig, ich habe
     ihn noch fertig gelesen. Ja?
C: Ich habe eigentlich nicht genau zugehört. Ich weiß auch nicht,
     was ich erzählen soll.(LACHT VERLEGEN)

⌈ M: Ja, und warum rufst du an? Weißt du das auch nicht.(LEISE)
⌊ C: Einfach so.
     Also, wir haben da jetzt ein bißchen zugehört und so zu dritt

⌈ M: aha
⌊ C: geredet. Und dann ja – haben wir uns gedacht – ja, dann
     hats geheißen, wer ruft an und wir rufen doch an (LACHT
     VERLEGEN) und so.
     (Talk-Show, LoRa Zürich, 30.3.88)

Eine Eröffnung wie diese ist keine Seltenheit bei der „Talk-Show".
Sie fügt sich weder gänzlich den Ritualen alltäglicher Telefonate
noch denen der Phone-ins. Nach dem dreimaligen *Hallo*, das zur
Sicherung des „Kanals" dient und weiter nicht auffällig ist, nennt
die Anruferin ihren Namen. Der Moderator versteht ihn akustisch
nicht und fragt nach. Beim alltäglichen Telefongespräch wäre es
kaum denkbar, daß man einen (erwachsenen) Anrufer duzen
würde, bevor man ihn identifiziert hätte. Das *Du* ist hier aber

sendungsinternes Ritual, das alle Beteiligten kennen. Die Begrüßungsformel *Ciao, wie gehts?* entsprecht eher dem alltäglichen als dem Mediengespräch. Die folgende Passage hat natürlich im Alltag keine Parallele, da ein Anrufer nie wissen kann, was der Angerufene gerade vorher getan hat. Aber auch im Medium ist die Passage ungewöhnlich. Die Anruferin hat zwar die Sendung verfolgt, aber nur mit halbem Ohr zugehört. Sie wartet nicht ab, bis sich eine passende Gelegenheit für den Anruf bietet, z. B. nach Beendigung der Rezitation. Daß Anrufer jederzeit und ohne vorherige Selektion durch eine Telefonistin „auf Sendung" kommen können, entspricht der Praxis dieses Phone-ins. Und daß sie diese Möglichkeit ohne Rücksicht auf Konventionen der Höflichkeit nutzen, ist hier nichts Außergewöhnliches. Schließlich weicht die letzte Phase von allen gängigen Medien-Konventionen ab, nutzt aber Möglichkeiten, die im Alltag bestehen: Daß man jemanden anruft, nur um zu plaudern, ohne definiertes Thema, ist im Alltag unauffällig, im Medium aber normalerweise nicht toleriert. Hier wird ganz prononciert die Unverbindlichkeit „phatischer" Alltagskommikation ins Medium transponiert, wobei sich freilich wiederum medienspezifische Transformationen ergeben: Es ist eben doch nichts Selbstverständliches, in dieser Weise ein Medien-Gespräch zu eröffnen. Der Anruf hat sich aus einem vorhergehenden Gespräch zu dritt ergeben, und es braucht offenbar etwas Überwindung, nun tatsächlich anzurufen, und eine von den dreien muß sich dazu bereitfinden. Alltägliche Unverbindlichkeit ist im Medium so unverbindlich eben doch nicht.

Routineformeln (wie im obigen Beispiel *danke schön* oder *ich möchte mich für den freundlichen Empfang bedanken*) sind normalerweise unauffällig; sie fallen erst dann auf, wenn man (a) metakommunikativ auf sie aufmerksam macht, wenn sie (b) abweichend verwendet sind oder wenn sie (c) dort fehlen, wo sie eigentlich den sozialen Regeln entsprechend erwartet würden. Das gilt auch für die Medien.

(a) *Metakommunikative Hinweise* auf Routineformeln sind in Mediengesprächen, soweit ich sehe, selten. In einem Nachrichtenmagazin wird über den Besuch von Mitterrand in Trier berichtet. Der Korrespondent vor Ort wird zur Situation befragt. Es gibt

aber nichts Nachrichtenwürdiges zu berichten, und so erschöpft
sich ein großer Teil des Interviews in einer „Milieu"-Schilderung.

I-er: (...) Das Treffen, G.H.E., hat vor ein paar Minuten in Trier
(...) begonnen, das heißt, jetzt werden die Herren zu Mittag
essen.

I-ter: Ja, jetzt essen sie erstmal zu Mittag, P.K. und sie essen
Medaillons vom Seeteufel (...)

Am Ende des Interviews resümiert der Interviewer die Nachrich-
tenlage:

I-er: Man kann also sagen, das ist fast so, wie unter gewöhnlichen
Sterblichen. Man sagt ja schon mal: Ach paß doch mal auf,
wir sollten mal wieder etwas miteinander reden, laß uns doch
mal zusammen essen gehen?
(Narr 1988, 302 ff.)

Laß uns doch mal zusammen essen gehen ist keine gänzlich verfestigte Formel, aber doch ein Formulierungsmuster, das die typischen Funktionen von Routineformeln erfüllt. Durch die Charakterisierung *wie unter gewöhnlichen Sterblichen (gewöhnliche Sterb-
liche* ist seinerseits ein Phraseologismus) und die metakommunikative Phrase *man sagt ja schon mal* wird das Folgende als alltägliche Routine angekündigt, sowohl was die sprachliche Formulierung als auch das gemeinte Verhalten betrifft. Und der Zuhörer
realisiert vielleicht, daß er so etwas in einer solchen Situation auch
sagen könnte. Die Routineformel ist hier nicht ein Ritual in bezug
auf das laufende Interview selbst. Vielmehr bietet der Interviewer
die Formulierung als Interpretationsmodell an für das Gespräch,
über das berichtet wird. Hier wird schlaglichtartig klar, in welchem
Maße eine solche Formel als Definition der Gesprächssituation und
der Beziehungen zwischen den Teilnehmern dienen kann.

(b) Für *abweichende Verwendung* fand ich ein Beispiel in der
„Rudi Carrell- Show": Im Zentrum der Show stehen „Überraschungen" (vgl. S. 56). Der Showmaster überrascht die Leute mit irgend-
etwas, was sie sich schon lange gewünscht haben. Er erfährt davon
durch Verwandte oder Bekannte, die ihm schreiben. In der folgenden Szene überrascht er eine Frau damit, daß er ihr das lang

ersehnte Nilpferd ins Haus bringt. Er klingelt an der Tür und tut
zunächst so, als habe er sich in der Adresse geirrt. Die verwendeten
Routineformeln in der kurzen Passage sind teils passend, teils
unpassend – weil übertrieben, oder sie fehlen dort, wo man sie
erwarten würde. Das Ganze wird dadurch noch verwirrender, daß
die Frau Herrn Carrell wohl gleich erkannt hat:

[Frau Straatmann = S]

C: Guten Morgen!
S: Hilfe!
C: Guten Morgen
S: Guten Morgen
C: Sie sind Frau Baumann?
S: Nein, Straatmann.
C: Ach, Sie sind nicht Frau Baumann?
S: Frau Baumann wohnt nebenan.
C: Ah, wohnt nebenan, entschuldigen Sie die Störung, ja, alles
   Gute, schönes Wochende.
S: Danke gleichfalls.
C: Auf Wieder.. ah, Moment, Sie heißen wie?
S: Straatmann
C: Straatmann?
S: Ja.
C: Kommen Sie doch eben mal hier, wenn Sie doch schon mal
   da sind, eben, so hier, ja. Sie wohnen schön hier, tolle Gegend.
   (2. 7. 1988)

Alles Gute ist übertrieben in dieser Situation. Das nochmalige,
scheinbar unmotivierte Nachfragen nach dem Namen ohne jede
Einbettung in Routineformeln wirkt unhöflich, erst recht dann die
Aufforderung *kommen Sie doch eben mal hier* (sic), mit der grotesk
wirkenden Begründung *wenn Sie doch schon mal da sind* (eine
Begründung ist das freilich aus der Perspektive desjenigen, der
einen Film macht).

Eine Abweichung anderer Art zeigt die folgende Szene (die in
anderem Zusammenhang bereits besprochen wurde, vgl. S. 82):

C: Vincenzo Possini als Roy Black. Toller Applaus. Bei den
       tausenden Briefen, die wir nach der letzten Show bekommen
       haben, fand ich eine kleine, lustige Geschichte, aber ich
       möchte erst mal fragen: Ist ein Jost Hartmann hier im Pu-
       blikum? Ein Jost Hartmann?
H: Ja.
C: Ach, können Sie mal eben zu mir kommen? Herr Hartmann?
       (MIT PATHETISCHER GESTE AUF HERRN HARTMANN HINWEI-
       SEND:) Meine Damen und Herren, das ist Jost Hartmann.
       (APPLAUS)

Natürlich weiß er, daß Herr Hartmann im Saal ist, und auch dieser
wird mindestens ahnen, warum er auf die Bühne kommen soll.
Typisch für das Spiel mit Kaschieren und Enthüllen des Arrangements ist die Formulierung, Herr Hartmann solle *mal eben* zu ihm
auf die Bühne kommen. Nachdem nun Herr Hartmann aufgestanden und tatsächlich auf die Bühne gekommen ist, würde es sich
erübrigen, ihn noch einmal als *Jost Hartmann* vorzustellen. Der
Grund ist unmißverständlich und aus dem nonverbalen Verhalten
Carrells klar ersichtlich: Das Vorstellungsritual ist umfunktioniert;
es wird nicht ein Mensch aus dem Publikum ‚vorgestellt‘, sondern
ein Block der Show wird ‚angesagt‘.
     Carrell hat in sprachlicher Hinsicht so etwas wie „Narrenfrei-
heit". Er kultiviert seinen niederländischen Akzent im Hochdeutschen ebenso wie sein phasenweise kaum verständliches Genuschel,
er kultiviert seine kleinen Normverstöße und eben: er kultiviert
sein z.T. eigenartiges Gesprächsverhalten. Das macht einen Teil
seiner Unverwechselbarkeit, seiner Show-Persönlichkeit aus. Man
erwartet von ihm Abweichungen vom Üblichen, und so bestätigt
auch diese Szene gerade durch ihre Abweichungen von den sozialen
Regeln die Erwartungen, die man an den Showmaster hat.
     (c) Wie es wirkt, wenn *Routineformeln fehlen,* wo sie eigentlich
erwartet werden, konnte man in einer Spielsendung des Fernsehens
(„Rätselflug", 13.12.82, SRG u. a.) beobachten. Prinzip der Sendereihe war, dass die Mitspieler unter Einsatz der technischen
Möglichkeiten des Fernsehens ein Rätsel zu lösen hatten. Dieses
Mal mußte ein in Rätselform beschriebener Gegenstand, der einem

Herrn namens B(...)-E(...) gehört, im schweizerischen Kanton Appenzell von bundesdeutschen Spielern herausgefunden werden. Dafür konnten sie sich eines Reporters mit Helikopter bedienen, der über Funk ihre Anweisungen hörte und auszuführen hatte:

Reporter: Ich sehe hier ein paar Leute auf dem Marktplatz, ich frage jetzt einfach mal, ob die mir vielleicht weiterhelfen könnten.

Spielerin: Ja, fragen Sie doch nach dem Herrn B(...)-E(...)

Reporter: Ja. Guten Tag, wir machen hier eine Fernsehsendung. Ich habe einige Fragen. Kennen Sie einen Herrn B(...)-E(...), kennen Sie den?

Der Reporter befolgt zwar ein Minimum an sozialen Regeln *(Guten Tag)*, aber sein Zugriff auf das erste Opfer ist außersprachlich und sprachlich derart direkt, daß man das Fehlen der Höflichkeitsrituale sofort realisiert. Hier würde man etwas wie eine Entschuldigungsformel erwarten, wenn man schon sozusagen vom Himmel auf das Opfer herabfällt, und eine etwas ausführlichere, wiederum wohl formelhafte Einleitung der Frage. Daß der Reporter unter dem Zeitdruck des Spiels steht, weiß das Opfer auf dem Marktplatz natürlich nicht.

Fernsehgespräche nutzen also den Bereich von Routineformeln, der von den alltäglichen Gesprächskonventionen her angeboten wird. Darüberhinaus entwickeln sie eigene Konventionen, und schließlich: sie ermöglichen in bestimmten Fällen eine abweichende Verwendung gängiger Formeln, die aber nicht (bzw. nicht nur) als Regelverstoß rezipiert wird. Was im Alltag durchwegs unauffällig – als Routine eben – praktiziert wird, kann im Fernsehen so eingesetzt werden, daß es auffällig wird, daß es als ein rhetorisches Mittel erscheint, mit dem man brillieren kann.

Nicht nur Phasen von Gesprächen können ritualisiert sein, sondern im Kontext des Mediums kann ein *ganzes Gespräch* ein *Ritual* darstellen. Ich meine damit Gespräche, die unter bestimmten außersprachlichen Bedingungen im Rahmen eines Sendungstyps als festes Element erwartet werden und die ihrerseits ein festes Ablaufschema aufweisen. Das deutlichste Beispiel dafür – im Nachrichtenbereich würden sich schwächere Formen solcher Ritualisie-

rung aufweisen lassen — sind Interviews in Sportsendungen, die
der Reporter nach dem Ereignis mit der Siegerin oder dem Sieger
vor Ort führt. Diese *Feldinterviews* — wie ich sie nennen möchte
— gehören bei großen Sportereignissen zu den obligatorischen
Elementen der Sportberichterstattung. Thomas (1988), der sich mit
Sportinterviews befaßt hat, schließt gerade diesen Typ aus seiner
Untersuchung aus, mit folgender Begründung:

> Eine Reihe von Spontaninterviews, die in der Regel direkt
> nach Beendigung von Bundesligaspielen auf dem Spielfeld
> geführt wurden, wiesen erhebliche Informationsdefizite auf.
> Von der Erstellung eines Korpus emotionsgeleiteter Befrag-
> tenäußerungen habe ich schließlich abgesehen, weil mir eine
> pragmalinguistische Untersuchung von Beiträgen der „Güte":
> „die Bayern haben brasilianische Trikots angehabt, und ich
> hab ein brasilianisches Tor geschossen" (...) als sehr un-
> fruchtbar erschien. Auch innerhalb der „Sportschau"-Redak-
> tion war diese Art der ‚Befragungen' sehr umstritten. (80 f.)

Es wird dann der Leiter der Redaktionsgruppe Sport beim WDR
zitiert, der in einer Art Selbstkritik sagt:

> Es gab Kritik auch an Interviews, die wir gemacht haben,
> mit denen wir also versucht haben, noch ein bißchen mehr
> Atmosphäre einzufangen und auch erste Reaktionen, das ist
> oft mißlungen, weil die Kollegen dann auch nicht den Mut
> äh hatten zu sagen, ich hab das zwar versucht mit dem
> Interview, aber das hat nichts gebracht, schmeißen wir es
> weg, bringen wir lieber zwei Spielszenen mehr, wir sind
> inzwischen dazu übergegangen äh, das ist jedenfalls die Ab-
> sicht, Interviews nur noch dann drinzulassen, also in der
> Samstagssendung wenn äh sie auch wirklich substantiell et-
> was hergeben. (81)

Der Wissenschaftler und der Journalist argumentieren auf ähnliche
Weise, indem sie den Wert des Sportinterviews an der Norm der
Informativität messen. Das entspricht einem allgemein bei Sport-
Journalisten zu beobachtenden Argumentationsmuster: Hauptziel
der Sportberichterstattung ist Information, nicht Unterhaltung. Das

deckt sich nun aber in keiner Weise mit der tatsächlich realisierten Berichterstattung, bei der die Unterhaltung, die Spannung und dergl. eindeutig im Vordergrund stehen. Eine Abstinenz von solchen Spontaninterviews gerade aus d i e s e n Gründen scheint mir ganz unberechtigt — und sie findet ja de facto auch gar nicht statt. Aus kommunikationswissenschaftlicher Perspektive ist das Feldinterview gerade von besonderem Interesse, weil es rituelle Kommunikation in extremer Form darstellt.

Eine *Typologie* von *Sportinterviews*, die von klar erkennbaren linguistisch-kommunikativen Merkmalen ausgeht, müßte folgende Kriterien (für eine Kreuzklassifikation) berücksichtigen:

Die Interviewpartner:
— Prominente/ Unbekannte
— Sieger/ Verlierer
— Sportler/ Funktionäre
— „Profis"/ „Laien" (Breitensportler)

Die Sportart:
— Einzelsport/ Mannschaftssport
— populär/ nicht-populär

Dic Interviewsituation:
— Studio/ im „Feld" [28]

Bestimmte Merkmalskombinationen ergeben Interviewtypen, die spezifisch für Sportsendungen sind, andere Kombinationen finden sich auch in anderen Interview-Bereichen. (Viele Studio-Interviews z. B. sind eine Spielart der allgemeineren Kategorie des „Experteninterviews".) Das *Feldinterview*, das hier interessiert, ist außerhalb des Sports nicht, jedenfalls nicht im Sinne eines Rituals anzutreffen. Am deutlichsten ritualisiert ist das Interview mit dem *Sieger*, aber auch das Interview mit dem *Favoriten*, der nicht gesiegt hat, weist ritualisierte Züge auf. Daß die Beliebtheit der Sportart — wie sie

---

28 Bei Thomas, 1988, sind einige dieser Aspekte berücksichtigt. Die von ihm gegebene Typologie ist wenig konsistent: er unterscheidet Siegerinterviews, Interviews mit Trainern, Interviews mit Spitzenfunktionären, Verliererinterviews und Interviews ohne Stars (104).

sich durch die Präsenz der Sportart in den Medien manifestiert (oder wie sie durch die Medien geschaffen wird) — zur Ritualisierung beiträgt, ist naheliegend: je häufiger ein entsprechender Interview-Typ praktiziert wird, umso leichter können sich Schematismen verfestigen. Von der Differenz Mannschafts-/ Einzelsport scheint Ritualisierung nicht abzuhängen. Fußballer wie Skifahrer sind gegenwärtig typische Kandidaten für spontane Feldinterviews.

Das Wichtigste am spontanen Feld-Interview ist die *Atmosphäre*, nicht die Information. Das Bild vom erschöpften, strahlenden, schwitzenden Sieger und sein atemloses Stammeln — das ist das, was hier gefragt ist. Die Interviewer stellen Standardfragen, so daß der Sportler sozusagen *routiniert vorbereitet* antworten kann, obwohl er im konkreten Augenblick natürlich alles andere als vorbereitet ist. Es handelt sich hier um eine medienspezifische Ausprägung von *Glückwunsch-Ritualen*. Die nonverbalen und paraverbalen Aspekte dominieren gänzlich. Sprachliche Gewandtheit des Interviewten ist nicht nur nicht erforderlich, sondern geradezu unerwünscht. Beinahe-Sprachlosigkeit als Ausdruck höchster Emotionalität — das ist die adäquate und fernsehgerechte Reaktion des Sportlers.

Ein bißchen gemäßigt erscheint die Emotionalität in der Variante, die man *verzögertes Feldinterview* nennen könnte: wenn der Sportler schon wieder zu Atem gekommen ist, sich vielleicht schon umkleiden konnte und nun am Rande des „Feldes" nach dem eben Erlebten gefragt wird. Auch hier steht noch die Emotion im Vordergrund, doch ist ein bißchen mehr Information über das Wettkampfgeschehen möglich.

Ich gebe ein Beispiel für ein *verzögertes Feldinterview*:

[Matthias Hüppi interviewt Vreni Schneider nach ihrem Olympiasieg im Slalom. SRG, 26.2.88, aus dem Schweizerdeutschen übersetzt.]

(1)

M: Vreni Schneider, ich möchte Ihnen im Namen des Schweizer Fernsehens, aber sicher auch im Namen der Fernsehzuschauer, die Sie jetzt hier sehen, ganz herzlich gratulieren zum Olympiasieg im Riesenslalom und vor allem auch im heutigen Slalom. Es war eine fantastische Leistung und freuen Sie sich ganz ganz fest [schwdt. „fescht"] über den großartigen Erfolg.

S: Danke für die Gratulation, ich glaube äh ich freue mich riesig, aber es ist einfach noch zuviel, was auf mich zukommt, ich glaube es einfach fast noch nicht.

(2)
M: Wenn Sie jetzt in Elm wären, so Null Komma plötzlich nach Elm verschwinden könnten, was würden Sie Ihren Freunden, Ihren Bekannten und Verwandten in Elm sagen?

S: Ja, ich weiß nicht, ob ich dann noch etwas sagen könnte. Sehr wahrscheinlich würden wir einfach ein schönes Fest machen. Aber ich glaube, das ist jetzt nicht der Fall, ich bleibe noch hier und es kommt noch viel auf mich zu, was ich gerne mache.

(3)
M: Wenn Sie wollen, dann können Sie jetzt Richtung Elm ganz sicher einige Grüße ausrichten. Wenn Sie's wollen, dann machen Sie's doch.

S: (LACHT) Ja, ich glaube alle daheim und alle, die jetzt zuschauen. Ich könnte jetzt anfangen, Namen aufzuzählen und dann würde ich noch die Hälfte noch vergessen. Einfach allen viele Grüße und sie sollen nicht allzu heftig [nid grad zraas] feiern (LACHT).

M: Ich würde sagen, sie sollen schon ein bißchen ein Fest [ä Feschtli] machen.

S: Ja, ich glaube, das gibts schon.

(4)
M: Wie haben Sie die beiden Läufe in dem Slalom erlebt heute?
S: Also im ersten Lauf glaube ich bin ich sehr gut gefahren. Ich meine wenn man Bestzeit hat und ich habe gewußt, daß ich knapp vor Camilla bin und ein Hundertstel ist sehr wenig. Ich hab auch wieder voll attackieren wollen im zweiten Lauf. Ich habe ein bißchen mitbekommen, daß Camilla draußen ist, sie ist unten nicht angekommen und die Fans, die hier

sind, haben sofort angefangen zu läuten mit den Schu/ äh
Kuhglocken und danach habe ich mir gedacht, Mensch, jetzt
ist sie draußen. Aber i/ ich hätte auch so oder so voll fahren
müssen, wenn sie im Ziel gewesen wäre. Es ist schade, daß
sie draußen ist und ich glaube äh ich bin aus mir herausgegangen im zweiten Lauf.

(5)

M: Die Fans die Sie angesprochen haben, hilft Ihnen das sehr,
      wenn Sie wissen aus Elm sind sogar Leute da, die mich
      unterstützen?

S: Das hilft immer, ich glaube eine Schwester − eben eine
      Schwester und sonst noch drei Elmer und äh Toggenburger
      und ja es es sind soviel da, das hilft einem immer. Aber ich
      glaube ich weiß auch, daß viele [ä huufe] mit mir mitgefiebert
      haben vor dem Fernseher. Und es ist halt weit Schweiz
      Kanada, aber das weiß ich auch und das ist natürlich ganz
      toll, wenn man oben am Start steht und man weiß, es sind
      soviele Leute hinter einem.

(6)

M: Nochmals ganz herzliche Gratulation Vreni Schneider
S: Danke vielmal.

In (1) formuliert der Reporter die obligatorischen Glückwünsche
von Seiten der Institution und in seiner Rolle als Stellvertreter des
Publikums. Auf seine − angesichts der sichtbar strahlenden Siegerin − etwas paradox anmutende Aufforderung, sie solle sich
sehr freuen, bleibt ihr nichts übrig, als ihre Freude zu „bekennen",
aber eingeschränkt durch den an dieser Stelle unvermeidlichen
Topos *ich kann es fast nicht glauben*. In (2) stellt er eine so vage
Frage, daß sie sich zunächst wieder in einen Topos flüchtet: den
Topos der ‚Sprachlosigkeit' *(ich weiß nicht, ob ich dann noch
etwas sagen könnte)*. Und von da geht's nahtlos über zum Sieger-
Ritual des *Festes*. Die Aufforderung in (3) ist zwar auch ein
medienspezifisches Ritual, stammt aber aus dem Kontext anderer
Typen von Sendungen (z. B. Unterhaltungsshows mit unbekannten
Kandidaten, die dann ihre Familie daheim grüßen dürfen); die

Transposition dieses Elements in das Feldinterview rechtfertigt sich durch die spezifische Situation (der Star fern der Heimat!). Ihre — gespielt oder echt — hilflose Reaktion, die implizit ein Eigenlob enthält (ich bin ja ach so populär!), mündet wieder in das Motiv vom *Fest*, das er dankbar auch noch einmal aufgreift. Dann (in 4) wechselt er brüsk das Thema und bringt die obligatorische Frage nach der ‚Befindlichkeit‘ während des Ereignisses vor, typischerweise äußerst offen formuliert *(wie haben Sie... erlebt?)*. Das gibt ihr die Gelegenheit zu einer längeren „Kommentierung" ihres Laufes, die wiederum zum Teil aus Versatzstücken besteht *(ich wollte wieder voll angreifen, ich bin aus mir herausgegangen)*. Immerhin bringt sie einen individuellen Tupfer an mit der Beobachtung zu den Kuhglocken. Ein charakteristisches Versatzstück, das dem Star Sympathien einbringt, ist das Bedauern über das Ausscheiden der Konkurrentin. In (5) greift er gerne das Stichwort *Fans* aus ihrer vorhergehenden Äußerung auf und spricht damit die unübersehbare Zahl von Leuten an — in diesem Fall wohl das gesamte Fernsehpublikum —, die *hinter ihr stehen*. Aus den Rezipienten werden damit „Beteiligte", alle zusammen bilden eine große begeisterte Gemeinschaft. Mit der nochmaligen Gratulation in (6) schließt sich der rituelle Kreis.

7. Kampf oder Argumente?

[Ende der Abendschau, S 3, 10. 12. 82]
Sprecher: Liebe Zuschauer, soweit unsere Meldungen, doch kommen wir nun zu unserem Bericht. Tierversuche, Tierfolter und Tiermord, das waren Slogans, mit denen Berliner Prominente vor wenigen Tagen die pharmazeutische Industrie an den Pranger stellten. Dagegen argumentierten die Befürworter der Tierversuche, daß sie selbst ihre eigenen Schoßhündchen opfern würden, wenn damit das Leben eines Kindes gerettet werden könnte. Um eine Versachlichung dieser Auseinandersetzung bemühen sich nun im heutigen „Wortwechsel": Ursula Händel, engagierte Tierschützerin, und Dietrich Schuppan, ebenso engagierter Vertreter der pharmazeutischen Industrie.

[Signet, Musik]

M: Achtzig Prozent aller erwachsenen Deutschen, so sagt eine Untersuchung, bejahen grundsätzlich Tierversuche. Die Zahl würde sich wahrscheinlich schnell ins Gegenteil, in Ablehnung umkehren, würde man vor einer solchen Meinungsumfrage den Bericht engagierter Tierschützer über unvorstellbare Leiden mancher Versuchstiere voranstellen. Wir wollen im folgenden Streitgespräch Genaueres über Tierversuche erfahren. Ich begrüße Sie dazu, verehrte Zuschauer, guten Abend. Die Streitpartner: Ursula Händel – sie streitet für einen weniger sorglosen Umgang mit Versuchstieren, beziehungsweise für einen weitgehenden Ersatz der Tierversuche durch alternative Testmethoden. Frau Händel vertritt kein Institut, keine Partei, keinen Verband, Frau Händel ist Privatfrau. Ihr Engagement und ihr Sachverstand wird von vielen Leuten, auch von ihren sachlichen Gegnern, geschätzt. Für den bisher verantwortungsbewußt geführten Laborbe-

trieb und die Notwendigkeit der Tierversuche argumentiert
Doktor Dietrich Schuppan, ein Fach-Pharmakologe, der hier
nicht nur für seine eigene Position, sondern auch für den
Bundesverband der pharmazeutischen Industrie streitet.
Meine erste Frage, und dann darf ich Sie Ihrem Gespräch
überlassen: Müssen Tierversuche eigentlich häufig eine Quälerei für den Dienst am Menschen sein, Herr Doktor Schuppan?

S: Vielen Dank für die Frage.

In dieser Einführung steckt – auf den ersten Blick – ein offen-
kundiger Widerspruch:

Auf der einen Seite hört man Ausdrücke wie *Versachlichung der
Auseinandersetzung, Genaueres erfahren, argumentieren, Gespräch*. Sie deuten auf eine sachbetonte Form von Gespräch, in
dem *argumentiert* wird. Man erwartet also nicht nur Behauptung
und Gegenbehauptung, sondern Begründungen, die ihrerseits eher
theoretischen oder eher praktisch-faktischen Charakter haben können. Auf der anderen Seite deutet der Titel *Wortwechsel* bereits
daraufhin, daß es sich um eine agonale Veranstaltung handeln soll.
(Duden GW verweist unter *Wortwechsel* auf *Wortgefecht*, das
seinerseits paraphrasiert wird als ‚mit Worten ausgetragener
Streit‘.) In diese Linie gehören Stichwörter wie *Streitgespräch*,
streiten. Beide Linien werden – wie in einem Oxymoron –
zusammengezwängt in *Streitpartner*. *Partner* verwendet man, wenn
man den kooperativen Aspekt von Gesprächen akzentuieren will,
Streit dann, wenn Konfrontation erstrebt ist.

Im Gespräch Händel-Schuppan kommt dann auch wirklich beides vor. Beide bemühen sich immer wieder um argumentatives
Verhalten, aber dann dominiert über weite Strecken das *Streiten*.
Erkennbar in längeren Simultan-Passagen, auch darin, daß sie sich
(vor allem: sie ihm) ins Wort fallen. Es ist offenkundig: Die beiden
kennen sich von anderen Diskussionen her, sie wissen genau,
welche Argumente sie voneinander zu erwarten haben. Angetreten
sind sie als Kämpfer, sie wurden ausgesucht, weil sie gut streiten
können. Streiten können – das soll hier heißen: Eine Konfrontation
zur Schau stellen (die privat vielleicht gar nicht vorhanden wäre),

dabei aber immer die Fähigkeit behalten, kooperatives Verhalten anzustreben.

In einer Phase des Gesprächs gelingt es den *Streitpartnern* nicht mehr, vom Streit zum Gespräch zurückzufinden – vielleicht ein Zeichen dafür, daß das Rollenspiel phasenweise bitterer Ernst werden kann. Da muß der Moderator eingreifen:

> Vielleicht darf ich doch grade mal eingreifen äh bitte Sie um Entschuldigung, wenn ich das tue – äh ich wollt mich eigentlich zurückhalten und Sie Ihrem Gespräch überlassen – aber – äh bei bei allem Engagement, bei aller Dynamik ähm vielleicht darf ich doch noch mal äh Herr Doktor Schuppan – bitten – äh auf die Frage zurückzukommen – Leiden, Qual – muß das eigentlich sein äh gibt es äh für Sie nich nicht nicht äh andere Möglichkeiten, mit diesen Problemen fertig zu werden, gibt es auf dem Produktmarkt Alternativen, wie ist da eigentlich Ihre grundsätzliche Position, haben Sie da auch irgendwo eine äh eine eine philosophische Position vielleicht oder
> S: Ja

Hier wird im Vokabular das Dilemma sichtbar: Der Moderator charakterisiert das Gesprächschaos, das durch den *Streit* entstanden ist, euphemistisch mit *Dynamik, Engagement.* Aber eben: *bei aller Dynamik* darf die argumentative Linie nicht verschwinden. Darum sollen sie *auf die Frage zurückkommen,* und damit es tatsächlich zu einer Argumentation, d. h. hier zu einer begründeten Stellungnahme kommt, legt er dem Streiter nahe, *grundsätzlich,* ja sogar *philosophisch* zu werden.

Weil Teilnehmer an Fernsehgesprächen nicht nur oder gar nicht in erster Linie Individuen, Subjekte sind, sondern eher Rollenträger, Vertreter von Positionen, Institutionen usw., ist es im Grunde uninteressant – und vom Rezipienten ohnehin nicht überprüfbar –, ob sich Frau Händel und Herr Schuppan auch außerhalb der Medien *streiten* würden oder ob sie den Streit nur für das Medium vorführen. Im Medium treten sie zum Streit um im voraus festgelegte Positionen an. Es ist terminologisch mißverständlich, wenn man sagen würde, sie hätten die „Intention" zu streiten, da damit zu sehr die Subjektivität des Sprecher/Hörers in den Vordergrund gerückt wird.[29] Allenfalls wird ihnen im Kontext des Mediengespräches eine bestimmte „Funktion" zugewiesen.

Eine große Gruppe von Fernsehgesprächen weist den beschriebenen inneren Widerspruch auf. Dabei spielt es kaum eine Rolle, ob es sich strukturell um Dyaden oder Gruppengespräche, dem Titel nach um *Gespräch*, *Diskussion* o. ä. handelt. Ein Widerspruch ist es freilich nur, wenn man von Normen alltäglicher Kommunikationsformen her urteilt. Angemessener im Blick auf die Faktizität der heutigen Medien scheint mir die These: Für das Mediengespräch ist Kampf die Erscheinungsform, in der Argumentation am ehesten präsentierbar ist. Zugespitzt gesagt: Die agonale Präsentation ist die Qualität, die Argumentation medienfähig macht. Man könnte Gespräche, die diesem Muster folgen, daher „Kampfgespräche" nennen.[30]

Das Grundmuster ist sehr einfach: Ein Thema – aus welchem Sachbereich auch immer –, das sich für argumentative Behandlung eignet, wird von Teilnehmern besprochen, die unterschiedliche, möglichst konträre Positionen vertreten sollen. Nach diesem Kriterium werden Teilnehmer ausgesucht, und ihre Funktion besteht darin, die Position so effektiv wie möglich zu vertreten. Es wäre somit blauäugig annehmen zu wollen, das Ziel (die „Intention") der Gesprächspartner selber könne darin bestehen herauszufinden, wer Recht hat. Ihr Ziel – und ihre Funktion – besteht in der optimalen Darstellung ihrer Meinung. Ob dann ein solches Gespräch dem Rezipienten dazu dienen kann herauszufinden, wer Recht hat, das steht auf einem ganz anderen Blatt.[31]

---

29 Zur Problematik des Begriffs „Intention" in institutioneller Kommunikation vgl. Dieckmann 1981 und Rütten 1989, 189 ff.

30 Auch Löffler (1984, 293) hält kontrovers geführte Gespräche für einen zentralen Bereich der Medien-Dialoge. Er skizziert in seiner Studie ein rezipientenbezogenes Verfahren, die „Sieger" und „Gewinner" solcher Gespräche zu identifizieren.

31 Löffler (1984, 307 f.) stellt für das von ihm untersuchte Material gleichfalls fest, daß sich „thematisch nichts bewegt". Es gibt zwar „zwischenzeitliche Meinungskoalitionen". „Dabei handelt es sich aber nicht um Meinungs-

Am besten eignen sich für Kampfgespräche solche Themen, die
sich auf eine Ja/Nein-Entscheidung hin zuspitzen lassen. „Votum"
(ARD), das (in der Ansage jeweils so bezeichnete) „Fernseh-Hea-
ring", wäre als Befragung eines Politikers nicht auf das Pro- und
Contra-Prinzip verpflichtet. Es würde eine breite Palette differen-
zierter Fragen zulassen. Doch ist das Sendungsschema dadurch auf
pro und contra fixiert, daß am Anfang und am Schluß jeweils eine
Abstimmung des Studio-Publikums stattfinden muß. Worüber? Am
passendsten wäre es, darüber abzustimmen, ob man die Darbietung
des Befragten „gut gefunden" hat, wobei freilich Persönlichkeit
und Argumente nicht auseinanderzuhalten wären. Statt dessen wird
die Abstimmungsfrage ganz auf der Sach-Ebene angesiedelt, und
damit das möglich ist, muß sie „zugespitzt" werden – auch wenn
sich die Thematik dafür nicht eignet. Ein Beispiel (16. 10. 86) für
diesen Fall – der keineswegs die Regel ist bei „Votum":

Ansage:
> Die Bilanz des deutschen Bundestages am Ende der zehnten
> Wahlperiode – das ist das Thema unserer heutigen Votum-
> Sendung. Bundestagspräsident Philipp Jenninger stellt sich
> den Fragen und Wertungen vor allem junger Wähler.

Bilanz zu ziehen, ist immer eine weitläufige, recht unspezifische
Sache. Und das kann bei einem so weitläufigen Thema wie einer
ganzen Bundestagswahlperiode nicht anders sein. So muß denn die
Moderation erst einmal eine Entfaltung der Problematik leisten,
damit sie überhaupt diskussionsfähig wird:

> Wie sieht sie aus, die Bilanz des zehnten deutschen Bundes-
> tages, was sind die Perspektiven des Bonner Parlaments, das
> sich gern als Zentrum der deutschen Demokratie bezeichnet.
> [Und dann kommt eine längere Ausführung darüber, was

---

transfer, sondern um das Sich-finden vorgefaßter Meinungen. Die Intention
der Gesprächspartner besteht offensichtlich darin, die eigene Auffassung
überhaupt kundzutun und zu behaupten, keinesfalls aber fremde Meinungen zu übernehmen. Das Unentschieden am Ende ist somit wohl von Anfang
an mit der kontroversen Konstellation angelegt."

Zentrum der deutschen Demokratie alles heißen kann oder soll.]

Der zweite Moderator knüpft dann auf charakteristische Weise an diese Einführung an:

> In diesem Sinne bitte ich um Ihr erstes Votum. Wenn Sie der Meinung sind, daß der Bundestag dem Anspruch, Zentrum der Demokratie zu sein, in dem Sinne, wie's Herr Feller eben gesagt hat, insgesamt gerecht wird, dann drücken Sie bitte den grünen Votum-Knopf.

Es ist unverkennbar, daß es sich nicht um eine echte Pro-und-Contra-Frage handelt, da die Frage ohne die präsupponierten Ausführungen von Feller gar nicht stellbar und entscheidbar wäre.

Auch Gespräche, die sich weder von der Gesprächskonstellation noch vom Thema her dafür eignen, unterwerfen sich häufig dem Zwang zur konfrontativen Gesprächsstruktur, der offenbar mit dem bloßen Faktum der Medienpräsentation eintritt. Über das Ziel der neuen Gesprächssendung „Baden-Badener Disput" las man in der Presse-Ankündigung:

> S 3 will die Tradition der Salongespräche wieder aufnehmen. Ein in seiner Zusammensetzung in der Regel gleichbleibender Kreis von Persönlichkeiten aus verschiedenen Bereichen der Kultur findet sich hier zusammen, um über Themen zu sprechen, die über die Tagesaktualität hinaus für das geistige Leben unserer Zeit von Belang sind.

Wer weiß schon noch, was *Salongespräche* einmal gewesen sind? Man wird heute mit dem Wort am ehesten verbinden: gepflegte Atmosphäre, ein Hauch von Snobismus, eine gewisse Unverbindlichkeit o. ä. Die Themen, die zur Sprache kommen sollen, sind denn auch fern vom Alltag. Man strebt offenbar etwas Höherstehendes an, als es die sonstigen Fernsehgespräche sind. Trotz alledem heißt es in der Ankündigung, man wolle *Streitfragen zur Lage eines Erdteils* behandeln, und der Moderator wird gar als *Anstifter* apostrophiert. In einer preziösen Variante drängt sich auch hier der agonale Anspruch wieder vor.

In der Ansage wird die Sendung dann als *neue Gesprächsrunde*
vorgestellt. *Gesprächsrunde* und *Disput* — wieder weisen die Termini auf die Ambivalenz der Veranstaltung. Zwar hat *Disput* —
wie *Salon* — eine antikisierende Patina, aber es ist klar, daß das
Wort als nobleres Synonym für *Streitgespräch* gemeint ist.

Adolf Muschg, der *Anstifter*, bringt die Ambivalenz dann auf
seine Weise ins Spiel:

> Liebe Zuschauerinnen und Zuschauer, Baden-Baden war im
> neunzehnten Jahrhundert die Sommerhauptstadt Europas zu
> einer Zeit, wo sich Europa noch für die Welt halten durfte.
> Diese Welt ist untergegangen — in zwei Weltkriegen, die man
> hinterher als europäische Bürgerkriege verstehen kann. Dazu
> gehört das Bewußtsein, daß wir in einer Welt leben. Dieses
> Bewußtsein wird offenbar nur in Katastrophen erworben —
> und — nach diesem Bewußtsein zu handeln, haben wir noch
> immer nicht gelernt. Vielleicht — werden wir jetzt — —
> Europa haben — aber wir wissen eigentlich noch nicht in
> welchen Grenzen? Wird Europa eine Illusion sein? Ist es
> wünschbar? Zu den Fähigkeiten, die wir uns als Europäer
> wünschen müssen, gehört — die Konfliktfähigkeit, gehört
> der Disput. Das wollen wir hier in diesem Kreis — üben,
> und das Thema, das wir uns heute vorgenommen haben, ist
> zunächst ein deutsches Thema, ich meine, ein schwieriges
> und heikles. — — Wer im Zweiten Weltkrieg, wer vor dem
> Zweiten Welt/ Weltkrieg Deutscher und jung war, der — —
> ist mit großer Wahrscheinlichkeit verwickelt worden, ver-
> wickelt gewesen in das, was hinterher — als die dunkelste
> Periode deutscher Geschichte erscheint. Er ist mit Leib und
> Seele dabeigewesen, er oder sie, und hat neunzehnhundert-
> fünfundvierzig — erfahren, daß diese zwölf Jahre des Aus-
> nahmezustandes, des Abenteuers, der extremen Beanspru-
> chung, der extremen Hoffnung, daß diese Jahre eigentlich
> nicht gewesen sein durften. Ich möchte heute — mit Ihnen
> — liebe Zuhörer und Zusch/ äh Zuschauerinnen und Zu-
> schauer und mit den acht Anwesenden über diese Dinge
> nachdenken. Ich darf Ihnen die Teilnehmer an unserem —
> Disput vorstellen — ich beginne mit Frau Jeanne Hersch.

Auch Muschg redet von *Disput*, aber er formuliert den agonalen Charakter des Disputs vager als die Presse-Ankündigung: von *Konfliktfähigkeit* ist die Rede, die *wir üben wollen*. Damit schafft er die gewünschte intellektuelle Atmosphäre, die dann das ganze weitere Gespräch umgibt. Das Resultat ist eine Veranstaltung von edler, fast melancholischer Langeweile, zu etwas Ähnlichem wie *Disput* kommt es nur in wenigen Phasen.

Konfrontation als Primärfunktion einer Sendung: das ist programmatisch realisiert in einer Sendung wie „Pro und Contra", deren Titel für sich spricht und die angesagt wird als das *Fernsehstreitgespräch aus Stuttgart*. Pro und contra läßt sich am schärfsten verwirklichen, wenn das Thema zugespitzt wird in einer Weise, daß nicht differenzierte mehr-oder-weniger-Voten, sondern kontradiktorische Entscheide provoziert werden. Zum Beispiel in einer Sendung (26. 6. 86) über Kernenergie, wo es schon in der Einführung heißt:

> Guten Abend, meine Damen und Herren. Darüber ob man irgendwann, in zehn, zwanzig oder dreißig Jahren einmal aus der Kernenergie aussteigen kann, darüber – wird viel diskutiert. Wir aber wollen es heute abend auf die eine radikale Frage pointieren: Ausstieg aus der Kernkraft jetzt, also Abschalten der Kernkraftwerke noch in diesem oder spätestens im nächsten Jahr.

Daß es hier nur um die Kontradiktion geht, wird noch einmal verschärft dadurch, daß eine *Jury* von Bundesbürgern über die zugespitze Frage abzustimmen hat:

> Wir wollen wissen, was die Bundesbürger vor und nach unserem Streitgespräch von diesem Pro und Contra Ausstieg jetzt halten. Unsere Jury besteht aus 750 ausgewählten Zuschauern, überall in der Bundesrepublik, und sie werden jetzt über das Teledialogsystem abstimmen. Bitte, liebe Jury-Mitglieder, greifen Sie jetzt zum Telefon und stimmen Sie pro – oder contra – ab. Und während unser Computer dieses Meinungsbild aufzeichnet, zeigen wir Ihnen, was die Zuschauer hier im Studio von dem sofortigen Ausstieg aus der Kernenergie halten.

Durch diese Form der — freilich nur „statistischen" — Rezipientenbeteilung wird eine Situation simuliert, wie wir sie aus Sendungen unmittelbar vor einer Wahl kennen. Daraus leitet sich dann die rigide Prozedur ab, die sonst nur durch das politische Proporzdenken gerechtfertigt wäre, eine Prozedur, die mit der Metapher des Gerichtsverfahrens arbeitet.

Es gibt *Anwälte* pro und contra (meist keine professionellen Juristen), die *Plädoyers* halten, es gibt *Sachverständige* der beiden Seiten. Die *Anwälte* befragen die *Sachverständigen*.

Am Schluß wird der „TED" noch einmal befragt, und dann sieht man, wer der *Sieger* ist.[32]

Das Sendungskonzept scheint sich bewährt zu haben. Die letzte Sendung, die ich sah, vom Dezember 1988, ist nach genau dem gleichen Schema gemacht. Das Thema ist auf eine Frage zugespitzt, die Pro-und-contra-Entscheidungen ermöglicht:

M: Wir wollen heute ganz konkret die Pro- und Contra-Frage
       stellen: Straffreiheit für die Konsumenten weicher Drogen.

Es wird auch klar der intendierte Charakter des Gesprächs definiert:

> Nun wird in unserem Studio gleich der Meinungsstreit, der
> Streit der Argumente beginnen. [mit der charakteristischen
> Ambivalenz zwischen *Streit* und *Argumentation*]

Ein im Sendungskonzept angelegtes Ungleichgewicht weist eine Sendung wie „Veto" (vgl. S. 385) auf. Hier kommen *Betroffene* zu Wort, denen durch Behörden, Ärzte o. ä. Unrecht geschehen ist. Sie können ihre Fälle schildern, unterstützt von *Anwälten*. Meist ist die Sachlage aber so — soweit man das überhaupt aus den Schilderungen und Diskussionen entnehmen kann —, daß die Schuld der Gegenseite nicht juristisch gesichert ist. Manche Fälle sind auch noch gar nicht abgeschlossen. Das ist eine vielfach heikle Ausgangslage. Nun würde man erwarten, daß die Gegenseite ebenfalls gehört würde. Die unmittelbare Gegenseite — das wären diejenigen, die das Unrecht verursacht haben, also z. B. der Arzt,

---

32 Vgl. Dohrmann/Vowe (1982), Media Perspektiven 10, 645 – 659.

der für die mißglückte Operation verantwortlich ist. Aus verständlichen Gründen ist diese direkte Konfrontation kaum erreichbar. Daher weicht man auf ein Ersatz-Contra aus und zieht Fachleute, Politiker usw. bei, die die andere Seite auf ganz allgemeine Weise vertreten. Das führt nun zu einem gesprächsstrukturellen Dilemma: Die Sendung ist auf Konfrontation angelegt, aber beide Seiten streiten gegen einen Schein-Gegner. Der Standesvertreter X kann nicht konkret dafür, daß dem Betroffenen Y durch einen Arzt im Krankenhaus Unrecht geschehen ist, ja er braucht nicht einmal der Voraussetzung zuzustimmen, daß überhaupt ein Unrecht geschehen ist. Soweit das sichtbar ist, scheint die professionelle Partei über die Sachlage nicht im Detail vorinformiert zu sein. Der Betroffene seinerseits ist nicht verpflichtet, den Fall unparteiisch darzustellen, im Gegenteil: er ist durch das Sendungskonzept dazu aufgerufen, seine *Betroffenheit* zu demonstrieren. Damit bleibt der Fall als solcher in seinen faktischen Einzelheiten weitgehend ungeklärt. Jeder der will, kann bereits die Fakten, und erst recht die kausalen Zusammenhänge anzweifeln. Der Anwalt des Betroffenen argumentiert seinerseits nicht auf der Ebene der konkreten Situation, sondern derjenigen der allgemeinen Grundsätze und Rechtsverhältnisse, z. B.:

Wir leben in einem demokratischen Rechtsstaat, in welchem der Schutz von Leib und Leben mit an höchster Stelle steht, und dazu gehört, daß der Strom von Patienten, der ununterbrochen, sei es verunfallt, sei es infolge Erkrankungen, sei es infolge bevorstehender Geburten, in die Krankenhäuser drängt – rund um die Uhr, an Wochentagen, an Feiertagen – an Sonn- und Feiertagen gleichermaßen betreut und verarztet werden kann. Denn dieser Strom verebbt ja nicht plötzlich am Freitagabend oder am Samstagmorgen wie ein Fließband, um dann am Montag wieder weiterzugehen. Wir betrachten einmal andere Dienstleistungsbetriebe, die weit geringeren Rechtsgütern dienen, zum Beispiel die Bundesbahn, die Hotellerie, Gaststätten, Badeanstalten, Saunen, Theater, Sportplätze, sonstige Unterhaltungen, alles was dem Vergnügen der Menschen dient – alles das geht am Sonntag, genauso wie am Alltag, oft noch mehr, wird nicht einge-

schränkt, es gibt keinen Bundesbahn-Notdienst, keinen Not-
dienst in Hotels oder Gaststätten, sondern da wie dort wird
das Bedürfnis der Allgemeinheit erstklassig auch am Sonntag
und am Wochenende bedient und gepflegt. Und das erwartet
der Patientenanwalt — wenn ich jetzt für die Betroffenen
sprechen darf — das erwartet natürlich jeder Patientenanwalt
auch für die Patienten, für die Allgemeinheit schlechthin, was
den Dienst des Krankenhauses betrifft, da besteht gar kein
Verständnis für den derzeitigen Zustand, daß die Krankenhäuser wegen personeller Unterbesetzung am Wochenende
oft zur tödlichen Patientenfalle werden können.

Der *Anwalt* spricht auf der Ebene der Verfassung *(Schutz von Leib
und Leben)*, der Jurisprudenz *(Rechtsgüter)*, der Ökonomie und
Soziologie *(Dienstleistungsbetriebe)*, stets bezogen auf die generellen Tatbestände und auf die Allgemeinheit, ja auf die *Allgemeinheit
schlechthin*, nicht aber bezogen auf den konkreten Fall. Ob der
konkrete Fall überhaupt unter das generelle Problem zu subsumieren ist, das bleibt letztlich offen.
    Das alles ergibt eine „schiefe" kommunikative Konstellation, die
etwa durch das folgende Schema illustriert werden kann:

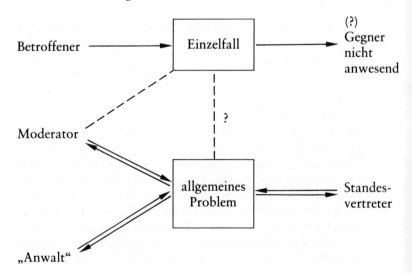

Natürlich sieht der Moderator dieses Dilemma; seine metakommunikativen Äußerungen dazu sind geschickt formuliert und kaschieren das Dilemma durch Berufung auf „höhere Diskussions-
werte". Z. B. stimmt er einem Standesvertreter zu, „daß die dargestellten Fälle natürlich die Ausnahmen sind", und er hebt hervor,
„daß es in dieser Sendung nicht darum gehen kann, die dargestellten
Situationen nun bis ins letzte zu erörtern, sondern es geht um das
Grundsätzliche". Das *Grundsätzliche* in einer Diskussion hat den
Vorrang gegenüber dem Einzelfall, der *dargestellten* Situation, und
damit wird die schiefe Konfrontation sozusagen geradegerückt.
Damit wird aber kaschiert, daß vom Sendungskonzept her gerade
die Betroffenheit des Einzelnen im Vordergrund steht, und eben
nicht die allgemeine Problematik.

Die „Schiefheit" der Konfrontation springt in die Augen, wenn
einer der Betroffenen auf die generellen Argumente der Gegenseite
subjektiv und emotional reagiert. Regelrechte Wutausbrüche sind
in dieser Sendung nicht selten, und das ist wohl einer der Gründe
für ihre Beliebtheit. Ein Beispiel gleich aus der ersten Sendung:

Der Standesvertreter (Justitiar der Deutschen Krankenhausge-
sellschaft) versucht zu erklären, warum der Wochenenddienst im
Krankenhaus nicht immer in der optimalen Weise funktioniert, wie
man es erwarten sollte. Als einen Grund führt er Personalmangel
an. Wenn man dem abhelfen wollte, müßten mehr Stellen geschaffen werden:

[Standesvertreter = S; Betroffener = B]

S: Bloß ich komm da auf die zwangsläufige und äh vielleicht
      für die Betroffenen unattraktive Feststellung: wer bezahlt die
      dann sich zwängsläufig nachrechenbar ergebenden sprung-
      haften äh Steigerungen in den Personalkosten. Diese Frage
      muß man wirklich sagen – wer bezahlt das den Kranken-
      häusern?
      (Unruhe, Zuruf „Das darf doch nicht wahr sein". Einer
      der Betroffenen, der seinen Fall geschildert hat, ruft
      mit höchster Lautstärke und furchtbar aufgeregt hin-
      ein:)

B: (UNVERST.) Menschenleben mit Geld irgendwie vergleichen,
      das ist doch wohl die Höhe! Ein jeder Arzt hat genau seine
      Pflicht zu tun wie jeder andere Bürger unseres Staates! Wir
      müssen alle für unsere Fehler gerádestehen, die wir machen,
      und das ist doch (UNVERST., APPLAUS, TUMULT, DER MODE-
      RATOR VERSUCHT ZU UNTERBRECHEN, OHNE ERFOLG) es nützt
      doch nichts, wenn nur Ärzte da sind und nicht operieren!
      Das ist/die kriegen doch nicht nur Anwesenheitsgelder,
S: darf ich Sie

B: wo kómmen wir denn da hin (APPLAUS, TUMULT)
S: darf ich Sie − einen Augenblick
M: Ich bin dankbar, ich bin dankbar, daß Sie gerade aus der
      Sicht des Betroffenen − Ihre Situation noch einmal (UN-
      VERST., TUMULT) − nein ich bin dánkbar; daß Sie es tun −
      aber ich möchte jetzt − ich möchte jetzt Dr. M. bitten, der
      ja der Anwalt der Betroffenen ist, kurz einzugehen auf das,
      was der Justitiar der Deutschen Krankenhausgesellschaft
      eben ausgeführt hat.

Der Wutanfall läuft leer, weil der Betroffene gegen die Faulheit
und Unverantwortlichkeit konkreter Ärzte wettert und das generelle Problem gar nicht anspricht.
   Die Fachleute und Standesvertreter sind sich völlig im klaren
darüber, daß sie in ihrer Rolle von den Betroffenen nicht wirklich
angegriffen werden können, und sie sagen das auch, z. B.:

S: Ich bitte auch um Verständnis, daß ich zu den von Ihnen ge-
      schilderten Einzelfällen hier nun sicherlich keine Stellung-
      nahme abgeben kann; das ist sicherlich/ das sind ja teil-
      weise
M: ist nicht im Sinn der Sendung!

Ein anderer Standesvertreter vollzieht deutlich das Splitting von
allgemeinem Problem und Einzelfall, auch von Regel und Ausnahme, und zieht sich damit aus der direkten Konfrontation hinaus:

Ja ich meine man muß hier trennen von den außerordentlich bedauerlichen Einzelfällen, die sind auch sicher nicht entschuldbar. Man muß dann nur auch sehen, auch bei der besten personellen Besetzung können Fehler gemacht werde, und die wird man auch dann nicht total ausschließen, weil das so ist wo Menschen arbeiten. Äh wir sollten aber doch sehen, daß hier auch ein Grundsatzproblem dahintersteckt

Sonderfall: Politische Gespräche

Kampfgespräche sind dann besonders brisant, wenn *hochkarätige Politiker* teilnehmen und wenn es um brisante politische Themen geht. Diskussionen in den Monopolmedien sind auf Ausgewogenheit hinsichtlich der vertretenen Positionen verpflichtet, damit auf Ausgewogenheit hinsichtlich der (politischen) Zusammensetzung der Runde. Der Anspruch auf Ausgewogenheit tritt nach meinen Beobachtungen in stärkeren und schwächeren Varianten auf: Bei Sendungen unmittelbar vor nationalen Wahlen in der BRD z. B. wird Wert darauf gelegt, daß alle im deutschen Bundestag vertretenen Parteien vertreten sind.[33] Dies führt dann − auf die ganze Runde bezogen − nicht zu einer bloßen Pro- und Contra-Verteilung, sondern zu einer − mindestens potentiell − differenzierteren Verteilung von Meinungen über das ganze im Bundestag vertretene Spektrum hinweg, der Gesprächsform nach zu einer *Diskussion.*

Damit ist freilich nicht gesagt, daß hier diskutiert würde wie in alltagsnahen Situationen, beispielsweise einer Gemeinderatssitzung. Die Regeln für die Vergabe und das Beibehalten des Rederechtes sind so rigide, daß von einem freien Austausch von Meinungen, einem spontanen Hin und Her der Argumente nicht die Rede sein kann. Holly et al.(1986) haben die expliziten und impliziten Regeln dargestellt, die z. B. Sendungen wie „ZDF-Hearing" oder „Bonner Runde" zugrunde liegen. Einschneidende Maßnahmen, die das freie Diskutieren verunmöglichen, sind die Festlegung der Reihenfolge

---

33 Auf diese Variante beziehen sich Holly et al. 1986 in ihren Analysen.

der Voten, die Reglementierung der Redezeit, und komplementär
dazu das Recht, Provokationen abzuarbeiten (vgl. S. 16).
   In der Sendung „Drei Tage vor der Wahl" (2. 10. 80) formulierte
der Moderator die Reglementierungen so:

> Wir schlagen Ihnen folgenden Ablauf vor: Wir sollten etwa
> in gleicher Länge nacheinander über die Bereiche Außenpo-
> litik und Sicherheit, Innenpolitik und Wirtschaft, Finanzen
> und Soziales diskutieren, und unsere herzliche Bitte ist im
> Interesse des Publikums über das zu reden, was gerade dran
> ist. Wir haben Zeit. Nichts Wichtiges soll unterbleiben. Als
> Regel schlagen wir vor, daß in wechselnder Reihenfolge und
> Mischung immer je ein Mann der Koalition und der Oppo-
> sition aufeinander folgen. Wir bitten den Einzelbeitrag auf
> zwei Minuten zu beschränken. Jedesmal wenn sich alle zu
> einem Thema geäußert haben, sollten Sie noch einmal Ge-
> legenheit haben, in einer kurzen Replik also in einer zweiten
> korrigierenden Runde, wem immer Sie wollen zu antworten,
> was immer Sie wollen zurechtzurücken.
> (Köpf 1989, 49; Interpunktion normalisiert)

Angesichts eines solchen Arrangements muß es auch dem Naiv-
sten der Zuschauer klar sein, daß die Politiker auf den äußeren
Kommunikationskreis hin, *aus dem Fenster* reden. Dennoch legen
sie – wie Dieckmann (1985) an der „Bonner Runde" vom
26. 9. 82 demonstriert – Wert darauf, ihre Äußerungen so zu
gestalten, als diskutierten sie ausschließlich untereinander, im
inneren Kommunikationskreis (in *Binnenkommunikation).* Dieckmann weist mit Recht daraufhin, daß nicht das *Zum Fenster
hinaus reden* das Erklärungsbedürftige ist, sondern das Beharren
auf der Binnenkommunikation. Seine These ist: „Die Interaktanten der Binnenkommunikation fördern ihre eigenen Intentionen
im Hinblick auf den Dritten [das Publikum] am besten, wenn
sie die normativen Erwartungen der Dritten erfüllen. Diese wiederum erfüllen sie dann am besten, wenn sie so tun, als wäre
der Zuschauer gar nicht da oder, abgeschwächt formuliert, als
wäre das Wesentliche in dem Kommunikationsereignis die Auseinandersetzung mit dem Partner der Binnenkommunikation."

(Dieckmann 1985, 67) Als Erklärung für diese (unterstellte) Erwartungshaltung der Rezipienten formuliert Dieckmann die Vermutung, die Zuschauer wollten „in den öffentlich-dialogischen Kommunikationsereignissen zuschauend teilnehmen an den Prozessen politischer Handlungskoordinierung zwischen den Politikern, die ihnen sonst unzugänglich sind, weil sie nicht-öffentlich in den jeweiligen politischen Institutionen stattfinden" (67 f.). Da die Politiker durch ihr kommunikatives Verhalten die Illusion der Zuschauer – und eine Illusion müsste man es wohl nennen – unterstützten, ergäbe sich auf diese Weise eine Art von „inszenierter Kommunikation" (68). Ich möchte jedoch bezweifeln, daß die heutigen Medienrezepienten, mit ihrer teilweise schon zynischen „Aufgeklärtheit" und ihrer zunehmend aktiv-selektiven Haltung gegenüber den Medien, tatsächlich erwarten, an realer „politischer Handlungskoordinierung" teilnehmen zu können. Viel eher scheint mir der Fall zu sein, daß dialogisches „Argumentieren" – und damit die Kommunikation im inneren Kreis – ein Gütekriterium von Mediengesprächen ist und daß darum die Selbstdarstellung der politischen Position als Argumentation in der Binnenkommunikation realisiert wird.

Eine verwandte, aber in extremer Weise zugespitzte Variante politischen Gesprächskampfes zeigt sich bei den Präsidentschaftswahlen in den USA oder in Frankreich. Das System der Präsidentschaftswahlen in diesen Ländern legt die direkte Konfrontation der beiden Spitzenkandidaten in einem *Fernsehduell* nahe. Im Gegensatz zu der größeren Diskussionsrunde der vergleichbaren BRD-Sendungen steht hier ganz klar der *Kampf* im Zentrum, und wiederum dürften sich auch die Zuschauer darüber im klaren sein. Settekorn (1989) hat die Spielregeln solcher Gespräche am französischen Fernsehen beschrieben. Da es hier – aus der Perspektive der Institutionen und politischen Parteien – noch viel mehr darauf ankommt, daß beide Teilnehmer genau die gleichen Redechancen haben, ist das Gesprächsreglement noch starrer als bei den vergleichbaren BRD-Sendungen. Es wird auch kein Hehl daraus gemacht, daß strikte Vereinbarungen zwischen Institution und den beteiligten Politikern über die einzuhaltenden Regeln bestehen.

Wie Settekorns Analyse der Sendung vom 28. 4. 88 zeigt, spielt die *Rahmung* (im Sinne von Goffmann) hier eine besondere Rolle: das *Ereignis* wird als Medien-Ereignis *aufgebaut, inszeniert* in dem Sinne, daß der Zuschauer schon vor Beginn der eigentlichen Debatte die Bedeutung des Ereignisses richtig, d. h. im Sinne des Mediums einschätzen kann. So werden in der Einleitungssequenz sowohl von Antenne 2 wie von TF 1 die Hauptregeln formuliert, die die Dauer der Themenblöcke, die Redezeit der Teilnehmer und die Bildpräsentation betreffen. Zur Redezeit heißt es beispielsweise:

> Le temps de parole de chacun d'entre vous [je pourtant insiste sur ce] point, parce que c'est important, les temps de parole de chacun d'entre vous doivent être équilibrés à la fin de chacune des parties. (Antenne 2, Settekorn 41)

Die Regel für die Kamera — daß jeweils nur der Sprechende im Bild sein darf — wird von TF 1 geradezu dramatisch formuliert:

> (...) Jean-Luc Leridon qui donc disposera euh d'une batterie de huit caméras et il n'y aura pas la possibilité de plan de coupe pour chacun des candidats, cela veut dire que lorsqu'un candidat parlera, on ne verra pas la tête que fera son adversaire. (Settekorn 45)
> (Der Sprecher nennt zuerst den Fachausdruck *plan de coupe* und erläutert ihn dann umgangssprachlich.)

Dreimal wird die bis zum Beginn der Debatte verbleibende Zeit sekundengenau genannt, so daß man den Eindruck von „Countdown" erhält:

> (...) dans exactement une minute cinquante-trois secondes nous allons diffuser le grand débat (...) la tension est à l'extrême puisque c'est exactement dans une minute vingt que ... (...) Je vous invite tout de suite à rejoindre puisque c'est maintenant dans dix secondes, l'heure fatidique, la maison de la radio pour le grand débat entre les deux derniers participants du second tour de la présidentielle. (Settekorn 45 f.)

„Es ist dies der Versuch, durch die Art des Redens wahr zu
machen, worüber geredet wird, und das zu schaffen, was nach
Bekunden des Sprechers im Debattenstudio der Fall ist [die Span-
nung]. Wenn es gelungen ist, dem Zuschauer durch die Rahmung
den Eindruck von Bedeutung und Gewicht des inszenierten Ereignisses zu vermitteln, dann wird er wohl auch glauben zu
sehen, was der Ansager ihm mitteilt, auch wenn er nur vier
Personen sieht, die an einem Tisch sitzen." (Settekorn 39). Settekorn zieht aus seinen Beobachtungen den Schluß, daß hier
nicht nur ein politisches Ereignis durch das Medium Fernsehen
„übertragen" wird, sondern daß das Fernsehen als „quasipoliti-
sche Institution" (39) selbst Politik macht. *Politik machen* kann
hier – angesichts der „nackten" Konfrontation der Gegner –
von vornherein nicht heißen, daß die Politiker den Rezipienten
an ihren politischen Handlungs- oder sogar Entscheidungsprozes-
sen teilhaben lassen. Zweifellos hat das ganze Arrangement viel
mit *Unterhaltung* zu tun, aber es wäre eine Verharmlosung des
Vorgangs, wenn man ihn auf die Formel reduzieren würde: „Die
Linie zwischen Politik und Unterhaltung verwischt sich" (Postman, bei Maletzke 1988, 38). Denn hier wird ganz zweifellos in
erster Linie Politik gemacht – von der Anstalt wie den Beteiligten, aber diese Politik kommt daher wie Unterhaltung, sie bedient sich des Know-how der Unterhaltungsmacher, sie ist nicht
langweilig, sondern hochgradig spannend und suggestiv.[34]
   Bei Diskussionen von geringerer regionaler Reichweite und geringerer politischer Tragweite geht es um einiges flexibler her als
bei Debatten von nationaler Bedeutung. Hier bedeutet Ausgewogenheit dann nur noch, daß Themen, die in der Öffentlichkeit
kontrovers diskutiert werden, auch durch Teilnehmer mit kontroversen Meinungen vertreten werden. Schwächer ist der Anspruch
auf Ausgewogenheit auch bei Diskussionen zu außenpolitischen
Themen, wo naturgemäß nicht alle involvierten Parteien angemes-
sen vertreten sein können.

---

34 Maletzke 1988, 38, weist mit anderen Argumenten die Postmansche These
   ebenfalls zurück.

Was passiert, wenn die *Kontroverse* unerwartet *ausfällt*, zeigt
das folgende Fallbeispiel einer außenpolitischen „Rundschau"-Dis-
kussion (SRG 15. 4. 86). Hier geht es vom Thema her nur um
Ausgewogenheit in einem schwächeren Sinn, womit sich das Pro-
und-Contra-Muster von vornherein anbietet. Das Thema ist zwar
außenpolitisch – und darum entfällt der Zwang zum Proporz –,
aber hochbrisant – und darum ist eine kontroverse Behandlung
unerläßlich.

Eingeführt wird die Sendung so:

> Aus aktuellem Anlaß haben wir heute nur zwei Themen in
> unserer Sendung. Zuerst das Wichtigste: der amerikanische
> Bombenangriff auf Lybien. In der Tagesschau konnten Sie
> die aktuellen Bilder sehen. Wir von der Rundschau bringen
> Hintergründe, Meinungen und Analysen. Ich darf Ihnen
> jetzt unsere hochkarätige Gesprächsrunde vorstellen: Ich
> begrüße A. S. Elias [II], er ist libanesischer Journalist und
> bei uns in seiner Eigenschaft als Nahost-Experte; Prof.
> Waler Kälin [I], er ist Völkerrechtler an der Universität
> Bern. In London werden sich in wenigen Augenblicken äh
> wird sich in wenigen Augenblicken zuschalten M(...) L(...)
> [III], amerikanischer Journalist, er lebt in England und ist
> Spezialist für Ost-West-Beziehungen. Und in New York
> warten wir noch auf Professor Fritz Stern [IV], der sich
> bei uns am Gespräch beteiligen wird, er ist Historiker an
> der Columbia University. Das Gespräch leitet mein Redak-
> tionskollege Samuel Plattner.

Nach einem Interview mit der amerikanischen Botschafterin in der
Schweiz beginnt dann die Diskussion.

Das räumliche Arrangement zeigt die gegenüberliegende Seite.

Die räumliche Anordnung spiegelt aber nicht die Pro- und Contra-
Verteilung. Denn unvorsichtigerweise wurden drei Contra-Vertreter
und nur ein Pro-Vertreter eingeladen. Schon zahlenmäßig ist also
hier keine Ausgewogenheit vorhanden. Gast I und II am Studio-
Tisch und Gast IV am Bildschirm sind contra, Gast III ist (bzw.
wäre) pro.

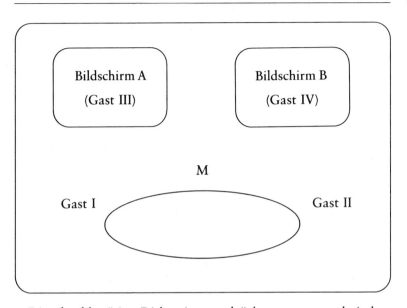

Die „hochkarätige Diskussionsrunde" kommt aus technischen
Gründen zunächst nicht zustande, und der Moderator bekundet
bereits eine gewisse Unruhe:

M: Unsere beiden Gäste, die über Monitor zugeschaltet sein
     sollten – der eine ist nun inzwischen, Professor Fritz Stern
     in New York – aber wir haben noch nicht die Möglichkeit
     gehabt, ihn auch zu hören, und er hört uns nicht – und der
     andere, M(...) L(...) aus London, auf ihn warten wir auch
     noch. Aber – ich bin überzeugt, daß sie schon noch – äh
     einsteigen ein bißchen später in die Sendung und wir haben
     inzwischen bereits zwei – Experten für verschiedene Aspekte
     dieser ganzen Affäre bei uns – und ich möchte gleich ein-
     steigen (...)

Nur, die beiden anwesenden Experten sind beide Vertreter der
Contra-Partei. Immerhin können sie als Experten über ganz unterschiedliche Aspekte des Ereignisses Auskunft geben. Bis dahin ist
also noch nichts verloren. Und nach dem Votum des ersten Experten sieht die Sache schon besser aus:

M: Inzwischen glaube ich, daß äh Herr Stern in New York uns
      hören kann — Herr Professor Stern?
S: Ja?
M: Äh ich weiß nicht, ob Sie mitbekommen haben, was unser
      Völkerrechtler gerade gesagt hat.

Aber auch dieser Teilnehmer ist ja ein Contra-Vertreter („Ich
glaube, daß der Herr Kollege aus Bern die Sache völkerrechtlich
so gesehen hat, wie ich sie auch sehen würde"), und immer noch
fehlt der Pro-Vertreter. Auch der libanesische Journalist gibt sich
gleich als Contra-Vertreter zu erkennen:

> Wenn Sie mir erlauben, zwei Worte zu unserem Völkerrecht-
> ler: Ich begrüße sehr, wie Sie das gemacht haben, und das
> finde ich eine Zementierung unserer These. Aber ich glaube,
> das Problem ist es nicht in politischen Auseinandersetzungen,
> wer hat Recht, wer hat kein Recht, sondern wer hat Gewalt
> und wer hat keine Gewalt. Daß das Recht eindeutig auf der
> Seite der Libyer —, ist klar.

Nach der Stellungnahme des Journalisten wird ein Film eingespielt,
wohl in der Hoffnung auf eine Besserung der technischen Situation.
Dann:

M: Ja meine Damen und Herren, wir warten immer noch auf
      die Linie mit London, wo M(...) L(...) im Studio sitzt, ein
      Amerikaner, der einige Akzente sicher um Nuancen anders
      setzen würde als Professor Stern. Aber in der Zwischenzeit
      wollen wir uns hier weiter unterhalten (...)

So unterhalten sie sich eine Zeitlang weiter in Harmonie. Dann
endlich scheint es zu klappen.

M: Inzwischen ist — zu unserer aller Beruhigung M(...) L(...)
      auf dem Monitor erschienen, die Leitung nach London
      scheint endlich zustande gekommen zu sein. Herr L(...) ich
      weiß nicht, wieviel Sie von dieser Diskussion schon mitbe-
      kommen haben. Falls es einiges war, nehme ich an, Sie seien
      mit einigem nicht ganz einverstanden. — — Können Sie mich
      hören, Herr L(...)? — — Hallo Herr L(...) — — — Ent-

schuldigen Sie, meine Damen und Herren nochmals, die —
Tonleitung scheint — immer noch nicht zu klappen. Ich hoffe
— dringend auch im Interesse einer pluralistischen Präsentation, daß — eine — die andere Meinung eines Amerikaners
auch noch zum Wort kommt. Wir hoffen — selbstverständlich einzusteigen, sobald das möglich ist. Inzwischen würde
ich doch Sie Herr Kälin fragen (...)

Der Moderator wird zunehmend unsicher, verspricht sich häufig
und sucht nach Fragen. Dann:

M: Ich möchte nochmals einen Versuch machen, Herrn — L(...)
     zu erreichen in London, können Sie mich hören? — — Tut
     mir leid, noch immer kein Glück äh — Herr Elias, zurück
     zu Ihnen (LÄNGERE PAUSE) die — amerikanische — Außen-
     politik — — Sie haben äh genügend kritisch angemerkt, daß
     es Zeit wäre sich mal endlich auf diesen Grundkonflikt im
     Nahen Osten zu konzentrieren — äh — wie steht denn das
     eigentlich — da läuft ja gar nichts mehr, das haben die
     Amerikaner schon einfach völlig vergessen?

Man sieht, der Moderator braucht lange, um überhaupt eine neue
Frage zu finden. Und als er sie dann endlich hat, ist sie sehr
unpräzise formuliert. Und dann ist die Sendezeit endlich vorbei,
ohne daß der Pro-Vertreter hätte eingreifen können. Der Moderator
bedankt sich bei denen, die teilgenommen haben, und:

     Wir alle bedauern es, daß — Herr L(...) leider nur im Bild
     — da war und seine — äh fulminante Argumentation hier
     nicht einbringen konnte. Ich danke Ihnen.

Wenn in einer Sendung, die auf pro und contra und auf *fulminante
Argumentation* angelegt ist, — ohne Verschulden des Moderators
— nur die eine Seite zu Wort kommen kann, dann ist das gleichwohl nicht nur eine technische Panne, sondern ein journalistisches
Desaster. Erstens weil die Ausgewogenheit nicht gewährleistet ist,
zweitens weil die vorgesehene Gesprächsstruktur zusammenbricht
und kein Äquivalent aufgebaut werden kann.

In den großen nationalen Debatten käme keiner der Beteiligten auf die Idee, offen zu deklarieren, daß es sich um eine inszenierte Veranstaltung handelt.

In Sendungen geringeren Kalibers kann das aber durchaus der Fall sein. Wenn zwei Leute mit dem deklarierten Ziel aufeinander losgelassen werden, *sich zu streiten*, dann ist das offenkundig *Show*, *Theater*. So zum Beispiel, wenn in „Schlag auf Schlag" oder „Was nun, Herr...?" ein *Überraschungsgast* auftritt, der sich mit dem Hauptgast eine festgelegte Zeitspanne lang streiten soll. Ein Beispiel haben wir S. 19 gesehen. Hier soll eines zur Sprache kommen, bei dem die Inszeniertheit von beiden Gesprächsteilnehmern metakommunikativ angesprochen wird („Was nun, Herr Späth?" ZDF, 14. 4. 88). Lothar Späth (Baden-Württembergischer Ministerpräsident CDU) ist der Hauptgast, und der Überraschungsgast ist ebenfalls ein hochkarätiger Politiker: Otto Graf Lambsdorff (Bundeswirtschaftsminister FDP). Der eine der Moderatoren eröffnet die Runde mit den bekannten Angaben zu Dauer und Funktion des Gesprächs:

> Sie beide haben jetzt äh 15 Minuten Zeit, sich miteinander zu streiten. Wir beide ziehen uns zurück, halten uns zurück. Bitte, Graf Lambsdorff, beginnen Sie!

Lambsdorff thematisiert sogleich die Situation und formuliert seine Definition der Veranstaltung:

L: Äh ich denke äh Herr Späth, die äh Journalisten haben sich
     das gedacht äh, was äh sie vorhin gesagt haben: Solln mal
     gegeneinander donnern, und dann sieht's auch sportlich
S: Sind wir geübt, sind wir
     geübt
L: aus, und dafür haben sie uns beide ausgesucht, oder mich als
     Überraschungsgast.

Gegeneinander donnern ist eine ironische Überspitzung der von den Moderatoren definierten Gesprächsfunktion *streiten*, womit bereits die Ernsthaftigkeit des Streites relativiert ist. Zudem *sollen* sie gegeneinander donnern: sozusagen Streit auf Befehl – das kann vollends nicht ernsthaft sein. Schließlich: das Donnern soll *sportlich aussehen* – damit ist der Schein definiert. Beide sind so etwas gewöhnt *(sind wir geübt)*, sind nicht nur politische Profis, sondern auch Diskussionsprofis in inszenierten Veranstaltungen. Das Interessante an dieser Eröffnungsphase ist, daß die Politiker Wert darauf legen, die Karten auf den Tisch zu legen, dem Zuschauer nichts vorzumachen. Auch der Moderator läßt sich – bis zu einem gewissen Grade wenigstens – auf dieses offene Spiel ein, wie die Beendigungsphase zeigt:

M: Vielen Dank, Herr Späth, unsere Zeit ist vorbei. Da ist eine Diskussion in Gang gekommen, die den großen Vorteil hat, daß sie so klingt, als ob sie zum ersten Male zwischen Ihnen beiden geführt äh würde, äh da ist noch viel zu reden, und offenbar muß noch mehr in der Politik geredet werden, als das offenbar der Fall ist.

L: Glücklicherweise ist ja nun die Sendezeit vorbei!

M: (schmunzelnd) Jetzt ist die Sendezeit vorbei und ich meine, sie ist vorbei mit einer guten Nachricht. Die Nachrichtenagenturen melden gerade, die Entführer der kuweitischen Maschine haben soeben in Algier eine weitere Geisel freigelassen (...)

Auch der Moderator versucht nicht zu kaschieren, daß es sich um eine Inszenierung handelt, legt aber Wert darauf, die Inszenierung als realitätsnah zu bewerten *(daß sie so klingt, als ob ...)*. Den flapsigen Einwurf Lambsdorffs greift er auf, aber wendet ihn ins Ernsthafte *(vorbei mit einer guten Nachricht)* und verknüpft auf diese Weise das vorgeführte Spiel mit der brutalen Realität, die eben auch durch Fernsehen vermittelt wird.

Doch noch einmal zurück zur Eröffnungsphase. Nach den Bemerkungen zur Situation definiert Lambsdorff die Thematik. Und auch hier legt er seine Karten auf den Tisch:

L: Ich will keinen Nachwahlkampf führen͵ das hat gar keinen Sinn͵ das ist vorbei. Daß wir in einigen Punkten Meinungsverschiedenheiten haben, das wissen Sie und ich͵ darüber haben wir miteinander diskutiert͵ da ist ein Buch äh erschienen͵ kann jeder nachlesen, brauchen wir heute abend nicht tun.

Die echten Streitpunkte zwischen den beiden sind im wesentlichen ausdiskutiert, sogar schriftlich dokumentiert. Es kann also nicht um einen Disput zu konkreten politischen Kontroversen gehen, und schon gar nicht darum, über Sachfragen zu einer Einigung zu gelangen. Lambsdorff macht klar, daß es naiv wäre zu erwarten, hier würde „echte" Tagespolitik geboten. Statt dessen definiert er nun eine allgemeinere, der Tagespolitik entrückte Thematik, über die zwei Politiker jederzeit disputieren können – ohne konkrete Konsequenzen:

L: Ich möchte gern zurückkommen auf das, was am Anfang dieser Unterhaltung hier auch eine Rolle gespielt hat und was ich mit Besorgnis sehe. Sie sagen – und da haben Sie natürlich vollständig recht – ich habe einen Amtseid auf Baden-Württemberg geleistet, ich habe Baden-Württembergische Interessen zu vertreten. Ich sehe in der Bundesrepublik den Föderalismus sich immer, beziehungsweise (UNVERST.) übertrieben ausgedrückt, partikularer, egoistischer gebärden, immer weiter weg vom Ganzen (...)

In einer Phase des Gesprächs wird dann ganz deutlich, daß die „eigentliche" Politik anderswo gemacht wird:

L: Wir sind an einem Punkte angekommen, an dem wir ein gefährliches Auseinanderdriften von Teilen der Bundesrepublik gegen die andern Teile der Bundesrepublik erleben werden, und wenn wir uns nicht zusammensetzen, um das wieder in Ordnung zu bringen oder funktionsfähiger zu gestalten, dann werden wir die großen Reformaufgaben, von denen Sie auch gesprochen haben, nur sehr schwierig lösen können.

S: Sie werden von mir äh einen Beitrag dazu kriegen bei der Debatte im Deutschen Bundesrat über diese Frage. Ich bin da gar nicht so weit von dem Gedanken weg, der, das Grundproblem, über das wir streiten müssen (...)

Im Bundesrat gilt es ernst, hier im Fernsehstudio wird nur angedeutet, welche Position man vertritt.

Nach einem sachlichen, lebhaften, aber von beiden Seiten immer äußerst höflich geführten Gespräch gelangen die beiden an einen thematischen Punkt, an dem sie sich weitgehend einig sind – und damit droht die Veranstaltung ihre Funktion zu verfehlen. Die beiden sind sich dessen offenbar bewußt und überbrücken die Zeit bis zum Ende der 15 Minuten durch einen vorwiegend verbalen Schlagabtausch, mit witzigen Metaphern und Phraseologismen:

L: Also ich will mal von der verfassungsrechtlichen Seite (UN-
VERST.), ob ein solches Hineinwirken in einzelne Länder ohne
Berücksichtigung der anderen Länder überhaupt möglich ist
muß man mal nachdenken, ist ja schon schwer genug

S: Aber da, aber da wär ich, da bin ich
verhandlungsbereit, nur, was ich für völlig falsch halte –
ist, alles in den großen Topf – also beispielsweise jetzt bei
der Gesundheitsreform, ich halt's für völlig falsch, alles in
die Anonymität zu geben, sondern ich halt's für

L: Was was heißt Anonymität?

S: also beispielsweise Finanzausgleich bei den Krankenkassen

L: Na, da s/   äh, da sind wir völlig einig

S: nicht?   Da sind wir einer

Meinung. Aber der   richtig

L: völlig einer – der kassenübergreifende Finanzaus-

gleich kann überhaupt nicht in Frage kommen,

S: richtig sondern was beispielsweise
Baden-Württemberg zahlt, jetzt – ich zähl das jetzt nicht
auf, s-sondern nur mal, um klar zu machen: Wir zahlen zwei
Milliarden Finanzausgleich aus dem Landeshaushalt

L: Ja

S: Wir zahlen über die Rentenkassen 2 1/2 Milliarden Renten-
ausgleich pro Jahr aus Baden-Württembergischen (UNVERST.)

L: ja   Sie
werden wohl noch ein bißchen mehr zahlen müssen aus Ihrem
Wasserpfennig! Das wird auch noch ne Ausgabe sein, da
müssen Sie auch noch was abliefern!

S: Da sollen die andern erst mal für ihre Finanzen sórgen, ích
hab mir den <u>die Prügel geholt</u> für dieses Geld!
L: ja nun nun müssen Sie
auch noch das Geld <u>abliefern</u>!
S: Nee, ich muß níx <u>abliefern</u>!
L: Jaa, ich glaub schon! (LACHT)
S: Das steht nicht im Gesetz, ich kann nur álle warnen, die da
dran <u>rumoperieren</u> wollen!

Schließlich bleibt ihnen nur noch, *gemeinsam* über die Fragen
nachzudenken, und dann einigt man sich auf eine Metapher und
ein Klischee, das alle Probleme umfaßt und überdeckt, bis dann
glücklicherweise der Moderator erscheinen darf:

S: Aber aber f/ an einem Punkt, da sollen wir vielleicht fest-
halten, lassen Sie uns gemeínsam darüber nachdenken, mit
wélchen Elementen man diese Strukturprobleme bereinigen
kann. Man kann sie sícher nicht bereinigen, indem man den
großen <u>Sozialausgleichstopf</u> macht.
L: (UNVERST.)
S: Das ist nämlich <u>ein Faß ohne Boden</u>.
L: Das ist völlig richtig.
S: Wir müssen die Selbstverantwortung stärken
L: ja
S: und wir müssen über die Strukturausgleichsfragen nachden-
ken und über die Aufgabe, die da der Länderausgleich hat,
und die der Zentralstaat im Verhältnis zu schwachen Regio-
nen hat.
L: (HOLT LUFT, SETZT ZUM SPRECHEN AN, DA FÄLLT DER MO-
DERATOR EIN:)
M: Da gibt's viel — entschuldigen Sie, Graf Lambsdorff
L: Bitte
M: Vielen Dank, Herr Späth, unsere Zeit ist vorbei.

Auffallend an diesem Gespräch ist auch die außerordentliche quantitative Ausgewogenheit der Gesprächsbeiträge. Wenn man die
kurzen Wortwechsel beiseite läßt, so ergeben sich für jeden der
Beteiligten etwa gleich lange Gesprächsschritte.

Daß die Eröffnung Lambsdorff etwas länger ausfällt, liegt natürlich daran, daß er erst einmal die beschriebenen Definitionslei-
stungen erbringen muß, bevor er „zur Sache" kommt. Der letzte
zusammenhängende Beitrag Späths, der nur durch zustimmende
Äußerungen unterbrochen ist, ist wieder besonders lang, er wirkt
wie ein Schlußwort, und wird vom Moderator auch so interpretiert.
Obwohl die 15 Minuten noch nicht ganz abgelaufen sind, bricht
er das Gespräch an dieser passenden Stelle ab.

Daß eine solche Ausgewogenheit möglich ist, hat keine äußeren
Gründe. Es ist kein Moderator da, der Ausgewogenheit erzwingt.
Die beiden Politiker verfügen offenbar über eine routinierte Gesprächskultur, die ihnen ein moderates Gesprächsverhalten ermöglicht – zumindest dann, wenn wie hier die Kontroverse nur inszeniert wird. Beide wissen, wie schlecht es wirken würde, wenn sie
sich dauernd ins Wort fallen und ständig ums Rederecht kämpfen
würden. Ebenso schlecht – nämlich langweilig würde es aber
wirken, wenn – wie bei manchen Filmdialogen – ein Sprecherwechsel erst stattfindet, wenn der vorhergehende Sprecher
seinen Beitrag abschlossen hat. So gibt es denn gelegentliche
Kämpfe um das Rederecht, mit allen Tricks geübter Diskutanten,
aber ohne daß sich einer à tout prix durchzusetzen versucht. Eine
solche Stelle ist z. B. die folgende:

Lambsdorff hat einen längeren Gesprächsbeitrag gehabt, nun ist
Späth an der Reihe:
S: Schauen Sie, müßten wir dann ne Installation machen neben
      der Verfassung. Also beispielsweise, wir haben ne Präsidiums-
      sitzung der CDU, da sind die Minsterpräsidenten dabei. Wir
      sagen dort mehrheitlich, wir wollen die fünf Prozent. Dann
      machen sie ne Koalitionssitzung óhne uns, und da gibt die
      CDU mit drei Prozent nach. Ich bin doch in meinem Amt
      als Ministerpräsident nicht mehr in Ordnung, wenn ích ver-
      trétungsweise von meiner Partei entscheiden (L RÄUSPERT
      SICH, UM BEI NÄCHSTER GELEGENHEIT DAS WORT ZU ERGREI-
      FEN) laß, ob ich meine Position aufgebe oder nicht.
      (LAMBSDORFF NÜTZT DIE ATEMPAUSE, UM DAS REDERECHT AN
      SICH ZU NEHMEN:)

L: Das ist völlig richtig, daß daß
S: dann müßte ein Koalitionsaus-
schuß mit einem Mik/ Mischmasch (GRINST) von Bundesrat
und Bundesregierung machen‚ ich find s auch übrigens auch
gar nicht so schlimm, ich finde nur die Prozedur, die wir
dauernd öffentlich abspulen, ist so schwierig. (L HOLT LUFT,
BEREITET SICH AUFS SPRECHEN VOR) Warum nimmt man nicht
unsere Liste zusammen und überlegt sich, ob man dort nicht
nen Weg finden kann?
L: Also ich halt noch einmal fest

Späth „mißversteht" die Äußerung Lambsdorffs *(das ist völlig
richtig)* als bloße Zustimmung, als Hörersignal; die Konjunktion
daß, die unmißverständlich anzeigt, daß Lambsdorff eigentlich
weitersprechen will, „ersetzt" er durch *dann* und führt den von
Lambsdorff begonnenen Satz selbst weiter. Lambsdorff toleriert
diesen Trick, und als er das nächste Mal Redebereitschaft signalisiert, geht Späth darauf ein und tritt ihm mit einer Frage das
Rederecht ab. Das ist zweifellos ein äußerst geschickter Umgang
mit den Techniken der Gesprächsorganisation.
     Daß Gespräche wie dieses von den Beteiligten als Interview
sozusagen in Anführungszeichen verstanden wird, geht auch daraus
hervor, daß hier ein Rollentausch von Befrager und Befragtem ohne
weiteres möglich ist (vgl. das ähnlich gelagerte Beispiel S. 287).
     In einer von Radio DRS (1 und 2) veranstalteten Groß-Diskus-
sion zur Volksabstimmung über die etwaige Abschaffung der
Schweizer Armee (Doppelpunkt, 19. 11. 89, vgl. S. 242) wurde ganz
unverblümt die Frage gestellt, welchen Sinn politische Diskussionen
haben können, bei denen die Meinungen und die Positionen aller
Beteiligten, der Diskutierenden wie des Publikums, bereits im voraus festgelegt sind.
     Der Moderator fragt zu Beginn das Publikum (ca. 500 Leute im
Saal), ob die Meinungen schon gemacht seien. „Gibt es Leute hier
im Saal, die noch unentschlossen sind?" Es sind – zum großen
Gelächter des Publikums – genau zwei Leute, die da die Hand
heben. „Wir machen die Sendung trotzdem", sagt der Moderator.
Einen von den verbleibenden 498 Leuten, deren Meinung bereits

gemacht ist, fragt der Moderator, warum er überhaupt in die Veranstaltung gekommen sei. „Um das Lager der GSOA [= Gruppe für eine Schweiz ohne Armee] zu unterstützen", antwortet dieser. Immerhin räumen einige Votanten doch ein, daß sie sich allenfalls durch die Diskussion umstimmen lassen könnten.

Auf der Bühne befinden sich zwei Diskussionsgruppen an zwei Tischen. Am ersten Tisch sitzen sich zwei prominente Kontrahenten gegenüber, deren Meinungen *aufeinanderprallen* sollen. Am zweiten Tisch sollen die Argumente aufgegriffen und *vertieft* werden. Die beiden Prominenten geben je ein halb-minütiges Votum mit z. T. sehr scharfen und plakativen Formulierungen und geradezu gehässigen Unterstellungen gegenüber dem Gesprächspartner ab und dürfen anschließend in einem zweiten Votum auf die gegnerischen Argumente reagieren. Die Moderatorin an diesem Tisch bescheinigt den Herren, daß sie *geballte Ladungen* abgeschossen haben. Die Moderatorin an zweiten Tisch leitet ihre Anschlußrunde so ein:

> Ich glaube, die beiden Herren, die wir da eingeladen haben am Tisch eins, die haben ihre Funktion bestens erfüllt. Sie haben emotionalisiert, sie haben auf den Punkt gebracht, was die Gegner oder was die Befürworter meinen.

Der Moderator, der zu Anfang fragt, ob die Meinungen schon gemacht seien, kann kaum so naiv gewesen sein anzunehmen, das Publikum sei in die Veranstaltung gekommen, um sich selber eine Meinung zu bilden. Wenn er die Frage überhaupt stellt, dann wohl deshalb, um den Zweck der Veranstaltung möglichst klar zu machen; und in diese Richtung gehen ja auch die deutlichen Voten der beiden Moderatorinnen. In den inneren Diskussionskreisen geht es von vornherein nicht darum, daß einer den anderen von seiner Meinung überzeugt oder gar, daß man zu einem Konsens gelangen würde. Alle Bausteine des Arrangements sind funktionalisiert in bezug auf die Radiohörer. Die Prominenten sollen *emotionalisieren* (durch gegenseitige Attacken und plakative Thesen), d. h. wohl auch die Bereitschaft zum Zuhören schaffen, der zweite Tisch soll die eigentliche *Argumentation* leisten, und das Saalpublikum soll mit wechselnden und individuellen Formulierungen die konträren

Positionen *unterstützen*. Man kann kaum behaupten, daß hier in erster Linie Selbstdarstellung und Eigenwerbung ermöglicht werde – wie das Holly et al. (1986) für die „Bonner Runde" in den Vordergrund stellen.[35] Allenfalls auf die Prominenten am ersten Tisch könnte das zutreffen. Im übrigen ist das Arrangement ganz darauf ausgerichtet, bei den Zuhörern meinungsbildend zu wirken. Ob das allerdings nicht auch utopisch ist – angesichts der bekanntermaßen schwachen Effekte von Mediensendungen zu Abstimmungen und Wahlen –, steht auf einem anderen Blatt.

Es scheint mir gleichwohl nicht richtig zu sagen, politische Kampfgespräche in den Medien seien gar *keine wirklichen Diskussionen*, sondern nur *Show*, nur *Inszenierung* etc.[36] <u>*Diskussion*</u>

---

35 Holly et al. (1986, 6) unterscheiden zwei Typen von Diskussion: den Typ „Entscheidungsfindung" und den Typ „Meinungsaustausch". Rütten (1989, 204 ff.) weist mit Recht daraufhin, daß die These von Holly et al., in Fernsehdiskussionen werde Propaganda als Diskussion inszeniert, vor allem im Hinblick auf den Typ „Entscheidungsfindung" konzipiert sei und daß es fraglich sei, ob Sendungen wie „Drei Tage vor der Wahl" diesem Typ zuzuordnen sind. Er zitiert Äußerungen der Moderatoren, die klarstellen, daß Entscheidungsfindung nicht das Ziel der Sendung ist, z. B.:

> Ein Zweck dieser Sendung, Frau Ditfurth, meine Herren, ist ja, daß wir die Unterschiede der Parteien möglichst klar herausarbeiten wollen. Weil drei Tage vor den Wahlen unentschiedene Wähler gerne wissen möchten, worin unterscheiden die sich ... (205)

Das deklarierte Ziel der Sendung ist also eher „Meinungsaustausch", wobei der Propagandaaspekt sich für den Politiker ganz klar auf die optimale Präsentation der eigenen Meinung bezieht. Nicht die Politiker wollen und sollen – nach dem Konzept der Sendung – herausfinden, wer Recht hat oder gar: was zu tun ist, sondern die Rezipienten sollen sich ein Bild davon machen, welcher Meinung sie am ehesten beistimmen können. Freilich ist damit nicht die These widerlegt, daß das tatsächliche Gesprächsverhalten der Politiker dennoch eine Diskussion vom Typ „Entscheidungsfindung" suggeriert.

36 So vertritt Sager (1989) die These, „daß es sich bei der ‚Bonner Runde' gar nicht um eine wirkliche Diskussion handelt. Die ‚Bonner Runde' ist vielmehr ein Schauturnier, bei dem die beteiligten ‚Diskutanten' einen ritualisierten Kommentkampf austragen." (248) Zweifellos haben solche Veranstaltungen den Aspekt von „Schauturnier" und „Kommentkampf", aber sie

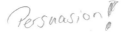

wird durch die kommunikativen Bedingungen und das interne Wertesystem des Mediengesprächs zu einer Gesprächsform sui generis, die man nicht an einem idealtypischen Diskurs messen sollte, in dem es keine Herrschaft, keine Diskrepanz zwischen zur Schau gestellten und verborgenen Zielen, keine Unkooperativität und schon gar keine Böswilligkeit gibt.

Die im Titel gestellte Frage *Kampf oder Argumente?* ist somit falsch gestellt. Im Kontext des Mediengespräches handelt es sich nicht um eine echte Alternative. Richtiger wäre zu sagen: Aus der Perspektive der Institution ist die dominante Funktion derartiger Veranstaltungen die *Meinungsbildung* bei den Rezipienten, die durch möglichst scharfe Kontrastierung der Positionen erreicht werden soll; den beteiligten Politikern dient das Gespräch als Instrument der Persuasion; dieser Komplex von Zielen wird am besten realisiert durch Argumentation und Kampf zugleich. Die

---

erschöpfen sich nicht darin. Und zu kurz greift m. E. auch die Analogie zu tierischem Verhalten, wie sie Sager nahelegt: „So wie im Bereich tierischen Verhaltens der Rückzug des einen Individuums, bewirkt durch die Droh- und Imponierveranstaltungen des Gegners, die tatsächliche, physische Vernichtung zu substituieren erlaubt, wird hier durch die Diskreditierung des politischen Gegners als individueller Person das sachlich begründete bessere Diskussionergebnis substituiert. Es liegt also eine Ritualisierung von sachzentrierter Gebrauchskommunikation zu partnerzentrierter Beziehungskommunikation vor." (252) Eine solche Sicht der Dinge impliziert ein – inzwischen wohl veraltetes – Bild vom Rezipienten als dem passiven, dem Medium hilflos ausgelieferten Wesen: wer im Medium als Person vernichtet ist, dessen „Sache" ist beim Zuschauer auch vernichtet. Diese Sicht steht, wie mir scheint, hinter der folgenden Formulierung: „daß keine wirklichen Lösungen von Sachproblemen ausgehandelt und vorgelegt werden, die den einen oder anderen der Partner als den kompetenteren ausweisen könnten. Es geht vielmehr darum, für den Zuschauer, der ja in diesem Falle potentieller Wähler ist, erkennbar Pluspunkte zu sammeln." (251) Abgesehen davon, daß Fernsehdiskussionen ohnehin nicht der Ort sind, wo „wirkliche Lösungen von Sachproblemen ausgehandelt" werden können, wird hier das Bild eines Zuschauers suggeriert, der sich „Beziehungskommunikation" (als solche wird das „Pluspunktesammeln" explizit verstanden, ebd.) als „sachzentrierte Gebrauchskommunikation" verkaufen läßt.

beiden Größen auf die Ebenen des *Inhalts* und der *Beziehung* zu
verteilen, erschiene mir verfehlt. *Argumentieren* und *Kämpfen* sind
vielmehr in der Weise integriert, daß jeder Diskutant die eigenen
Argumente auf wirkungsvollste Art zur Geltung zu bringen und
die Argumente des Gegners als schwach und hinfällig darzustellen
versucht, und das mit allen strategischen Tricks und Manövern,
wie sie im Dialog zur Verfügung stehen und wie sie im Detail etwa
bei Holly et al. (1986) beschrieben sind.

Ein Symptom dafür, wie sehr die Muster des Kampfgesprächs
als medien-typisch aufgefaßt werden, ist ihre Ausbreitung über die
ursprünglichen Domänen hinaus: Kampfgespräche sind längst nicht
mehr nur eine Sache des Radios und des Fernsehens. Ich habe
andernorts gezeigt, wie die alten Medien in sprachlich-kommuni-
kativer Hinsicht auf den Druck der neuen Medien reagieren [37]. Ein
Beispiel dafür ist das Interview in der *Presse*. Eine mündliche Form
der Recherche und der Information hat ja zunächst keinen Ort im
Bereich geschriebener Texte. Zunehmend aber hat sich die Presse
auch derjenigen Darstellungsformen bemächtigt, die zunächst Reservat der auditiven Medien waren. Noch einen Schritt weiter in
dieser Entgrenzung der Domänen führt es, wenn z. B. der „Spiegel"
auch das *Streitgespräch* für sich adaptiert.

> SPIEGEL *Streitgespräch*
> Dann gibt's einen ungeheuren Aufstand
> Rita Süssmuth (CDU) und Heidi Wieczorek-Zeul (SPD) über
> Beratungsgesetz und Frauenpolitik
> [Anm. zum Foto:] Beim Streitgespräch im Bonner SPIEGEL-
> Büro:
> das Gespräch moderierten die Redakteure Dirk Koch und
> Tina Stadlmayer

Die „Spiegel"-Redakteure geben für jede „Gesprächsphase" die
Initialfragen (die ersten beiden Fragen: „Frau Wieczorek-Zeul, ist
Rita Süssmuth für Sie nur eine Alibi-Frau?" und „Und Sie, Frau
Süssmuth, fühlen Sie sich als Alibi-Frau?"), anschließend debattie-
ren die beiden Damen untereinander weiter.

---

37 Burger 1984, passim.

Die Verflechtung der Medien wird an einem Beispiel aus der Schweizer Programmzeitschrift „Tele" (1. 2. 90) sichtbar:

Streitgespräch
„Limit" diskutiert über Sex am Bildschirm: Bonaventur Meyer von der christlichen Vereinigung „Pro Veritate" streitet mit „Blick"-Kolumnistin Marta Emmenegger über das Thema.

Das schriftliche Streitgespräch dient hier als Aufmacher für das TV-Streitgespräch.

8. Kampf um Wörter

Mit Sprache wird um den Sieg im Wortgefecht gekämpft, um die dominante Rolle, um die bessere Pointe... Aber es gibt nicht nur den Kampf mit Sprache, sondern auch den Kampf um Sprache. In der Sprache der Politik ist der *Kampf um Wörter* ein geläufiges und häufig beschriebenes Phänomen. [38] Dabei spielt das *Schlagwort* eine zentrale Rolle: „Als ‚politische Schlagwörter' werden Wörter dann bezeichnet, wenn sie in öffentlichen Auseinandersetzungen häufig, oft inflatorisch, verwendet werden und wenn sie in komprimierter Form politische Einstellungen ausdrücken oder provozieren." (Klein, 1989, 11) Prinzipiell kann jedes Wort, das zu irgendeinem der Subsysteme politischer Sprache gehört, zum Schlagwort werden. Manche haben ihren Glanz nur für kurze Zeit und verblassen dann, andere halten sich über Jahre und Legislaturperioden hinweg und sterben dann einen langsamen Tod. Man setzt diese Wörter als Waffen im politischen Kampf ein, aber man kämpft auch – und dieser Aspekt ist besonders charakteristisch für öffentliche politische Auseinandersetzungen – um die Wörter selbst. Dieser Kampf spielt sich in der Politik in zwei Varianten ab, die man als *Bezeichnungs-"* bzw. *„Bedeutungskonkurrenz* zu bezeichnen pflegt.[39] *Bezeichnungskonkurrenz* liegt dann vor, wenn verschiedene politische Gruppierungen den gleichen Sachverhalt mit verschiedenen Wörtern bezeichnen *(Arbeitnehmer* vs. *Werktätiger).* Bei *Bedeutungskonkurrenz* geht es darum, daß dasselbe Wort, z. B. *Frieden, Demokratie* usw., von verschiedenen Gruppen semantisch verschieden interpretiert und verwendet wird. Bei konkurrierenden Bezeichnungen ist der „gleiche Sachverhalt" freilich

---

38 Vgl. neuerdings Klein 1989, 11 ff.
39 Vgl. Klein, ebd., 17 ff.; viele Beispiele bei Strauß/Zifonun 1986.

nur eine Fiktion, die das Streiten über „denselben Gegenstand" überhaupt erst ermöglicht. Tatsächlich bleibt der „Sachverhalt" meist auch nicht „derselbe", wenn man ihn anders bezeichnet. Und wenn Bedeutungen miteinander konkurrieren, kann man sich fragen, wieweit überhaupt noch „das gleiche Wort" vorliegt (man denke an *Pressefreiheit* im Sinne der BRD und der DDR). Der Kampf um Wörter ist also eine vielschichtige Sache, und es ist nicht immer leicht zu sagen, wer was wie meint und was jemand genau meint.

Nun sind es nicht nur Einzelwörter, um die man sich streitet, es sind auch Komposita, es sind ganze feste Wendungen, um die sich der Kampf dreht, und dieser Aspekt scheint mir für Gespräche in den Medien – und zwar keineswegs nur im politischen Rahmen – von besonderem Interesse zu sein. Das führt uns in den Bereich dessen, was landläufig als *Klischee* bezeichnet wird. *Klischee* ist ein Terminus, der sehr verschiedene und nicht nur linguistische Aspekte hat: Man meint damit z. B., daß man eine sprachliche Formulierung quasi „automatisch" einsetzt, daß man sie – negativ bewertet – „gedankenlos" verwendet, daß statt einer individuellen, auf die konkrete Situation zugeschnittenen Formulierung eine rasch sich anbietende, vorgeprägte Formel benutzt wird, daß man damit einen komplexen Sachverhalt auf eine simplizierende Art benennt und charakterisiert. Die sprachlichen Phänomeme, die sich für eine solche Verwendung von Sprache besonders eignen, sind Redensarten, Sprichwörter, Gemeinplätze usw., d. h. große Teile des Bereichs der *Phraseologie*.[40] Die meisten dieser Phänomene sind nicht per se und von vornherein Klischees in der negativen Bedeutung des Wortes, aber sie sind „prädestiniert" dafür, in politischen oder allgemeiner: in ideologischen Kontexten als solche verwendet zu werden. Viele Phraseologismen sind metaphorisch, reduzieren die Komplexität von Situationen auf wenige vorstellbare Elemente und sind konnotativ eindeutig gerichtet. *den Stier bei den Hörnern packen* heißt nach Duden GW 'in einer prekären Lage, Situation entschlossen, ohne Zögern handeln'. Das Bild ist leicht nachvollziehbar (bei anderen Phraseologismen – wie *jemanden ins Bocks-*

---

40 Vgl. zum ganzen Problembereich: Burger/Buhofer/Sialm 1982.

horn jagen — ist freilich das ursprüngliche Bild heute nicht mehr präsent), die phraseologische Bedeutung läßt die Anwendung des Ausdrucks auf eine Vielzahl möglicher Situationen zu, und der Ausdruck enthält konnotativ etwas wie einen *Appell* ('man <u>soll</u> den Stier bei den Hörnern packen'). Die Mehrgliedrigkeit des Ausdrucks erlaubt eine Zerlegung der Situation in Komponenten, eine Anwendung der Elemente des Bildes auf verschiedene Komponenten der Situation: man kann z. B. präzisieren, wer der *Stier* ist, den man bei den *Hörnern* packen soll, oder wofür in diesem konkreten Fall die *Hörner* stehen sollen. Zum Klischee „verkommen" können solche Phraseologismen beispielsweise dadurch, daß die Komplexität der zur Diskussion stehenden Situation hinter der Suggestivkraft des Bildes verschwindet, daß die appellativen Elemente des Ausdrucks den deskriptiven Gehalt dominieren usw. [41] Andere Typen von Phraseologismen haben andere semantische Eigenschaften, aber viele bieten sich auf ihre Weise für klischierte Verwendung an, und dank ihrer semantisch-pragmatischen Eigenschaften sind Klischees ein zentrales sprachliches Element von ideologischen Diskussionen.

Vergleichbar den Schlagwörtern, können Klischees unbemerkt bleiben, d. h. von den Partnern als sprachliche Waffe stillschweigend akzeptiert werden, sie können aber auch <u>als</u> Klischee bewußt gemacht, entlarvt werden, und dies ist, wie mir scheint, der interessanteste Aspekt ihrer Verwendung im Dialog. Aus dem Kampf <u>mit</u> Wörtern wird dann der Kampf <u>um</u> Wörter.

Ich beginne mit einem ziemlich unpolitischen Beispiel. In einer spätabendlichen Talkshow (Nachtcafé, S 3, 20. 8. 88) wird das Bild, das man sich heute vom Arzt macht, zur Diskussion gestellt. Der Moderator nennt in seiner Einführung die zentralen Klischees, um die sich die Diskussion drehen soll, und er macht durch seinen ironischen Tonfall klar, daß er die Klischees <u>als</u> Klischees verstanden haben will:

[Moderator = M; Frau X = F]
M: (...) Wer ist der Arzt Ihres Vertrauens, muß es eher einer sein
         vom Typ Glottertal, sind die Ärzte, wie sie immer waren,

---

41 Vgl. Koller 1977, Burger 1988, Lüger 1990.

ändern sich die Ärzte, was ist das Wunschbild vom Arzt, gibt
es ihn noch, den Halbgott in Weiß, das wollen wir heute
fragen – Ich mein, so 'n bißchen ist der Lack ab, aber wenn
man Image-Untersuchungen von Berufen nimmt, dann ist der
Arzt immer noch wirklich hoffnungslos an erster Stelle, hoffnungslos für alle andern. Mit Abstand folgen dann die Pfarrer
und die Hochschulprofessoren und äh weit weit hinten dann
irgendwo die Fernsehjournalisten.

Der *Arzt Ihres Vertrauens*, der *Halbgott in Weiß*, repräsentiert
durch Medienärzte *vom Typ Glottertal*, das ist die zu diskutierende
Klischee-Figur, von der aber bereits *ein bißchen der Lack ab* ist,
d. h. die bereits als Klischee erkennbar ist. Dann stellt der Moderator seine erste Gesprächspartnerin vor, die selbstbewußt, vor
Optimismus strahlend auftritt und ihrerseits ein Klischee ins Spiel
bringt:

M: Und meine erste Gesprächspartnerin hier neben mir – die
      kennt sich sehr gut aus bei den Berufen, die ganz oben stehen
      in der sozialen und auch in der ökonomischen Stufenleiter.
      Ich begrüße Claudia X. Frau X, Ihr Beruf ist so traumhaft,
      Sie müssen ihn eigentlich selbst vorstellen.
F: Ja, ich bin Ehepartnervermittlerin, die Ehepartnervermittlung
      in Deutschland für erste Kreise.
M: Erste Kreise?
F: Erste Kreise (LACHT), nennen Sie's so!
M: Da gehören die Ärzte dazu
F: Da gehören die Ärzte ganz sicher dazu, natürlich, als geho-
      bener Berufsstand (LACHT)

Erste Kreise – das ist ein Klischee, mit dem die Klientel der
Ehepartnervermittlerin angesprochen ist, und mit *gehobener Be-
rufsstand* erläutert sie das Klischee sozusagen fachsprachlich. Der
Moderator stellt durch seine Rückfrage das Klischee in Frage, sie
repliziert lachend, gibt zu erkennen, daß sie das Klischee als solches
erkennt und – daß sie dazu steht. Im folgenden versucht der
Moderator seine Strategie fortzusetzen:

M: Welche Größenordnung machen die bei Ihnen aus?

F: Hm, doch sehr viel, ich würde 20 bis 25 Prozent in etwa [sic], das is ein Viertel meines Klientels.

M: Wenn ich mir jetzt so das Image anschaue, dann müßte ich eigentlich glauben, die gehen weg wie warme Semmeln, ist das so?

F: (LACHT) Das kommt wohl auf den Arzt an, und dann auch letzten Endes natürlich das͎, was er sucht͎, und deswegen is er nicht immer wie warme Semmeln anzubieten.

M: Stehen die bei Ihnen auch an Nummer eins?

F: Äh sie sind doch sehr gefragt ja, weil der Status des Arztes halt immer noch ein sehr hoher ist, und der Glorienschein is immer noch vorhanden, und zumindestens wenn man noch nícht mit dem Mánn zu tun gehabt hat als Arzt, der ja so begehrenswert als Partner nicht ist, schon von der Zeit her͎, die er eben nicht hat äh dann wird er wohl immer noch sehr gefragt sein.

M: Hm (+), was gibt's denn für Probleme mit den Knaben?

F: Ja also in erster Linie haben se natürlich Ansprüche ne? denn wenn sie die nicht hätten͎, dann würden sie ja überall sicher ne Frau finden, sie suchen also immer irgend jemand͎, der sie vielleicht ergänzt͎, oder junge Ärzte vielleicht jemand äh der mit ihnen eine Praxis eröffnet͎, also eine Kollegin zum Beispiel – ansonsten gibt's da eigentlich wenig Probleme

M: die soll lieber gleich bißchen mitarbeiten

F: (LACHT) Ja – oder – ja – ja – es is wohl einfach so͎, daß 'n Arzt sehr wenig Zeit hat äh um sich ne Frau zu suchen, weil er eben von morgens bis abends͎, wenn er Praxis hat͎, zum Beispiel eingespannt ist, und die wenige Freizeit͎, die er hat͎, die mag er dann halt nich auf Partnersuche – verbringen͎, zumal man sich fragt͎, wo man ne Frau mit Klasse finden kann, und die findet man bei „[Name des Instituts]" (LACHT)

M: muß immer wieder gesagt werden

F: (LACHT) Ja natürlich

M: Kann man den Frauentyp, den Ärzte suchen, irgendwie fassen?

F: Ja in erster Linie spielt natürlich die Intelligenz einer Frau
       einfach ne Rolle, dann sind Ärzte natürlich Männer, und
       Männer sind Augentiere (LACHT) und in erster Linie muß ne
       Frau dann natürlich attraktiv sein (LACHT)
M: Gibt's auch Ärztinnen bei Ihnen in der Kartei?
F: Ah ja jede Menge na-
       türlich
M: und was wollen die? 's selbe wie die Männer?
F: Äh, meistens keine Kollegen (LACHT), dann müßten se sich
       nämlich messen,ˆ und das wollen se nich so gern, die suchen
       dann irgend jemand aus andern Berufssparten − Tópmana-
       ger sind sehr gefragt − einfach von der wirtschaftlichen Seite
       her,ˆ man glaubt dann seine finanziellen Probleme vielleicht
       lösen zu können − wäre zum Beispiel eín Grund
M: Hm (+) oder Geld findet zu Geld
F: Äh das paritätische Vermögen,ˆ das ist sehr gefragt,ˆ da haben
       Sie recht ja
M: das paritätische Vermögen (KOPFSCHÜTTELND, IRONISCH) −
       ich glaube,ˆ in diesem Berufsstand gibt's ne eigene Termino-
       logie (LACHT)
F: Ja − das paritätische Vermögen ist doch so weit gar nicht
       hergeholt, wenn mer in die Vergangenheit kucken,ˆ Geld zu
       Geld,ˆ das war schon immer so − und das finde ích auch
       ganz richtig,ˆ muß ich Ihnen sagen
M: hm ich glaub,ˆ wir sollten uns
       länger unterhalten,ˆ ich könnte von Ihnen viel lernen (LACHT)
F: Das weíß ich nicht,ˆ ich glaube,ˆ Sie wissen genug (LACHT) (...)
M: Vielen Dank, Frau X, weiterhin viel Erfolg in den − (ZITIE-
       REND:) érsten Kreisen - Ob der Arzt jetzt äh der Mann fürs
       Leben ist − in jedem Fall,ˆ das wissen wir nicht,ˆ aber ír-
       gendwas Besonderes muß wohl dran sein an diesem Berufs-
       stand. Wenn Sie ins Fernsehen kucken,ˆ wenn Sie ins Kino
       gehen, dann merken Sie,ˆ dórt sind sie noch immer − die
       strahlenden Helden des Alltags [Film: Anfang „Schwarz-
       waldklinik"]

Der Moderator versucht die Ärzte sprachlich von ihrem Podest
herunterzuholen, bezeichnenderweise wieder mit einem Phraseo-

logismus, und zwar einem sehr saloppen *(weggehen wie warme Semmeln)*, nachher dann mit der respektlosen Bezeichnung *Knaben*. Sie läßt sich das gut gelaunt gefallen, nimmt den Phraseologismus sogar selber auf, relativiert das Image der Ärzte ein bißchen, bleibt aber doch dabei, daß sie noch immer so etwas wie einen *Glorienschein* haben, daß sie Frauen *mit Klasse* suchen, daß *Männer Augentiere sind*. Auch in der zweiten Phase, wo es um die Ärztinnen geht, wickelt sich das gleiche Spiel ab: Der Moderator wirft ihr das Klischee *Geld findet zu Geld* hin, wohl in der Meinung, daß sie diesen Brocken nicht schlucken wird. Statt dessen „übersetzt" sie den Ausdruck in ihren Fach-Jargon *(das paritätische Vermögen)*, läßt sich durch seine ironische Rückfrage nicht beeindrucken, sondern greift das Klischee wieder selbst auf und benutzt es explizit so, wie man Sprichwörter und Gemeinplätze in einer traditionalistischen Kultur zu benutzen pflegt: *Geld zu Geld — das war schon immer so*. Die halbwegs witzige Schlußbemerkung des Moderators kann nicht darüber hinwegtäuschen, daß es ihm nicht gelungen ist, die Klischees wirklich zu demontieren. Er hat das Spiel verloren (oder: er hat es aufgegeben). Und so wirkt dann seine weiterhin ironische Moderation *(der Mann fürs Leben, die strahlenden Helden des Alltags)*, die zum Filmausschnitt (Schwarzwaldklinik) überleitet, fast ein bißchen besserwisserisch.

Ihre Strategie könnte man so zusammenfassen: Sie gibt dem Angreifenden ein Stück weit recht, indem sie die Klischiertheit des sprachlichen Ausdrucks nonverbal zugesteht und die vom Moderator angebotenen — offensichtlich ironisch gemeinten — Klischees übernimmt, gleichzeitig aber darauf beharrt, daß das Klischee — so abgenutzt es sein mag — eben doch recht hat, daß es den Sachverhalt zutreffend benennt.

Klischees können zu Schlagwörtern werden, stehen eine Zeitlang „in Blüte", um danach allmählich „abzusterben" (auch die organische Metaphorik für sprachliche Prozesse ist ihrerseits bekanntermaßen klischiert). Je häufiger Anführungszeichen nötig sind, um einen Ausdruck noch gebrauchen zu können, umso deutlicher ist er im Niedergang begriffen. Aber Klischees können auch eine *Renaissance* erleben — z. B. dann, wenn sie in einer neuen geschichtlichen Phase wieder „passen", wieder als „besonders treffend" empfunden werden. Was macht man dann mit einem solchen Ausdruck?

Hier scheiden sich offenbar die Geister der Sprachbewußten von denen der sprachlich Dickfelligen. Geradezu ein Schulbeispiel liefert die gegenwärtig in der Schweiz — wie in vielen anderen Ländern — stattfindende Diskussion um die Flüchtlings- und Asylpolitik. In einer besonders prekären Phase der schweizerischen Asylpolitik, nämlich während des Zweiten Weltkriegs, wurde der Ausdruck *Das Boot ist voll* zum politischen Schlagwort, und heute wird er von nationalistischen Gruppen wieder aufgegriffen. Das Klischee ist im gleichen Bildbereich angesiedelt und wahrscheinlich eine sekundäre Bildung zu dem für ideologische Zwecke häufig genutzten Phraseologismus *Wir sitzen alle in einem/im gleichen Boot* 'wir sind alle in der gleichen schwierigen Lage...' Duden GW. (Man könnte letzteren dann als „Basis-Phraseologismus" bezeichnen.)

Zwar traut man sich gegenwärtig (noch?) nicht so recht, wieder unverblümt zu sagen *Das Boot ist voll*, aber in abgeschwächter Form wagt man sich bereits wieder damit hervor. Ein typisches Beispiel stammt aus einem rechtsgerichteten Blatt (Tacho 2/ 1987), und es verfährt nach dem Muster *ja, aber...*, mit dem man den immer noch anrüchigen Phraseologismus wieder gesellschaftsfähig zu machen versucht. Die Schlagzeile lautet:

Das Boot ist nicht voll
aber wir wollen keine blinden Passagiere an Bord!

Das Boot ist voll ist ein metaphorischer Ausdruck, und es ist typisch für metaphorische feste Wortverbindungen, daß sie weitere Metaphern nach sich ziehen, sei es verfestigte (d. h. Phraseologismen) oder freie, neu gebildete. Hier erfolgt die Einschränkung des Klischees durch ein zweites Klischee, die *blinden Passagiere an Bord*. Der *blinde Passagier* ist zwar ein geläufiger Phraseologismus, doch hier wird er nicht im üblichen, lexikalischen Sinn ('jmd., der sich heimlich an Bord eines Schiffes, Flugzeuges versteckt hat und ohne Fahrkarte, ohne Erlaubnis mitreist' Duden GW) verwendet, sondern seinerseits metaphorisiert, indem er auf die Asylanten („an Bord des Bootes Schweiz') angewendet wird.

Nach einer gehässigen Auslassung über die *exotischen Einwanderer* wird dann noch präzisiert — damit auch gar niemand es mißversteht —, wie die zweite Metapher zu verstehen ist:

> Das Boot ist nicht voll — aber wir wollen keine blinden Passagiere an Bord; keine Wirtschaftsflüchtlinge und Drogenkriminellen, die kurz vor der Grenze ihre Papiere „verlieren"; keine „Verfolgten", die man im internationalen Flughafen des „Verfolgerlandes" offenbar unbehelligt ausreisen ließ. Sonst wären sie ja nicht im Flugzeug gekommen, oder? Und wir wollen keine „Flüchtlinge", die um den halben Globus in die Schweiz „fliehen", obwohl sie von Chile nach Ecuador, Venezuela oder Argentinien „fliehen" könnten bzw. von Sri Lanka nach Südindien (45 km).

In einer Diskussion (Zischtigs-Club, SRG, 31. 5. 88) zum Thema „Asylpolitik" kommt der Ausdruck lange Zeit nicht vor. Man darf annehmen, daß alle Gesprächspartner — sämtlich Intellektuelle — sich hüten, ihn ins Spiel zu bringen, obwohl er ihnen auf der Zunge liegt. Aber es passiert dann doch, und zwar führt ihn ein Geschichtsprofessor in seinem historischen Kontext ein — eine bekannte Möglichkeit, wie man ein Schlagwort kritisch in eine Debatte einbringen kann:

> Die Schweiz ist doch voll von Fremden und was interessant ist, sie paßt sich nach politisch-opportunistischen Umständen an, wieviel Fremde daß sie verträgt. Zweiundvierzig hatten wir zehntausend Flüchtlinge und ein Herr Bundesrat sprach: Das Boot ist voll. Drei Jahre später waren es etwa zwölf Mal mehr und kein Mensch sprach: Das Boot ist voll.

Die Gesprächspartner nehmen diesen phraseologischen Faden zunächst nicht auf. Erst ganz am Schluß, wo jeder Teilnehmer sich noch einmal in Szene setzen will, kommt der Ausdruck wieder ins Spiel, wiederum auf eine kritische, diesmal sogar sprachkritische Art:

[A = Vertreter der Hilfswerke; B = Geschichtsprofessor]
A: Aber die Verdrängung betrifft eben auch sehr wichtige Fragen, wieviel Ar/, wie wieviel, wieviel, eben wie wie dann die

A: Leute, die mit mit, in einem Quartier wohnen, wo mehr und
mehr äh Ausländer sind, die sich nicht mehr wohl fühlen –
diese Fragen, die müssen wir zulassen, denn sonst denn

B: ja gerne

A: sonst gehen wir einfach an an, dann machen wir eine eine
Politik völlig an den an den Betroffenen vorbei, und ich hab,
<u>man muß sich vielleicht einmal erkundigen, in welcher Klasse
es wie dicht besetzt ist,</u> und da meine ich auch, auch wir von
der von der von den von den Leuten, die in der Asylpolitik
arbeiten, müssen uns diese Frage immer wieder gefallen lassen, ist denn, <u>wir sitzen ja meistens eher ein bißchen oben</u>
nicht? äh ist es dann effektiv so, daß <u>das Boot vielleicht
im Oberdeck</u> und so   ja genau

B: <u>Das ist ja kein Boot, das is en Luxusdampfer!</u>

A: <u>nicht besetzt ist, und untendurch, wo die Leute, wo die</u>

B: nicht, und da, schon schon hier ist die Sprache falsch

A: <u>Leute, wo die Heizer sind, dort ist es vielleicht effektiv voll,</u>
und da müssen wir eben auch anfangen anfangen, mit den
Nöten der eigenen Leute sorgfältig umzugehen.

Es wird nun noch einmal hitzig, es fallen Ausdrücke wie *Dreckar-
beit, Unterschicht gegen Unterschicht,* und hier greift der Moderator ein und bricht die Diskussion (die an sich als Open-end-
Diskussion deklariert ist) brüsk ab.

Der Vertreter der Hilfswerke verwendet, wie der Zeitungsartikel,
zunächst das Ja-aber-Schema, argumentiert dann auf der Bildebene
weiter, indem er nach den Kategorien ‚oben/unten' und damit nach
‚Passagieren/Arbeitern' differenziert. Der Geschichtsprofessor
greift das auf und korrigiert den Wortlaut des Klischees von *Boot*
zu *Luxusdampfer.* Das ist eine zunächst implizite Sprachkritik: 'es
ist falsch, die Schweiz als *Boot* zu bezeichnen, sie ist viel eher ein
Luxusdampfer'. Diese Kritik trifft zugleich den Basis-Phraseologismus: *Wir sitzen alle im selben Boot* bedeutet ja, daß das Boot sich
in Bedrängnis befindet, literal ausgedrückt: daß die Schweiz sich
in einer Krise befindet. Mit der Ersetzung von *Boot* durch *Luxusdampfer* aber wird insinuiert, daß von einer Krise gar keine Rede
sein kann, daß also die zugrundeliegende Bildlichkeit schon un-

zutreffend ist. Die Sprachkritik wird dann noch explizit gemacht: *schon hier ist die Sprache falsch.* Die Metaphorik des Phraseologismus erlaubt, einen besonders heiklen Punkt der Problematik — die unterschiedliche Haltung der Sozialschichten *(Klassen, Oberdeck, Heizer)* zu den Asylanten — anzupacken und das Thema zunächst einmal auf der Bildebene zu entfalten. Das ist weniger riskant, als wenn man die beteiligten Gruppen und die sozialen Faktoren „beim Namen nennen" müßte. Erst im Anschluß daran wird „Fraktur geredet", aber da ist die Sendung auch schon zu Ende.

Durch das Argumentieren mit dem metaphorischen Klischee formuliert der Sprecher den abstrakten Sachverhalt auf eine bildhaft-vorstellbare Weise, und zugleich suggeriert er den Gesprächspartnern eine bereits eingeübte, mit konventionalisierten Wertungen konnotierte Interpretation. Bei metaphorischen Formulierungen spielen nicht alle Aspekte des Bildes eine Rolle, viele Komponenten des Bildes bleiben ausgeblendet, die als Veranschaulichungen anderer abstrakter Sachverhalte oder anderer Aspekte des gleichen Sachverhalts hätten dienen können. (Das gilt mindestens für Metaphern außerhalb der literarischen Sprache. Aber auch in der Literatur stehen Metaphern in Traditionen, die Bahnen des Deutens zur Verfügung stellen und nahelegen.) So ist für die Verwendung des Ausdrucks *Das Boot ist voll* irrelevant, wie groß das *Boot* ist, ob es bessere und schlechtere Plätze gibt, ob es eine Segel- oder Motorboot ist. Wichtig dagegen ist, daß das Boot eine Art Rettungsboot ist und daß sich die Passagiere in Seenot befinden. Damit verbunden sind emotionale und appellative Konnotationen: ‚wer nicht mitfahren kann, ist verloren' bzw. ‚wer mitfahren kann, ist in Sicherheit' und ‚niemand darf mehr zusteigen', ‚ihr, die ihr noch draußen seid, bleibt weg, es ist kein Platz mehr für euch!'. Wenn Harras (in Strauß/ Haß/ Harras 1989) den Äußerungen mit metaphorischer Sprachverwendung die Leistung zuschreibt, „daß sie die besonderen Eigenschaften oder Dispositionen, die mit ihnen jeweils ausgedrückt werden, unter einer bestimmten Sichtweise vermitteln" (663), so ist das sicher richtig, aber nicht sehr aussagekräftig. Als Beispiel gibt sie den „schlauen Fuchs": „die Disposition der Schläue einer bestimmten Person wird unter der Sicht-

weise vermittelt, wie wir in unserer Gesellschaft Füchse sehen."
(ebd.) Die Frage ist dann, welche Aspekte des ‚Füchsischen' ins
Spiel kommen, wenn wir einen Menschen als ‚Fuchs' charakterisieren. Auf unser Beispiel bezogen: Es reicht nicht aus zu sagen,
daß die Metapher eine Sichtweise nahelegt, die wir üblicherweise
mit einem ‚Boot, das voll ist' verbinden. Es ist vielmehr die Sichtweise einer ganzen dramatischen Situation, die mit der „Kurzformel" evoziert wird, und ganz entscheidend für die Suggestivkraft
des Bildes sind die implizierten emotionalen Aspekte und die Hand-
lungsanweisungen (der *deontische* Aspekt nach Hermanns 1989).
Und hinzu kommen noch die konnotativen Aspekte, die sich aus
dem Basis-Phraseologismus herleiten: 'wir, die wir in diesem Boot
sitzen, sind eine Gruppe von Menschen, die eng zusammengehören,
die auf Gedeih und Verderb einander ausgeliefert sind, die eine
Schicksalsgemeinschaft bilden'.

Im Dialog nun haben die Teilnehmer die Möglichkeit, diese
Interpretation in Frage zu stellen. Sie können beispielsweise
— bezweifeln, daß das Bild die Situation „trifft"; ev. andere Bilder
   als treffendere Deutungen anbieten;
— andere Aspekte des Bildes als die konventionalisierten in den
   Fokus rücken;
— Konnotationen des Bildes ablehnen;
— das Interpretationsmodell zurückweisen, <u>weil</u> und <u>insofern</u> es
   klischiert ist, weil es allzu bequemen Denkgewohnheiten entspricht usw.

In unserem Beispiel verwendet A das Klischee unkritisch, er
bleibt trotz aller Einschränkungen innerhalb des Klischees. Er
differenziert Einzelheiten des Bildes ('oben ist das Boot leer, aber
unten ist es tatsächlich voll') und hebt damit nicht-konventionalisierte Aspekte hervor, doch die mitverstandenen Konnotationen
('das Boot ist — nach Meinung der meisten Leute — in Bedrängnis')
bleiben unangetastet. B fokussiert seinerseits einen nicht-konven-
tionalisierten Aspekt der Metapher und modifiziert, korrigiert damit das Bild *(Luxusdampfer* für *Boot),* und mit der Korrektur der
Bild-Vorstellung greift er die konventionellen mitverstandene Wertungen an. Schließlich attackiert er das Klischee <u>als</u> Klischee.

Wenn ein Klischee zum Schlagwort geworden oder als Schlagwort reaktiviert ist, dann wird es seinerseits sprachlich „produktiv", d. h. die Metaphorik entläßt neue Metaphern aus ihrem
Bildbereich, die alle von der Konjunktur der Basis-Metapher pro-
fitieren. Das ist ein Phänomen, das sich vielerorten in der Sprache
der Öffentlichkeit zeigt, das aber in Mediendialogen auf kleinstem
Raum wirksam und beobachtbar wird. So hat die Boot-Metapher
in der Schweiz zur Zeit Hochkonjunktur, und in vielfältigen Variationen zieht sie sich durch die öffentliche Auseinandersetzung.
Von ihrem ursprünglichen Denotatbereich aus − der Asylpolitik
− hat sie inzwischen andere Themenbereiche der politischen Diskussion usurpiert, wobei der gemeinsame Nenner nur noch das
Boot, d. h. die Schweiz ist.

Ein Beispiel aus der Sendung „Freitagsrunde" (SRG), wo es um
die Frage des Beitritts der Schweiz zur EG geht. Das Konzept ist
der deutschen Sendung „Pro und Contra" entlehnt, und wie dort
gibt es monologische Plädoyers von *Anwälten*, verhörartige Interviews und Interviews mit Teilnehmern aus dem Studiopublikum.
Einer der *Anwälte* entwickelt sein *Schlußplädoyer* für den Beitritt
zur EG am Leitfaden der Schiffs-Metapher, und anschließend greifen zwei Befragte aus dem Publikum diese Metapher argumentativ
auf:

[„Anwalt" C. Alder = A; Gäste aus dem Publikum = G1, G2.
Die Sendung ist ausnahmsweise insgesamt hochdeutsch gehalten]
A: Herr Blocher [der Anwalt der Kontra-Partei, die den EG-
     Beitritt ablehnt] kommt mir etwas vor wie ein Kapitän auf
     hoher See, der seinen Kahn − hier also die Schweiz −
     höchstens dann an Land führt, wenn er Nachschub benötigt.
     Stolz darauf, souverän und unabhängig den Kleinstaat
     Schweiz auf See zu kreuzen, merkt er nämlich gar nicht, daß
     dieses Schiff längst zum Spielball der Wellen geworf/ gewor-
     den ist. Und das ist eigentlich das Problem, das wir hier ganz
     konkret sehen müssen. Herr Blocher wird bei aufkommen-
     dem Sturm wohl kaum mehr das rettende Ufer erreichen.
     Und diese Situation ist typisch für die schweizerische Euro-
     papolitik der letzten dreissig Jahre. Das Boot Schweiz kreuzt

mal hier mal da, fischt mal hier mal da, aber wir haben kein klares Ziel, und vor allem können wir die heutigen Probleme in Wirtschaft und Umwelt durch derartige selbständige sogenannt autonome Regelungen ja gar nicht in den Griff bekommen. Es geht darum, daß wir die gemeinsamen Interessen erkennen.

Und dann argumentiert er auf der abstrakten Ebene weiter.

Metaphern außerhalb (und meist auch innerhalb) der poetischen Sprache sind keine ad-hoc-Kreationen, sondern eingefügt in ein präexistentes Netz von Metaphern.[42] So aktiviert die Schiffsmetaphorik eine ganze Reihe benachbarter Knoten des Netzes, hier *zum Spielball der Wellen werden* und *das rettende Ufer erreichen*.

Charakteristisch für eine – wie hier bei den Schlußplädoyers der Anwälte – nur teilweise vorbereitete Rede ist, daß comparandum und comparatum nicht sauber auseinandergehalten, sondern ad hoc in einer Konstruktion kontaminiert weren: *den Kleinstaat Schweiz auf See kreuzen.* Es wäre schwieriger gewesen, den Satz auf der abstrakten Ebene weiterzuführen (was entspricht dem *auf See kreuzen* im abstrakten Bereich? Herr Blocher ist ja in der realen Politik nicht Staatsoberhaupt o. ä.).

Dann folgt die Befragung mit Leuten aus dem Publikum. Einige antworten auf der wörtlich-politischen Ebene, bis dann die Metapher wieder ins Spiel kommt:

M: Wen darf ich weiter wen darf ich weiter fragen? – Ja bitte
G1:   Ich bin ganz klar gegen EG-Beitritt, weil ich glaube, wir haben gute Kapitäne auf dem Dampfer und wir fischen gut
M: Sie meinen, Herr Blocher ist ein guter Kapitän
G1:   Ja das glaube ich.
M: Und wir haben genügend Blochers in der Schweiz
G1:   Das hoff ich ja (GELÄCHTER)

Der Moderator leistet zuhanden des Publikums die „Übersetzung" der bildlichen Sprechweise in die wörtliche, wobei freilich die

---

42 Vgl. Woetzel 1988.

Bildlichkeit ein bißchen überstrapaziert ist (wieviele Kapitäne hat ein Schiff?).

Kurz danach wird dann von G2 die Schiffs-Metapher wieder aufgegriffen:

M: Da haben wir noch einen Nationalrat, kann ich auch ihn fragen, Herr Steffen —

G2:   Ja — ich habe das Gefühl, das Schiff braucht einfach Matro-sen, die mithelfen   Ja ich bin einer (GELÄCHTER)

M: Sie wären Sie wären ein Matrose?

G2:   — ich bin zwar gewählt worden als Matrose auf dieses Boot, — wir fischen, aber wir äh brauchen die Fischte/ Fische nicht allein für uns, wir sind auch immer bereit, diese Fische zu teilen mit anderen Leuten und ich glaube, so wie dieses Boot bis jetzt gefahren ist, wird es auch weiterfahren.

M: Gut, besten Dank.

Zunächst ist auffällig, daß die Wörter *Kahn, Schiff, Boot, Dampfer* von den Beteiligten beinahe synonym verwendet werden. Das ist möglich, weil sie sämtlich als eindeutige Metaphern für ‚Schweiz‘ fungieren. Wenn A mit *Kahn* beginnt, so hebt er damit den Aspekt hervor, daß die Schweiz ein Kleinstaat ist, daß die Gegner des EG-Beitritts verblendet sind und die Bedeutung der Schweiz überschätzen *(Stolz darauf...)*. Das Wort *Boot* kommt bezeichnenderweise in dem Moment ins Spiel, wo der Sprecher geschichtlich argumentiert. *Boot* ist das ideologisch aufgeladene Wort, das am unmittelbarsten auf Basis-Klischees verweist. Das wird auch deutlich bei G2, der von *Schiff* zu *Boot* übergeht und damit die Bahn freimacht für eine pathetische Schlußsentenz *(wie dieses Boot bis jetzt gefahren ist...)*.

Gemeinsam mit den Basis-Metaphern ist die Gleichung *Boot = Schweiz*, die von A zu einer eigentlichen Allegorie ausgebaut wird. Jedoch werden hier andere Aspekte des Bildes fokussiert als in den Basis-Metaphern: Das Boot hat einen Kapitän, der aber ein schlechter Kapitän ist, weil er keine klare Route vor Augen hat (A), oder der ein guter Kapitän ist — ohne daß dies begründet würde (G1); das Boot braucht Matrosen (implizit: es kommt nicht nur auf den Kapitän an), und (implizit:) wenn die Matrosen gut sind, fährt auch das Schiff gut (G2); es ist ein Fischerboot; man fischt gut (G1) oder schlecht (A); man teilt die Fische mit anderen (G2). Der Kern der Argumentation der drei Beteiligten betrifft eine der zentralen Konnotationen der Basis-Klischees: Ist das Boot in Seenot oder nicht? Ist die Schweiz in einer Krise oder nicht? Keiner der Beteiligten aber kritisiert die Metapher (oder die Basis-Metaphern) als Klischees, beide Parteien akzeptieren die Bildlichkeit und die damit verbundenen Formeln als gemeinsame sprachliche Basis. Der Moderator sieht seine Rolle offenbar darin, die bildliche Ebene sich nicht verselbständigen zu lassen, sondern – zuhanden der Zuschauer am Bildschirm – den Bezug zu den gemeinten Sachverhalten explizit herzustellen. Er identifiziert also den bildlichen Kapitän und den Matrosen mit den entsprechenden wörtlichen Parlamentariern *(Sie meinen, Herr Blocher ist ein guter Kapitän* usw.; *Sie meinen, Sie wären ein Matrose?).*

Solche Eingriffe sind bzw. wären immer dann nötig, wenn sich die Diskussionsteilnehmer in ihrer eigenen Metaphorik verheddern. Der nach meinen Beobachtungen häufigste Fall des dialogischen Umgangs mit metaphorischen Klischees ist der, daß *nicht-konventionalisierte Aspekte* des Bildes hervorgehoben werden. Dabei ist es – wie schon die Boot-Beispiele zeigen, nicht immer ganz einfach, „im Bild zu bleiben", d. h. einerseits die Einheit des Bildes zu wahren und andererseits in jedem Augenblick den Bezug der Bildaspekte zu den gemeinten Denotaten zu kontrollieren. Im folgenden Beispiel (aus der Sendung zur Asylpolitik) entgleitet einem der Teilnehmer die Kontrolle über seine Metaphern-Modifikationen:

[Es geht um die Frage, ob man allen, die es wollen, Asyl gewähren solle oder ob man aus politischen Gründen irgendwo Grenzen setzen müsse. A = Vertreter der Hilfswerke. B = Geschichtsprofessor.]

A: Und die Frage, die uns heute in den Hilfswerken auch enorm beschäftigt, ist die Frage, wie kann man überhaupt noch sinnvoll und zweckmäßig eine Asylpolitik definieren, die davon ausgeht, daß nicht jedermann reinkommen kann, nicht einfach offene Grenzen sind, total offene Grenzen und gleichzeitig doch noch im Interesse weniger, wenigstens einiger,

und sei es Sie und sei es Sie, doch eine eine eine, eine Politik
abgeben könnte, das ist für mich die zentrale Frage
B: Da da da damit geben Sie dem Teufel die Hand, nicht, mit
diesem Argument des Aushandelns, wieviel noch
A: Aber schauen Sie , wenn Sie dem Teufel die Hand nicht
geben, dann tun Sie einfach nichts und sagen nur etwas, und
das, und ich bin an sich der Meinung, wenn Sie etwas tun,
riskieren Sie, daß Sie sich die Hände dreckig machen, das ist
klar, aber Sie können sich darauf zurückziehen und gar nichts
tun, dann dann sind Sie ganz sicher rein und geben dem
Teufel, sicher auch keinem Teufel, den Sie nicht erwarten,
gegenüber die Hand, aber da müssen Sie sich entscheiden,
ob Sie noch eine, ob Sie noch etwas tun oder ob Sie ob Sie
sich aus der Verantwortung hinaus ziehen, das ist eine eine
problematische Frage für alle, die in diesem Sektor arbeiten,
für jeden Sozialarbeiter für jeden Hilfswerkvertreter ist diese
Frage permanent auf dem Tisch.
(Zischtigs-Club, SRG, 31. 5. 1988)

Der Gesprächspartner greift den angebotenen Phraseologismus
(dem Teufel die Hand geben) auf, negiert ihn – womit er seine
Gegenposition markiert, knüpft daran einen anderen, semantisch
und lexikalisch verwandten an (sich die Hände dreckig machen),
greift den ersten – mit komplizierter Abwandlung – wieder auf,
wobei er sich schließlich völlig verhaspelt. Das ist eine typische
Panne, wenn man sich allzu weit aufs metaphorische Glatteis
begibt: Die Phraseologizität der Wortverbindungen wird hier partiell dadurch aufgelöst, daß einzelne Elemente der Phraseologismen
isoliert, hervorgehoben werden (Teufel, Hand, schmutzig im Kontrast mit rein). Nun müßte der Sprecher aber ständig die Kontrolle
behalten über die Relation bildliche/ wörtliche Bedeutung dieser
Elemente. Das wäre konsequent wohl nur in einem schriftlich
konstituierten Text durchführbar.

Manche Klischees haben als Waffen in der öffentlichen Auseinandersetzung, in der Funktion von Schlagwörtern, eine lange Le-
bensdauer, andere nur eine kurze Karriere. Bei längeren Mediengesprächen ist oft zu beobachten, daß sich im Laufe der Gesprächs-

zeit eine *interne Sprachregelung* herausbildet, insbesondere daß
bestimmte Metaphern zur gesprächsinternen „Mode" werden und
leitmotivisch immer wieder auftauchen.

Das folgende Beispiel ist deshalb besonders aufschlußreich, weil
es einen Ausdruck betrifft, von dem man nicht von vornherein
annehmen würde, daß er zum Mode-Ausdruck prädestiniert wäre.
Die Rechnung geht auf wirkt in alltäglichen Kontexten unauffällig. Der Ausdruck hat eine literale Bedeutung, wie wir sie aus
der Mathematik kennen (wo *Rechnung* wörtlich interpretiert wird
und *aufgehen*, historisch gesehen, eine tote Metapher ist), und eine
metaphorische, die z. B. aktiviert wird, wenn man von *Plänen,
Strategien* usw. spricht. Innerhalb eines sehr expressiven Kontextes
kann ein solcher unauffälliger Ausdruck eine nicht erwartete Expressivität gewinnen und sich damit als Kandidat für einen Mode-
Ausdruck anbieten. Das konnte man in einer Diskussion (Club 2,
ORF, 3. 8. 1988) zur Geiselnahme in Norddeutschland vom August
1988 beobachten. Der Polizeipräsident, der für einen Teil der un-
glücklich verlaufenen Polizeiaktion verantwortlich war, sagt gleich
zu Anfang mehrmals, daß *das Konzept (der Polizei) nicht aufgegangen* sei, z. B. in der folgenden Szene:

[P = Polizeipräsident; J1 = erster Journalist]
J: Sie haben mit dieser Aktion – mit dieser finalen Aktion
   Ihrer Politik in Nordrhein-Westfalen einen Bärendienst erwiesen. Sie haben mit diesem/ mit dieser Aktion eine Diskussion ausgelöst, <u>wo Sie wirklich zwischen den Stühlen
   stehen/ sitzen</u> und wo Sie meiner Meinung nach überhaupt
   nich herauskommen, weil der Druck jetz so groß werden
   wird, daß die Linie, die Sie bisher vertreten ham, wahrscheinlich verdrängt wird.
P: Ich seh das nich so, wir ham einen Innenminister, der <u>sein
   Konzept fährt</u>, und wir haben eine Polizeiführung, die dazu
   gestanden hat, im Innenministerium wie auch wir, und ich
   denke, daß wir alle gemeinsam äh diesem Druck doch standhalten können, was mich viel mehr – viel mehr beeindruckt,
   ist – daß dort – die S. B. nachher tot gelegen hat, <u>ob ich
   zwischen den Stühlen stehe oder sonst</u>, das beeindruckt mich

vielleicht in zweiter oder dritter Linie, aber das Konzépt ist
nicht aufgegangen Ich käme mir schäbig vor, wenn ich mich
von Ihnen, Herr K., unter Druck setzen lassen wollte zu
entscheiden , wenn du jetzt nicht zugreifst, wirst du von Herr
K. kritisiert. Ich würde sagen, damit könnten wir leben.

Bereits der Journalist bringt in seiner Attacke ein Klischee ins Spiel:
zwischen den Stühlen sitzen. Die Wörterbücher geben hier unterschiedliche Auskünfte bezüglich des Wortlautes (*zwischen zwei
Stühlen sitzen* oder *sich zwischen zwei Stühle setzen,* nirgends aber
stehen) wie auch der Semantik. Am besten scheint mir die Bedeutungserläuterung in „Wörter und Wendungen": 'nach zwei Seiten
in einer unangenehmen Lage sein' (ähnlich die Angabe im HWDG).
Demgegenüber versucht die Bedeutungserläuterung in Duden GW
die ältere, spezialisiertere Bedeutung des Ausdrucks zu konservieren
('sich zwei Möglichkeiten o. ä. gleichermaßen verscherzen'), die
aber der heutigen Verwendung nicht mehr entspricht. Für die
synchrone Bedeutung ist nur noch ausschlaggebend, daß die zwei
Stühle für zwei unangenehme Sachen, Sachverhalte stehen, zwischen denen man sozusagen eingeklemmt ist, aus denen man vielleicht nicht herauskann, denen man sich schwer entziehen kann
usw. In unserem Text sind es auf der einen Seite Medien und
Bürger, auf der anderen Seite das Ministerium, die Druck ausüben.
Der Polizeidirektor akzeptiert zwar die Anwendung des Klischees
auf seine Situation, leugnet aber die vom Journalisten unterstellten
Konsequenzen (er kann dem Druck standhalten) und spielt zugleich
die Relevanz dieser Position *zwischen den Stühlen* herunter (*beeindruckt mich vielleicht in zweiter oder dritter Linie).* Wie wenig ihn
dieser Aspekt seiner Situation beeindruckt, formuliert er schließlich
mit einem weiteren Klischee (*damit können wir leben) –* ein
Ausdruck, der derzeit zum modischen Jargon öffentlicher Sprache
gehört. Das hauptsächliche Argument, mit dem er die Attacke des
Journalisten zurückweist, besteht darin, daß die Polizeiführung ein
gut durchdachtes *Konzept* gehabt habe (in der Sprache des Polizeijargons *ein Konzept fahren),* das dann aber – aus verschiedensten Gründen, die im Laufe der Sendung diskutiert werden – *nicht
aufgegangen* sei. Die Verbindung von *Konzept* und *aufgehen* ist –

mindestens außerhalb des Polizeijargons – meines Wissens nicht
üblich. Gleichwohl greifen die Gesprächsteilnehmer diese Formulierung in ihrer Argumentation für oder wider den Polizeieinsatz
immer wieder auf, gegen Ende der Diskussion mit den Variationen
die Lösung ist nicht aufgegangen und *das Konzept ist nicht gelungen*. (Der Polizeipräsident verwendet zudem noch den Ausdruck
ein Konzept fahren, der vermutlich zum Polizeijargon gehört.) Daß
die Formulierung so sehr gesprächsleitend werden kann, ist wohl
provoziert durch eine frühere Szene im Gesprächsverlauf:

[J2 = zweiter Journalist; W = Wissenschaftler. Thema dieser
Phase: Hat die Polizei Fehler gemacht?]

J2: (zum Polizeipräsidenten): Können Sie einen hálben Fehler
     wenigstens hier sagen (Lachen)oder einen einen Víertelfeh-
     ler?
W: Er [der Polizeipräsident] hat ja schon einen einen – Kardi-
     nálfehler hier gesagt, ich weiß nicht ob das überhört worden
     ist, er sagte, daß zweimal das Konzépt nicht aufgegangen ist
J2: Das hab ich gehört, ja
W: das kann man ja auch so hören, daß man sagt, das Konzept
     war fálsch was ich mich immer gefragt habe, wie konnte sich
     äh – weshalb konnte es die Polizei für ein Konzept halten,
     das aufgehen kann, den den den Geiselwagen offen anzu-
     greifen das hab ich nicht verstánden.

Der Sozialwissenschaftler lenkt die Aufmerksamkeit vom Inhalt
auf die Formulierung und hebt diese damit ins Bewußtsein aller
Gesprächsteilnehmer. Mit *das kann man ja auch so hören* charakterisiert er den ursprünglichen Ausdruck implizit als Euphemismus,
der im Klartext lauten würde *Das Konzept war falsch*. Dadurch
erhält der Ausdruck im Kontext dieses Dialogs seine besondere
Expressivität. Hinzu kommt, daß er sich zugleich als handliche
Kurzformel für die Formulierung des komplexen Vorganges vorzüglich eignet.

Das neue Klischee hält sich in diesem Fall kurze Zeit über die
Sendung hinaus. In einer anderen Talkshow, zwei Tage später auf
einem anderen Sender, wird die Formulierung wieder aufgegriffen,
diesmal nun in einem explizit sprachkritischen Sinn:

[Ju = Jurist; D = die Regisseurin D. Dörrie]

J: Ich will keine juristischen Ratschläge geben, aber man stelle
    sich die Gefühle der Angehörigen, die trauern, und die
    dann also diese Bilder mit den entsprechenden Begleittexten

D: Das hat mich schon erschreckt

J: das ist schon schlimm, das ist ein Verlust an Menschlichkeit

D: und das hat mich erschreckt, entschuldigen Sie, und was
    anderes hat mich gleichzeitig noch mehr erschreckt, daß
    keiner imstande war, weder die Polizeichefs, noch die Poli-
    tiker noch irgend jemand, einfach dazustehen und vor dem
    Fernseher zu sagen: Es tut mir leid, wir haben alle Fehler
    gemacht. Da kamen Wörter wie vom Polizeichef aus Köln:
    Die Lösung ist nicht aufgegangen. Und da stell ich mir halt
    auch diese Leute vor, die Verwandten der erschossenen Gei-
    seln, die mit solchen, solchen Sprachhülsen umgehen müssen,
    dazu gehört nicht der finale Todesschuß, sondern der finale
    Rettungsschuß, was ich noch perverser finde.
    (Live, ZDF, 25. 8. 1988)

Man kann in den beiden Sendungen verschiedene Bewußtseinsni-
veaus in der Verwendung von Klischees beobachten:

Der Polizeipräsident verwendet den Ausdruck unbedenklich, als
Teil seines Fachjargons. Die anderen Teilnehmer übernehmen den
Ausdruck, weil er handlich ist und sich gut eignet, um den Dis-
kussionsgegenstand auf den Punkt zu bringen. Dadurch aber, daß
ein Teilnehmer die Formulierung als solche in den Vordergrund
rückt, wird das potentiell Zweideutige des Ausdrucks bewußt.
Einem Kritiker des Polizeieinsatzes kann er nun als Klischee erscheinen, das die technokratischen Vorstellungen der Polizei spiegelt und das man als Klischee entlarven muß. Dies tut Frau Dörrie,
indem sie den Ausdruck in eine Reihe mit anderen „Sprachhülsen"
stellt und anprangert. Man sieht: ein Phraseologismus ist nicht
einfach ein Klischee, er wird in bestimmten Argumentationszusam-
menhängen zum Klischee bzw. als Klischee interpretiert. Und wenn
er einmal zum Klischee gestempelt ist, dann kann er − zumindest
in der gleichen Situation − kaum mehr als Klischee verwendet
werden, sondern allenfalls sozusagen in Gänsefüßchen.

Mit der Verwendung von Klischees, insbesondere solchen des metaphorischen Typs, kann man — solange das Klischee nicht als Klischee entlarvt ist — seiner Rede rhetorischen Glanz geben. Das ist bekannt, seit es rhetorische Lehren der öffentlichen Rede gibt, und davon wird in Mediengesprächen ausgiebig Gebrauch gemacht. Mit der Doppel- und Mehrfachadressiertheit der Mediengespräche kommen Funktionen hinzu, die die Bedeutung dieses Sprachgebrauchs noch verstärken:

Erstens sind Verbildlichungsstrategien probate Mittel, um abstrakte Gedankengänge verständlicher zu machen, weniger zuhanden der Teilnehmer (die das vielleicht nicht nötig hätten), als zuhanden des Rezipienten. Zweitens erlaubt das Klischee, dem Rezipienten Wertungen und Appelle „subkutan" zu suggerieren, die nicht offen ausgesprochen werden müssen, sondern implizit als „mitverstandene" transportiert werden. Wer das Bild vom *Boot* in die Debatte einbringt, versucht sich damit der (im Klischee appellativ konnotierten) Solidarität des Rezipienten zu versichern.

Journalisten wissen, wie sehr man mit Klischees Vorurteile und Aggressionen evozieren kann, und darum ist es eine beliebte Technik von Moderatoren, den Teilnehmern ein Klischee als Köder hinzuwerfen. Da die meisten Gesprächsteilnehmer kooperativ sind, meist auch dankbar für Anstöße, schlucken sie den Köder bereitwillig und produzieren die erwarteten Reaktionen. Ein Beispiel aus einer Open-end-Diskussion über Jugendpolitik mag dies veranschaulichen (Zischtigs-Club, SRG, 1. 12. 87).

Der Moderator gibt zu Beginn zwei dialektale Metaphern (*motten* = ‚schwelen, glimmen' und *chlöpfen* = ‚knallen, krachen') ein, die eine für politische Diskussionen charakteristische Sichtweise politischer Vorgänge nahelegen: die Vorgänge, hier: die Jugendunruhen, werden im Bild von Naturvorgängen oder auch chemischen Reaktionen dargestellt, womit Ursachen, Täter und Opfer ausgeblendet bleiben:

[M = Moderator. A = Vorsteher Jugendamt. B = Stadtpräsident. Aus dem Schweizerdeutschen übersetzt.]

M: Was hat das auf sich, daß es plötzlich jetzt anfängt wieder da und dort zu motten und zu chlöpfen, nachdem wir seit den achtzigern, wo die großen Unruhen gewesen sind, einigermaßen Ruhe und Frieden gehabt haben?

Der erste Votant greift das Angebot sofort auf und modifiziert bzw. spezifiziert den Bildbereich:

A: Das Problem ist nicht gelöst worden, die Bewegung hat aber nicht die Jugendprobleme aufgezeigt, sondern allgemeine Umweltprobleme, Wohnungsprobleme etc., und von daher hat man einfach den Deckel draufgetan, durch x-welche unter anderem auch Polizeieinsätze hat man auf den Dampfkochtopf einfach den Deckel draufgetan, aber gekocht hat es doch, und in Bern durch verschiedenste Umstände ist jetzt das wieder ausgebrochen. Und wir sind heute genau gleich weit wie in den achtziger Jahren, es ist also keine Entwicklung im positiven Sinn passiert, und es sind heute wieder die gleichen Probleme wie damals, zum Vorschein gekommen, und das finde ich positiv, daß in Bern eben noch dieser Topf wieder kommt, also daß man wieder sieht, was da brodelt.

Statt *schwelen* nimmt er das analoge Bild vom *kochen* und *brodeln*, erweitert es zu *Dampfkochtopf*, auf den man einen *Deckel drauftut*. Diese metaphorische Expansion ist in sich nicht sehr logisch (der Deckel beim Dampfkochtopf hat ja gerade die Funktion, das Kochen zu beschleunigen, *gekocht hat es doch* wäre also eine sehr merkwürdige Beurteilung des Resultats!), aber suggestiv. *einfach den Deckel drauftun* visualisiert die Brachialgewalt und Kompromißlosigkeit der Polizei, auch das Totschweigen der im *Topf* sich abspielenden Vorgänge. Auch an diesem Text sieht man gegen Ende, wie schwierig es ist, in einem spontan gesprochenen Text eine detaillierte Bildlichkeit in ihrem Bezug zu den Denotaten durchzuhalten und permanent zu kontrollieren: nicht der Topf *kommt wieder*, sondern es fängt im Topf wieder an zu *brodeln*.

Nachdem ein anderer Votant in bezug auf Jugendhäuser das Bild vom *Ghetto* in die Debatte eingebracht hat, knüpft der nächste daran an und bringt dieses Bild mit dem ersten in Verbindung:

B: (...) Und das zweite ist, die Rote Fabrik [ein alternatives Zürcher Kulturzentrum] – ich habe gar nichts dagegen –

aber es kommt mir auch ein wenig vor wie ein Ghetto, auch eine Art von Dampfkochtopf, den man unter Kontrolle haben kann, das Gas ein wenig kleiner macht, daß er dann weniger brodelt.

Im Gegensatz zum ersten Votanten hält er sich an die innere Logik der Dampfkochtopfmetapher und bringt noch einen neuen Aspekt ins Spiel: daß man die Energiezufuhr regulieren kann, literal gesprochen: weniger Gewalt von seiten der Behörden läßt auch die Jugendlichen weniger gewalttätig werden.

Nach einigen Voten, die z. T. wegführen von der Ausgangsthematik, macht der Moderator einen thematischen Eingriff, indem er das Bild vom *Deckel drauftun* wieder aufgreift und dann über eine Reihung von Klischees hinweg wieder zu seinem Ausgangsbild zurücklenkt:

M: Darf ich vorschlagen, daß wir nochmals zurückgehen zur Ausgangsfrage. (...) Der Herr R. hat gesagt, man habe damals den Deckel draufgetan in den achtziger bis zweiundachtziger Jahren, aber die Probleme sind selbstverständlich nicht gelöst gewesen, die Jugendprobleme zum Beispiel. Ist das auch der Eindruck bei den anderen Teilnehmern in dieser Runde, daß da man einfach etwas unter den Teppich getan hat und ein wenig Kosmetik gemacht, aber daß das eben unter dem Teppich weitermottet und jetzt wieder heraufkommt?

Überblickt man alle diese Beispiele, so sieht man, daß sich der Kampf um Klischees in komplizierten Spielarten und Kombinationen von „Bedeutungs- und Bezeichnungskonkurrenz" abspielt, die eine eigene theoretische Erörterung erfordern würden. Im Hinblick auf Leistung und Funktion der klischierten Metapher im Mediendialog ist besonders bemerkenswert, wie durch ein sprachliches Mittel, dem man herkömmlich vor allem rhetorische Funktion zuschreibt, die verschiedenen Kommunikationskreise integriert werden können.

9. Talk als Show

Gespräche in den Medien haben häufig eine Funktion innerhalb einer Gesamtsendung, die dann ihrerseits eine dominierende Funktion aufweist. So dient das Nachrichteninterview der vertieften Information zu einem Nachrichtenthema, das als Meldung schon behandelt wurde, ist also Bestandteil einer Gesamtsendung mit informierender Funktion.

Talk, das *Plaudern* ohne definierten Zweck, mußte als Möglichkeit des Mediums erst entdeckt werden, und es war in den Anfängen dieser Gesprächsform durchaus umstritten, ob ein zweckfreies Geplauder im Medium einen Platz haben kann. *Plaudern* gilt als eine der Urformen alltäglicher Kommunikation. Jakobson nannte die Funktion solchen Sprechens *phatisch* und meinte damit, daß das Miteinander-Sprechen als zweck-freies soziales Handeln im Vordergrund stehe. Nun ist *Talk* im Medium natürlich nicht dasselbe wie das alltägliche *Gespräch über den Gartenzaun*, sondern ein soziales Ereignis mit medienspezifischen Regeln. Diesen Typ von Mediengespräch pflegt man – mit dem journalistischen Terminus – *Talkshow* zu nennen. Wie üblich bei Medien-Textsorten ist die Form nicht scharf abgegrenzt, sondern hat offene Grenzen zu anderen Gesprächstypen, insbesondere zu politischen Interviews und Diskussionen. Außerdem wird inzwischen längst nicht mehr jedes Gespräch dieses Typs auch als *Talkshow* betitelt. Folgende Möglichkeiten sind zu berücksichtigen, wenn man Exemplare des Gesprächstyps sucht:

1. Gespräche, die explizit als Talkshows benannt werden und eine selbständige Sendung bilden (Beispiel: „ZDF Talkshow ‚live'").
2. Gespräche, die unter anderem Titel erscheinen, aber die Merkmale von Talkshows haben und eine selbständige Sendung bilden (Beispiel: „Wortwechsel").

3. Gespräche, die in eine größere Sendung eingebettet sind, auf unterschiedliche Weise angekündigt werden und einige oder alle Merkmale von Talkshows haben (Beispiel: Gesprächsphasen in Unterhaltungsshows wie „Wetten daß...“; Gespräche im Jugendmagazin „Live aus dem Schlachthof“).

Da es kaum möglich ist, eine Textsorte *Talkshow* strikt abzugrenzen, verwende ich im folgenden auch den Terminus *Talk-Sendung* oder einfach *Talk*. *Talk* sei dann durch die folgenden Merkmale deskriptiv charakterisiert:

1. Das *Gespräch* ist nicht primär Mittel zu irgendeinem anderen Zweck, z. B. zum Zweck der Information, sondern es ist das *Fernsehereignis* selbst. Eine Talkshow für Jugendliche heißt denn auch „Reden ist Gold“. Daraus folgt, daß im Vordergrund des Interesses die Darstellung stehen soll, die der Interviewte verbal und nonverbal von sich selber gibt. Da die sichtbare nonverbale Selbstdarstellung besonders viel von der Persönlichkeit des Sprechenden zeigt, auch Signale dafür gibt, wie er das Gesagte meint (oder allenfalls nicht meint, etwa bei ironischer Mimik), ist es klar, daß das Fernsehen das prädestinierte Medium für Talk ist, während das Radio von vornherein gehandikapt ist. Gleichwohl haben sich Talk-Sendungen auch im Radio ihren festen Platz erobert (z. B. „Persönlich“, Radio DRS), und besonders die neu entstandenen Lokalradios scheinen günstige Rahmenbedingungen gerade für diese Gesprächsform zu bieten. (Hier werden Talk-Sendungen mit den Phone-in-Formen integriert, vgl. S. 374).

2. Im Vordergrund des Gesprächs steht die *Person* des Gastes, seine Biographie, seine Einstellungen und Meinungen zu Themen verschiedenster Art. Das heißt nicht, daß im Talk keine Sachthemen verhandelt werden könnten. Aber das Sachthema wird aus der Biographie und den Erfahrungen des Interviewten aufgearbeitet.

Zum Beispiel das Thema *Wie macht ein Journalist Interviews mit Politikern?* In einer Talkphase, die Th. Gottschalk im Rahmen seiner Unterhaltungsshow „Na sowas“ mit E. D. Lueg abhält (ZDF, 17. 5. 86), wird das so auf den Punkt gebracht:

[Gottschalk = G; Lueg = L. Im Anschluß an die Darbietung einer Rockgruppe, auf die sich Gottschalks Abmoderation bezieht, kommt Lueg auf die Bühne.]

G: If you leave, O-M-D. Nicht, daß Sie denken, wir ham Wasch-
      mittelwerbung gemacht, O-M-D heißt diese Gruppe. Jetzt
      kommt − E − D − L. Er ist ein politischer Journalist, den
      Sie alle kennen. Wir sehen ihn sehr oft mit den Politikern
      hautnah auf Du und Du. Bin gespannt, was er uns von ihnen
      zu erzählen hat. Ernst Dieter Lueg.
L: Guten Abend
G: Guten Abend, herzlich willkommen. Ja Herr Lueg, heute mal
      ganz locker.
L: Heute locker vom Hocker.
G: Heute sind Sie der Befragte.

Die Konstellation ist aufschlußreich, da der Befragte selber Journalist ist und hier in ungewohnter Rolle auftritt. Als prominenter
Interviewer in Nachrichten- und Politsendungen wird er auf seine
berufliche Tätigkeit hin befragt. Erwartet wird aber nicht, daß er
aus der Perspektive des Experten sachliche Information gibt, sondern daß er schildert, wie er als Mensch, ganz subjektiv, die
Politiker erlebt, *hautnah auf Du und Du*. Im Gegensatz zum ernsten
Geschäft des Politinterviews ist diesmal Talk gefragt, eben *locker
vom Hocker*.
    Ähnliches sieht man, wenn ein Politiker in einer Unterhaltungs-
show auftritt, z. B. Norbert Blüm in Günter Jauchs „Na siehste"
(ZDF, 8. 3. 89). Es ging ein Wettbewerb voraus: Männer, die Herrn
Blüm ähnlich sehen, sollten sich melden, und in der Sendung wird
dann der *beste Blüm* erkoren. Dann tritt Blüm, das *Original* zu
den *Fälschungen*, selber auf. Nachdem Blüm auf die show-imma-
nente Rolle des *originalen Blüms* festgelegt ist, kann es im Gespräch
von vornherein nicht um die professionelle Politikerrolle gehen.
Der Moderator beginnt denn auch mit Fragen nach dem subjek-
tiven Erleben von Erfolgen und Mißerfolgen, nicht nach Sachthemen:

M: Jetzt: von den Fälschungen zum Original − bei uns in „Na
      siehste" − Doktor − Norbert − Blüm! (BLÜM TRITT AUF,
      APPLAUS, EINIGE PFIFFE) − Sie sind's gewöhnt in letzter Zeit
      − früher war also, kann mich erinnern, is der Beifall immer
      gebrandet, in letzter Zeit zumindest vereinzelnde/ vereinzelte

Pfiffe und dann doch — erstirbt der Beifall. Ich stell mir Sie
als einen sehr harmoniebedürftigen Menschen vor̂, tut Ihnen
das weh?

B: Ach man muß unabhängig werden von Beifall und Pfiffen.
Ich finde das 'n gutes Training — für   Unabhängigkeit.

M: Auf der andern Seite muß einem das nich zu dénken
geben̂, wenn doch die Mehrzahl der Leute jetzt sagt:

B: klar

M: der Blüm das íst keiner von uns mehr

B: Ach wer hat's schon gern — das muß ich zugeben̂, s hat
jeder lieber, wenn er Zustimmung findet als — Ablehnunĝ,
das is doch eigentlich ganz menschlich.

M: Fühlen Sie sich so n bißchen als der Haut-den-Lukas der
Bundesregierung?

B: Nein, man muß das Notwendige machen und — das Notwendige ist nicht immer populär das/ wenn man nur das
Populäre macht — Gott dann werden alle Zukunftsprobleme
— brachliegen.

M: Auf der andern Seite werden Sie ja nicht nur von — den
Menschen, beispielsweise jetzt hiér im Stich gelassen, sondern
— da haben wir (ZÄHLT AN DEN FINGERN AB) eine SPD̂, da
ham wir Gewerkschaften̂, da ham wir Unternehmer̂, da ham
wir die Pharma-Lobbŷ, da ham wir die Krankenkassen, da
ham wir also soviele — Leute und Gremien, die im Grunde
unisono sagen: Also — da hat er irgendwie ein' Schmarren
gemacht,   gibt Ihnen das nicht zu denken, daß Sie

B: Na wissen Sie

M: dann sagen, vielleicht muss ích s anders machen

B: (UNVERST.)   das geht immer só
spáren wollen alle, alle sagen̂, es geht nicht so weiter̂, das
System muß umgestellt werden, — und jeder macht Spar-
vorschlägê, was die andern machen sollen, ich mein̂, das is
Heíliger Florian, schütz unser Haus — steck das des Nachbarn an̂, der Heilige Florian hat dann — dreihundertundfün-
fundsechzig Tage Namenstag bei uns. Insofern — — damit
muß man sich abfinden̂, jeder — sieht es ein̂, daß es nicht

mehr so weitergeht, ich mein, die Aus-gaben der Kranken-
versicherungen — sind dreimal so schnell gestiegen wie die
Löhne, wenn wer da nich gebremst hätten — (HEBT DIE
STIMME, WENDET SICH FRONTAL ZUM PUBLIKUM:) was wär
eigentlich passiert, wenn/ (MERKT, DASS ER SICH UNPASSEND
VERHÄLT, GRINST, WENDET SICH ZURÜCK ZU JAUCH) was wär
eigentlich passiert

M: Ich merke grad, daß Sie

             eine Ansprache an Ihr Vólk halten

B: ja doch ich —

M: (GELÄCHTER) aber das is das is im andern Programm an (sic)
      der Tágesschau gerade, läuft doch schon

B: ja aber   aber — ich —

M: ich ich   ja

B: will es gern doch mal — — sagen — lassen Se mich nur das
      eine noch — was wär passiert, wenn dreißig Prozent Renten-
      versicherungsbeitrag (...)

Nachdem der Moderator Blüms politische Rolle salopp als *Haut-
den-Lukas der Bundesregierung* charakterisiert hat und ihm dann
noch das Zugeständnis nahelegt, daß er *einen Schmarren gemacht*
habe — ohne daß bisher von einem konkreten politischen Gegenstand die Rede gewesen wäre —, fühlt sich der so Attackierte
gedrängt, seine Politik zu verteidigen, und gleitet allmählich in die
Rolle des politischen Redners hinüber. Das wird nonverbal dadurch
deutlich, daß er sich jetzt dem Saalpublikum zuwendet. Doch
realisiert er offensichtlich im gleichen Augenblick, daß er damit
die Definition der Show-Situation durchbricht, grinst und wendet
sich wieder dem Moderator zu. Dieses nonverbale Hin und Zurück
spielt sich so rasch ab, daß der Moderator mit seiner folgenden
Rüge *(daß Sie eine Ansprache an Ihr Volk halten, das is im andern
Programm...)* noch auf den Situationsbruch reagiert, nachdem die
Lage nonverbal schon wieder bereinigt ist. Auf die Rüge reagiert
Blüm, indem er nun doch darauf beharrt, die *Ansprache* zu Ende
zu bringen.

Nach einigen Gesprächsschritten zu diesem Thema bringt der Moderator einen neuen Aspekt ins Spiel, indem er dem Gast – nach soviel Reden vom Mißerfolg – diesmal das Bonbon eines *Erfolgserlebnisses* hinhält, das er mit der Pointe vom Jahr 2021 aber gleich wieder ironisiert. Und wieder reagiert der Angegriffe auf der Sachebene, was der Moderator aber sofort abblockt, indem er das Argument vom Geburtenrückgang in anzügliche Witzeleien ummünzt.

M: Und heute ham Sie auch ein Erfolgserlebnis gehabt vor der Bundespressekonferenz, die ganz große Koalition aus SPD, CDU, FDP, sogar die CSU saß ganz brav mit am Tisch, weil das große Rentenpaket jetzt geschnürt worden ist. Im Jahr zweitausendeinundzwanzig geh ich in Rente (GELÄCHTER) – ich fiebere diesem Zeitpunkt schon entgegen (GELÄCHTER) – am einunddreißigsten eines jeden Monats zahl ich meine Beiträge bei der BfA, am ersten – holt die ein Großvater dann – ab. (GELÄCHTER) Das is auch in Ordnung so. Nur wenn ich dann mal der Großvater bin – , wer zahlt denn dann am einunddreißigsten ein, daß ich dann am ersten – im Jahr Zweitausendeinundzwanzig abholen kann

B: (HOLT TIEF LUFT) Ja je weniger Kinder geboren werden –, umso mehr müssen die Aktiven – Beitrag bezahlen, also die Arbeitnehmer –, und damit wir das auf alle Schultern verteilen, können die Renten nicht mehr so schnell steigen – wie in der Vergangenheit, aber keine Rente wird gekürzt, und der Bund muß auch mehr Geld dazugeben

M: also Sie verteilen's auf drei Schultern, Sie empfehlen bei Damen und Herren – Nachtarbeit (GELÄCHTER) – sozusagen (APPLAUS, UNVERST.)

B: aber aber nicht nur der Rentenversicherung wegen, sondern weil's überhaupt schöner ist (GELÄCHTER) – ne Welt mit Kindern is schöner

M: Ach so ich dacht, Sie meinen jetzt nachts, (GELÄCHTER) is auch schöner!

B: Das is vielleicht nicht Gegenstand der Sozialpolitik (GELÄCHTER)

M: Is auch richtig, noch nich, Gott sei Dank.

Bei der abschließenden Witzelei stiehlt Blüm dem Moderator mit
seinem Bonmot die Schau:

M: ähm was mich auch viele gefragt ham: Frag den Norbert
     Blüm doch mal, ob seine Brille eine Kassenbrille ist (GE-
     LÄCHTER, APPLAUS)
B: Is ne Kassenbrille, und ich sehe sehr gut durch (GELÄCHTER).
     Besser ne Kassenbrille vor den Augen als 'n Brett vorm Kopf
     (GELÄCHTER, APPLAUS)
M: (WÄHREND DES GELÄCHTERS:) das hat er schön gesagt –
     prima!

Dem Moderator bleibt nicht mehr zu tun, als den Gast zuhanden
des Publikums *(das hat er schön gesagt)* ob seiner Schlagfertigkeit
zu loben, und damit leitet er zur Auswahl des *besten Blüm* zurück.
    Nicht immer ist die Abgrenzung der Genres so klar. In „Nase
vorn" (18. 3. 89) interviewt F. Elstner den Ministerpräsidenten des
Saarlandes, O. Lafontaine.

E: Sie werden normalerweise in Interviews nach der politischen
     Situation befragt, da gibt's klügere Köpfe in Deutschland,
     die Ihnen diese Fragen stellen können, wir wollen Sie auch
     nicht mißbrauchen, es wäre auch sicher falsch am Samstag-
     abend jetzt groß über Politik zu reden   nee nee
L: Bitte wenn Sie wollen (UN-

E: nee
L: VERST.) über was anderes reden

E: Ganz im Gegenteil – aber als Ministerpräsident haben Sie
     ja zumindest vom Amt her die Nase vorn, wo hat das
     Saarland die Nase vorn Ihrer Meinung nach?
L: Das haben Sie heute erlebt, die Leute sind sehr gastfreundlich
     (...)

Er zählt einige nicht-politische Meriten des Saarlandes auf und
bricht dann in (gespielter?) Ratlosigkeit ab:

L: Ja – – also soll ich jetzt runterrasseln was wir alles Gutes
     machen hier an der Saar?

E: Nein aber eíne Geschichte die fiel uns auf als wir in den
      letzten Tagen uns hier n bißchen erkundigt haben⌃ demnächst
      soll es einen Großversuch hier geben, damit man mit dem
      Strom besser umgehen kann⌃ und das Saarland ist ja für viele
      immer ein Testmarkt gewesen, weil es ein geschlossenes Ge-
      biet ist⌃ wo man immer die Reaktionen vortesten könnte⌃ wie
      kann das später dann in der ganzen Bundesrepublik zum
      Beispiel sein − wie geht das mit dem Strom?
L: Ja wir sind ein Energieland⌃ das will ich dann doch bei soviel
      Zuschauern einmal sagen und − ich möchte werben für die
      Kohle⌃ für den Bergbau⌃ wir haben hier beispielsweise die
      Grube, die die beste Produktion hat − pro Mann und Schicht
      in der ganzen Welt, das ist eine Leistung eine Spitzenleistung
      des Saarlandes, und deswegen soll man den Bergbau auch
      weiterhin unterstützen. Was Sie jetzt angesprochen haben
      (APPLAUS) − was Sie jetzt angesprochen haben, das äh ist
      die Kehrseite der Medaille⌃ wir dürfen nicht übersehen⌃ daß
      die Umwelt immer weiter zerstört wird⌃ daß − wir Probleme
      haben mit der Aufheizung der Erdatmosphäre, das heißt wir
      müssen mit der Energie so sparsam wie möglich umgehen,
      das was wir hier versuchen, ist − einen anderen Stromtarif,
      der den Stromverbraucher zu einem vernünftigen Verhalten
      anregen soll

Dieser Dialog ist ein (von beiden Seiten) gekonntes Spiel auf der
Grenze zwischen situationsadäquatem und -inadäquatem Verhalten. Elstner weist zunächst den Einbezug der Politik in den *Sams-
tagabend* von sich, gibt dem Politiker aber doch den kleinen Finger,
indem er ihn zur Aufzählung der − thematisch nicht näher ein-
gegrenzten − Verdienste des Saarlandes auffordert. Lafontaine
verhält sich auch gänzlich situationskonform und präsentiert zunächst nur allgemein-menschliche Verdienste der Saarländer. Und
es sieht so aus, als müßte ihn Elstner geradezu gegen seinen Willen
auf ein Thema hinsteuern, das mit Sicherheit vorher abgesprochen
war und das hochgradig politisch ist: Energieverbrauch und Strom-
tarif. Elstner bringt das Thema aus der Verbraucherperspektive ins
Spiel und verschafft sich damit die Legitimation, es im Kontext

der Samstagabend-Unterhaltung zu besprechen. Lafontaine nutzt nun die Gelegenheit, die politischen Verdienste des Saarlandes herauszustreichen und damit für seine Politik landes- und bundesweit *(das will ich dann noch bei soviel Zuschauern einmal sagen)* zu werben. Er macht sogar metakommunikativ klar, daß er *werben* möchte, freilich *wirbt* er explizit nur *für die Kohle, für den Bergbau*, und den impliziten Schluß auf seine eigene Politik überläßt er dem Rezipienten − eine charakteristische Taktik politischer Rede.

Es ist klar, daß die Grenzen zu rein sachbezogenen Interviews fließend sind: Auch dort sind ja die persönlichen Stellungnahmen des Interviewten nicht nur toleriert, sondern erwünscht. Viele Talkshows könnte man auch unter ein Gesamtthema stellen, wie *Feminismus* (Fuchsberger − Alice Schwarzer, Heut' abend, 13. 5. 88), *Die friedfertige Frau* (F. A. Meyer − Margarete Mitscherlich, Vis à vis, 20. 3. 86), *Wie schreibt man Bestseller?* (F. A. Meyer − H. M. Simmel, Vis à vis, 2. 3. 83), *Wie macht man Politiker-Interviews?* (Th. Gottschalk − E. D. Lueg, Na sowas, 17. 5. 86).

Jeder Moderator gewichtet das Verhältnis von *zur Person* und *zur Sache* wieder anders. Gautschy rückt ganz den sachbezogenen Aspekt in den Vordergrund − was einen gewissen Widerspruch zu der bewußt atmosphärischen Präsentation im Haus des Interviewten darstellt. Er trennt die Fragen zur Person von den sachbezogenen, und wenn er überhaupt zur Person befragt, dann glaubt er sich quasi entschuldigen zu müssen, z. B. im Interview mit Maximilian Schell:

> Jetzt möchte ich doch gerne ein paar Fragen zur Person stellen. Man weiß über Sie ja eigentlich sehr wenig. Sie erscheinen so gut wie nie in den Klatschspalten und sind überhaupt persönlicher Publizität wenig gewogen. Sie haben in Basel Germanistik studiert. War das noch bei Walter Muschg, dem sehr viel älteren Halbbruder von Adolf Muschg? (Gautschy 1984, S. 260)

3. Aus den beiden ersten Merkmalen folgt fast zwangsläufig, daß als *Gesprächspartner* vor allem *Prominente* in Frage kommen. Es gibt zwar auch „progressive" Talk-Sendungen, bei denen einfache

Bürger als Gäste geladen werden. Mühlen (1985, 164 f.) berichtet von einer Sendereihe des dritten Programms der Nordkette („III nach 9"), in der die Prominenz nur einen Anteil von 38% hat.[43] In diesem Fall macht aber gerade die Abweichung vom Normalfall und das Gesprächsrisiko (s. u.), das der unbekannte und nicht voll kalkulierbare Gesprächspartner mit sich bringt, den Unterhaltungswert aus. Auch für die talk-artigen Vorstellungsgespräche mit unbekannten Saalkandidaten u. ä. in den großen Unterhaltungsshows (vgl. S. 309) gilt das Kriterium nicht, doch auch diese Gespräche leben vom Kontrast zu den Gesprächen mit Prominenten in der gleichen Sendung.

Gautschy freilich bekennt sich völlig zur Norm:

> „Wie wählen Sie eigentlich Ihre Gesprächspartner aus?" – das ist die Frage, die mir am häufigsten gestellt wird. Ausschlaggebend für die Wahl eines Gesprächspartners ist die Überlegung, ob sie oder er das Fernsehpublikum interessiert oder zumindest interessieren könnte. Im allgemeinen ist das eine Persönlichkeit, die im öffentlichen Leben steht und durch besondere Leistungen in Politik, Wissenschaft, Kunst, Wirtschaft oder auf einem anderen Gebiet sich einen Namen gemacht hat. Konkret bedeutet das oft, wenn auch nicht immer Prominenz. (Gautschy 1984, 9)

Für ihn kommt die Abweichung nicht einmal als Ausnahme von der Regel in Frage:

> Die Antwort auf die etwas vorwurfsvolle Frage, warum in meinen Sendungen immer nur Prominente und keine einfachen Leute aus dem Volk zu Gast seien, lautet, daß die meisten Menschen sich eben für Maximilian Schell oder Lilian Uchtenhagen mehr interessieren als für die Hand-

---

43 Für ihr übriges Material bestätigt aber auch sie den „Prominenten-Tick" (164). Zur Nicht-Prominenz zählt sie u. a. Bürger, „die entweder repräsentativ für eine bestimmte soziale bzw. Interessengruppe sind (z. B. Fernfahrer, Karrierefrau) oder die als Zeitzeuge von Bedeutung sind (z. B. Widerstandskämpfer)", außerdem „Originale" (z. B. Hochstapler)" . (160)

arbeitslehrerin Gertrud Bütikofer in Niederfüllinswil oder für den Hochbauzeichner Ruedi Übersaxer in Oberglattenberg (Name, Beruf und Ortschaft geändert). Mit unsereins kommen wir alle Tage zusammen, wir möchten aber auch einmal den Saum des Königs oder der Königin berühren dürfen. (ebd.)

Bekannt zu sein, genügt aber nicht als Qualifikation. Gautschy hat „fünf, sechs verschiedene Kriterien für die Wahl eines Gastes" (1984, 10) In einem Kriterium dürften wohl alle Interviewer sich einig sein: Der Gast solle „sich artikulieren können und sich nicht nur ohne Mühe, sondern im Gegenteil sich gerne und präzise ausdrücken wollen und können" (ebd.). Aber auch hier kann die Ausnahme gerade wieder Unterhaltungswert haben. Hans Mario Simmel beispielsweise ist sicher nicht jemand, der sich besonders gut artikulieren kann (vgl. S. 84). Er stottert und hat zeitweise drastisch Mühe zu sprechen. Dennoch war die Talkshow mit F. A. Meyer (Vis à vis, SRG, 2. 3. 83) durchaus spannend, nicht zuletzt gerade wegen der unwöhnlich mühsamen Sprechweise des Gastes. Aber auch hier läßt Gautschy sich nicht auf das Experiment mit der Abweichung ein: „Es gibt Schriftsteller, die zwar brillant schreiben, denen aber zuzuhören eine Qual sein kann. Introvertierte sind oft wertvolle Menschen – fürs Fernsehen eignen sie sich nicht." (ebd.) Ein weiteres Kriterium, mit dem Gautschy nicht auf Widerspruch stoßen würde, ist „Echtheit, Unverwechselbarkeit und von daher Glaubwürdigkeit". „Authentizität ist aber nicht nur eine Forderung an einen qualifizierten Gesprächspartner, sie ist zugleich eines der wichtigsten Gebote des Fernsehens." (ebd.) Wie sich dieses Kriterium freilich operationalisieren ließe, steht auf einem anderen Blatt.

Andere Kriterien dürften kaum allgemeine Zustimmung finden, z. B. „gedankliche Tiefe", die Gautschy ziemlich überheblich ganzen Kategorien von Leuten abspricht: „Ein Baulöwe, ein Parlamentsfuchs oder ein Vernissagentiger haben oft nicht mehr zu bieten als groteske Selbstüberschätzung." (ebd.)

4. Ein Merkmal, das man für selbstverständlich halten würde bei einer Gesprächsform, die auf Authentizität aus ist, ist die *Live*-Präsentation.

Bei Live-Shows ist ein gewisses Gesprächsrisiko mit einkalkuliert. In einigen von Mühlen (1985) untersuchten Sendungen sind Eskalationen bis hin zu kleineren Handgreiflichkeiten belegt. Hier ergeben sich klare Berührungspunkte mit den Phone-ins des Radios, bei denen ein gewisses Risiko (wer ist der Hörer? wie benimmt er sich?) von vornherein nicht auszuschließen ist. Man könnte sagen: Phone-ins sind die Talkshows des Radios.

Die Talkshow jedoch, die sich bisher wohl am längsten im Programm gehalten hat, die „ARD-Talkshow" „Heut' abend", wird gerade nicht live gesendet. Die Gründe dafür sind mir nicht bekannt. Doch pflegt Fuchsberger einen Interview-Stil, der einen Verzicht auf live-Präsentation verständlich macht. Zum einen moderiert er extrem „protektiv", zum anderen kultiviert er wohlvorbereitetes Krisenmanagent. (vgl. S. 281)

Wenn man die genannten Merkmale von Talk überblickt, so ist unzweifelhaft, daß Talk recht wenig mit alltäglicher *Plauderei* zu tun hat.[44] Echte *Alltäglichkeit* in Thematik und Verhalten wäre unspektakulär, *zwangloses* Plaudern, das assoziativ von einem Thema zum nächsten spränge und bei dem es auf die Formulierung in keiner Weise ankäme, wäre für das Medium ein Null-Ereignis. Talk im Medium muß immer in irgendeiner Weise auch *Show* sein. Worin der Showcharakter besteht, was das Gespräch zu einem *Ereignis* macht, das hängt sehr von der jeweiligen Realisierungsform des Talks ab.

Von den *außersprachlich-situativen Bedingungen* her läßt sich eine Reihe von Faktoren nennen, die für die jeweilige Ausprägung des Show-Charakters bestimmend sind (und aus deren typischen Kombinationen sich eine Typologie der Talkshow erstellen ließe, was hier aber nicht versucht werden soll):
— Anwesenheit eines Publikums / ohne Publikum
— Raum (Studio, Wirtshaus...) und räumliche Anordnung (kommunikativ/nicht-kommunikativ)

---

44 Den in der Literatur gelegentlich anzutreffende Terminus *Plaudergespräch*, der z. B. von Troesser 1986 für bestimmte Radio-Gespräche verwendet wird, würde ich aus diesem Grund lieber vermeiden. Man könnte ihn jedenfalls nur in Anführungszeichen verwenden.

– Ein Gast/mehrere Gäste
– bloßes Gespräch/Gespräch kombiniert mit Show-Elementen/
  Gespräch eingebettet in Show.
Die Bedeutung des *Publikums* und des *Raums* für die kommunikative Ausprägung von Gesprächen allgemein und Talkshows im
besonderen wurde bereits herausgestellt (vgl. S. 43). Die Anwesenheit eines Publikums – ob es sich nun aktiv beteiligen kann oder
nur Feedback liefert – provoziert die Gesprächsteilnehmer sichtbar
dazu, sich ins beste Licht zu rücken. Jeder versucht, das Publikum
für sich zu gewinnen, bei kontroversen Phasen auf seine Seite zu
ziehen. Witze, Pointen, rhetorische Formulierungen jeder Art gehören zu den Mitteln, mit denen jeder seine eigene Show aufzieht.
    J. Fuchsbergers Gesprächsreihe „Heut' abend", bei der Mode-
rator und (einziger) Gast auf einer Bühne, getrennt vom Publikum
sitzen, ist der Prototyp einer kommunikativen Konstellation, die
einem Kammerspiel in einem kleinen Theater nahekommt. Fuchsberger ist so detailliert vorbereitet, daß er phasenweise etwas wie
einen Bühnentext spricht. Und seine prominenten Partner, die das
Arrangement ja kennen, können sich ebenfalls bis ins Detail der
einzelnen Pointe vorbereiten. Resultat ist meist ein gepflegtes, nicht
zu tiefgehendes, von beiden Seiten schlagfertig formuliertes Gespräch, das denkbar weit entfernt ist von alltäglichem Geplauder.
Das Showelement besteht hier also in der Zur-Schau-Stellung der
eigenen Formulierungsfähigkeit und – inhaltlich – der Darbietung
interessanter Anekdoten, Geschichten, Erinnerungen...
    Anders verhält es sich bei Gesprächen, die in magazinartigen
Sendungen (wie „Live aus dem Schlachthof") als gleichwertige
Blöcke neben Rock-Darbietungen und sonstigen Showblöcken präsentiert werden. Durch die Umgebung ist das Gespräch dann bereits
als Showblock definiert, und das Verhalten des Moderators ist
darauf abgestimmt. Man betrachte den Anfang des obigen Gott-
schalk-Lueg-Gesprächs: Lueg wird dort auf die gleiche Art angesagt, wie die Rockgruppe abgesagt wird („O-M-D heißt diese
Gruppe. Jetzt kommt E – D – L."), und so *locker*, wie die
Rockgruppe war, soll sich auch Lueg präsentieren.
    Ein als Teil einer Show explizit angesagtes Gespräch kann gar
nicht anders denn als Showblock aufgefaßt werden, und da hilft

es auch nichts, wenn der Moderator es anders zu definieren versucht. J. Fuchsberger machte in seiner Unterhaltungsshow „Auf los geht's los" solche Versuche – und scheiterte damit. In einer Sendung (15. 1. 83) bringt er – in loser thematischer Anknüpfung an Vorhergehendes – fünf Jugendliche auf die Bühne, um sich mit ihnen über Jugendarbeitslosigkeit zu unterhalten. Es sind *junge Menschen, die dieses Schicksal betroffen hat*. Es wird eine wenige Minuten dauernde Befragung im Kreis herum durchgeführt, die an Rigidität kaum zu übertreffen ist – was sich beispielsweise so anhört:

[Fuchsberger = F; Jugendlicher = J]
F: Darf ich Sie fragen äh, was haben Sie bisher alles unternommen, um an Arbeit zu kommen?
J: Ähm, ich habe schon gearbeitet
F: Nehmen Sie s ein bißchen höher, das Mikrofon?
J: Ich habe schon gearbeitet
F: Was haben Sie gemacht?
J: Äh, ich wollte Altenpflegerin werden
F: Was wollten Sie ?
J: Altenpflegerin
F: Altenpflegerin
J: Ja, aber ich mußte dort putzen, aber das gefiel mir überhaupt nicht, hm, dort finde ich keinen Sinn drin. Wenn ich Altenpflegerin werden will

Im Schlußwort Fuchsbergers wird das ganze Dilemma eines solchen Talks explizit:

Es ist schade, daß unsere Zeit immer zu kurz bemessen ist, wenn wir ein heißes Eisen anfassen, auch in einer Unterhaltungssendung. Dann kommt immer mit Recht hinterher der Vorwurf: Da habt ihr nun ein Thema angefangen und nicht zu Ende geführt. Dieses Thema ist, glaub ich, nicht zu Ende zu führen, auch in einer einstündigen Sendung nicht, die es ja schon viele über dieses Thema gegeben hat. Ich hoffe, niemand ist mir besonders böse, wenn ich diese Runde jetzt abschließe, mit dem herzlichen Wunsch von uns allen, daß Ihre Situation sich bald ändern möge und damit auch der vielen andern der über zwei Millionen Arbeitslosen in unserem Land. Und nehmen wir das vielleicht ein bißchen mit, was vorhin der Fall war: vielleicht hilft uns ein bißchen Optimismus, und vielleicht hilft uns die Bereitschaft zu persönlichen Opfern, aus dem, was uns im Augenblick ärgert, herauszukommen. Ihnen alles Gute, vielen Dank für Ihr Kommen. (Applaus) Und ich hoffe, wir haben ein paar Gedanken für die gehabt, die sich mit dem gleichen Problem beschäftigen. (Applaus) Wir nennen das, was jetzt dann kommt, einen Showblock

Fuchsberger antizipiert mögliche Einwände gegen die offensichtlich merkwürdig wirkende Einlage und begegnet ihnen mit dem Allerweltsheilmittel der Moderatoren – dem *Zeitdruck*. Zeitdruck ist als Argument hier besonders unpassend, weil das Problem auf einer ganz anderen Ebene liegt: ein *ernster Talk* in einer Unterhaltungsshow ist eine Handlung, mit der man die Definition der gegebenen Situation verletzt. [45] Es ist auch ein hilfloser Versuch, das Gespräch als Nicht-Showblock zu definieren, wenn er das Folgende – bewußt kontrastiv – als Showblock ansagt.

In den großen Unterhaltungsshows gibt es außer den eigentlichen Gesprächsblöcken Dialoge, die nicht als separate Showblöcke angekündigt werden – obwohl sie es natürlich auch sind: die *Vorstellung* von prominenten und unbekannten Gästen. Der prominente Gast ist entweder direkt an der Show beteiligt (z. B. ein Popstar, der ein Lied präsentiert), so daß die Gesprächsphase unmittelbar auf die Funktion des Gastes in der Show bezogen ist. Oder er wird <u>als</u> prominente Persönlichkeit ausgestellt, als Dekoration, die der Moderator auf <u>seine</u> Bühne zu bringen vermocht hat. Natürlich wird kein Moderator das so sagen. Und darum weist er dem Gast dann in der Regel noch eine Alibi-Funktion innerhalb der Show zu, beim Wetten um den Ausgang eines Spieles

---

45 Man könnte dies, mit einem Terminus von Scheflen (1976, 83 ff., in Anlehnung an Bateson), einen „transkontextuellen Akt" nennen.

und dergleichen. Gesprächsphasen mit solchen Gästen lassen sich als rudimentäre Talks auffassen, die der kurzen und wirksamen Darstellung der Berühmtheit des Berühmten dienen. Im Kontrast dazu stehen die Gesprächsphasen mit Unbekannten, mit Spielkandidaten usw., die auch als Mini-Talks gelten können, aber einen Show-Wert ganz eigener Art haben (vgl. S. 309 ff.).

Es gibt meines Wissens nur eine Talk-Sendung, bei welcher der Showcharakter nicht nur zugegeben, sondern bereits im Titel angezeigt und in den Sendungen immer wieder definiert wird: „Showgeschichten".

Die Sendung hat drei Show-Elemente: Talk, Filmausschnitte und Auftritt eines Überraschungsgastes. Dabei ist das Gespräch ganz auf die – vorbereiteten – Filmausschnitte hin angelegt. Das hat inhaltlich zur Folge, daß der Gast als Privatmensch – im Vergleich mit anderen Talkshows – relativ schwach zur Geltung kommt. Das Gespräch bleibt meist im Bereich der beruflichen Rolle mit ihrem Umfeld.

Weiterhin ist, wie der Titel der Sendung ankündigt, der Talk ausgerichtet auf *Showgeschichten*, d. h. auf Anekdoten, die der Gast gemäß Absprache zu den Filmausschnitten oder auch sonst zu präsentieren hat. Damit ist diese Gesprächsform sehr viel stärker strukturiert als andere Formen von Talk. Auf der Skala der *Showhaltigkeit* rangiert dadurch bereits der Talk sehr weit oben: Showgeschichten und Filmausschnitte sind hier gleichwertige Showelemente.

Aus der Sendungsstruktur resultiert hinsichtlich des Talks eine eigenartige Rollenverteilung von Moderator und Gast: Der Moderator erzählt die Biographie des Gastes, der Gast die Anekdoten. Auch in anderen Talkshows übernimmt der Moderator phasenweise die Rolle des Biographie-Erzählers (vgl. S. 52), doch dient das dann in der Regel zur Initiierung einer neuen Gesprächsphase, innerhalb derer das biographische Erzählen wieder an den Gast zurückfällt. In „Showgeschichten" erzählt der Moderator die Biographie bis zu dem Punkt, an dem die Anekdote fällig wird. Das hört sich z. B. so an:

[Sendung mit Heinz Rühmann, ARD 1988. Moderator G. Schmitt-Thiel = M, Rühmann = R]

M: Sie sagten eben äh sprachen von den ersten drei Tagen, von der Maske, von der falschen Nase äh, die Maske und das Kostüm sind ja auch äh Requisiten, die einem helfen oder es einem vielleicht auch schwermachen, eine Rolle zu spielen, anzunehmen?

R: Eigentlich nicht, ich

M: Ähm eine wichtige Rolle hat aber doch das Kostüm in einem Ihrer sehr sehr berühmten Filme, dem Hauptmann von Köpenick, da geht's ja eigentlich darum, daß plötzlich einer dadurch daß er was anderes anzieht zumindest für die anderen was ganz anderes wird und was ganz anderes geworden ist

R: Hm (+)

M: und andere Befugnisse plötzlich hat. Sie haben den Schuster Voigt gespielt   indem Sie vorher einen Riesenerfolg

R: hm (+)

M: mit Charlies Tante hatten   und äh Sie haben selbst mal

R: hm (+)

M: gesagt, Sie hätten zwar vor, es vor dieser Rolle etwas ruhiger anzulegen. Als als Sie dann in den Frauenkleidern waren, da ist das Temperament etwas mit Ihnen etwas durchgegangen.

R: Na ja, das befremdet einen [und dann kommt die Showgeschichte]

Rühmann nimmt den angebotenen Gesprächsfaden zunächst nicht auf, so daß der Moderator ihm beinahe widersprechen muß *(hat aber doch…)*, um ihn in die richtige Richtung zu lenken. Er fährt mit der Biographie fort, bis er ein neues Stichwort findet *(da ist das Temperament etwas mit Ihnen etwas durchgegangen)*, auf das Rühmann dann endlich mit der Anekdote reagiert.

Diese merkwürdige Konstellation – daß der Moderator dem Gast seine eigene Biographie erzählt – wird kompromißlos durchgehalten. Das geht so weit, daß sich der Erzähler mit der Biographie des Gastes geradezu identifiziert. Z. B. in der Sendung mit Peter Weck (1988):

M: Und äh Sie sind einer der wenigen Wiener Sängerknaben, die
      als sie dann in den Stimmbruch kamen nicht auch gleich
      Schiffbruch erlitten haben, äh Sie haben äh weiter die Schule
      besucht, sie haben sich dem Versuch des der Eltern, in die
      väterliche Flaschenverschlußfabrik einzusteigen [sic] erfolg-
      reich widersetzt, Sie haben sich um die Musik gekümmert,
      Sie wollten äh haben verschiedene Instrumente gelernt, Sie
      wollten Dirigent werden und dánn kam eines Tages der
      Wunsch: ich will Schauspieler werden, und da gibt es einen
      Menschen, der Ihnen − in Gesprächen − da geholfen hat,
      einen − Freund, der Ihnen mit Rat und Tat zur Seite gestan-
      den hat und äh mit dem Sie eben diesem Ziel Schauspieler
      zu werden − näher gekommen sind damals. Dieser Mensch
      ist − enger Freund der Familie geblieben − er hat − Sie −
      später getraut − und die Kinder getauft − und er ist heute
      abend da

Es beginnt mit einer noch „objektiven" Aufzählung von biographischen Ereignissen, steigert sich dann zu einer Aussage, die schon
stark „subjektiv" gefärbt ist *(erfolgreich...widersetzt)* bis hin zu
dem Punkt, wo der Erzähler sich ganz in die Perspektive des Gastes
versetzt *(Wunsch: ich will...)*; es bleibt dann eingetaucht in einen
Erlebnisbereich, der eigentlich nur dem Subjekt bekannt sein kann
(in Gesprächen geholfen...), um dann schließlich wieder an die
Oberfläche des mehr Faktisch-Objektiven aufzutauchen.
    Das Sendungskonzept ist selbstverständlich gänzlich auf *Konsens*
hin angelegt − negative Aspekte können angesichts der Definition
der Veranstaltung höchstens am Rande auftauchen.
    In der Sendung mit Reinhard Mey (1988) tippt der Moderator
gleich zu Anfang den Vorwurf der Oberflächlichkeit an, der Mey
gelegentlich gemacht werde, entschuldigt sich aber sofort dafür
und definiert dann das eigentliche Ziel der Sendung:

M: Aber Reinhard Mey, wir wollen äh Showgeschichten von
      Ihnen hören, äh ich fand es wichtig über diesen Vorwurf, der
      Ihnen gemacht wird, einfach am Anfang zu reden, und das
      haben wir jetzt getan, und jetzt äh kommen wir zum ver-
      gnüglichen Teil des Abends.

Die Anekdoten sollen im Zentrum des Talks stehen, und die ganze
Sendung steht unter dem Etikett *vergnüglich*.

Konsensorientierung heißt in dieser Sendung insbesondere: Bereitschaft zur gesprächsstrukturellen Kooperation. Wenn der Gast
sich nicht in der gewünschten Weise lenken läßt, ist das Konzept
gefährdet. Das sieht man klar an dem einzigen Fall (in den von
mir beobachteten Sendungen), wo ein Gast einmal aus der Reihe
tanzt:

[Sendung mit Maximilian Schell = S; 1988]

M: Meine Damen und Herren, nicht jedermann wird sechsmal
     für den Oscar nominiert, nicht jedermann bekommt dann
     auch einen Oscar, nicht jedermann heimst sechs Bundesfilm-
     preise ein und noch vieles andere mehr, allein dreimal den
     Preis der New Yorker Filmkritiker, nicht jedermann spielt
     fünf Jahre lang den „Jedermann" in Salzburg, nicht jeder-
     mann ist so geeignet und schwierig zugleich für die „Show-
     geschichten" − wie Maximilian Schell. (APPLAUS, SCHELL
     KOMMT AUF DIE BÜHNE)
     Maximilian Schell, sie sind nun alles andere als ein Herr
     Jedermann. Trotzdem haben Sie ihn fünf Jahre lang in Salz-
     burg gespielt, und äh was hat Sie an dieser Rolle des „Jeder-
     mann" gereizt, und was hat Sie geängstigt?

S: (SCHAUT NOCH OBEN) − − Muß das gleich eine so schwierige
     Frage am Anfang sein?

M: Es muß sie sein − denn unser erster Ausschnitt wird gleich
     der „Jedermann" sein, und Sie haben ein Buch über den
     „Jedermann" geschrieben. Sie haben sich also sehr intensiv
     damit beschäftigt.

S: Kann man nicht zuerst den Ausschnitt zeigen? (SCHELL WEN-
     DET SICH ZUM PUBLIKUM, APPLAUS)

M: Wir können auch zuerst wir können auch zuerst den Aus-
     schnitt zeigen, wir haben einen selbstverständlich wir haben
     einen kleinen Ausschnitt aus dem „Jedermann", den Maxi-
     milian Schell dort gespielt hat, und zwar eine Stelle, bei der
     dem Festpublikum dann immer so fast das Herz stehenbleibt,
     ist fast vor dem Herzinfarkt

S: Das glaub ich nicht
M: Doch, das Festpublikum schon, und zwar ist es die Szene,
     wo der Tod zum ersten Mal Hand an Jedermann legt.
     Schauen wir uns die Szene an?

[Filmausschnitt]
S: Sehen Sie, jetzt kann ich Ihre Frage vielleicht viel leichter
     beantworten

Schell verhält sich dreimal nacheinander unkooperativ: Er verwei-
gert die Antwort auf die Initialfrage bzw. möchte sie aufschieben,
er verlangt eine andere Reihenfolge von Talk und Filmausschnitt
und er widerspricht dem Moderator *(das glaub ich nicht)*. Nachdem
er sich durchgesetzt hat und der Filmausschnitt vorgeführt wurde,
macht er seinen Triumph noch explizit *(Sehen Sie...)*. Bereits in
den einleitenden Worten hatte der Moderator gesagt, Schell sei
schwierig für die Showgeschichten. Ob er damit nur auf die emi-
nente Prominenz des Gastes Bezug nimmt oder ein mögliches
Gesprächsrisiko – aus früheren Erfahrungen mit Schell – antizipiert, ist nicht entscheidbar. Man könnte auch denken, die Ein-
gangsszene sei möglicherweise genauso abgesprochen, also auch
die Abweichung sei bereits als Showelement eingeplant. Die ver-
wirrte Reaktion des Moderators macht diese Annahme jedoch
unwahrscheinlich. In einer gänzlich auf Konsens und Kooperation
angelegten Sendung wirkt das widerborstige Gesprächsverhalten
Schells besonders drastisch, geradezu überheblich. Er *stiehlt* ganz
bewußt dem Gastgeber *die Show.*
     Nach dieser Einleitung ist zu erwarten, daß auch die vorgesehene
Rollenverteilung von biographischem Erzählen und Anekdoten
nicht ganz klappt:

M: Äh Filmschauspieler, Theatermann, Regisseur, Produzent,
     Kunstsammler – äh Maler, und dann hat es ja auch einen
     ernsthaften Mitmenschen gegeben, der gesagt hat zu Ihnen,
     ach Lieber, lassen Sie doch das alles weg und verdienen Se
     richtiges Geld und werden Sie Fußballer
S: Wer hat das gesagt?

M: Ja äh das hab ich gehö/ äh das war einer, der wußte, daß
      Ihr Privattrainer ja auch Beckenbauer ist.

Wenn der Gast die Richtigkeit der vom Gastgeber berichteten
biographischen Fakten anzweifelt, ist die Rollenverteilung natürlich
massiv in Frage gestellt.
    Das dritte Showelement ist auch hier der unvermeidliche *Über-
raschungsgast*. Ob er seine Show-Funktion erfüllt, ist offenbar für
den Moderator nicht immer vorhersehbar. Nicht in jeder Sendung
freilich ist er so unergiebig wie beispielsweise im Gespräch mit
Peter Weck (9. 11. 88). Der Prälat, der bis heute *enger Freund der
Familie* geblieben ist, ist auf der Bühne nicht viel mehr als Staffage.
Man begrüßt sich überaus herzlich, Weck ist gebührend überrascht
(na also sowas!). Der Moderator versucht dann, ihn zu einer
biographischen Reminiszenz in bezug auf Weck zu ermuntern:

[Peter Weck = W; Prälat Dr. U. = P]
M: Es heißt – äh, Herr Dr. U., daß äh Peter Weck damals als
      er sich entschloß, nun Schauspieler zu werden, in   'Ihrer
      Bibliothek äh gestöbert hat und aus dieser Bibliothek dann
      sich die Texte herausgesucht hat, die er für die Aufnahme-
      prüfung
W: auf Empfehlung!

Weck reißt das Erzählen an sich, der Prälat hört sich lächelnd an,
was eigentlich er hätte erzählen sollen; der Moderator macht einen
zweiten Anlauf, den Überraschungsgast ins Spiel zu bringen:

M: (ZÖGERND, VORSICHTIG) Sie – erinnern sich da – – etwas?
P: Ich erinnere mich nicht sehr genau, natürlich erinnere ich
      mich an die Zeit – und so weiter – und an verschiedene
      Gespräche über solche Sachen.

Daß er sich *an die Zeit und so weiter* erinnert, damit ist der
Unterhaltungssendung nicht sehr gedient, und darum hilft Weck
wieder aus:

W: Er hatte die schwierige Aufgabe gehabt, meinen Eltern also
      eigentlich mehr oder weniger meinem Vater
P: war dagegen ja

> — und er hat eine Begabung gehabt, weil er ein Schulschwän-
> zer war, der immer Ausreden -sehr geschickt (GELÄCHTER)
> er hat eine große Begabung — er hat glaub ich Oboe ge/ im
> Konservatorium   Fagott Fagott
> W: Fagott

Endlich ist die Pointe da, und schon ist sie wieder vermasselt. Zum
Glück ist die Zeit sowieso zu Ende, und der Moderator kann die
Sendung in Würde beschließen.

Am anderen Ende der Skala, wo der Showcharakter nur noch
schwach ausgeprägt ist, stehen Talkformen mit einer kleinen Gästerunde, die räumlich einigermaßen zwanglos arrangiert ist und sich
nicht vor einem face-to-face anwesenden Publikum profilieren muß.
Wenn das Gespräch dann noch als Open-end-Veranstaltung definiert ist — wie „Club 2" (ORF) oder „Zischtigs-Club" (SRG) — ,
kann es gelegentlich alltäglichen Gesprächsmöglichkeiten recht na-
hekommen. Demgegenüber wirken „einsame" Studio-Gespräche
zwischen zwei Leuten bedeutend stärker arrangiert, schon durch
das meist sehr karge und rigide räumliche Arrangement (vgl. S.
38). Hier hängt es gänzlich von den Beteiligten ab, ob auch das
Gespräch in rigiden Bahnen verläuft oder sich zu einem zündenden
Wortwechsel entwickelt. (Ein Beispiel für ein optimal verlaufenes
Gespräch wird S. 285 ff. diskutiert.)
Neben dem außersprachlich-situativen Arrangement ergeben
auch die unterschiedlichen *Moderationsstrategien* unterschiedliche
Ausprägungen der Showhaftigkeit des Talks.[46] Den Begriff *Strategie*
fasse ich mit Brinker (1986, 175) als Ziel-Mittel-Relation auf, wobei
sich „der strategisch Handelnde" „für eine bestimmte Auswahl und
Anordnung von Sprechhandlungskomponenten (Illokutionen, Pro-
positionen, Äußerungsakten)" entscheidet, „und zwar gemäß eines
oder mehrerer strategischer Prinzipien".[47]

---

46 Einen weiteren Ansatzpunkt für eine Typologie des Talk bietet die von
   Brinker (1988) am Beispiel von Talksshows entwickelte Typologie „thematischer Muster".
47 Zu den unterschiedlichen Auffassungen der Begriffe „Strategie", „Taktik"
   u. ä. vgl. auch Mühlen 1985, 91 ff.).

Mühlen (1985, 209 ff.) unterscheidet drei Typen von Strategien:
die *Protektionsstrategie*, die *Provokationsstrategie* und die *Disqualifikationsstrategie*. Eine klare Abgrenzung des zweiten und dritten
Typs scheint mir nicht möglich. *Provozieren* hat verschiedene Spielarten: Aussagen des anderen kritisieren, dessen Aussagen als Lügen
entlarven, seine Handlungen und sein Verhalten kritisieren, ihn
beschimpfen... Wo da das Provozieren aufhört und das Disqualifizieren anfängt, ist nicht ein für allemal entscheidbar. Zumal es
nicht nur auf das Verhalten des Angreifenden ankommt, sondern
auch und ebensosehr auf die Reaktionen des Angegriffenen. Ob es
zu einer Eskalation kommt, hängt ganz davon ab, wie sehr der
Angegriffene den Angriff als disqualifizierend empfindet und wie
sehr er sich provozieren läßt.

(a) Protektionsstrategie

Den Gast *protegieren* kann man grundsätzlich auf zwei Arten: (1)
indem man ihn positiv darstellt, (2) indem man ihm die Möglichkeit
gibt, sich selbst positiv darzustellen.

Fuchsberger beispielsweise ist Meister in beiden Taktiken.

Zu (1):
Von den Möglichkeiten der *positiven Partnerdarstellung* läßt sich
keine geschlossene Liste erstellen. Sie reichen von offenem Lob
oder Kompliment bis zu versteckteren oder indirekteren Formen
des Rühmens. Fuchsberger spielt auf der ganze Klaviatur. Er scheut
sich auch nicht, offen Werbung zu treiben für Produkte des Gastes
(Bücher, Schallplatten...) Im Gespräch mit Reinhard Mey
(18. 3. 88) preist er dessen Buch an:

Wo ist eine Kamera? Soll ich etwas für Dein Buch tun?
(FUCHSBERGER ZEIGT DAS BUCH UND LIEST DARAUS VOR)

Selbst wenn der Gast diese Art von Werbung nicht wünscht, gelingt
es ihm, einen Hinweis anzubringen, z. B. im Gespräch mit Frau
Dr. Kühnemann (31. 5. 85):

F: Es gibt ein Institut, dem Du vorstehst

Nachdem sie ausdrücklich gesagt hat, sie wolle und dürfe keine Werbung betreiben, nennt er immerhin noch den Ort des Instituts:

F: und manch einer kommt gern mal nach Rottach-Egern.

So extremes Lob wie in der Sendung „Showgeschichten" mit Hans Rühmann (1987) findet man selten. Die Sendung wird schon auf ungewöhnliche Weise eingeführt, durch eine Szene kurz vor der Sendung:

M: Guten Abend meine Damen und Herren, wir begrüßen Sie heute gemeinsam vor der Sendung. Sie können sich vorstellen, wie es in mir aussieht, daß ich's geschafft habe, ihn auf diesen Sessel zu bringen. Ich bin unendlich glücklich darüber.
[Rühmann applaudiert. Man sieht Fotografen, die einige Bilder von Rühmann schießen und dann weggewiesen werden, anschließend eine Stimme „MAZ fährt ab". Titelsignet, Filmausschnitt „Feuerzangenbowle"]

Das *Ereignis Rühmann* wird als ein ganz ungewöhnliches und geradezu unwahrscheinliches angekündigt. Damit gibt der Moderator zugleich eine positive Darstellung von sich selbst, weil er's *geschafft hat*, den berühmten Gast für die Sendung zu bekommen. Das geht dann in der eigentlichen Einleitung des Gesprächs, der Begrüßung Rühmanns, so weiter:

M: Damals als Schüler Pfeiffer konnte er sich der Aufforderung nicht widersetzen, aber als ich ihn dann fragte, ob er sich hierher setzen würde, da sagte er mir: Sechzig Jahre auf der Bühne, fünfzig Jahre vor Filmkameras, in den letzten fünf Jahren sind zwei Bücher erschienen, was gibt es da noch zu erzählen? Aber ich konnte ihn überzeugen, daß gerade weil er sechzig Jahre auf der Bühne gestanden hat, über fünfzig Jahre lang vor der Filmkamera gearbeitet hat –, die Nachfrage seines Publikums auf ihn noch lange nicht befriedigt ist. Guten Abend meine Damen und Herren, guten Abend Heinz Rühmann!

Das alles hat Rühmann geleistet, so viele Male hat er schon auf Bühnen gestanden, und dennoch hat er sich bewegen lassen, noch

einmal auf eine Bühne zu kommen. Das hat der Moderator fertig-
gebracht *(ich konnte ihn überzeugen)*.

Auch Fuchsberger hebt – wo immer möglich – seine Vertrautheit mit dem Gast hervor, z. B. bei Reinhard Mey: *ein persönlicher
Freund, mit dem ich seit Jahrzehnten beruflich und auch sonst
verbunden bin.*

Zu (2):
Die Gesprächsform Talkshow an sich bietet jedem Gast die Möglichkeit *positiver Selbstdarstellung.* Die Techniken, mit denen der
Gast diese Gelegenheit ergreift, sind individuell und wiederum nicht
in einer geschlossenen Liste erfaßbar. Das zeigt sich schon in der
unmittelbaren Reaktion des Gastes auf die protegierenden Ge-
sprächszüge des Moderators. So unterschiedlich die Strategien des
Moderators sind, so unterschiedlich können die Reaktionen des
Gastes auf die Protektion ausfallen. Von Selbstgefälligkeit bis zu
bescheidener Zurücknahme des Lobs kommt alles vor. Ein – doch
eher seltenes – Beispiel für eine explizit bescheidene Reaktion (aus
der ZDF-Talkshow „live" vom 31. 3. 88):

[Moderator: Trutz Beckert = M; Gast Elly Beinhorn, Sportfliegerin
= B]

M: Elly Beinhorn, – Elly Beinhorn. Die – erste Sportfliegerin
   sind Sie gewiß nich, die berühmteste, bekannteste ganz sicher.
   Als Sie vor 60 Jahren, ziemlich genau vor 60 Jahren Ihren
   Pilotenschein gemacht haben, war das eine ganz ungewöhnliche Sache. Wie sind Sie eigentlich aufs Fliegen gekommen?

B: Hm, jetzt muß ich erstmal sagen, erstmal bin ich nicht die
   erste. Es gab vor mir – einige andere. Dann

M: Jetzt äh die erste sind Sie nich, aber sicherlich die Bekannteste.

B: Ah na – H. R. wolln wir aber nich vergessen – wissen Sie
   – denn die hat doch sie war äh Dings Segelfliegerin – und
   Erprobungsfliegerin, aber sie war schon sehr bekannt ist noch
   sehr bekannt. – Danke schön.

M: Also das spricht für Sie, daß Sie so zurückhaltend, so bescheiden sind. Aber ich glaube insgesamt wenn wir jetzt

B: und T(...) R(...)

M: Umfra/ Umfrage machen würden,
B: war auch noch nicht die erste (UNVERST.)
M: es würden wesentlich mehr, wesentlich mehr Menschen heute
     noch auf Elly Beinhorn kommen als auf andere Namen.
     Lassen wir's vielleicht dabei.
B: Ja

Das Spiel *loben – Lob abwehren* läßt sich nicht ad infinitum
weiterspielen. Darum honoriert der Moderator metakommunikativ
die bescheidene Haltung der Partnerin und führt die Lobphase
ausdrücklich zu Ende *(lassen wir's vielleicht dabei)*.
    Die in der Talkshow am ehesten erwünschte Art der Selbstdar-
stellung liegt im sprachlichen Bereich: lebhafte, meist launige,
witzige, humoristische Reaktionen. Demgegenüber wirkt explizites
Selbstlob eher peinlich, z. B. wenn der Kabarettist Ilja Richter
(Showgeschichten, 31. 3. 88) von sich selbst sagt:

> Wenn ich eine – séhr gute Kritik in einem Akeburn habe
> oder einen Nestroy äh spiele oder jetzt im – Weißen Rössl
> den Sigismund oder unter der Re Regie von Werner Schneider
> oder ein Kabarettprogramm mache – was ich jetzt gerade
> gemacht habe mit der Lach- und Schießgesellschaft – wun-
> derschön aber es bléibt – wenn es dann ankommt immer
> hm in diesem – Feld des in der Welt des Theaters (...) Das
> heißt ich habe mir bisher in dieser Theaterzeit von 82 bis
> jetzt nur einen einzigen Flop geleistet, das war wirklich einer,
> éin Flop – und äh alles andere – kann ich sagen, also das
> darf jetzt nicht protzig klingen, sondern es war – äh mal
> besónders gut mal – es es ist so eine so eine Tabelle ne –
> aber so insgesamt gesehen war eigentlich kein Flop dabei

Er hat *sehr gute* Kritiken gekriegt, seine Theaterauftritte waren
besonders gut, das tönt überheblich, auch wenn er es durch metakommunikative Formeln eingeschränkt – es *klingt* eben doch
protzig.
    Noch weiter geht die Selbstbeweihräucherung bei Konsalik (=
K; Heut' abend 1985). Daß er die Literaturkritiker nicht schätzt,
kann man noch verstehen – angesichts der Behandlung, die er

allgemein durch sie erfahren hat, und Fuchsberger unterstützt ihn
noch in seiner Selbstzufriedenheit:

K: Ob nun die Literaturkritik sagt, also das is keine Literatur,
      sondern das ist − Trivialliteratur oder wie se alle sagen −
      ähm, interessiert mich überhaupt nicht. Mich interessieren
      meine Leser, die mit mir mitgehen.
F: Und das tun sie
K: und den Beweis hab ich

F: Das tun sie weltweit und das tun sie in grosser Zahl
K: Ja
F: und das ist sicher eine sehr erfreuliche Feststellung!

Weniger nachvollziehen kann man wohl die Art, wie er seinen
Produktionsprozeß beschreibt und wie er dann zu seinen Produkten
steht:

F: Mir fiel etwas auf, das über Sie gesagt wird, vielleicht ham
      Sie's sogar selber gesagt, es gibt Momente, wo Sie beim
      Schreiben − ja wie soll man sagen − Sie fallen in Trance
      schreiben schreiben schreiben − kontrollieren es gar nicht
K: Ja
F: mehr − es geht aus der Maschine raus in den Verlag, ich
      überspitze jetzt vielleicht − und hinterher soll es tatsächlich
      einen Heinz G. Konsalik geben, der dann sagt, wenn er's
      liest was er selber geschrieben hat − is ja fabelhaft − keine
      Ahnung wie das zustandegekommen ist ist das Gerücht
K: ja das stimmt

F: oder ist
K: nein das ist das stimmt tatsächlich − vor allen Dingen also
      wenn ich jetzt äh Bücher äh lese von mir, die schon einige
      Jahre her sind, sagen wir mal ich lese jetzt ein Buch (UN-
      VERST.) „Steppenwind" oder „Liebe am Don" − da finde
      ich Formulie-rungen drin dat ich sage, mein Gott − das hast
      du ge-schrieben! is ja nich drin! − tatsächlich
F: Sie loben sich

K: Nein ja ich lobe mich dann praktisch selbst ne? weil ich
      wirklich, wenn ich schreibe, komme ich äh in einen Zustand,
      wo alles um mich herum − nicht mehr vorhanden ist. Ich
      lebe mit meinen Personen, ich lebe − in der Umgebung
      meiner Personen − ich bin mit ein handelnder Teil, und was
      ich sehe, mal überspitzt gesagt, im inneren Auge, das wird
      niedergeschrieben.

Wenn Fuchsberger nicht allgemein so protektiv moderieren würde,
müßte man annehmen, er lasse Konsalik hier ins offene Messer
hineinlaufen. Fuchsberger − taktisch sehr geschickt, vielleicht ironisch, aber ohne daß man ihn darauf behaften könnte − bietet
ihm narrativ, in dritter Person *(ein Heinz G. Konsalik)* und direkter
Rede einen Bericht über seine Eitelkeit an (vorsichtig als Aussage
Dritter − *das über Sie gesagt wird* − ausgegeben, *vielleicht* hat
es aber Konsalik auch selbst gesagt), und Konsalik hätte jede
Möglichkeit, das zu relativieren oder gar zu dementieren. Nichts
von alledem. Er bestätigt voller Freude, daß er nicht anders kann,
als sich selbst zu loben.
   Auch sonst in diesem Gespräch ist er völlig unfähig, sich der
leisesten Kritik zu stellen. Er hört nur das Positive aus den Worten
des Gastgebers heraus, auch dann wenn dieser offensichtlich auf
eine kritische Bemerkung hinauswill, und dann kommt es zu so
peinlichen Gesprächsereignissen wie diesem:

[Die Rede ist von der außerordentlichen *Phantasie,* die jemand
braucht, um so ungeheuer produktiv zu sein.]
F: Ich gebe gerne zu, bei all − den Romanen, die ich von Ihnen
_   gelesen habe, war ich − in kürzester Zeit − gefangen
K: So
_
_
      soll's ja auch sein, ja so soll's ja auch sein − man soll
F: habe mich aber oft des Eindrucks − und
_
_
      jetzt mach ich mich zum Sprecher vielleicht vieler Ihrer
K: anfangen und nich wieder aufhören
_
F: Leser − mich des Eindrucks nicht erwehren können, wo ist
      jetzt die Grenze zwischen Tatsachen, zwischen Recherchen
      − und zwischen reiner Phantasie?

Die Einleitung *(ich gebe gerne zu)* läßt vermuten, daß irgend eine
Form von Kritik zu erwarten ist. Konsalik überhört offensichtlich
den Unterton der Äußerung, unterbricht Fuchsberger mit einer
eitlen Bemerkung sozusagen auf der falschen Schiene, so daß dann
das *aber* des Gastgebers wie ein Dementi des vorher Gesagten
wirkt.

Die Moderatoren haben ein probates Mittel, um den Gast auf
die erwünschten Formen der Selbstdarstellung hinzudirigieren: sie
provozieren ihn zum Erzählen von Anekdoten, Pointen. Zum festen
Bestandteil des Konzepts ist das gemacht in „Showgeschichten"
(s. o.), aber auch sonst wird es häufig praktiziert. Fuchsberger z. B.
dirigiert seinen Gast H. Clarin (1. 4. 88) so auf die erwünschte
Anekdote hin:

> Eine Geschichte hab ich gehört, ich weiß nicht, ob sie stimmt,
> du kannst es bestätigen oder dementieren, wie der Kucki-
> Kiekser auch entstanden ist, aus der Tatsache, daß Du schon
> in einer anderen Serie drin warst und man hat gesagt, jetzt
> können wir doch nicht wieder schon diese prägnante Stimme,
> die kennt ja nun inzwischen jeder. Ist das richtig?

Natürlich soll der Gast nicht nur *bestätigen oder dementieren*,
sondern erzählen. Damit er das kann, darf der Moderator zwar
auf die Story hinweisen, sie andeutungsweise umreißen, aber auch
nicht zuviel sagen, um dem Gast nicht die Pointe zu nehmen.
Linguistisch gesehen, liegt hier eine merkwürdige – vorausge-
hende, kataphorische – Variante von *Zusammenfassung* vor: bewußt vage, bewußt unvollständig – entweder durch Weglassen
des Endes oder der kausalen Zusammenhänge oder von für das
Verständnis nötigen Details –, und am wichtigsten: durch die
Vagheit spannungserzeugend. In „Showgeschichten" sind solche
direktiven Verfahren des Moderators relativ problemlos, da ja die
ganze Veranstaltung – insbesondere das Erzählen der Biographie
des Gastes – auf die Anekdoten zu läuft. In anderen Talkshows
können Probleme dadurch entstehen, daß der Gast nicht von vornherein weiß, welche Anekdote gerade an dieser Stelle von ihm
erwartet wird. So hat Fuchsberger z. B. Mühe mit M. Schauzer (=
S), der sich zeitweise begriffsstutzig zeigt:

M: und über diese Begebenheit gibt's auch eine schöne Ge-
     schichte, und da er gerade so schön dran ist, ich Du hast da
     besondere Aktionen gestartet – hab ich gehört.
S: (SCHWEIGT)
F: Als Dir Deine Frau das erste Mal begegnet ist
_ S: (SCHWEIGT)
F: Man hat mir gesagt, Du seist aufgesprungen und
_ S: Ach so [und
     dann kommt die Anekdote]

(15. 4. 88)

Hier hat die steuernde Vorbereitung offenbar nicht ausgereicht
(obwohl von *dieser Begebenheit* vorher die Rede war).

(b) Provokationsstrategie

Elke Heidenreich, bekannt für ihre angriffigen Talkshows, wird in
einer Ausgabe der ZDF-Talkshow „live" (2. 3. 89) nach ihrer Vergangenheit als Moderatorin befragt, und sie gibt eine sehr plastische
Charakterisierung dessen, was man als *provokativen Moderationsstil* bezeichnen kann:

[Amelie Fried = M'in; Harry Valerien = M; Elke Heidenreich =
H]
M'in: Jetzt würde ich schon gerne mal (LACHT) von einer Kollegin
     hören, was Sie eigentlich besonders schwierig und besonders
     spannend an diesem Metier fanden und wo Sie lieber sitzen,
     auf der Seite der – Fragerinnen oder der Befragten?
H: Och ist das schwer   äh, ich hab das immer sehr gerne
     gemacht mit der Talkshow, ich bin ganz jung und unerfahren
     da hingekommen, in den „Kölner Treff" damals, und hab es
     gerne gemacht, weil ich immer so neúgierig war auf Leute,
     man – dachte, man trifft jetzt so tolle Leute, die waren dann
     aber gar nich so toll, weil in einer Talkshow passiert natür-
     lich auch ganz viel Eitelkeit, in diesen zehn zwölf Minuten
     muß alles ganz komprimiert äh dargestellt werden und jeder
_   will sich so gut/   nee
_ M: Aber haben Sie das Bedürfnis jetzt auch im Moment,

H: nich mehr   in meinem
M: sich so toll wie möglich darzustellen?
H: Greisenalter nich mehr (GELÄCHTER). Jetz will ich nich mehr
    anders werden, als ich bin – damals schon – und ich wollte
    dann auch ganz besonders in diesen zehn zwölf Minuten eben
    was scháffen, diesen Menschen aufbrechen, knacken, anders
    zeigen, als man ihn sonst kennt oder so, ich war übrigens,
    ich weiß gar nicht, warum ich immer als widerborstig gelte,
    ich war in all den vielen Gesprächen, die ich hatte, ein einziges
    Mal wirklich gnadenlos, da hatte ich's mir auch vorgenom-
    men, da hab ich gedacht, dér – is – dran! Das tut mir auch
    gar nich leid (GELÄCHTER) – und sonst eigentlich nie. Ich
    bin vielleicht manchmal ich rede zu schnell zu viel, aber ich
    bin halt so ne quirlige, das weiß man bei mir vorher. Ich hör
    schon zu, was die Leute sagen, aber ich fahr äh oft dazwi-
    schen, hätt ich mir wohl sparen können. Ich fand das immer
    sehr spannend, was jemand dann in zehn zwölf Minuten von
    sich rausläßt in der Öffentlichkeit, und hab das sehr lange
    und sehr gerne gemacht, aber ich war dessen dann auch
    müde, ich würde es jetzt nicht mehr gerne machen und sitz
    heute lieber mal auf dieser Seite, ich finde das sehr schön
    [Sie sagt, sie sei nachher oft ganz fertig gewesen. Auf die
    Frage, was denn daran so schlimm sei:]
    die Aufregung, die Leute, dieses daß man auch Menschen
    vórführt öffentlich, daß man denen ja auch was antut, die
    müssen ja auch leben am nächsten Tag mit dem, was man
    mit ihnen angestellt hat
M: Aber aber – darf ich da widersprechen ich meine, wenn sich
    hier einer erdreistete, jemanden in dieser Runde vorzuführen
H: nein ich äh man es is immer ein Vorführen. Jemand sagt
    plötzlich was, was er nich hatte sagen wollen, und man hat
    ihm das rausgelockt
M'in: Fiel's Ihnen schwer zu trennen zwischen Kritik in der Sache
    und und dem persönlichen Verhältnis also – mir geht es
    manchmal so, daß wenn wir hier sehr hart diskutiert haben,
    daß ich hinterher Angst hatte, derjenige könnte mir das

persönlich übelnehmen und es/ das war dás war manchmal
sehr schwer für mich, ging Ihnen das ähnlich?

H: Das ís schwer zu trennen, aber äh das kommt drauf an also
bei Mißverständnissen is besonders grauenhaft, wenn da einer
sitzt und denkt, man greift ihn an und man wíll es gar nich,
man will ihn zum Reden bringen, weil man etwas nich
versteht, was er denkt, tut oder sagt – und er fühlt sich
angegriffen und mauert und blockt und dann dann merkt
man, man macht das falsch, man hat zu diesem Menschen
keinen Zugang, das is ganz entsétzlich – das äh greift mich
schon an – ich bin froh, daß ich es nich mehr muß, heute
würde ich's gar nich mehr können glaub ich

Aus ihrer sehr offenen Charaktisierung ihrer Moderationsstrategie
und der Intervention der Interviewerin geht hervor, daß ein pro-
vokativer Moderator einen doppelten Ehrgeiz hat: das Gegenüber
zu *knacken* und zugleich *sich selbst so toll wie möglich darzustellen.*
Den blauäugigen Einwand des Moderators, in dieser („live"-)Runde
würde sich niemand *erdreisten,* jemanden *vorzuführen,* weist sie
klipp und klar zurück: *es ist immer ein Vorführen.* Das ist eine
knappe und präzise Formel für das Showhafte an provokativen
Talkshows, und auch der Anteil des Befragten wird sehr deutlich.
Je nachdem, was mit *aufbrechen, knacken, anders zeigen* gemeint
ist und je nachdem wieweit der andere sich angegriffen fühlt *(wenn
da einer sitzt und denkt...),* ist der Effekt eine mildere oder härtere
Form von Provokation.

In der ZDF-Talkshow „live" gehört eine gewisse Angriffigkeit
zum Konzept. Kritische Fragen werden von den Moderatoren gestellt, es wird nachgehakt, aber man bleibt meistens höflich und
konziliant; wenn der Gast sich offensichtlich beeinträchtigt fühlt,
bricht man das Verhör ab.

In der Talkshow vom 28. 4. 88 wird u. a. der Geschäftsmann
M. Ommer [= O], Präsident des FC Homburg, interviewt. Die
Moderatorin (Amelie Fried) beginnt ihre kritische Befragung recht
vorsichtig:

M: Sie sind ja, Herr Ommer, wie man sagt, einer der cleversten
Geschäftsleute dieses Landes. Sie sind vielfacher Millionär

und ähm es muß ja sicher alle Leute interessieren, kann man
denn heutzutage hier noch Millionär sein, ohne daß man
jemand andern dabei schädigt?
(GELÄCHTER IM PUBLIKUM)

O: (ÜBERLEGT) – – Also – ich glaube, daß man das durchaus
kann. Man hat in diesem Land hier allerdings, vor allen
Dingen wenn man in jungen Jahren schon äh es zu ein paar
Mark bringt – mit sehr viel Neid zu kämpfen. Man muß
sich diesen Neid aber äh sehr, sehr hart erarbeiten.

Die Moderatorin verpackt ihre auf den individuellen Gast gerichtete Kritik in einer generellen Formulierung (nicht: haben Sie jemand geschädigt? sondern: *kann man denn...*). Zugleich formuliert
sie ihre Frage aus der Perspektive des Rezipienten, der ja der
potentiell geschädigte *man* wäre. Konkreter konfrontiert sie ihn
dann mit den 800 Geschädigten und stellt – ironisch und darum
nicht einklagbar – seine Ehrlichkeit in Frage:

M: Aber wenn Sie ein so ehrlicher Mensch sind, dann wundert
mich ehrlich gesagt eins. Sie haben mal 5000 Wohnungen
vermakelt unter dem sogenannen Erwerbermodell und
O: Ja
M: 800 dieser Erwerber haben sich so geschädigt gefühlt, daß
sie jetzt einen Anwalt hinzugezogen haben, und es liegen im
Moment beim Landgericht Köln 30 Privatklagen gegen Sie
vor, und die drei beauftragten Rechtsanwälte haben Straf-
antrag – bei der Staatsanwaltschaft gegen Sie erstattet. Also
warum passiert das so einem ehrlichen Menschen? (GELÄCH-
TER)

Der Gast verweist auf die Rechtslage, und sie konzediert ihm das
für den Moment:

O: Es gibt keinen einzigen Prozeß, den ich jemals verloren habe.
M: Es sind noch lang nicht alle geführt.
O: Die erledigt sind, sind alle zu meinen Gunsten ausgegangen,
und solange lauf ich mit einem furchtbar reinen Gewissen
rum.

M: Das dürfen Sie auch, also ich meine solange daß, das ist völlig klar, solange Sie nicht für irgendwas verurteilt worden sind, sind Sie ein – unschuldiger Mensch
O: ich   kann Ihnen die ersten nennen, die ich gewonnen hab, und Sie können mir keinen nennen, den ich verloren hab.
M: Noch nicht (LACHT)
O: Deshalb fühl ich mich da im Moment noch auf der besseren Seite
M: Nein ich habe auch nicht die Absicht, Ihnen nachzuweisen, daß Sie ein Gauner sind. Das haben schon andere vor mir nicht geschafft.
O: So ist es
M: Ich wollte nur nochmal verdeutlichen, daß daß es relativ nah beieinander liegt ähm, also das mit dem Geld und mit der Moral ist ein Problem und offensichtlich ist es nicht immer
O: natürlich

M: ganz einfach – , den richtigen Weg irgendwie zu finden.
O: Das ist völlig richtig.

Nach der scheinbar gütlichen Einigung versetzt sie ihm noch einen leichten und einen schwereren Fußtritt: *noch nicht* ist der erste, und *ich habe auch nicht die Absicht* der zweite. Die Formulierung mit *nachweisen* und *nicht geschafft* präsupponiert, daß der Gast de facto ein Gauner *ist*. Der Gast nimmt diese gewagte und beleidigende Unterstellung als Provokation hin, ohne die Moderatorin auf der Unterstellung zu behaften, und vermeidet damit ein Abgleiten in einen noch härteren Gesprächsstil. Die Moderatorin lenkt daraufhin gekonnt wieder zurück in die Bahnen des Generellen *(also das mit dem Geld und mit der Moral ist ein Problem)*, von dem sie ausgegangen ist, und bringt es auf diese Weise sogar fertig, den Gast zu einem (oberflächlichen) Konsens zu bewegen.

Man sieht: sehr geschickt wird hier die Balance gehalten zwischen Dissens und Konsens, Bedrohung des Partner-Image und Zurücknahme der Bedrohung.

Diese Balance zu halten, gelingt nicht immer, wie etwa das Gespräch über das Todesurteil Ayatollah Khomeinys gegen Salman Rushdie zeigt (2. 3. 89).

Der Leiter der iranischen Nachrichtenagentur in Wien,
M. Keiarishi (Insert „Iranischer Fundamentalist"), ehemaliger Bot-
schafter in Wien und Generalkonsul in Hamburg, wird zum Fall
Salman Rushdie („Die Satanischen Verse") interviewt. Er vertritt
die Position des Ayatollah Khomeiny.

[Amelie Fried = M'in; Harry Valerien = M; Becker = B; Keiarishi
= K]
Der Moderator macht eine *Vorbemerkung*:
    Wir werden uns mit allem Respekt vor Ihrem Glauben und
    vor Ihrer Religion bemühen‚ eine − faire Diskussion zu
    führen äh, was uns natürlich nicht hindern soll und nicht
    hindern kann, in dem erlaubten Maße offene Fragen zu
    stellen‚ weil ich denke‚ daß es da Antworten gibt‚ die − für
    die Nachdenklichen zumindest Informationen enthalten, die
    sie vielleicht so noch nicht gehört haben.

In der Diskussion geht es dann bald sehr heftig zu, die Moderatoren
und die anderen Gäste beteiligen sich, es gibt ein Durcheinander,
bis es Jurek Becker gelingt, zu Worte zu kommen:

B: Darf ich ein Wort sagen?
M: Bitte
B: Äh ich habe eine gewisse Hemmung bei dieser Diskussion,
    weil ich eigentlich − das für eine ungute Situation halte‚
    sozusagen allein gegen alle   das ist
M: Das ist   das ist unsere Si-
    tuation (DURCHEINANDER, APPLAUS)
B: Ich finde − ich finde, das sollte den − den állen − eine
    gewisse Zurückhaltung auferlegen, weil es ja vorauszusehen
    war, daß Sie in dieser Runde in einer − gewissen Minderheit
    sein werden.
K: gewissen ist gut
B: Ich verstehe vollkommen, wenn Sie sich darüber aufregen,
    daß man − in unseren Breitengraden zu einem eurozentri-
    stischen Weltbild neigt

Danach beruhigt sich die Diskussion für kurze Zeit. Kaum hat
Keiarishi aber seine Antwort auf Becker begonnen, macht die
Moderatorin einen Einwurf. Darauf:

K: Sehen Sie mal äh ich kann nich auf alles auf einmal
   antworten
M'in: nee is klar
K: Das ist das ist für mich unmöglich,̂ glauben Sie's mir ich ich
   bin eine Person und ich muß ja auch Zeit bekommen über
   das
   alles,̂ was der Herr gesagt hat,̂ mindestens eine Antwort
M'in: sollen sollen Sie ja auch haben (UNVERST.)
K: finden, und wenn Sie dazwischen kommen und etwas anderes
   vorwerfen, kann ich es nicht
M'in: Aber es ist wichtig — denn es stimmt nicht!

[Dann ein großes Durcheinander, dazwischen hört man:]
K: Wenn Sie mir den Mund — den Mund verbieten wollen

[Und kurz darauf die Moderatorin:]
M: Fühlen Sie sich nicht in die Enge getrieben
K: Lassen Sie mich mal lassen Sie mich
   mal — lassen Sie mich mal (ZWISCHENRUFE) — aber Sie
   lassen mich doch nicht!

Gegen Ende der chaotischen Diskussion versucht die Moderatorin
den katastrophalen Eindruck abzuschwächen:

M'in: (SEHR ÜBERHASTET) Wir können nicht diese Problematik jetzt
   vertiefen,̂ die gesamte Innenpolitik des Iran analysieren zu
   wollen,̂ ich glaube,̂ da sind wir alle überfordert — ähm Herr
   K. ich möcht wirklich zum Schluß ganz ausdrücklich sagen,̂
   ich glaube,̂ niemand hier in der Runde — bezweifelt diese
   Verletzung der religiösen Gefühle,̂ das ist das eine — ich
   möcht mich aber auch wehren gegen den Eindruck,̂ den Sie
   jetzt versucht haben zu vermitteln,̂ daß wir Sie nicht zu Wort
   haben kommen lassen,̂ Sie hatten — glaub ich,̂ hier soviel
   Zeit wie noch nie ein anderer Gast, daran lag uns auch —,
   aber ich glaube wirklich,̂ daß auf die Dauer diese diese
   Problematik auch nur gelöst werden kann,̂ wenn es wirklich
   zu einem Dialog kommt und — wenn die Verletzung vielleicht
   nicht mehr so stark ist, daß Sie — äh irgendwie hatte ich

das Gefühl, auch gar nicht die Ruhe haben, únseren Fragen
mal zuzuhören. Aber laßen wir's dabei — äh mal bewenden

M:	Wir waren auch zu fünft (ZWISCHENRUF: BRAVO!) Wir
M'in:	bitte?

M:	waren auch zu fünft (APPLAUS)
M'in:	is klar — das is sicherlich auch ein

	Grund für Ihre Erregung und — da haben wir auch sicherlich
M:	aber es ist vielleicht noch éin Gedanke — ich meine — es

M'in:	Verständnis dafür
M:	läßt sich ja nicht verkennen, daß also aus der Ablehnung —

plötzlich wieder ein verstärkter Rassismus eine Feindseligkeit
entsteht, in den verschiedensten Ländern Beunruhigt Sie nicht
das alles?

Und mit dieser Frage, die allen Regeln der Schlußmoderation
zuwiderläuft, gibt es noch einmal eine Schlußrunde, die wiederum
chaotisch wird. Der Iraner bringt wieder die gleichen Argumente
und entschuldigt sich *Ich wiederhole mich — es tut mir leid, daß
ich es wiederholen muß*. Mitten in das Durcheinander hinein
spricht die Moderatorin noch einmal ein Schlußwort:

Wir — wir müssen leider an dieser Stelle abschließen, ich
bin sicher, dieser — dieser Dialog wird nachher weitergehen
— trotz allem ähm vielleicht spricht Ayatollah Khomeiny
nicht für álle Moslems dieser Welt, für eine ganze — Milliarde
Moslems, hier haben jetzt im Verlauf der Sendung eine ganze
Reihe Moslems angerufen, die sich doch — davon distanzie-
ren, das muß ich an dieser Stelle schon mal sagen. Zum
Schluß hören wir noch mal [Name] mit ihrer Band

Als Zuschauer hat man Verständnis für die Empörung, mit der
sich die Moderatoren, die Gäste und das Publikum gegen die
Argumente des Iraners wehren, man hat aber auch Verständnis
dafür, daß dieser sich in die Enge getrieben fühlt. Die Zusammensetzung der Runde mit ihrer voraussehbaren Einseitigkeit ist nicht
geeignet, ein tagesaktuelles hochpolitisches Thema zu erörtern.
Darin zeigt sich ganz klar eine Beschränkung der Möglichkeiten

von Talkshows dieser Art: Die Gästerunde ist nicht nach den Regeln zusammengesetzt, die für eine *politische Diskussion* gelten würden. Man wählt bewußt unterschiedliche Persönlichkeiten mit ganz verschiedenem Background, damit die Talkrunde farbig wird, und man wählt die Gäste ganz sicher nicht aufgrund ihrer politischen Ansichten aus. Die Regeln für eine Talkshow sind eben nicht kompatibel mit denen einer politischen Diskussion. Das ist eine *strukturelle Beschränkung.*

Eine andere Beschränkung, die prinzipiell vermeidbar gewesen wäre, ist den Moderatoren anzulasten. Sie sind zu sehr *Partei,* halten sich zu wenig an die allgemeinen journalistischen Spielregeln und vernachlässigen die sonst als selbstverständlich erachtete Pflicht des Gastgebers – den Gast mindestens bis zu einem gewissen Grad zu schützen, zu protegieren (vgl. S. 277).

Stärkere Formen von Provokation findet man heute weniger in den Öffentlich-rechtlichen Medien als in den *Lokalradios.*

Wie in vielen anderen Bereichen werden auch hier die gängigen Spielregeln des Miteinander-Umgehens wo nicht außer Kraft gesetzt, so doch larger gehandhabt. Die Toleranzbreite ist wesentlich größer.

Ein in der Schweiz sehr bekannter Journalist, R. Schawinski, moderiert seit Jahren am Sonntag mittag eine Talkshow mit dem Titel „Doppelpunkt" bei Radio 24, einem Lokalsender, der auch sonst für seinen unkonventionellen Stil bekannt ist.

Er beginnt den Talk jeweils mit der gleichen Frage: „Frau X/ Herr Y, wer sind Sie?" Die Gäste haben also die Möglichkeit, sich darauf vorzubereiten. Gleichwohl gelingt es nicht allen, die Frage zur Zufriedenheit des Interviewers zu beantworten. Es gehört zum provokanten Gesprächsverhalten des Gastgebers, daß nicht vorhersehbar ist, mit welcher Antwort er zufrieden ist. Nach Anhören verschiedener Sendungsanfänge ist es mir nicht gelungen, ein Muster herauszufinden. Im Gegenteil: Man hat den Eindruck – und vielleicht ist das beabsichtigt –, daß der Interviewer launisch reagiert, mal so mal so, je nachdem ob ihm sein Gast sympathisch ist oder nicht. Ein Beispiel aus dem Gespräch mit einem Stadtforstmeister:

[Stadtforstmeister = S; aus dem Schweizerdeutschen übersetzt]

M: Der oberste Wald äh – Chef – von Zürich sind also Sie,
      Herr S., wer sind Sie?

S: Ja das weiß man selber nie so gut, wer man ist, also – ich
      bin Familienvater, bin jetzt dann bald mal fünfzig äh nächstes
      Jahr – äh habe drei Kinder – habe Auslanderfahrung,
      Erfahrung in der Schweiz und habe Spaß [ha dä Plausch] an
      meiner Arbeit.

M: Wer Sie sind, hab ich eigentlich gefragt, nicht was Sie machen.
      (3 SEC PAUSE)

S: (ATMET TIEF) Das müssen Sie noch ein bißchen präzisieren,
      die Frage.

M: Einfach wer Sie sind, was sind Sie für ein Mensch.

S: Ja ich habe das Gefühl, ich sei eigentlich ein recht normaler
      Mensch, denk ich, aber es gibt viele [e huufe] andere Leute,
      die finden, ich sei relativ mutig, ich mache Sachen die –
      andere Leute nicht machen, das stimmt sehr wahrscheinlich,
      selber kennt man sich ja eigentlich nicht so gut.

M: Also die anderen Leute haben mehr recht als Sie.

S: Sehr wahrscheinlich haben die recht, ja.

M: Aber wieso? Haben Sie ein Problem mit sich selber, daß Sie
      – neben sich selber stehen?

S: Nein, ich stehe nicht neben mir selber, ich finde das was ich
      mache finde ich gut

Das Verhalten des Moderators ist geradezu bösartig. Er entwertet
bereits mit seiner ersten Reaktion die Antwort des Gastes, zieht
eine erste Schlußfolgerung *(Also die anderen...)*, die wie eine Falle
wirkt, in die der Gast hineintappt, zieht eine weitere Schlußfolgerung, die bissig in die Privatsphäre eingreift *(Problem mit sich
selber..., neben sich stehen...)*. Der Befragte wirkt von Anfang an
unsicher, und der Moderator nützt das auf aggressive Art aus.
    Das Verhalten des Moderators provoziert natürlich ein entspre-
chendes Verhalten des Gastes – und auf agonale Szenen legt es
der Moderator offenbar an. Wie sich der Aktionsradius des Moderators erweitert, so können sich auch die Befragten aggressiver
und massiver zur Wehr setzen, als dies sonst üblich ist. Dafür ein
Beispiel aus der gleichen Sendereihe:

[11. 10. 87; Hans A. Pestalozzi = P; aus dem Schweizerdeutschen
übersetzt]

M   Wie leben Sie eigentlich so privat? Haben Sie private Be-
zugssysteme?

P: (LACHT) Das geht Sie gar nichts an (LACHT) − das

M: Ja ich meine Sie reden über mein Privatleben, Sie reden

P: Ja ja was

M: über mein/ Sachen die überhaupt nicht stimmen, die über-

P: soll ich   (UNVERST.)

M: haupt nicht stimmen oder die rein erfunden sind, die

P: von einer Freundin erzählen oder was?

M: Ihrem Feindbild entsprechen, wie Sie s haben äh, wie Sie s
vielleicht früher selber gemacht haben und selber erlebt
haben. Da darf ich Sie doch selber fragen?

P: Ja, was wollen Sie konkret?

M: Einfach − wie lebt man, wenn man Hans A. Pestalozzi ist,
59 Jahre alt?

P: Ja was wollen Sie jetzt wissen? Was ich für eine Freundin

M: ja

P: habe oder was? Sie wissen, daß ich zum Beispiel,

M: Ich   Ich weiß es nicht

P: was bei mir auch eben ganz ganz wichtig gewesen ist, daß
ich 20 Jahre lang als sogenannt alleinerziehender Hausmann
meinen Haushalt, alles, selber gemacht habe, und selber
gewaschen habe, selber eingekauft, selber gekocht − und
drei Kinder, mit drei Kindern aufgewachsen bin − das hat
mich natürlich auch ungeheuer beeinflußt. Und darum ist es
jetzt fast ein bißchen ein Witz, wenn Sie jetzt sagen: Wie
haben Sie gelebt? Sagen Sie, wie Sie gelebt haben und sagen

M: Ich frage Sie

P: Sie, wie − nein! − ich erzähle − nein ich empfinde nichts

M: ganz offen   tun Sie doch nicht alles als Angriff (UNVERST.)

P: als − ich empfinde es als verdammte Arroganz, daß ich quasi
jetzt auf den Tisch legen muß, vor Ihnen, wie ich lebe.

M:	Ich frage Sie auch nicht, was für eine Beziehung Sie zu
	Aber Sie reden doch Habe ich Sie nicht

P:	Ihrer Frau haben, was für eine Beziehung Sie zu Ihren Kin-
M:	gefragt habe ich

P:	dern haben, Was? Ja dann sagen Sie konkret, was!
M:	Sie nicht gefragt Wenn Sie

von einer neuen Gesellschaft reden, dann ist das doch ein
Teil davon, das private Umfeld, man kann doch nicht nur
immer reden − über die von oben und die da unten

P: Ja was wollen Sie (UNVERST.)
Ja aber ich habe äh doch jetzt gesagt zum Beispiel − daß
ich wirklich sehr bescheiden da oben lebe, daß ich wirklich
versuche so zu leben, daß es niemandem zur Last fällt, daß
ich mit anderen Menschen zusammenleben kann. Was wollen
Sie denn eigentlich noch mehr?

M: Es ist in Ordnung, ich wollte gar nicht mehr, gut.

Was beim Befragten am Anfang noch gespielte Empörung zu sein
scheint, steigert sich − komplementär zum hartnäckigen Nachfragen des Moderators − bis zur offenen Aggression *(verdammte
Arroganz)*. Schließlich gibt der Moderator nach, als er sieht, daß
sich der Befragte so vehement gegen seinen Vorstoß in die Privatsphäre wehrt, daß das Gespräch überhaupt zu scheitern droht.

Bei Fernseh-Talkshows ist − trotz aller Rollenkämpfe im einzelnen (vgl. S. 278) − die grundlegende strukturelle Asymmetrie
von Befrager und Befragtem die Regel. Bei diesen Radio-Gesprächen hingegen gibt es immer wieder längere Phasen, wo beide
Teilnehmer sich gegenseitig attackieren, so daß durchaus symmetrische Gesprächspartien resultieren. In einem Gespräch mit dem
Journalisten Lukas Hartmann, der ein aggressives Buch übers Radio („Aus dem Innern des Mediums") geschrieben hat, kommt es
nach einer hitzigen und durchaus symmetrischen Phase dazu, daß
der Befragte den Befrager ganz persönlich attackiert:

[Doppelpunkt, Radio 24, 21. 7. 85; aus dem Schweizerdeutschen
übersetzt]

Beim Schawinski [dem Moderator] ist es mir wirklich komisch gegangen. Ich habe äh vor etlichen Jahren mal eine

Fernsehführung mitgemacht. Dort ist der Schawinski äh so bleich herumgewankt und hat gesagt, was er für einen unwahrscheinlichen Druck auszuhalten habe. Ich hab ihn bewundert. Ich hab dann das Gefühl gehabt, daß eben Schawinski als als Drachentöter, ein Hauch von Wallraff äh in der Luft, einer der was wagt, der was riskiert. Und heute sitzt mir der Schawinski äh gegenüber, der — sagt, wir machen objektivierenden äh Journalismus, wir probieren das einfach in unsere Nachrichten einzupacken. Das ist für mich eine starke Wandlung, wo ich eigentlich auch gern wissen würde, warum ist es zu der Wandlung gekommen. Was passiert da mit einem? Was geht da vor sich?

Darauf verteidigt sich der angegriffene Befrager in einem längeren Beitrag, und wenn man erst in dieser Phase die Sendung einschalten würde, hätte man den Eindruck, der Moderator sei der Befragte.

10. Information durch Gespräch

Während bei Talkshows das Gespräch selbst das Medienereignis ist und bei politischen Streitgesprächen das Streiten selbst zumindest einen großen Anteil am Ereignis hat, sind Dialoge in Nachrichtensendungen zunächst instrumental-funktional definiert. Sie dienen, in Ergänzung anderer Darstellungsformen, dem vertieften Informieren, jenseits einer bloßen Faktenvermittlung. Die Ergänzung monologischer Formen des Informierens durch dialogische entspricht der allgemeinen Tendenz der Medien zu einer Integration von Schriftlichkeit und Mündlichkeit in den verschiedensten Spielarten[48]. Zunächst wollen wir der Frage nachgehen, worin das spezifisch *dialogische Informationspotential* besteht und inwieweit es in den heutigen Nachrichtensendungen genutzt wird. Sodann ist zu fragen, ob auch hier andere als bloß funktionale Komponenten das Ereignis mitkonstituieren – beispielsweise der Showeffekt des Auftritts einer „hochkarätigen" Persönlichkeit.

In Muckenhaupt (1981) und Straßner (1982, 35 ff.) ist die Verwendung von Dialogen in den damaligen Nachrichtenmagazinen beschrieben, und darüberhinaus werden potentielle, damals noch nicht realisierte Einsatzmöglichkeiten von Dialogen umrissen. Narr (1988) untersucht die Verteilung und Funktion der Darstellungsformen in Radio-Nachrichtenmagazinen, am Beispiel von „Heute Mittag" (SWF 1).

Bei den Fernseh-Nachrichtensendungen sind es die *Journalsendungen* und insbesondere die *Studiosendungen*, in denen Dialoge

---

48 Vgl. Burger 1984, passim.

zur Geltung kommen.[49] In Radio-Nachrichtenmagazinen kommen durchwegs dialogische Formen wie Interviews, Studiogespräche, Gespräche mit O-Tönen vor.[50]

In Forschungen zur Verständlichkeit von Nachrichtensendungen[51] wird betont, daß dialogische Formen der Nachrichtenvermittlung *rezipientenfreundlicher* seien als monologische Formen – freilich nur sofern das Potential an verständnisfördernden Verfahren auch genutzt wird.

Zunächst: worin besteht dieses Potential?

– Während monologische Formen, wie sie in Nachrichtensendungen praktiziert werden, das Endprodukt schriftlicher Textkonstitution sind, können Dialoge die *allmähliche Verfertigung der Gedanken beim Sprechen* im Sinne von Kleist demonstrieren. Der Rezipient wird somit in die Lage versetzt, die Entwicklung von Gedanken, von Argumenten Schritt für Schritt mitzuverfolgen.

– Monologische Texte werden von den Journalisten sprachlich sorgfältig – und nicht selten prätentiös – verfaßt, und das heißt meist: Man meidet Redundanz im lexikalischen Bereich (Rekurrenzen werden als störend empfunden), und die Syntax ist auf eine explizite oder verdeckte Art komplex. Das müßte nicht so sein, ist aber de facto so. Bei Dialogen ist von vornherein ein derart ausgefeiltes Formulieren kaum möglich (es sei denn, die Dialoge wären völlig aufgeschrieben). Dialoge, wenn sie spontan formuliert sind, enthalten Versprecher, Abbrüche, Wiederholungen etc. und sind damit der Sprache des Alltags näher als Monologe. Damit verringert sich die Gefahr, daß eine „Sprachbarriere" zwischen Produzent und Rezipient entsteht.

– Die Gesprächssituation erlaubt eine Rollenverteilung: Der eine möchte sich informieren, er stellt deshalb die Fragen, die ihm die für ihn relevanten Informationen liefern sollen; der andere ist der, der die Informationen hat und sie – wenn er kooperativ ist – mitteilt oder – wenn er nicht kooperativ ist – verweigern

---

49 Zur Definition dieser Typen von Nachrichtenmagazinen vgl. Straßner, 1982.
50 Vgl. Narr 80.
51 Z. B. Muckenhaupt 1981 und 1986, Narr 1988.

kann. Im Falle der Verweigerung hat der erste immer noch die
Möglichkeit, nachzufragen, zu insistieren. Diese Rollenverteilung
entspricht alltäglichen Kommunikationssituationen viel eher als die
monologische Aufarbeitung von Informationen, wo die Fragen
häufig gar nicht mehr explizit erscheinen, sondern nur noch die
Antworten gegeben werden.

– Die Rollenverteilung bietet – über diesen allgemeinen kommunikativen Vorteil hinaus – eine zusätzliche Chance: sie kann
in der Weise interpretiert werden, daß der Interviewer oder Moderator sich in die Rolle des Rezipienten versetzt und dessen Fragen
formuliert. Das hat freilich nur dann Aussicht auf Erfolg, wenn
der Fragende in der Lage ist, das Vorwissen und die Informations-
bedürfnisse des Rezipienten richtig einzuschätzen. Da aber ein
direktes Feedback fehlt, wird dem Fragenden allenfalls nachträglich
– durch Reaktionen von Rezipienten (Leserbriefe u. dergl.) –
klar, ob seine Einschätzung zutreffend war oder nicht.

– Schließlich haben Dialoge ein *kritisches Potential,* das Monologe naturgemäß nicht in der gleichen Ausprägung haben können: Der Fragende kann den Befragten mit Kritik, Einwänden
konfrontieren, er kann Meinungen, Einschätzungen des Befragten
in Zweifel ziehen. Wenn der Befragte auf die kritischen Fragen
nicht oder nur vage einzugehen versucht, kann der Fragende *nachhaken* und auf einer präzisen Stellungnahme beharren.

Dialoge haben also die Chance, mit *alltagsnahen* Sprach- und
Kommunikationsverfahren zu informieren, für den Rezipienten
relevante Information zu vermitteln und Kritik zu ermöglichen.

Werden diese Chancen genutzt?

Die vorliegende Literatur legt fürs Radio ein klares Nein nahe[52],
und zwar unabhängig davon, ob es sich um Live- oder Non-live-
Formen handelt. Beim Fernsehen sind nur die Non-live-Formen
von Interviews auf breiterer Basis untersucht.[53] Für diese Formen
ist der Befund ähnlich negativ wie beim Radio. Für die Live-
Formen, die erst in den letzten Jahren auf dem Vormarsch sind,
werde ich Beobachtungen aus meinem Material vorlegen.

---

52 Narr 1988 und dort zitierte Arbeiten.
53 Hoffmann 1982.

Radio

Aus der Arbeit von Narr (1988) und anderen Studien (z. B. Thorn 1981) ergeben sich die folgenden Gründe für den negativen Befund:

1. Die Gespräche sind weitestgehend *vorbereitet:*
– Der Moderator konzipiert seine Fragen schriftlich und realisiert sie ohne größere Abweichungen.
– Der Fragenkatalog ist mit dem Befragten abgesprochen, der Befragte hat also seinerseits die Möglichkeit, sich weitestgehend vorzubereiten.
– Im Extremfall läuft das ganze Interview nach einer Art *Drehbuch* ab.
Damit entfallen alle die genannten Vorteile spontaner gesprochener Sprache.

2. Durch die hochgradige Vorbereitung entstehen Texte, die häufig mehr Merkmale des *Monologs* als des Dialogs haben. Die Anzahl der Sprecherwechsel wird auf ein Minimum reduziert, im Extremfall kann der Befragte auf eine Initialfrage hin einen reinen Monolog abwickeln.

Die so entstehenden Vertextungsmuster zeigen, daß die Sprecherwechsel nur noch formal motiviert sind. Der Fragende liefert dem Befragten das Stichwort, an das dieser seine Äußerung anhängen kann. Eine extreme Variante davon ist das *Stichwortgeben durch Bestätigungsfragen* (Narr 1988, 232), z. B.:

I-er: In den Vereinigten Staaten ist eine Verschwörung geplatzt, ein Waffenhändlerring aufgeflogen, ein Schiebergeschäft über fast fünf Milliarden Mark nicht zustande gekommen. F N in New York, heute Nacht hat die New Yorker Staatsanwaltschaft 17 Verdächtige angeklagt. Das war ja wohl eine ganz illustre Bande von Waffenschiebern.

I-ter: Er ist sehr international dieser Kreis. Vier Deutsche sind dabei, vier Amerikaner, Israelis, Franzosen, Briten und sie alle sind jetzt angeklagt, tatsächlich wegen dieser gigantischen Waffenschieberei.

I-er: Es sollte ja hochmodernes und sehr teures Kriegsgerät geschmuggelt werden.

I-ter: Da sind also die modernsten Hawk-Abwehrraketen
(ebd. 232)

Oft beschränkt sich der Befragende darauf, das Thema allgemein anzusprechen, und überläßt dem Befragten, auf welche Aspekte er eingehen möchte. Das zeigt sich an typischen standardisierten Formeln, z. B.:

I-er: ...In Reutlingen fand nun ein Hearing zur Sitzblockade in Großengstingen statt, N. N., Sie waren dabei.

I-ter: So ist es, ich habe die Veranstaltung mitverfolgt und möchte zunächst ein paar, äh, Bemerkungen zu dem Teilnehmerkreis machen. (Narr 230)

Ähnliche Formeln sind *Sie haben sich dort einmal umgeschaut* oder *Sie haben sich mit der Problematik näher beschäftigt* (Narr 230).

Gänzlich monologischen Charakter gewinnt ein solcher Text dann, wenn die Äußerung der Interviewers syntaktisch nahtlos in die des Interviewten übergeht, z. B.:

I-er: Das Pikante an der Geschichte, oder das Bösartige, wenn man so will, ist ja, daß das ganze Zeug an den Iran geliefert werden sollte

I-er: und zwar mit einer kleinen Zwischenstation, die alles noch sehr viel pikanter macht (Narr 234)

3. Interviews werden häufig nicht mit *Primärinformanten (Betroffenen,* vgl. S. 66), sondern mit *Sekundärinformanten,* insbesondere professionellen Journalisten gemacht. Man bleibt also unter sich, und damit entfällt z. B. von vornherein der Aspekt der Kritik, der Herausforderung, der Auseinandersetzung. Das ist den Journalisten natürlich nicht vorzuwerfen, aber die Folge ist klar: Solche Interviews bilden nur eine Variante der journalistischen Darstellungsformen, aber nicht eine qualitative Alternative der Informationsvermittlung. Und oft ist nicht einmal mehr erkennbar, welches wohl die Motivation für die Wahl gerade dieser Präsentationsform (und nicht einer monologischen) war.[54]

4. Der Moderator wird häufig seiner Rolle als *Stellvertreter des Rezipienten* nicht gerecht. Dies trifft insbesondere wieder auf In-

---

54 Vgl. auch Burger 1984, 89.

terviews mit Insidern zu. Jeder weiß ungefähr, was der andere
weiß, und man bleibt auf dem Insider-Informationsstand. Weder
der Befrager noch der Befragte bemühen sich, auf die Ebene der
Rezipienten „hinabzusteigen". Narr (1988) gibt aus seiner Kenntnis
der Produktionsbedingungen ein aufschlußreiches Beispiel: In
einem Interview werden Kenntnisse über einen „Spiegel"-Artikel
vorausgesetzt. Nun ist diese Ausgabe des „Spiegel" aber erst am
Tag vorher erschienen. Der ‚Heute-Mittag'-Redaktion dagegen liegt
der „Spiegel" bereits einen Tag früher vor. „Er zählt zu den ge-
fragtesten Informationsquellen und wird i.d. R. von allen Redakteuren noch am selben Tag gründlich gelesen. Die Vertrautheit der
‚Heute-Mittag'-Journalisten mit dem Nachrichtenangebot anderer
Medien mag mit ein Grund dafür sein, daß das eigene, weitreichende und professionell angeeignete Wissen der Redakteure auch
bei den Hörern vorausgesetzt wird." (138) Ein Redakteur bestätigt
das in einem Interview:

> Wenn man den ganzen Tag mit Informationen vollgepumpt
> wird, aus Agenturen, Zeitungen, Nachrichtensendungen,
> dann kommt das schon vor, daß wir bei einem Thema
> irgendwo in der Mitte einsteigen und schon von vornherein
> dem Hörer die Möglichkeit verbauen, überhaupt nachzu-
> vollziehen, was die Kameraden da im Rundfunk gerade be-
> sprechen. (Narr 139)

Ein Seitenblick auf *Live-Interviews* im Radio *außerhalb von Nachrichtensendungen* mag das Bild ergänzen. Zum wichtigsten Mittel
des Radios, Live-Gespräche zu produzieren, ist das *Telefon* geworden, und zwar besonders in *Begleitprogrammen*.[55] Eine Funktion des Telefons auch in den Begleitprogrammen ist die partielle
Überwindung der Einwegkommunikation (vgl. S. 358), eine andere
die Information zu tagesaktuellen Ereignissen. Insofern sind politische Interviews, die im Rahmen der Begleitprogramme unregel-
mäßig über den ganzen Tag verteilt sein können, ein Komplement
zu den regelmäßigen Nachrichten und Nachrichtenmagazinen.

---

55 Zu den allgemeinen kommunikativen Aspekten der Begleitprogramme vgl.
   Burger 1984, 191 ff.

Zunächst einige quantitative Aspekte:

Wir haben eine künstliche Woche Begleitprogramme von SWF 3 und DRS 3 aufgenommen und miteinander verglichen (März bis Mai 1988, Mo – Fr, 6 – 20 Uhr). Dazu kommen Aufnahmen einer künstlichen Woche der süddeutschen, österreichischen und schweizerischen Sender (einschließlich einiger Lokalradios) jeweils 6 bis 8 Uhr morgens. Da im Vergleich mit der Situation zum Zeitpunkt meiner früheren Erhebungen[56] die Begleitprogramme allerorten ausgebaut wurden und insbesondere am Nachmittag die Interviews eine größere Rolle zu spielen scheinen als früher, sind die Zahlen vom Morgen wenig aussagekräftig. Immerhin zeichnen sich folgende Befunde ab:

Bei DRS 3 halten sich Live-Interviews und bearbeitete (meist stark bearbeitete) Interviews ungefähr die Waage. Innerhalb der Live-Interviews dominieren bei DRS 3 die Studio-Gespräche, bei SWF 3 die telefonischen Interviews. Der Anteil der Interviews an der Gesamtsendezeit ist bei beiden Sendern fast gleich. Der prozentuale Anteil politischer Interviews (im weitesten Sinne) ist bei SWF 3 deutlich höher als bei DRS 3: 58 % gegenüber 34 %. Bei DRS 3 dominieren die kulturellen Themen. Bei den Lokalradios ist das Bild ganz unterschiedlich: Einige haben fast keine Interviews, andere (insbesondere Radio 24, Zürich) praktizieren gerade das Live-Interview etwa so intensiv wie SWF 3.

Im politischen Bereich – auf den ich mich hier beschränke – bieten die Begleitprogramme die Chance zu einer Art alternativer Informationsvermittlung in dem Sinne, daß nicht der Hintergrund einer Nachrichtenmeldung unmittelbar ausgeleuchtet werden muß, sondern daß man aktuelle Themen aus anderen als den in den Nachrichten üblichen Perspektiven angehen kann.

Man kann zunächst, was die Auswahl der Gäste betrifft, aus der Not eine Tugend machen: statt der Politstars, die fürs Radio eher schwer erreichbar sind, Leute befragen, die näher an der politischen Basis sind, oder gar „Betroffene" selbst. Natürlich kann thematisch die regionale Politik eine größere Rolle spielen, und entsprechend können auch Repräsentanten der Landes- und Lo-

---

56 Burger 1984, a. a. O.

kalpolitik stärker zum Zuge kommen. All dies wird de facto praktiziert. (Die Aufgabenteilung beim Südwestfunk ist immer noch so wie bei meinen früheren Erhebungen: SWF 1 bevorzugt regionale Themen, SWF 3 nationale Themen.)

Statt den engsten Umkreis eines Ereignisses zu durchleuchten, kann man das kulturelle, soziale und wirtschaftliche Umfeld in den Blick bringen, und das wird auch häufig gemacht.

Weiter könnte man sich zum Beispiel von der *großen Politik* entfernen und ein aktuelles Thema aus der Sicht des *kleinen Mannes* angehen. Hier bleibt es aber weitgehend beim Irrealis.

Bereits diese pauschalen Befunde deuten daraufhin, daß die Möglichkeiten, die diese Präsentationsform im Begleitprogramm bieten würde, nur partiell genutzt werden. Das gilt auch für die kommunikativen Abläufe, die sich nur wenig von den oben beschriebenen in Nachrichtensendungen abheben.

Das typische Live-Interview auf SWF 3 ist ganz auf Aktualität und auf das Faktische aus. Der Prototyp dafür sind Interviews mit Sekundärinformanten vor Ort, wie im folgenden Beispiel, von dem ich nur die Fragen des Interviewers anführe:

— Dramatische Wende auf dem Flughaften von Larnaca? M. F., was ist genau los?
— Äh es wurde ja auch noch bekannt, daß die ähm die — daß die äh daß die Air-Conditioning äh kaputt is und daß Rauch eindringt in die — Maschine. Was stimmt denn davon?
— Gibt's denn schon irgend ein Statement von seiten der Behörden?
— Äh wann muß man dann eigentlich damit rechnen, daß die Luftpiraten ernstmachen?
— Wurde denn schon angefangen, die ersten Menschen vom Flughafen zu evakuieren?
(SWF 3, 12. 4. 88, 9.12 Uhr)

Etwas pauschal formuliert: Bei DRS 3 ist es die zu schematische Vorbereitung, bei SWF 3 die fehlende Vorbereitung der Moderatoren, die sich auf die Entfaltung des Gesprächs hemmend auswirkt. Die Live-Interviews von DRS 3 unterscheiden sich kaum von den bei Narr beschriebenen Interviews innerhalb von Nachrichtensendungen. Die Fragen sind offensichtlich vorbereitet, abgesprochen, Nachfragen gibt es kaum mehr als je einmal.

Bei SWF 3 hat man den Eindruck, daß die Interviewer sich oft bewußt uninformiert geben, um so die Fragen stellen zu können, die der Rezipient stellen würde. Nur sind die Rezipienten heute bereits so erzogen, daß sie Unprofessionalität in den Medien nicht mehr schätzen (vgl. S. 72), und ich glaube, daß man sich durch die unpräzisen Allerweltsfragen der Moderatoren nicht selten unterfordert, wenn nicht düpiert fühlt.

Diese Befragungstendenz wird noch gestützt durch im engeren Sinne sprachliche Merkmale, die die Gespräche in SWF 3 deutlich von allen anderen bisher besprochenen Interview-Formen abheben: Sie geben sich – dem Gesamtimage des Senders entsprechend[57] – lexikalisch und morphosyntaktisch ausgesprochen salopp, und umgangssprachliche Phraseologie spielt eine große Rolle.

Beides zusammen ergibt häufig unpräzise Formulierungen, die dem Interviewten einen denkbar großen Spielraum lassen. In einem Interview zu einer SPD-Vorstandsdebatte mit einem Vorstandsmitglied (15. 3. 88, 7.42 Uhr) lauteten die Fragen beispielsweise:

– Sie waren gestern abend dabei, und über diesen Kompromiß haben Sie nun vier Stunden debattiert. Das is ja nich Fisch und nich Fleisch, nich?
– Haben Sie denn nicht den Eindruck, daß durch diesen Kompromiß oder diesen Konsens eigentlich die Luft raus ist?
– Was passiert denn jetzt eigentlich weiter nach dieser Sitzung? (usw.)

oder in einem Interview zum SDI-Programm (15. 3. 88, 7.20 Uhr):

– Wie sieht'n das aus, die Auftragslage?
– Wieviele Firmen mischen denn überhaupt mit?
– Und was liefern die?
– Wie sieht'n das aus mit andern europäischen Firmen? Sind die dicker drin im Geschäft?

---

57 Vgl. Burger 1984, S. 193 ff.

– Wie is'n das Fazit Ihrer Untersuchung? Bei künftigen Kooperationsverträgen lieber die Finger weg?

Das ist zweifellos eine Sprache, die näher beim Rezipienten ist als
der übliche Stil politischer Interviews. Doch kann das saloppe
Formulieren nicht darüber hinwegtäuschen, daß hinsichtlich der
Inhalte und des Argumentationsstils hier nichts Neues passiert, daß
von Nutzung des dialogischen Kritikpotentials nicht die Rede sein
kann.

Fernsehen

Hoffmann (1982) untersucht ein großes Sample von politischen
Fernsehinterviews des Jahres 1978 in den wichtigsten Informationssendungen von ARD und ZDF. Die Resultate sind leider mit denen
von Narr nur partiell vergleichbar, da Hoffmann seine Untersuchung auf Interviews mit Politikern einschränkt.

Ein Unterschied zwischen den beiden Korpora besteht ferner
darin, daß das Radiomaterial von Narr live gesendet wurde, während es sich bei Hoffmanns TV – Interviews – entsprechend der
damaligen Produktionssituation – um aufgezeichnete und teilweise
bearbeitete Gespräche handelt. Die Lage hat sich inzwischen bei
einigen Sendern – allerdings am wenigsten in der BRD (s. u.) –
geändert, insofern die neuen technischen Möglichkeiten – insbesondere die Videotechnik – zu vermehrter Nutzung der Live-
Gespräche auch im Fernsehen geführt haben. Damit hängt direkt
zusammen, daß das Interview mit Sekundärinformanten beim Fernsehen früher kaum eine Rolle spielte, jetzt aber bei einigen Sendern
zunehmend realisiert wird. Was für das Radio das Telefon ist, das
wird für das Fernsehen in zunehmendem Maße der *Bildschirm* im
Studio.

Ein weiterer Unterschied – der m. W. gleichfalls noch nicht
statistisch erhärtet ist – besteht darin, daß die Bühne der Politiker-
Stars das Fernsehen, und erst in zweiter Linie das Radio ist. Dem
Radio stehen eher Regionalpolitiker als Bundespolitiker zur Verfügung. (Bei Sportlerinterviews ist ein vergleichbarer Unterschied
der Medien zu beobachten, s. u.).

Fernsehinterviews dienen nach Hoffmann eher der Selbstdarstellung der Politiker, als der argumentativen Auseinandersetzung
mit einer Sache. Insbesondere sieht man, daß zwar die Politiker
vollständige Argumentationshandlungen (Begründungen, Schlußfolgerungen) vollziehen, daß aber ein eigentlich dialogisches Argumentieren nicht zustande kommt. D. h. die Journalisten argumentieren selber nur rudimentär und zwingen die Gesprächspartner
nicht dazu, sich mit – von ihrer eigenen Sicht abweichenden –
Daten, Begründungen und Folgerungen auseinanderzusetzen. Im
Material von Hoffmann ist die häufigste Form journalistischer
Argumentation eine Kurzform: das *Angebot einer Schlußfolgerung*
(mit „Ableitung eines Schlusses aus dargelegten Daten unter Verzicht auf eine Begründung oder die Formulierung des Schlusses als
Frage",122), wie im folgenden Beispiel (Transkription adaptiert):

> Herr von Haase, die Chinesen haben ja eine Art Verlautba
> rungsjournalismus, staatlich gelenkt, wir haben freie Mei
> nungsäußerung, können die überhaupt etwas mit unseren
> Fernsehnachrichten anfangen? (122)

Aus der Sicht des interviewenden Journalisten sieht das wohl ein
bißchen anders aus. In der Unterhaltungssendung „Na sowas", in
die eine Talk-Show integriert ist, befragt Gottschalk den Journalisten Ernst Dieter Lueg zum Thema der politischen Interviews
(17. 5. 86, vgl. S. 50). Lueg gibt sich – dem Anlaß gemäß – sehr
nonchalant. Doch dürfte die Einschätzung, die er von seiner Tätigkeit als Interviewer formuliert, weitgehend allgemeinen Einschätzungen im Journalismus entsprechen, unabhängig davon, ob es
sich um Live- oder Non-live-Gespräche, um Interviews in Nachrichtensendungen oder eigentlichen Politmagazinen handelt.

Zunächst einmal demonstrieren Moderator und Interviewter ein
geradezu zynisches Einverständnis:

[Gottschalk = G; Lueg = L]
G: Sie sitzen da, die anderen kommen und gehen, und äh Sie
     können im Grunde immer mal's Mikrofon hinhalten, wenn
     der Nächste dann eben der Nächste. Gibt es denn besonders
     angenehme und besonders unangenehme Kunden für Sie?

L: Also ich kann mir die Kundschaft nicht aussuchen, und –
    die Frage habe ich schon mal gehört. Da liegen einem einige
    mehr und die anderen weniger, das betreiben wir geschäfts-
    mäßig.

G: Hm

L: Und sie kommen – und sie gehen, das ist richtig, und es
    kommen auch Regierungen und Regierungen gehen. Und

G: Ja

L: Vorwahljahr 1986, nun sind die Herren besonders empfind-
    lich und nervös geworden aber äh aber das erleben wir

G: Ja   Hm

L: nicht zum erstenmal, lassen uns dadurch nicht irritieren

Das Interviewen wird *geschäftsmäßig* abgewickelt. Es kommt eigentlich nicht darauf an, wen man interviewt, der Interviewer hat
die Sache souverän im Griff. Aber auch der Politiker trägt sein Teil
bei zum Show-Geschäft. Sein wahres Gesicht zeigt er allenfalls in
Extremsituationen:

L: Also unschlagbar als Stunde der Wahrheit ist der Wahlabend
    selbst, dann wenn man in dem Gedränge irgendwo in den
    Parteizentralen – dabei ist. Dann kann man dem Sieger nun
    wirklich sein siegreiches Gesicht abnehmen und dem Verlierer
    auch seinen Kummer.

Im übrigen aber dominiert die Show:

L: Ansonsten haben wir es ja auch mit Schauspielern zu tun,
    wir ham's mit Laiendarstellern zu tun

Beide Teilnehmer sind sich bewußt, daß es sich um ein Stück Show
handelt. Wie steht es dann mit dem *kritischen Potential*?

G: Haben denn Sie oft äh son bißchen dieses Lügendetektorfee-
    ling, das heißt, da redet einer, und Sie sagen, Ach komm
    Junge, was erzählste mir da? kann man schon mal sagen,
    Guter Mann, das stimmt ja alles nicht – oder muß man
    dann sagen, sagt – so sagt er das, dann will ich's mal
    schlucken

L: Das Tolle is, ich wüßte eigentlich die bessere Antwort, aber
      ich kenn natürlich auch die Antwort, die er gíbt. Und äh,
G: Hm
L: insofern könnten die Fernsehjournalisten, die das betreiben,
      eigentlich auch die Interviews mit sich selbst machen, nicht?
      oder äh mit einem äh Kohl oder mit einem Genscher oder
G: Kollegen?
L: so etwas, die Antworten kennen wir, es ist ärgerlich, es ist
      ärgerlich auch manchmal für das Publikum, aber Fernsehen
      zeigt mehr, es zeigt natürlich auch Gesten des Ausweichma-
      növers oder Gesten der Verärgerung, also só unter Kontrolle
      haben Sie sich auch nicht.

Das heißt: die Primärinformanten geben eigentlich keine relevanten
Informationen. Genauso gut könnten die Journalisten unter sich
bleiben. Auf der sprachlichen Ebene passiert nichts, was nicht
vorhersagbar wäre. Der einzige Mehrwert des Politikerinterviews
besteht in den nonverbalen Reaktionen der Politiker, da sie ihre
Mimik und Gestik nicht so perfekt kontrollieren können wie ihre
Sprache.

   Gottschalk bringt dann den entscheidenden Gesichtspunkt zur
Sprache: inwieweit angesichts dieser Einschätzung dann überhaupt
Kritik möglich sei. Aber er formuliert seine Frage so, daß sie den
agonalen Aspekt in den Vordergrund rückt und nicht den Aspekt
der Problematisierung:

G: Also wie frech kann man denn werden? Ich zum Beispiel hab
      den Eindruck, ich wenn ich ab und zu englisches Fernsehen
      gesehen habe, die gehen da einfach mehr ran, die – die
      sagen „Also guter Mann, passen Sie mal auf, Sie sind von
      uns gewählt", nicht in dem Tón, aber in der Aussage, „jetzt
      muß ich Ihnen schon mal sagen, was Sie da erzählt haben,
      das ist also ziemlicher Schwachsinn". Wie – wie frech kann
      man bei uns sein, ohne Majestätsbeleidigung zu begehen?
L: Äh, man äh man begeht überhaupt man begeht überhaupt
      keine Majestätsbeleidigung, man geht rán – man geht ran
      mit einem ganz bestimmten sachlichen Thema, man versucht
G: Ja

L: die Frage nóchmal zu stellen, man versucht nachzubohren,
        man variiert sie unter Umständen vier oder fünf Mal, aber
        es kann einem natürlich passieren, weil der andere am län-
        geren Hebel sitzt, daß es – im Ergebnis doch unbefriedigend
        bleibt.

Was hier ein bißchen resignativ angedeutet ist, dürfte wohl eher
die Regel als die Ausnahme sein: Der Politiker entzieht sich dem
Zugriff des Interviewers, wo er nur kann. Da nützt auch alles
rangehen nichts. Und was der Interviewer eigentlich wollte, erreicht
er erst, wenn's zu spät ist:

L: Man könnte verzweifeln, äh wir stellen die Maschinen an,
        dann gehts los, man bemüht sich, nicht wahr? Äh man kriegt
        aber das nicht rausgebohrt, was man gerne hätte, dann ist
        das Interview zu Ende, man sitzt in der Maske, da gibts auch
        einen gewissen Entspannungseffekt bei den Herren und plötz-
        lich erzählt der etwas, und genau das hätte man gerne am
        Abend gesendet.

Das Interview in Nachrichtensendungen läßt sich also weder aus
der Perspektive des Rezipienten noch der des Produzenten nur im
Hinblick auf die Funktion des Informierens definieren. Der Interviewer hat Intentionen, die nicht so weit von den Intentionen der
Moderatoren bei provokativen Talkshows entfernt sind: den Interviewten zu *knacken* (vgl. S. 199), seine vorgeschobenen Argumente
zu hinterfragen, seiner Fernseh-Persönlichkeit die Maske abzurei-
ßen usw. Das alles findet nur selten statt. Statt dessen bietet sich
dem Rezipienten das Bild von Gesprächen, in denen der Befragte
einen weiten Spielraum für Selbstdarstellung erhält.
    Der Prototyp eines aufgezeichneten und *bearbeiteten Fernsehin-
terviews*, das auf kleinstem Raum alle die angesprochenen Merkmale zeigt, ist das folgende, zufällig herausgegriffene:

[Kohl kommt aus dem Sitzungszimmer. Die Tagesschau-Equipe
fängt ihn ab]
I-er: Ein offenbar gut erholter CDU-Vorsitzender!
Kohl: Guten Tag, was wollen denn die geschätzten Herren des
        deutschen Fernsehens? [Schnitt]

I-er: Guten Tag. Herr Bundeskanzler, nach sieben Stunden Dis-
       kussion im Präsidium, was macht die CDU jetzt anders?
Kohl: Wir sind uns völlig einig, daß wir die Koalition, die wir
       abgeschlossen haben, den Wählerauftrag, den wir am 6. März
       1983 erhalten haben, erfüllen werden, und daß alles, was da
       an Gerede war in diesem Sommer, im Sommerloch wegge-
       fallen ist.
I-er: Gab's eine kritische Nachlese vom Vorsitzenden?
Kohl: Nein nein nein   Ja   doch,
       ich hab natürlich in meinem Rechenschaftsbericht das Plus
       und auch das, was weniger gut geraten ist in den letzten
       Monaten miteinander besprochen, wir haben besprochen,
       was wir tun müssen und tun können, um Arbeitsabläufe zu
       verbessern.
       (Tagesthemen, ARD 27. 8. 84)

Kohl, gut gelaunt, läßt keinen Zweifel daran, was er von Interviews
hält. Was sollen die Herren vom Fernsehen wohl wollen? Auf die
erste, kritische Frage, gibt er keine direkte Antwort. Implizit heißt
die Antwort: die CDU macht nichts anders, und damit wird die in
der Frage enthaltene Präsupposition (,die CDU macht etwas anders') zurückgewiesen. Die Reaktion auf die zweite Frage ist besonders interessant: Kohl hört offenbar nur das Wort *kritisch*, ohne
auf den ganzen Satz zu achten, hört vielleicht die Frage heraus *gab
es Kritik an Ihnen* und negiert das emphatisch. Dann merkt er,
daß der Satz der Interviewers ganz anders weiterging, und korrigiert sich *(Ja doch, natürlich)*, ohne dann aber eine wirkliche
Information zu geben.
   Der Interviewer versucht also, die erste Frage neu zu stellen, um
den Interviewten noch einmal *anzubohren*, aber auch der zweite
Versuch schlägt fehl, weil Kohl das Problem verharmlost und die
wieder heile Welt der Regierung in den Vordergrund stellt. Weiteres
Nachhaken gibt es nicht. Das Interview ist zu Ende.
   Eine Frage ist nun für die gegenwärtige Situation von besonderem aktuellen Interesse: Hat sich die Lage wenigstens im Bereich
der *Live-Dialoge* gegenüber den früheren Befunden geändert? Sind
die Postulate etwa von Straßner (1982, 44 ff.) inzwischen realisiert
worden?

Die folgenden Beobachtungen sind mit dem Vorbehalt formuliert, daß mein Material zufällig und lückenhaft ist. Live-Interviews
sind – im Vergleich mit den anderen Bausteinen von Nachrichtensendungen – immer noch relativ selten, sie sind in verschiedenen Sendern sehr unterschiedlich häufig, und auch beim gleichen
Sender sind sehr starke quantitative Schwankungen festzustellen.
D. h. es würde Aufzeichnungen über eine längere Zeit hinweg
erfordern, wollte man ein wirklich repräsentatives Bild bekommen.
Wir haben von den deutschen, österreichischen und deutschschwei-
zerischen Sendern eine künstliche Woche aufgezeichnet, ergänzt
durch zahlreiche punktuelle Aufnahmen; vom französischen Sender
Antenne 2 und den italienischen Sendern RAI 1, 2, 3 haben wir
unsystematisch Aufnahmen gemacht.

Von den deutschsprachigen Sendern hat der ORF („Zeit im Bild")
mit weitem Abstand die meisten Live-Interviews, und nur hier
kann man von regelmäßiger Nutzung der Präsentationsform sprechen. Bei den übrigen deutschsprachigen Sendern ist das Bild un-
regelmäßig. Nicht jede, nicht einmal jede zweite oder dritte Sendung enthält ein Live-Interview, bei der ARD ist in unseren Aufnahmen kein einziges enthalten. Der französische Sender nutzt das
Live-Interview sehr intensiv, die italienischen sehr wenig.

Es lassen sich in formaler Hinsicht drei Typen unterscheiden:

1. Interview im Studio (mit einem oder mehreren Gästen)
2. Interview über Bildschirm
   Hier sind zwei Untertypen zu beobachten:
   a) der Befragte befindet sich auch in einem Studio
   b) der Befragte befindet sich vor Ort – im Freien, in einem
      Konferenzsaal o. ä.
3. Interview über Telefon (ohne Live-Bild, meist mit Standfoto)

„Zeit im Bild" bevorzugt das Studio-Interview, Antenne 2 verwendet sowohl Studio- als auch Bildschirminterviews regelmäßig; telefonische Interviews sind in meinen Aufzeichnungen selten und
kommen nur bei deutschsprachigen Sendern vor. Beim Bildschirm-
interview ist der Befragte häufig ein Sekundärinformant. Dieser
Typ wird längerfristig wohl das normale Pendant zum telefonischen
Radiointerview mit Sekundärinformanten, während das bloße Te-

lefon-Gespräch – weil visuell unbefriedigend – aus den Nachrichtensendungen des Fernsehens weitgehend verschwinden dürfte.

Die Journalisten von Antenne 2 bedienen sich der neuen Techniken mit offensichtlichem Vergnügen und mit Sinn für raffinierte visuelle Effekte.

Thematisch stehen die tagesaktuellen politischen Ereignisse klar im Vordergrund. Das entspricht wiederum dem Bild bei den Live-Interviews in Radio-Nachrichtensendungen.

Ob das *kritische Potential* besser genutzt wird als bei herkömmlichen aufgezeichneten Interviews, läßt sich jetzt noch nicht absehen. Immerhin ist zu beobachten, daß vermehrt auch Spitzenpolitiker – die man nur zufällig und mit Mühe für ein tagesaktuelles Studiointerview gewinnen kann – via Bildschirm live interviewt werden können. Das ist sicher eine Chance im Vergleich mit der früheren Praxis. Und dort, wo das Studio-Interview extensiv genutzt wird (ORF), ist eindeutig eine Tendenz zu einem kritischeren, stärker argumentativen Interview-Stil zu registrieren.

Ich stelle drei Texte einander gegenüber: (1) ein typisches Beispiel für ein Live-Interview, das in keiner Hinsicht das Potential der Gattung nutzt, (2) ein durchschnittliches Beispiel für ein Interview, das anderes leistet als alternative Präsentationsformen, aber die Möglichkeiten des Dialogischen nicht voll ausnutzt, und (3) ein Beispiel, das demonstriert, was gegenwärtig im Rahmen eines öffentlich-rechtlichen Mediums optimal erreichbar ist.

(1) Tagesthemen, ARD, 5. 1. 89

M'in: Guten Abend meine Damen und Herren. Nur wenige Stunden nach dem Abschuß der zwei libyschen Maschinen gestern über dem Mittelmeer hatte Libyen die Vereinten Nationen angerufen. In einer Dringlichkeitssitzung befaßt sich der Weltsicherheitsrat nun heute abend mit der Beschwerde Libyens. Die Regierung in Tripolis versucht eine Verurteilung der USA durchzusetzen. Dagegen kontern die Amerikaner, sie hätten nur von ihrem Recht auf Selbstverteidigung Gebrauch gemacht und im Einklang mit dem Völkerrecht gehandelt. Noch tagt der Sicherheitsrat, wie gesagt, doch vielleicht ist in New York ja schon etwas über die Beratungen bekannt geworden. Sven Kuntze, in New York, was weiß man denn bis jetzt äh über die Sitzung in New York, wie läuft das?

K: Ja nicht viel, also nur das, was man sich im allgemeinen vorstellen kann. Seit etwa 30 Minuten tagen die 15 Vertreter im Weltsicherheitsrat und zum ersten hat Libyen das Wort ergriffen, das ist üblich so, und hat den Vereinigten Staaten Aggressivität vorgeworfen und behauptet, die libyschen Piloten hätten keine kriegerischen Absichten gehabt. Die USA werden darauf kontern und naturgemäß das Gegenteil behaupten. Die Rednerliste ist lang und im Augenblick liegt noch keine Resolution vor, das zeigt, wie ernst die Vertreter im Weltsicherheitsrat dieses Problem nehmen, vor allem in in der Hinsicht auf den doch sehr zerbrechlichen Friedensprozeß im Nahen Osten. Wie man sich überhaupt fragt, welche rationale Begründung hinter dem Vorgehen der Vereinigten Staaten liegt und zu suchen ist, sind es lediglich zwei Piloten gewesen, denen die Nerven durchgegangen sind, ist es das Spiel, das seit acht Jahren hier in Amerika populär ist, eine Art Volkssport und Kathafi-bashing genannt wird, also Kathafi-verprügeln oder aber versteckt sich dahinter eine längerfristige, eine weitsichtigere Strategie, die darauf hinzielt, den Genfer Abrüstungsprozeß in Hinblick auf die Chemiewaffen zu torpedieren.

M'in: Im Antrag Libyens hatte sich ja die arabische Staatengruppe bei der UNO angeschlossen, doch ihre Chance damit durchzukommen, ist doch eine rein theoretische, ich mein praktisch steht das Veto der USA dagegen.

K: Sie haben völlig recht, jede Verurteilung der Vereinigten Staaten wird am Veto der Vereinigten Staaten scheitern, deswegen hat diese Sitzung vor allem Symbolkraft. Die Vertreter im Weltsicherheitsrat wollen das Gewicht der UN in die Waagschale werfen, um eben jenen Friedensprozeß im Nahen Osten nicht gefährdet zu sehen, sie wollen außerdem der/ den USA klar machen, daß sie von solchen Aktionen in Zukunft vor allem einem militärischen Überfall auf Libyen

absehen sollen. Die UN wird also sicherlich nicht tatenlos
zusehen, wie solche lokalen Scharmützel drohen, den Welt-
friedensprozeß, den die UN im letzten Jahr so bravurös
begonnen hat, in Zukunft zu gefährden.

M'in: Herr Kuntze, vorerst vielen Dank, sollte die Sitzung noch
während unserer Sendezeit beendet sein, melden wir uns
nochmal bei Ihnen, herzlichen Dank.

Die Funktion des Korrespondenten am Bildschirm wäre es in der
gegebenen Situation, aktuelle Entwicklungen mitzuteilen und zu
kommentieren. Aber es ist bisher nichts Aktuelles passiert. *Was
weiß man denn bis jetzt...? – nicht viel – nur das was man sich
im allgemeinen vorstellen kann – das ist üblich so.* Er spricht
dann davon, was vermutlich sein wird *(die USA werden kontern)*
und was noch nicht ist *(noch keine Resolution).* Dann weicht er
auf Überlegungen zur *rationalen Begründung* des Vorgehens der
USA aus, also auf Kommentarhandlungen, für die man nicht den
Korrespondenten vor Ort benötigt hätte. Die zweite Frage der
Moderatorin zielt denn auch nicht mehr auf die Gegenwart, sondern auf das zu Erwartende *(rein theoretische Chance),* und er
antwortet wieder mit Prognosen über die weitere Entwicklung der
Sitzung.

(2) Zeit im Bild, ORF 2, 26. 4. 88

Diesem Interview gehen mehrere Präsentationsformen zum Thema
'Bluter, die durch Blutkonserven mit Aids infiziert wurden' voraus.
Insbesondere die Aussage eines betroffenen Bluters ist dazu ange-
tan, im Zuschauer Aggressionen zu wecken. Und nun hat sich der
Chef der für die Blutkonserven verantwortlichen Firma [= E] dem
Moderator im Studio zu stellen.

M: Herr Dr. E, Sie sind der Chef der Immuno, die die meisten
österreichischen Faktor-8-Präparate hergestellt hat und her-
stellt. Schönen guten Abend und danke für's Kommen ins
Studio. Angesichts dieser medizinischen Katastrophe – äh
fühlen Sie da so etwas wie Schuld, Mitschuld, Verantwortung,
Mitverantwortung?

Der Moderator stellt die Frage, die sich dem Zuschauer aufgedrängt
hat, und er stellt sie so, daß sie dem Befragten einen gewissen
Spielraum läßt zwischen *Schuld* und *Mitverantwortung*. Er stellt
sie persönlich *(fühlen Sie...)*, um den Befragten nicht auf eine
generelle Ebene ausweichen zu lassen. Genau das tut der Befragte
dennoch:

E: Ja ich glaube (RÄUSPERT SICH)‚ daß äh von irgendeiner Schuld
       in dem Zusammenhang äh, sei es, daß diese äh Anschuldi-
       gung gegen Behörden, Krankenkassen, Ärzte oder Hersteller
       gerichtet ist, äh nicht gesprochen werden kann.

Der Befragte streitet Schuld irgendeiner Seite generell ab und zieht
sich als Person damit ganz aus der Problematik heraus. Der Moderator läßt sich auf den Wechsel der Diskursebene ein und hakt
hier nach:

M: Hat man es aus der Sicht der Pharmakonzerne‚ die diese
       Faktor-8-Präparate hergestellt haben‚ nicht wissen können –
       zu dem Zeitpunkt, daß die Präparate mit Aids verseucht
       sind? Noch dazu, wo das Blut äh, das Grundmaterial dazu‚
       zu einem großen Teil aus Amerika gekommen ist?
E: Ja‚ eine äh ich glaube, daß (RÄUSPERT SICH) die ganze Frage
       eigentlich in mehrere Perioden zerteilt werden múß‚ aber jene
       Perioden, in der (sic) die meisten Ansteckungen – gekommen
       sind äh äh da hat man eigentlich herzlich wenig gewußt.

Damit ist das Thema *Schuld* abgeschlossen. Die nächste Äußerung
des Moderators macht klar, daß er sich mit der Antwort des
Befragten zufrieden gibt – was wohl auch zu diesem Zeitpunkt
und bei dem aktuellen Informationsstand die einzige Möglichkeit
ist –, und er geht zum nächsten Thema über:

M: Nun geht's nicht um Schuldzuweisungen‚ weder hier‚ noch
       vor Gericht, sondern es geht eigentlich um die Frage‚ wie
       kann man diesen Menschen helfen? Geld nicht dafür, daß sie
       sich jetzt noch ein schönes Leben machen‚ sondern Hilfe für
       die Familien, für die Kinder‚ Äh- woran liegt's Ihrer Meinung
       nach, daß das seit einem Jahr verhandelt wird und äh sich

nichts tut? Fangen wir bei Ihnen an. Ist Ihre – Firma, die Immuno nicht bereit, etwas für die Bluter zu zahlen?

E:　Nein wir ähm äh besprechen mit der österreichischen Hämophiliegesellschaft die Frage von äh sofortigen Hilfeleistungen äh seit äh vielen Monaten äh, nur hat es leider Gottes noch zu keinen konkreten Ergebnissen geführt.

Der Interviewer stellt seine Frage in zwei Stufen, zunächst generell, dann zentriert auf den individuellen Fall. Die Antwort ist mißverständlich. Man weiß zunächst nicht, auf welchen Teil der Frage das *Nein* eine Antwort sein soll. Aus der Fortsetzung wird dann implizit klar, daß die Immuno prinzipiell bereit ist, zu zahlen. Und so hat es auch der Interviewer verstanden, wie die Fortsetzung zeigt:

M:　Äh bei den Schätzungen, bei den Kosten geht's ja, man hat ich hab die deutschen Zahlen genannt, bis zu 1,7 Millionen Schilling pro Fall. In Österreich rechnet man mit einer Viertelmilliarde für alle Kosten in diesem Zusammenhang. Welchen Anteil wäre die Immuno bereit, daran zu übernehmen?

E:　Ja, ich wollte nur sagen, diese Zahl von einer Viertelmilliarde is eigentlich äh – bei den äh Besprechungen äh der österreichischen Hämophiliegesellschaft mit unserer Gesellschaft zustandegekommen und ist zunächst amal nur eine Annahme. Äh wir selbst haben uns auf jeden Fall mal verpflichtet äh bis zu dieser Höhe 10 bis 20 % beizutragen, äh wobei der Beitrag natürlich auch davon abhängen wird äh, ob äh diese Beiträge steuerlich ganz oder teilweise absetzbar sind.

Der Befragte geht auf die sehr konkrete Frage des Moderators nicht sofort ein. Zunächst relativiert er die vom Moderator genannte Zahl und relativiert damit eine der Präsuppositionen der Frage *(daran zu übernehmen)*. Dann erst beantwortet er die Frage, aber nicht mit einer absoluten Zahl – auf die die Frage gezielt hatte –, sondern mit einer relativen Berechnung. Der Moderator hakt bei dieser Relativierung nach, indem er sie in „Klartext" umsetzt und die Folgen für die Bluter beim Namen nennt:

M: Äh versteh ich Sie richtig; wenn äh der Finanzminister davon
      Steuer haben will, dann bekommen die Bluter um das we-
      niger; dann würden Sie nicht um das mehr zahlen?

E: Tja, ich meine also, nur um bei den Zahlen zu sein äh äh
      die 50 Millionen Schillinge würden also 20 % von dieser
      angenommenen Summe äh äh entsprechen und dementspre-
      chend äh werden dann noch äh äh Abschläge zu setzen (sic),
      die steuerlich bedingt sind.

Der Befragte antwortet wieder nicht direkt auf das Gefragte, sondern paraphrasiert noch einmal seine vorherige Äußerung. Implizit
geht daraus aber hervor, daß die Bluter tatsächlich mit steuerbe-
dingten Abzügen zu rechnen haben.

    Der Moderator gibt sich damit zufrieden und wechselt das
Thema:

M: Äh die Bluter haben sich vor einiger Zeit an die Öffentlichkeit
      gewandt? Es gab zwei Berichte im Inlandsreport? Dafür haben
      die Bluter zwei Dinge gesagt? Das eine, daß sie angerufen
      wurden von Vertretern Ihrer Firma — ähm — nicht gerade
      freundlich, und das zweite, daß die eine Million, die Sie ja
      als Soforthilfe äh den Blutern zugesagt haben, daß die von
      der Immuno zurückgezogen wurde.

Er nennt zwei Punkte, die als Vorwürfe der Bluter an die Firma zu
verstehen sind. Der Befragte geht — natürlich, möchte man sagen
— nur auf den zweiten Punkt ein, da der Moderator ihn nicht
explizit verpflichtet hat, zu beidem Stellung zu nehmen:

E: Ich glaube (RÄUSPERT SICH), daß man mal feststellen muß,
      daß wir — dieses Offert für eine Hilfeleistung den Hämo-
      philen äh respektive eigentlich der österreichischen Gesell-
      schaft äh äh geschrieben haben vor äh also Anfang März
      und daß wir darauf bis heute noch keine Antwort haben.

Der Befragte relativiert wiederum die Formulierungen des Moderators *(zugesagt* und *zurückgezogen).* Und da keine präzise Frage
an ihn gestellt wurde, kommt er um die klare Stellungnahme (wurde
die Million tatsächlich zurückgezogen?) herum.

Der Interviewer versucht das Problem noch einmal von einer anderen Seite anzugehen:

M: Äh ist es nicht ein bißchen viel verlangt von einer Gruppe von Menschen, die schon bevor sie mit Aids infiziert waren, durch eine sehr schwere Krankheit belastet waren, so eine Organisation zu verlangen? Hätten Sie da nicht äh den Blutern entgegenkommen müssen, im Prinzip in Wirklichkeit selbst den Fonds gründen, selbst die Hilfe in die Hand nehmen?

E: Nein, ich glaube nicht, äh daß wir als Hersteller einen solchen Fonds äh gründen sollen, sondern ich glaube, daß wir aktiv beitragen sollen, und ich glaube, das haben wir mit aller Intensität gemacht, einen solchen Fonds ins Leben zu rufen.

Diesmal antwortet der Befragte mit einem entschiedenen *Nein*, freilich ohne Begründung; warum sollten *sie als Hersteller* keinen solchen Fonds gründen?

Der Moderator beendet das Gespräch, indem er den Befragten auf der genannten absoluten Zahl behaftet:

M: Äh ich danke Ihnen herzlich für das Gespräch. Ich darf zusammenfassen, die Bereitschaft Ihrer Firma, bis zu 50 Millionen Schilling in diesen Fonds einzuzahlen und zwar, wenn's diesen Fonds übermorgen gibt, dann sind übermorgen die 50 Millionen oder sehr bald drinnen.

Der Befragte bestätigt diese *Zusammenfassung*, womit er ein versöhnliches Ende ermöglicht, allerdings nicht ohne die Verantwortlichkeit letztlich wieder an jemanden zu delegieren, diesmal den zuständigen Minister:

E: Ja, wir haben gehört, daß äh Herr Gesundheitsminister L. sich jetzt aktiv bemüht. Selbstverständlich gilt unsere Zusage auch äh für solche Aktivitäten. Und darüber hinaus sind wir natürlich nach wie vor bereit, diese eine Million Schilling äh ohne jegliche Konditionen zur Verfügung zu stellen.

M: Dann danke ich Ihnen herzlichst, und ich müßte jetzt am
     Telefon den angesprochenen Gesundheitsminister, Herrn Mi-
     nister L., haben. Guten Abend Herr Minister.

Es folgt eine telefonisches Interview mit dem Minister, wobei im
Bild ein Foto des Ministers zu sehen ist. Dabei geht es wieder um
dieselben Zahlen und um die Termine. Der Minister stellt eine
Klärung in zwei bis drei Wochen in Aussicht, was der Moderator
als *gute Nachricht* honoriert.

Was leistet das Studiointerview?

Der Moderator:
— formuliert seine Initialfrage aus der Gefühlslage, in die der
  Rezipient durch die vorhergehenden Beiträge vermutlich geraten
  ist
— provoziert den Gast mit nahezu jeder Frage
— fragt konkret und individuell, wo immer es möglich ist.

Der Gast:
— akzeptiert nicht alle Präsuppositionen, die in den Fragen enthalten sind
— nützt die Befragungsschwächen der Moderation
— verschiebt die konkret-individuellen Fragen wenn möglich ins
  Abstrakt-Generelle.

Der Moderator versucht bei jedem Subthema nur einmal, präzisere
Antworten bzw. überhaupt eine echte Antwort zu bekommen. Mit
der zweiten Antwort gibt er sich jeweils zufrieden.
    Durch das zweite Interview werden Aspekte des ersten Interviews
retrospektiv klarer.
    Zweifellos leistet das Interview mehr, als ein redaktioneller Text
oder ein bloßes Statement des Befragten leisten könnte. Es zeigt
den Befragten als erregten Gesprächspartner, der sich gegen die
Attacke des aus der Rezipienten-Perspektive sprechenden Moderators zur Wehr setzt. Er tut dies mit den gesprächsstrukturellen
Möglichkeiten, die einem routinierten Interviewpartner zur Verfügung stehen. Das Interview zeigt, wie schwer es ist, in dieser
Situation präzise Auskunft zu bekommen, und es zeigt vielleicht

auch, daß es sich um eine unklare Situation handelt. Es verpflichtet schließlich den Befragten zu Handlungen — und das ist vielleicht der dramatischste Aspekt des Gesprächs.

Was es nicht leistet, ist ebenso offensichtlich: Die Hintergründe werden nicht sauber aufgearbeitet, ja eher noch verunklärt — eine Darstellung der verwickelten medizinischen und rechtlichen Situation wäre durch einen redaktionellen Text besser zu leisten. Kausalitäten, Motivationen, Gründe werden angesprochen, aber nicht vertieft behandelt. Dafür fehlt innerhalb eines Nachrichtenmagazins — wie immer — die Zeit.

(3) Zeit im Bild 2, ORF 2, 20. 12. 88

Dieses Interview hat insofern von vornherein die besseren Chancen als das vorhergehende, als nicht Hintergründe, Kausalitäten usw. erhoben werden sollen, sondern „nur" die präzise Stellungnahme einer Funktionärin zu einer aktuellen politischen Affäre gefragt ist. Moderator und Gast sind sich ebenbürtig: er angriffig, sie schlagfertig, konziliant im Detail, aber hart im Grundsätzlichen:

([Moderator Robert Hochner = M; Gast Dr. Heide Schmidt = S]

H: Guten Abend bei Zeit im Bild 2. Der FPÖ-interne Konflikt zwischen Jörg Haider und dem Chef der steirischen FPÖ Klaus Turek hat vorerst mit einem Kompromiß geendet. Wilfried Gretler soll die Steueraffäre in Graz untersuchen, wegen der Haider Turek öffentlich zum Rücktritt aufgefordert hatte. Turek war aber bei einem eigens dafür einberufenen Sonderparteitag mit 80% der Stimmen im Amt bestätigt worden. Gast im Studio heute die Generalsekretärin der FPÖ Dr. Heide Schmidt, schönen guten Abend.

S: Guten Abend.

H: Frau Dr. Schmidt, ist das, was heute passiert ist, nicht etwas, was für Ihre Partei eigentlich ein ganz schlimmer Vorgang ist, Ihre Partei, die durch ihren Parteiobmann in dem Ruf steht, Affären, parteiinterne Affären, sehr schnell und sehr radikal äh zu bereinigen, kämpft (UNVERST.) mit dieser steirischen Affäre jetzt schon seit drei Wochen, ohne daß irgend eine Art der Lösung in Sicht ist?

S: Ja, so ist es ganz und gar nicht. Äh, erstens ist es eine völlig
    andere Affäre als jene, von denen jetzt immer die Sp/ die Re-
    de ist, es geht bei uns ja um keinen Funktionär, der hier
    irgend etwas bezogen hat, sondern es geht darum, daß Mit-
    arbeiter äh eine Zahlung bekommen haben, die sie dann
    nicht versteuert haben. Aber

H: Ich will nicht gleich am Beginn
    unhöflich sein, Frau Generalsekretär, aber die Entscheidung,
    diesen Mitarbeitern diese Beträge unversteuert auszuzahlen
    und damit Steuerhinterziehung zu begehen, und zwar wis-
    sentlich, diese Entscheidung haben doch die steirischen Spit-
    zenfunktionäre getroffen?

Mit seiner ersten Frage greift er die Partei an, deren Funktionärin
sie ist *(ein ganz schlimmer Vorgang)*. Sie kontert geschickt, indem
sie seine syntaktisch zweiteilige Äußerung splittet, die Frage ignoriert und nur auf den Relativsatz (Stichwort *Affäre*) eingeht. Seinen
Vorwurf versucht sie gegenstandslos zu machen, indem sie zwischen
Funktionär und *Mitarbeiter* unterscheidet und so alle Schuld von
den Funktionären abwälzt. Er realisiert das, unterbricht sie und
entzieht ihrer Argumentation den Boden. Darauf reagiert sie so:

S: Ich gebe Ihnen recht, daß unter anderem die Unterschrift von
    Klaus Turek auf diesen Verträgen drauf ist, und das war ja
    auch der Grund, warum der Jörg Haider gemeint hat, es
    wäre besser, wenn Klaus Turek sofort zurücktritt. Nun haben
    aber die Steirer einen anderen Weg gewählt, und eine Lan-
    desorganisation hat einfach äh das Recht, die eigenen Ent-
    scheidungen zu treffen, er hat das so ge/ gewählt, daß er
    einen außerordentlichen Parteitag einberufen hat und wie Sie
    gerade vorher gesagt haben, er hat 80,2% der Stimmen be-
    kommen.

Sie gibt damit ein bißchen Verantwortlichkeit Tureks zu, lenkt aber
ihre Argumentation sofort davon weg auf die Entscheidung des
Parteitags hin, die – so die implizite Folgerung – Turek rehabi-
litiert. Der Moderator realisiert auch diesen Schachzug und insi-

stiert auf der Verantwortlichkeit Tureks für die Steuerhinterziehung
und hakt auf ihre Antwort hin sogar noch einmal nach:

H: Kann man über Steuerhinterziehung mit Hilfe von Abstim-
S: Nein,

H: mungen kann man die mit Abstimmungen bereinigen?
S: nein   Nein es hat auch
      Klaus Turek keine Steuer hinterzogen, das ist mir schon sehr
      wesentlich hier festzustellen.
H: Er hat sie aber verantwortet, mit seiner Unterschrift.

Sie sieht keine andere Möglichkeit, diesem Insistieren auszuwei-
chen, als die vorherige Taktik noch einmal einzusetzen, nämlich
das Problem der Verantwortlichkeit beiseitezuschieben und statt
dessen vom Entscheid des Parteitages zu reden:

S: Inwieweit er sie zu verantworten hat, wird dann äh unter
      anderem auch die Finanz feststellen, aber vor allem wir äh,
      und das war der/die Entscheidung heute im Bundespartei-
      vorstand und das ist genau das äh, wo wir glauben, daß man
      eben äh Lösungen suchen muß, Klaus Turek wurde bestätigt,
      um das kommt man nicht herum. Das ist einfach eine Ent-
      scheidung der Delegierten, daher eine andere Möglichkeit.
H: Hat   hat
      Jörg Haider hier nicht innerparteilich die Grenzen seiner
      Macht erkennen müssen, äh, das ist ihm doch eigentlich noch
      nie passiert, daß er die Abberufung eines Spitzenfunktionärs
      fordert und der Spitzenfunktionär dann von der Landespartei
      mit einem sehr großen Votum bestätigt wird. War das nicht
      ein Protestvotum auch gegen Jörg Haiders Personalpolitik?

Nachdem der Moderator nun mehrfach und von verschiedenen
Seiten auf der Verantwortlichkeit Tureks beharrt hat und dennoch
von seiner Partnerin nur eine partielle Konzession erreicht hat, gibt
er dieses Subthema auf. Weiter kann man als Journalist in einem
derartigen Interview offenbar nicht kommen. Den Übergang zum
nächsten Subthema vollzieht er bruchlos und ohne ihn als solchen
anzukündigen, indem er an ihre Formulierung *Entscheidung der*

Delegierten anknüpft und daraus nun einen Angriff gegen Haider ableitet. Sie weist auch das vehement zurück:

S: Nein, nein, nein, also sowohl jene die am Parteitag waren als auch heute im im Vorstand war das überhaupt gar keine Frage, daß es, daß das gar keine Entscheidung gegen Jörg Haider war, sondern das war eine Entscheidung für Klaus Turek.

H: Das Problem in der Beurteilung äh des Vor/Verhaltens der FPÖ ist doch das, daß Jörg Haider hier einen sehr hohen Maßstab festgelegt hat.

S: Ja.

H: Nicht nur durch seine parteiinternen Äußerungen, sondern

S: ja

H: auch dadurch, durch seine schweren Angriffe gegen die

S: ja

H: SPÖ, die er die Partei der Steuerhinterzieher genannt hat.

S: ja   ja

H: Die beiden Zentralsekretäre sind mittlerweile zurückgetreten, der Klaus Turek ist noch im Amt.

S: Das ist ja auch ein Unterschied, die haben ja selbst Steuern hinterzogen, Klaus Turek hat keine Steuern hinterzogen, sondern er hat einen Vertrag unterschrieben, wo eine unkorrekte Vorgangsweise vereinbart wurde. Und jetzt muß ich nochmal sagen, das ist ja auch der Zweck der Sonderprüfung, die jetzt stattfinden soll. Es soll äh ein Sonderbeauftragter, eben in Gestalt des Dr. Gretler, der äh auch noch unterstützt wird von unserm Bundesgeschäftsführer, die Sachen unten prüfen, und zwar genauestens prüfen, ob und inwieweit Klaus Turek persönliche Schuld äh angelastet werden kann, und wenn hier äh bei der Prüfung herauskommt, daß tatsächlich eine solche Schuld vorliegt, dann wird man natürlich Konsequenzen ziehen müssen, wir gehen davon aus, daß sie nicht vorliegt.

Nach dieser forschen Äußerung, die wie ein Schlußstrich unter alles Bisherige wirkt, faßt der Moderator auf eine geradezu perfide

Weise ihre bisherigen Argumente in einer Schlußfolgerungskette
mit zwei Prämissen *(wenn − wenn, dann...)* zusammen, weist ihr
damit einen inneren Widerspruch in ihrer Argumentation nach,
den sie nicht mehr entkräften kann, so daß ihr nur noch der Rekurs
auf ein schon gehabtes Argument (der *Maßstab* Haiders) bleibt:

H: Äh, wenn Klaus Turek keine persönliche Schuld trifft und
      wenn Sie davon ausgehen, daß er von der Kommission
S: Derzeit, derzeit.
H: reingewaschen wird, dann versteht man eigentlich schwer,
      wieso Jörg Haider im vorhinein den Kopf von Klaus Turek
      fordern konnte.

S: Genau wegen dieses Maßstabes, den Sie vorher eben erwähnt
      haben, der Jörg Haider äh legt einfach einen sehr strengen
      Maßstab an und sagt, bevor auch nur ein Schatten darauf
      fällt, auf unsere Partei fällt, soll derjenige, der es mitzuver-
      antworten hat, eben zurücktreten.

H: Ja.
S: Nur eines hat auch, entschuldigen Sie, wenn ich noch was
H: ja
S: was dazusage, eines hat er auch immmer gesagt, daß er ein
      demokratisches Votum respektieren wird, und das hat er
      getan.

H: Äh glauben Sie nicht, daß dieser Schatten bereits auf der FPÖ
      drauf ist, durch die Art und Weise, wie diese Affäre in den
      letzten zwei Wochen sich abgespielt hat?

S: Ja, aber so demokratisch, wie es wir machen, bitte hat es
      noch keine einzige Partei gemacht, äh alle andern versuchen,
      das äh, im stillen Kämmerlein zu lösen. Der Klaus Turek ist
      sofort aufgestanden und hat einen ganzen Parteitag einbe-
      rufen, da hat man uns vorgeworfen, wie groß muß die
      Dimension überhaupt sein, daß er sogar einen Parteitag ein-
      beruft. Ich seh das nicht als ein Ausmaß als als/ für mich
      steht das in keinem Zusammenhang mit der Dimension,
      sondern für mich steht das im Zusammenhang äh mit der/
      mit dem Verantwortungsgefühl. Er hat die Delegierten ge-
      fragt, habe ich noch euer Vertrauen.

Er hat den *Schatten* über der Partei beschworen, sie sieht die Situation für den Moment bereinigt, weiter kann der Moderator auch hier nicht kommen. Darum leitet er mit einer – offensichtlich vorformulierten – ironischen Pointe die Schlußphase ein:

H: Äh von Jörg Haider heißt es, daß parteiinterne Kritiker in seiner Partei kein politisch besonders langes Leben haben. Klaus Turek gilt als ein Kritiker Jörg Haiders. Man könnte den Schluß ziehen, daß parteiinterne Kritiker von Jörg Haider dann ein besonders langes Leben haben, wenn sie in eine Steueraffäre verwickelt sind.

S: (LACHT) Diesem Schluß kann ich wirklich nicht folgen, der is – der ist an den Haaren herbeigezogen, tatsächlich ist es so, daß der Klaus Turek, ich will mich nicht wiederholen, äh hier bei einer Unkorrektheit, und das Ausmaß wird man feststellen müssen, offenbar mitgewirkt hat   Das

H: 770'000 Schilling, heißt es.

S: Ausmaß meine ich nicht nur in Ziffern, sondern meine ich tatsächlich, inwieweit hier ihn jetzt die Verantwortung trifft und in inwieweit hier ihn Schuld trifft, und – wie gsagt, der Delegierte ist der Souverän einer Partei, so wie das Volk der Souverän äh des Staates ist, ist es in einer Part/ in einer Partei nicht anders. Und wenn die diese Entscheidung getroffen haben, äh dann muß man einen Weg drumherum suchen, um trotzdem noch sauber zu bleiben. Und dieser Weg ist eine Sonderprüfung und mehr als eine Sonderprüfung, bitte.

H: Äh äh Frau Generalsekretär bei Ihrem erstem Interview hier im Studio haben Sie eigentlich sehr klar zu erkennen gegeben, daß Sie nicht bedingungslos dem Kurs von Jörg Haider folgen, unter allen Umständen, daß Sie Ihren eigenen Kopf haben und den auch durchsetzen. Ist der Vorgang, ist die Art und Weise, wie die FPÖ mit dieser Steueraffäre bisher in in in der Steiermark umgegangen ist, ist das etwas mit dem Sie sich auch als Heide Schmidt, nicht nur als Generalsekretärin, voll identifizieren können?

S: Durchaus

H: Dann danke ich Ihnen herzlich fürs Kommen und für das
     Gespräch, wir bleiben aber gleich beim Thema, weil es geht
     um Ihr politisches Gegenüber bei der SPÖ.

Frau Generalsekretär ist dem Moderator nichts schuldig geblieben,
sie nimmt auch, ohne unhöflich zu werden, kein Blatt vor den
Mund *(an den Haaren herbeigezogen),* und er honoriert am Schluß
ihren Argumentationsstil. Daß das Interview angriffig, lebendig
und argumentativ wirkt, liegt vielleicht auch daran, daß die Interviewte schlagfertig ist, aber noch kein Medienprofi und mit allen
Wassern gewaschener Politstar.

11. Kommunikation ohne Grenzen

Das Fernsehen ermöglicht heutzutage Kommunikationsformen, die die herkömmlichen situativen Parameter von *Gespräch* durchbrechen. Die *Entgrenzung* einstiger Begrenzungen kann dabei grundsätzlich in zwei Richtungen erfolgen: durch Erhöhung der möglichen Teilnehmerzahl und durch technische Verfahren, die Face-to-face-Kommunikation auch über beliebige räumliche Distanzen erlauben. Es gibt z. B. Diskussionen mit Hunderten von Teilnehmern, es gibt solche Diskussionen sogar zwischen Großgruppen, die an verschiedenen Orten, in Studios verschiedener Städte sich befinden; daneben gibt es auch individuelle Gespräche über den ganzen Erdball hinweg, über Bildschirm vermittelte Telekommunikation, die die Merkmale – bzw. gewisse Merkmale – von Face-to-face-Kommunikation annimmt. Über Bildschirm vermittelte Dyaden oder Kleingruppengespräche sind S. 225 ff. diskutiert. Hier möchte ich auf Gespräche mit großer Teilnehmerzahl (im folgenden *Großdiskussion* genannt) eingehen, und zwar zunächst auf Veranstaltungen, die an e i n e m Ort stattfinden, und dann auf die technisch komplizierten Schaltsendungen mit Großgruppen an den jeweiligen Orten.

(1) Großdiskussion

Gespräche mit großer Teilnehmerzahl haben ihre Vorbilder bereits vor dem Beginn des Massenmedienzeitalters. Parlamente entwickelten ihre Spielregeln für Großdiskussionen, längst bevor sich die Fernseh-Moderatoren Strategien für die Bewältigung solcher Ereignisse ausdachten. Innerhalb der Mediengeschichte hat sich aber

erst das Fernsehen für die Präsentation von Großgesprächen als
geeignetes Medium erwiesen.

Zwar werden auch im Radio gelegentlich Großdiskussionen
übertragen, doch bietet das nur-akustische Medium kaum lösbare
Probleme für eine rezipientengerechte Vermittlung des Ereignisses.
Vor der brisanten schweizerischen Volksabstimmung über eine
„Schweiz ohne Armee" inszenierte Radio DRS 1 und 3 eine solche
Großveranstaltung, die die medienspezifische Problematik sehr
deutlich vor Ohren führte (Doppelpunkt, 19. 11. 89, vgl. S. 138):

Zusam-
men-
setzung

Im Saal sind nach Aussagen des Moderators ca. 500 Leute. Es
gibt auf der Bühne zwei Diskussionsgruppen an zwei Tischen mit
je einer eigenen Moderatorin. Die *dritte Kraft*, das Publikum, soll
dann durch den Moderator aktiviert werden. Technisch stehen
dafür drei Mikrofone zur Verfügung, die im Saal herumgetragen
werden. Damit dieses komplexe Arrangement für den Radiohörer
verständlich bleibt, muß jeder Regie-Schritt verbalisiert werden.
Jeder Sprecher (der Gruppen auf der Bühne) muß namentlich
angesprochen werden. Niemand darf den anderen unterbrechen,
außer kurzfristig in bereits stabilisierten Dyaden. Die Vergabe des
Rederechtes bzw. die Adressierung eines Votums kann nicht nonverbal erfolgen, sie muß verbal expliziert werden. Das realisieren
auch die Diskutanten *(Ich möchte gerade Herrn H ansprechen).*

Nach- und Vorteile dieser Radio-Veranstaltung sind eindeutig:
Die Gesprächsregeln in den beiden eigentlichen Diskussionsrunden
sind womöglich noch rigider, als sie es bei entsprechenden Fernsehgesprächen im schlimmsten Fall sind. Für den Hörer steht damit
nicht eigentlich das Hin und Her von Gesprächsbeiträgen im Vordergrund, sondern das Gewicht des einzelnen Votums. Und hier ist
das Radio mit seinem Zwang, sich aufs Akustische zu konzentrie-
ren, gegenüber dem Fernsehen im Vorteil. Das macht sich insbesondere bei den Voten aus dem Publikum bemerkbar: Während
man bei Fernsehdiskussionen mit Rezipientenbeteiligung (vgl.
S. 405) oft durch das Gedränge um die Mikrofone mehr gefesselt
ist als durch die Voten, trägt hier vor allem die einzelne Stimme,
die einzelne Formulierung. Wieso es einem Votanten überhaupt
gelingt, ans Mikrofon zu gelangen, das ist nicht sichtbar und nicht

hörbar, und darum wird man als Hörer von diesen Vorgängen
auch nicht abgelenkt.

Das Fernsehen ist als audiovisuelles Medium für die Inszenierung
und Präsentation von Großdiskussionen augenfällig besser geeignet. Ich nenne hier als Beispiel einer Großdiskussion, die großen
Publikumserfolg hatte und von verschiedenen europäischen Sen-
dern imitiert wurde, die „Telearena" (SRG)[58]. Sie wurde erstmals
1976 gesendet, später in ihrer Konzeption modifiziert („Telebühne",
„Telefilm"), und neuerdings hat sie eine Nachfolgerin gefunden in
der Sendung „Limit". Durchgehalten hat sich die Idee, daß die
Diskussion sich nicht bloß auf der Basis des gewählten Themas
(*Sucht, Auto, Sterben* usw.) entfaltet, sondern jeweils an ein im
Studio vorgeführtes Theaterstück, einen Film o. ä. anknüpft. Das
Maximum an Studiogästen betrug 270 Teilnehmer, darunter jeweils
eine Gruppe von Fachleuten und von Betroffenen. Die neueste
Version beschränkt sich auf ca. 60 – 80 Teilnehmer. Während in
den Anfängen das Studiopublikum ad hoc zusammengesetzt wurde,
selektierte man in einer zweiten Phase ein *Stammpublikum* für
mehrere Sendungen. Da sich aber diese Gruppe mit der Zeit zu
einer eigentlichen In-group entwickelte, die ihr eigenes Spiel zu
spielen begann, kam man von dieser Form wieder ab. Gegenwärtig
werden die Teilnehmer wieder für jede Sendung neu ausgesucht.

Während bei einer Großform wie der parlamentarischen Debatte
die *Diskussion* sich weitgehend auf eine Abfolge von monologischen Voten beschränkt, bei der nicht jedes Votum auf das unmittelbar vorangehende Bezug nehmen muß, ist eine Fernsehdiskus-
sion, auch in diesem überdimensionalen Rahmen, als Gesprächssendung konzipiert. Die Möglichkeit zum Gespräch war aber bei
der ursprünglichen Form der „Telearena" sehr eingeschränkt. Da
die ursprüngliche Form die Probleme und die Chancen der Gattung
vielleicht besser zeigt als die späteren Modifikationen, gehe ich
kurz auf die Struktur der älteren Sendungen ein:

Das kaum übersehbare Publikum ist blockweise plaziert, nur der
Moderator kann sich frei im Raum bewegen. Dadurch fällt ihm
ganz selbstverständlich das alleinige Recht zu, Fragen zu stellen

---

58 Zur Geschichte vgl. Inderbitzin 1984.

und das Rederecht zu vergeben. Die nonverbalen Möglichkeiten,
die er hat und die die Teilnehmer nicht haben, betonen drastisch
die strukturelle Asymmetrie: Wenn er eine Dyade beenden will,
kann er sich mit einer Dankesformel vom Votanten abwenden und
zu einer anderen Tribüne hinübergehen, womit unwiderruflich eine
neue Phase eingeleitet ist; oder er kann eine längere Diskussionsphase dadurch zu Ende bringen, daß er sich von den Votanten
weg- und der Kamera zuwendet, womit er unmißverständlich den
inneren Kommunikationskreis verläßt und in den äußeren hin-
überwechselt.

Von den vielen Gästen, die sich *melden*, können nur wenige zu
Wort kommen. Wenn jemand dann als Sprecher gewählt wird,
wird er vielleicht unsicher, hat Lampenfieber. Darum bereiten sich
viele Votanten auf ihren potentiellen Beitrag vor, so daß mindestens
ihre erste Äußerung jeweils sehr unspontan wirkt. Die Gespräche
sind in manchen Sendungen ausschließlich vom Typ der einzelnen
Dyade Moderator-Teilnehmer. Eine Dyade umfaßt im Durchschnitt
3 − 5 Gesprächsschritte jedes der Beteiligten und hat durchwegs
Interviewstruktur (mit eindeutiger struktureller Asymmetrie von
Fragendem und Antwortendem). In wenigen Sendungen ergeben
sich − im Anschluß an besonders emotionale Beiträge − auch
zwischen Teilnehmern dyadische Phasen, die aber entweder gar
nicht voll rezipierbar sind, weil die Mikrofone fehlen, oder vom
Moderator jeweils so rasch wie möglich abgebrochen werden.
Wenn er das nicht täte, würde ihm die Kontrolle entgleiten, und
das Gesprächschaos wäre unvermeidlich. Im Interesse des Ge-
samtablaufs muß der Moderator also viele Möglichkeiten zu in-
tensiverem Engagement und größerer Spontaneität der Teilnehmer
radikal beschneiden. Das macht sein Agieren ambivalent, schwan-
kend zwischen empathischem Hinhören auf die Rede des anderen
und brüskem Durchsetzen seiner funktionsbedingten Rechte.

Der Eindruck, den der Zuschauer am Bildschirm vom Gesprächsverlauf erhält, ist wesentlich mitbestimmt von den situationsbe-
dingten Beschränkungen der Kameraführung: Fester Bezugspunkt
ist der Moderator, im übrigen kann die Kamera der Diskussion
nur „hinterherfahren". Eine genaue Bild-Analyse ergab, daß die
Kameraführung stereotypen Mustern folgt: Zunächst einmal muß

die Kamera den Votanten, der sich in der Publikumsmenge befindet,
suchen und identifizieren. Das ist nicht ohne Zeitverlust möglich.
Wenn die Identifikation vollzogen ist, stellt sich die Frage, wie
lange wohl der Votant die Sprecherrolle beibehalten wird. Da
kommen offenbar Erfahrungswerte ins Spiel: Unbekannte Teilnehmer kommen weniger lang zu Wort und werden häufiger vom
Moderator unterbrochen als bekannte, prominente. Folglich haftet
die Kamera vorsichtshalber nicht zu lange am unbekannten Votanten, länger schon an den Prominenten. Während oder nach einer
Äußerung eines Unbekannten wird sofort auf den Moderator zu-
rückgeschnitten, wenn er etwa eine Zwischen- oder Nachfrage
stellt. Den Prominenten hält die Kamera auch während solcher
Initiativen des Moderators im Bild. Von der Bildseite her gibt es
also wenig Möglichkeiten, durch technische Manipulationen den
Eindruck eines lebendigen Gesprächs zu erzeugen oder zu verstärken.

Der Moderator vereint soviele Funktionen auf sich, daß es ihm
nicht immer gelingt, die Übersicht zu behalten: er ist Sendeleiter,
Diskussionsleiter, er verknüpft Theaterstück und Diskussion, und
er hat gelegentlich Funktionen innerhalb des Stückes selbst (wenn
er z. B. Zeitsprünge zwischen Szenen narrativ überbrückt). Damit
ist ein einzelner Mensch wohl überfordert.

Trotz aller dieser Restriktionen hat die Großdiskussion ihre
Chancen, sie eröffnet Möglichkeiten, die in einem kleineren Gesprächskreis kaum gegeben wären. Den stärksten Eindruck vermittelten Sendungen, in denen *Betroffene* zu Wort kamen, z. B.
maskierte Süchtige, die ohne Beschönigung von ihrem eigenen
Leben und ihrer Geschichte sprachen. Da kann sich ein kaleidos-
kopartiges Bild von menschlichem Leid und von Tragik ergeben,
wie es im Fernsehen sonst kaum zu vermitteln wäre. Die Dyaden
mit den Betroffenen sind oft mühsam, sie sprechen stockend, der
Moderator muß ihnen helfen und immer wieder nachfragen, aber
gerade darum sind diese Phasen eindrückliche Medienereignisse.
Ein Beispiel (7. 2. 79; Betroffener = B):

[Alle folgenden Beispiele aus dem Schweizerdeutschen übersetzt]
M: Ich erlaube mir, Sie direkt anzusprechen (GEHT ZU DEN MAS-
     KIERTEN), und Sie sollten auch unseren Zuschauern sagen,

warum Sie Masken tragen. Darf ich Sie fragen, warum sind Sie da, aber warum sind Sie maskiert?

B1: Äh − ich bin süchtig − − − ich habe ein äh schweres Alkoholproblem gehabt − − und ich bin vor langer Zeit glücklicherweise aus dem Alkoholproblem herausgekommen − − − mit einer Gemeinschaft; zusammen mit meinen Freunden und − − − weil wir die Anonymität als eines unserer obersten Prinzipien ansehen,͡ so habe ich die Maske an. (...)

B2: Jaa − bei mir ist das konkret so gewesen äh ich habe das sehr stark äh gesellschaftlich vom Gesellschaftlichen her erlebt, vom Leistungsdruck, vom − − − von all den Sachen, die schon gesagt worden sind, Konkurrenzdenken − ich habe eine − − eine Lehre angefangen, als Elektroniker in einem − − − Großbetrieb und − − − bin dort einfach in − − dem Ganzen einfach nicht gewachsen gewesen oder − und − nachher − − einfach über Drogen umgestiegen − − − aus dem ganzen Zirkus.

Wenn man böswillig urteilt, kann man das Exhibitionismus nennen; die anderen Teilnehmer und die Zuschauer hatten, den Reaktionen nach zu urteilen, eher den Eindruck von einer im Kontext der Öffentlichkeit kaum zu erwartenden Authentizität, die nur unter großer Selbstüberwindung zustande kam. Manche Dyade gerät auch schnell an einen Punkt, wo die Gesprächsbereitschaft des Betroffenen aussetzt:

M: Wissen Sie heute noch nicht, wie sie [die Sucht] entstanden ist? Ist Ihnen das ein Rätsel, wie Sie da hineingekommen sind? Vielleicht hat es schon nicht eínen Punkt gegeben aber − wie fängt so was an, wie gerät man da hinein?

B: Das interessiert mich nicht! − − − Ich weiß, daß ich in Richtung Alkohol höchst gefährdet bin − − daß ich den Alkohol − − − auf alle Fälle meiden muß. Warum das so ist,͡ ist mir völlig Wurst.

Selbst Themen wie *Sterben* (4. 4. 79) erwiesen sich dank der Behutsamkeit des fragenden Moderators und der − meist unprätentiösen — Offenheit der Teilnehmer als durchaus mögliche Themen im Rahmen einer Großdiskussion. Die folgende Dyade zeigt diese beiden Aspekte:

[Aus dem Schweizerdeutschen übersetzt]

M: Kann mir jemand sagen, der es schon jemandem gesagt hat, daß er nicht mehr lange zu leben hat, wie er vorgegangen ist, wie er geredet hat? Darf ich Sie bitten? (WENDET SICH EINER FRAU ZU, DIE SICH GEMELDET HAT)

T: Ich habe zwei Personen — ganz nahestehend — also meine Mutter und ihre Schwester — die auf dem letzten — — die letzten Tage begleitet und betreut und sie haben's gewußt und wir haben mit ihnen reden können und wir haben aus dem Glauben Trost gehabt. Sie haben keine Angst gehabt zu sterben, sie haben gewußt es gibt nichts anderes und die Mutter hat noch zu mir gesagt, sicher, ich will dir sagen, du mußt ja auch sterben, und ich muß jetzt sterben. Aber gell du versprichst mir du schaust nach dem Vater [du luegsch zum Vatter] und betreust ihn nachher. Und das hat mir einfach die Kraft gegeben — daß sie so den Glauben gehabt hat, sie hat an Jesus Christus geglaubt, daß sie einfach die Kraft gehabt hat. Sie hat keine Angst gehabt zu sterben.

Die Sprache der Frau ist eindrücklich in ihrer Einfachheit und auch in der hochgradigen Klischiertheit der Formulierungen und Motive. Formelhaftigkeit ermöglicht wohl erst das Sprechen über derartige Themen in der Öffentlichkeit, und auch im Alltag ist es kaum anders. Der Moderator dringt nicht weiter in die Votantin, er versucht nicht, Klischees aufzubrechen. Statt dessen verläßt er sich, oft mit Erfolg, auf die Unterschiedlichkeit der von den vielen Teilnehmern eingebrachten Aspekte, die insgesamt zu einer Relativierung des einzelnen Klischees führen, ohne daß das ausdrücklich gesagt würde.

Kaum mehr erträglich wäre freilich die Vorstellung, man würde Sterbende im Studio „vorführen". Tatsächlich hat man sich seitens der Redaktion ernsthaft mit dieser Idee befaßt. „Nachdem die Einlader intensive Gespräche mit Sterbenden geführt hatten, kamen sie zum Schluß, daß auf den Show-Effekt, in der TELEARENA

sogar Sterbende versammeln zu können, zu verzichten sei, was von
der Redaktion – mit Murren zwar – schließlich akzeptiert
wurde." (Inderbitzin 1984, 107)

Sonst unerreichbar ist eben die Breite und Vielfalt der Aspekte,
unter denen ein Thema angegangen und aufgefächert wird. Der
Moderator vermeidet es grundsätzlich, das jeweilige Thema, z. B.
Sucht, begrifflich-definitorisch einzugrenzen. Seine Initialfrage stellt
er so offen wie möglich in den Raum:

> Der Titel der heutigen Telearena ist kurz und einfach: Sucht.
> So kurz und einfach wie der Titel ist, so kompliziert und
> vielfältig sind die Probleme, die dahinterstehen. Warum gerät
> ein Mensch in die Sucht hinein, wie lebt er mit seiner Sucht,
> wie kann er wieder daraus herauskommen? Ich möchte Sie
> bitten, über Ihre Vermutungen oder über Ihr Wissen, wie
> man in eine Sucht hineingerät, zu reden. Ich bitte Sie, sich
> zu melden.

Und auch später versucht er kaum, den Begriff metakommunikativ
zu fassen und zu präzisieren. Das hat den Vorteil, daß jeder
Sprecher mit seinem Verständnis und seiner Erfahrung von Sucht
operieren kann und daß auch eine Vielfalt von Konnotationen und
Assoziationen ins Spiel kommt, die sonst vielleicht ungesagt geblieben wären. Wie weit der Spielraum von 'Sucht' in dieser Diskussion reicht, mögen die folgenden drei Äußerungen zeigen:

(1) Wir Menschen sind alle süchtig.
(2) Ich glaube, man hat furchtbar Angst davor, als Süchtiger zu
    gelten.
(3) Ich bin süchtig, ich habe ein schweres Alkoholproblem gehabt.

In (1) werden alle Zwänge, denen ein Mensch unterworfen sein
kann, als Sucht gedeutet. Die Deutung (2) legt den Akzent auf die
sozialen Folgen von Sucht, das Nicht-Akzeptiert-sein von Sucht-
verhalten. (3) gehört zum Sprachgebrauch ehemaliger Süchtiger,
die sich auch nach vielen Jahren ohne Suchtmittel noch als
„süchtig" bezeichnen. (2) dürfte am ehesten einem durchschnittli-
chen Sprachgebrauch entsprechen. Die Deutung (1) wird denn auch

in der Diskussion von einem Votanten explizit angegriffen, ohne daß der Moderator aber diese Kritik unterstützen würde.

Es ist unter semantischer und pragmatischer Perspektive frappierend, daß es trotz der Undefiniertheit des Begriffes, der meist nur kontextuell erschließbaren jeweils gemeinten Bedeutung und der gewährenden Tendenz des Moderators nur kurzfristig zu Mißverständnissen kommt. Und wenn sie auftreten, werden sie mühelos vom Moderator oder den Teilnehmern selbst behoben.

Einer der im Blick auf die heutige Medien-Situation interessantesten Aspekte der älteren „Telearena" ist der Befund, daß es keineswegs immer die Pro-und-Contra-Themen sind, die – nach den Urteilen in der Öffentlichkeit zu schließen – die eindrücklichsten Gespräche ergeben. Daß dies nicht nur für spätabendliche Gespräche unter vier Augen gilt, die sich bis zu einem gewissen Grade den medienspezifischen Zwängen entziehen können, ist überraschend und könnte den Moderatoren heutiger Diskussionssendungen zu denken geben. Die Pro-und-Contra-Themen führten in der „Telearena" nach Meinung der Presse oft „zu einem wenig fruchtbaren Aufeinanderprallen und Auseinanderklaffen vorgefaßter Meinungen" (Neue Zürcher Nachrichten, zitiert nach Inderbitzin 1984, 43), während eine Sendung wie *Sterben* – etwas pathetisch formuliert – „mit Sicherheit bei vielen Zuschauern ein seelisches Erdbeben" verursachte (Aargauer Tagblatt, ebd.).

In den älteren Versionen dieser Groß-Form war es eindeutig die Diskussion, die die Gesamtsendung für die Zuschauer attraktiv machte, und erst in zweiter Linie das Theaterstück oder der Film. Diese Relation wurde bei der neuen Sendung umgekehrt. Die Erstausstrahlung wurde durch alle Medien vielfach angekündigt und als besonders brisant verkauft. „Daß ‚Limit' kein laues Ding sein wird, dafür scheint gesorgt zu sein. Ammann [Abteilungsleiter DRS, der schon die Telearena ins Leben gerufen hat und nun die neue Sendung selbst moderiert] wagt für seine Diskussionssendungen, die wie zu „Telearena"-Zeiten wieder im großen Rahmen mit 70 bis 80 eingeladenen Gästen stattfinden sollen, einen kräftigen Griff in den Giftschrank der offiziell „verbotenen", verachteten Filme: Brutalostreifen, Kriegs- und andere Heldenverherrlichungsfilme, Soft- bis Hard-Porno. Nicht betulich und abstrakt soll in

„Limit" debattiert werden, sondern terre à terre mit den harten Realitäten." (R. Blum in „Tele", November 1988) Nach Ammann gehe es hier „nicht nur um Sensation", sondern um „die mündige Auseinandersetzung", um „das Diskutieren als demokratisches Instrument von höchster Wichtigkeit im Medium Fernsehen". Bei der letzten Sendung (nunmehr der dritten der Reihe) war es eindeutig der Film, der das Publikum an den Bildschirm zog. In der Programmzeitschrift „Tele" (Februar 1990) hieß es da: „In der Vorankündigung auch der dritten Live-Sendung „Limit" muß die wichtigste Information fehlen: der Titel des Spielfilms, den Max Peter Ammann den Zuschauern zumutet (oder beschert). Sicher ist nur: Es wird ein Sexstreifen sein." Mit der Wahl einer solchen Diskussionsvorlage und damit auch eines partiell tabuisierten Themas sind die Bahnen der Diskussion vorgezeichnet: In emotional angeheizter Atmosphäre prallen die polarisierten Meinungen aufeinander, bis hin zu gegenseitigen gehässigen Beschimpfungen. Es wird viel applaudiert, gepfiffen, auch geschrieen. Im Gegensatz zu den älteren Versionen erlaubt die Zahl von 60 – 80 Gästen spontane Dyaden zwischen den Teilnehmern, und der Moderator wird von Sendung zu Sendung toleranter gegenüber solcher Eigendynamik der Diskussion.

In der ersten Sendung (5. 1. 89), in der es um Brutalo-Filme geht, ist er noch vergleichsweise rigide in der Diskussionsleitung, insbesondere gegenüber den jugendlichen Gesprächsteilnehmern. Wenn ein Votum nicht in sein Konzept paßt, klemmt er den Sprecher ab. Z. B. bezweifelt eine Teilnehmerin, daß die Brutalos für Jugendliche überhaupt eine so große Rolle spielen. Das will der Moderator nicht hören, auf schulmeisterliche Art bestreitet er ihre Behauptung ohne Gegenbeweis und greift aus ihrer Äußerung den letzten Teil heraus, der ihm wieder ins Konzept paßt:

[Aus dem Schweizerdeutschen übersetzt; Teilnehmerin/Teilnehmer = T]

M: Kann darüber [ob es viele Jugendliche gibt, die Brutalofilme
     brauchen] jemand etwas sagen – aus Wissen?

T: Wir haben das Thema Gewalt in der Klasse besprochen und
     da sind also nur vielleicht eins oder zwei von zwanzig, die

solche Filme überhaupt anschauen, und die sie regelmäßig anschauen, gibts überhaupt niemand, und ich habe mit vielen Leuten darüber geredet, bevor ich in die Sendung gekommen bin und ich glaub, es wird ein bißchen übertrieben, es wird im-mer nur von der Jugend geredet und daß die Jugend die anschaut, aber ich weiß nicht, Leute, die ich kenne

M: Aber du
redest jetzt nur von deiner Klasse, die Klasse kann so oder so sein, also man darf nicht von einer Klasse auf alle

T: also mit Leuten, einfach mit Leuten, ich
habe nicht nur mit der Klasse geredet

M: schließen   ja aber wichtig ist si-cher − der Gedanke, wir können nicht nur von der Jugend reden, es gibt auch sehr viele Erwachsene, die die Filme gerne anschauen

Gegenüber den Jugendlichen erlaubt er sich unverblümte Zurecht-weisungen. So hat ein Jugendlicher etwas länger und tatsächlich nicht ganz klar argumentiert, worauf er folgende Schelte einstecken muß:

M: Darf ich Sie herzlich bitten, das jetzt kurz zusammenzufassen, was Sie wirklich meinen. Sie haben sehr viel Informationen gegeben, aber Sie sind ins Uferlose geraten (GELÄCHTER)

T: dann tut's mir leid

Eine Frau wehrt sich vehement dagegen, daß man die ganze Zeit aus der Perspektive der Männer diskutiere. Das ist zugleich ein Angriff gegen die Moderation, und der Moderator entzieht sich der Attacke mit dem buchstäblich letzten aller Mittel: er ignoriert die ganze lange Äußerung und geht zum nächsten Votanten über, wie wenn nichts gewesen wäre.

T: (...) Und jetzt ganz am Schluß kommt noch − als als − Schlagrahm aufs Ganze drauf − die Frauen sind schuld, weil sie lieber bügeln sollten [richtet sich gegen die vorhergehende Sprecherin, die den berufstätigen Müttern die Schuld am

Brutalo-Konsum der Kinder zuschreibt] — das finde ich
einfach eine Frechheit! (APPLAUS)
M: Danke sehr. (WÄHLT NONVERBAL DEN NÄCHSTEN SPRECHER)

Die Konzeption von „Limit" zieht unweigerlich das Pro-und-Con-
tra-Schema des Diskutierens nach sich. Und der Moderator verstärkt den daraus resultierenden agonalen Gesprächscharakter
noch durch seine aggressive Art des Nachbohrens. Bei — schlag-
fertigen — Erwachsenen bieten derartige Dyaden mindestens einen
Nervenkitzel, im Gespräch mit Jugendlichen (in der Sendung über
Brutalo-Filme) aber entstehen daraus eigentliche *Kommunikations-
barrieren:*
Ein Jugendlicher hat gesagt, er habe den Film schon fünfmal
gesehen, und der Moderator versucht herauszubekommen, was
denn seine Motive dafür sind.

[Aus dem Schweizerdeutschen übersetzt]
M: Ich möchte einfach wissen, in welchem Gefühlsbereich bist
       du angesprochen, daß du das mehrmals gern anschaust?
T: (MEHRERE SEKUNDEN PAUSE, RATLOSE MIMIK) Gefühlsbereich
       kann man das nicht noch — nicht näher (UNVERST.)
M: Ja ist es die
       Spannung, die dir da gefällt? sind's die Autos, die da über-
       einander ineinander fahren und verbrennen? Ist es — daß ein
       Lehrer — sagen wir mal ruhig — zur Sau gemacht wird oder
       mehr als einer?
T: Also ich schau's garantiert nicht, weil da Leute umgebracht
       werden, weil Blut spritzt und so — äh ja die Auto-Crashs
       sind gut, die Stunts sind gut gemacht.

Mit dem Abstraktum *Gefühlsbereich* kann der Jugendliche nichts
anfangen. Wohl aber kann er über die technischen Aspekte des
Films sehr geläufig reden. Hier klaffen das auf psychologisierende
Begründungen zielende Konzept des Moderators und der Erlebnisbereich des Jugendlichen auseinander. Es gelingt dem Moderator
auch im weiteren nicht, aus dem Befragten einen irgendwie psychologischen Kommentar herauszuholen. Das Gespräch bleibt
dann auf der Ebene der Filmtechnik. Erst im letzten Satz, als der

Moderator das Mikrofon schon weitergibt, sagt der Jugendliche dann etwas von seinen Empfindungen: (wenn ein Film so gut gemacht ist,) *dann kriegt man das Kitzeln im Herz und kriegt auch Angst.* Wenn die Dyade nicht bereits „abgehakt" gewesen wäre, hätte der Moderator hier einen Anknüpfungspunkt gehabt, um seine abstrakten psychologischen Vorgaben mit dem Jugendlichen zu konkretisieren.

An einer anderen Stelle ergibt sich ein offensichtliches Mißverständnis, und der Moderator kommt von seiner Fehldeutung der Äußerung des Jugendlichen nicht mehr los:

T: Also was erwartet man denn heutzutage von der Jugend? Ich meine, wenn jetzt ein Junge als Kind ein Kinderbuch liest, so'n Struwwelpeter oder so, wo einfach quasi ein Daumenlutscher bestraft wird, indem man ihm die Finger abhaut oder so – oder allgemein, Max und Moritz, da wird er einfach in die Mühle hineingestoßen am Schluß, und allgemein ich find das fängt dort schon an, und in der Tagesschau um acht, die man vielleicht jeden Tag anschaut, zur Allgemeinbildung, aber sicher auch viel zu brutale Szenen hat – was erwartet man, oder?

M: Sie wollen damit sagen, daß – Gewalt, Gewalttätigkeit – ein Teil vom Wesen des Menschen ist – wenn Sie Märchen

T: Ja?

M: und und und Mythen und so weiter ansprechen – das hat's immer gegeben

T: (MEHRERE SEKUNDEN PAUSE) Ja?

M: Hab ich das richtig verstanden?

T: Wie meinen Sie jetzt das, also mit den Märchen und Mythen?

M: Eben, in den Märchen, die da erzählt werden, geht's doch nicht immer wie bei einem Sonntagsspaziergang zu

T: Sicherlich – aber – das

M: das Rotkäppchen wird doch gefressen und aus dem Bauch herausgeschnitten

T: Ja – klar   Ja eben, da sehen Sie jetzt, das sind so kleine

Sachen
M: hab ich richtig verstanden, wollen Sie damit sagen, daß es
     das immer gegeben hat?
T: Ich wollte einfach sagen, daß es bei Kleinem anfängt, das
     sind ganz kleine Sachen oder auch in Trickfilmen oder in
     einem Bud Spencer-Film, da sieht man, wie man einem aufs
     Dach haut, und die stehen wieder auf, kein Blut, ist nichts
     oder? Die kleinen Kinder gehen raus, spielen und denken, sie
     können dem andern auch eins aufs Dach hauen — (EINIGE
     SEKUNDEN PAUSE, DER MODERATOR SCHAUT HILFSESUCHEND
     IN DIE RUNDE UND WÄHLT MIT HANDZEICHEN DEN NÄCHSTEN
     VOTANTEN)

Der Moderator ist offensichtlich unfähig, den — post festum
betrachtet — nicht sehr rätselhaften Gedanken des Jugendlichen
zu fassen. Er fragt zwar zweimal nach, ob er richtig verstanden
habe, aber der Jugendliche ist seinerseits konsterniert davon, wie
der Moderator seinen Gedanken uminterpretiert, und so bleibt nur
der Abbruch der Dyade.

  Eine ähnliche Blockade ergibt sich ganz am Schluß der Sendung,
nachdem der Moderator eigentlich schon sein Schlußwort gesprochen hat und einige Teilnehmer auch noch ihre Schlußvoten abgeben durften:

M: Jetzt müssen wir langsam zum Ende kommen. Wir haben
     dich (WENDET SICH EINEM SEHR JUNGEN TEILNEHMER ZU)
     kaum gehört — — vielleicht machst du ein Schlußwort.
T: Also ich finde, daß die Brutalofilme nicht durch die Welt —
     also daß die Welt nicht durch Brutalofilme brutal geworden
     ist, wir haben — Brutalofilme durch die Welt
M: (RATLOS, MEHRERE SEKUNDEN PAUSE) Dürfen wir das noch
     mal ganz genau hören?
T: Also — die Welt ist nicht brutaler geworden durch die Filme
     — die Filme sind brutal geworden wegen der Welt
M: (DER MIMIK NACH ZU URTEILEN, NOCH GENAUSO RATLOS) Aha
     (STIMME IM HINTERGRUND: „SEHR SCHÖN GESAGT". AP-
     PLAUS.)

Siehst du, eine Äußerung, und du hast einen Applaus! Fabelhaft. Meine Damen und Herren, wir müssen zum Schluß kommen

Zuschauerbeteiligung darf in einer Großdiskussion von heute natürlich nicht fehlen. Damit wird die *Entgrenzung* alter Gesprächsformen noch um einen Schritt weitergeführt.

Auf zweierlei Art können die *Zuschauer* mitmachen: Einmal werden sie aufgefordert, durch Anrufen einer bestimmen Nummer ihre Ja-oder-Nein-Meinung zu der jeweiligen Leitfrage mitzuteilen (z. B. ob das Fernsehen Brutalos zeigen solle). Zum andern können sie mit Redakteuren am Telefon über den gezeigten Film oder die Sendung sprechen. Diese zweite Form der Beteiligung findet aber nicht als eigentliches Phone-in statt, da das verständlicherweise bei dem ohnehin schon komplizierten Arrangement kaum mehr möglich wäre, sondern die Telefone werden auf Band aufgenommen und in geschnittener Form dem Studiopublikum und dem Zuschauer präsentiert. Während die Telefone eingespielt wurden, baumelte bei der Brutalo-Sendung vor den Augen des Studiopublikums ein überdimensionales blutrotes Telefon an einem Haken — ein makabrer Ersatz des nicht visualisierbaren Anrufers. Das Ganze ist dann auch nicht mehr als ein Showelement, ohne daß die Anrufer im übrigen ernst genommen würden:

M: Bevor wir weiterreden, möchte ich noch unbedingt, weil von oben [!] gesagt worden ist, es sei ein sehr vehementes Telefonat reingekommen, das uns interessieren könnte, bitten wir, daß daß wir das anhören dürfen.

Der Anrufer beginnt gleich zu schimpfen:

Anrufer: Wir sind nicht mehr weit weg von den Nazizeiten, das ist eine verdammte Schweinerei, daß man so etwas zeigt am Fernsehen Ich kann Ihnen sagen, wenn mir so einer unter die Finger kommt, den mach ich dann auch kalt [UNVERST.] machen Sie nur so weiter, auch Sie kommen noch dran, Ihr vom Fernsehen da, das ist eine verdammte Schweinerei

Redakteurin: Ja, was verstehen Sie unter „drankommen"?
Anrufer: Die Brutalität, die dermaßen zunimmt, und mit solchen
Sachen am Fernsehen macht man unsere Gesellschaft total
zur Sau, brutalisiert man sie.

Das völlig unqualifizierte Geschimpfe ist wohl darum sendewürdig,
weil es eben ein emotionaler Ausbruch ist. Und sogar als diskussionswürdig erachtet der Moderator den Anruf, indem er ihm
anschließend eine eigene Diskussionsphase widmet. Der erste Votant dieser Runde meint, der Anrufer sei *im Ton voll auf den Film
abgefahren;* darum halte er es für zwecklos, darauf weiter einzugehen, und wolle statt dessen auf einen anderen Punkt zu sprechen
kommen. Der Moderator akzeptiert den Themenwechsel nicht und
beharrt auf Stellungnahmen zu dem *sehr vehementen Telefon.*
In der Sendung vom 1. 2. 90 hat er diese Unarten − so mein
erster Eindruck − weitgehend abgelegt. Dennoch bleibt der Eindruck bestehen, daß die „Attraktivität" der Filme der Qualität der
Argumentation in der Diskussion in keiner Weise förderlich ist.
Dominant bleibt auch jetzt der Eindruck eines bloßen Pro und
Contra − wobei wir auch hier wieder bei einem dominanten
Muster von Fernsehgesprächen angelangt wären.

(2) Schaltsendungen

Viel ehrgeiziger und technisch äußerst anfällig sind Sendungen, bei
denen dem Rezipienten abwechselnd von zwei (oder mehreren)
Orten Sprecher (und Situationen) angeboten werden. Ein besonders
ehrgeiziges Projekt war eine Sendung („Fernsehbrücke Wolgograd
− Köln", ARD, 24. 10. 88), die mit zwei Großgruppen in Köln
und in Wolgograd gleichzeitig gemacht wurde. Der deutsche Moderator führt die Sendung so ein:

[Moderator in Köln (Fritz Pleitgen) = MK, Moderator in Wolgograd (Leonid Zolotarewskij) = MW; Teilnehmer in Köln =
TK; Teilnehmer in Wolgograd = TW]
[An einigen Stellen übersetzt MK seinen deutschen Text selbst ins
Russische]
MP: Ich begrüße Sie hier in Köln vor der Kulisse des ehrwürdigen
Doms, guten Abend. Es regnet hier in Strömen, aber wie die

alte Redensart sagt: Der Regen kommt und der Bauer singt.
[russische Übersetzung] Aber keine Bange, ich werde jetzt
nicht singen, sondern zuerst einmal meine Gäste in der Sowjetunion begrüßen [russisch]. Der deutsche Bundeskanzler
Helmut Kohl weilt zu Besuch in der Sowjetunion, nach Meinung des sowjetischen Staats- und Parteichefs — Michail
Gorbatschows könnte damit ein neues Kapitel in den Beziehungen zwischen der Bundesrepublik Deutschland und der
Sowjetunion beginnen. Wir werden es sehen [russisch], doch
nicht nur die Politiker sollen miteinander reden, sondern auch
von Volk zu Volk sollen Meinungen ausgetauscht und strittige
Probleme erörtert werden. Deshalb schlagen wir jetzt eine
Fernsehbrücke zwischen der deutschen Stadt Köln am Rhein
und der sowjetischen Stadt Wolgograd am Wolgafluß. Warum
gerade diese beiden Städte? Nun, sie werden bald eine Partnerschaft eingehen. Das Verhältnis zwischen den Deutschen
und Russen, beziehungsweise Sowjetbürgern ist leider auch
eine Geschichte von zuviel Krieg und faulem Frieden. Die
Beziehungen erreichten ihren traurigen und schaurigen Hö-
hepunkt beziehungsweise Tiefpunkt im Zweiten Weltkrieg,
der von Nazi-Deutschland begonnen wurde und dem Millionen Menschen zum Opfer gefallen sind. Wie Sie alle wissen,
fand damals eine schreckliche Schlacht in Stalingrad statt, sie
hat möglicherweise das Ende des Zweiten Weltkrieges mit-
entschieden und damit in einer gewissen Weise zu unserm
heutigen Schicksal beigetragen. Stalingrad heißt inzwischen
Wolgograd und mit dieser Stadt sind wir wie schon vorhin
erwähnt äh verbunden und wir werden nun mit den Menschen
dort diskutieren über die Frage: Warum eigentlich haben sich
Deutsche und Sowjetbürger damals gegenseitig umbringen
wollen und wie ist so etwas auf ewig zu verhindern? Wir
haben das Thema unter die Schlagzeile gestellt: Die Wahrheit
der Soldaten, [russisch], denn — in erster Linie und vor allem:
zum ersten Mal in aller Öffentlichkeit werden Soldaten darüber diskutieren, hüben wie drüben, ehemalige und aktive.
Dazu haben wir in Köln zehn Teilnehmer der Schlacht in
Stalingrad eingeladen sowie zehn Offiziere und Soldaten der

Bundeswehr. Eine entsprechende Besetzung gibt es in Wolgograd. Dazu wird Sie jetzt mein Kollege, mein sowjetischer Kollege Leonid Zolotarewskij informieren. Ich rufe Wolgograd: [russisch].

Ziel der Sendung ist es somit, neben dem gerade stattfindenden offiziellen Gespräch zwischen den Politikern – dessen Erfolg leise bezweifelt wird *(Wir werden es sehen)* – eine zweite, weniger offizielle Gesprächsebene einzuführen, wo *wir* mit *den Menschen dort von Volk zu Volk* diskutieren. Das brisante Thema – die *Schlacht um Stalingrad* – wird nicht aus der Perspektive „von oben", sondern „von unten", aus der Sicht der Betroffenen angegangen. Dieses Gespräch findet *in aller Öffentlichkeit* statt, d. h. in der Öffentlichkeit des Mediums, und das heißt zugleich: nur durch technische Mittel zustande gekommen. Im Laufe der Sendung wird klar, daß das *öffentliche* Gespräch dann – nach Meinung der deutschen Regie – zu einem direkten Face-to-face-Gespräch einzelner im privaten Rahmen führen soll. Der sowjetische Moderator dagegen hütet sich, die offizielle Ebene zu verlassen:

[Simultane Übersetzung, russischer O-Ton im Hintergrund]
[Studio Wolgograd]
MW: Wir beginnen unser Gespräch mit den Worten von Michail
    Gorbatschow, die er an den Herausgeber des „Spiegel" gerichtet hat. Den Faschismus – haben wir nie mit den Deutschen gleichgesetzt, die faschistischen Streitkräfte standen vor Moskau und damals hieß es, die Hitlers kommen und gehen. Das deutsche Volk, der deutsche Staat bleibt. Wir glauben daran, daß dieses Treffen, wie auch das Treffen unserer Führer, ein weiterer Schritt zu größerem Einverständnis, zu mehr Zusammenarbeit sehen/ sein wird, zu mehr gegenseitigem Respekt zwischen den Völkern der Sowjetunion und der Bundesrepublik Deutschland. Jetzt Fritz, bitte, zeigen Sie uns Deinen (sic) Film über Köln.
[Es folgen Filme über Köln und Wolgograd]

Das Fernseh-Treffen wird hier dem *Treffen* der Politiker einfach an die Seite gestellt, als *weiterer Schritt* auf dem Weg der Zusammenarbeit, ohne daß die unterschiedliche Perspektivik thematisiert wird.

Es könnte ein unglaubliches und aufwühlendes Ereignis werden — diese erstmalige Begegnung der Kriegsteilnehmer nach sovielen Jahren. Aber es wird nichts daraus als eine verkrampfte, streckenweise schwer erträgliche Veranstaltung. Man könnte denken, daß die stärker aufs Offiziöse gerichtete Haltung der sowjetischen Gesprächsleitung der Grund dafür wäre. Das ist aber höchstens zum geringeren Teil der Fall. Die Sendung scheitert ganz einfach an den massierten Zwängen des Mediums — an technischen und prinzipiellen Zwängen.

1. Folgen des technischen Arrangements

— Die Gesprächspartner befinden sich an zwei Orten, getrennt voneinander; damit sind während der ganzen Sendung zwei *Parteien* gegeben, und der einzelne kommt immer als Vertreter seiner Partei zu Wort.

— Die Voten werden „simultan" übersetzt, also mit einer kleinen Zeitverschiebung. Das hat zur Folge, daß die nächste Äußerung erst erfolgen kann, nachdem die Übersetzung beendet ist. Dadurch wird ein Überlappen von Gesprächsschritten unmöglich, es sei denn, daß der eine Moderator den anderen unterbricht.

— Alle Voten werden durch die beiden Moderatoren vermittelt. Spontane Bezugnahme der Sprecher aufeinander wird damit verunmöglicht, das Rederecht wird nur durch den Moderator vergeben, Selbstwahl ist nicht gestattet. Das führt zu einem gänzlich rigiden Gesprächsschema:

Äußerung des Moderators — Wahl eines Teilnehmers durch den Moderator — Äußerung des Teilnehmers — Übergabe des Rederechts an die andere Partei durch den Moderator oder Beanspruchung des Rederechts durch den anderen Moderator.

Der Anfang des Gesprächs hört sich dann so an:

[Studio Wolgograd]
MK: Die Schlacht von Stalingrad war nicht das Ende des Schrekkens. Wie ging es weiter mit den Siegern und Besiegten? In

Köln und in Wolgograd sitzen Teilnehmer der Schlacht von Stalingrad. Sie werden jetzt miteinander reden. Hätten Sie sich träumen lassen, daß Sie eines Tages mit Ihren Kriegsgegnern von damals über Fernsehen miteinander reden könnten?

TK1: Nach 46 Jahren hätte ich das nicht erwartet.

TK2: Ich hätte niemals geglaubt, niemals für möglich gehalten, daß es nochmal zu einer Verbindung mit unserm damaligen Gegner gekommen wäre, aber ich freue mich darüber, daß das möglich ist, daß das heute möglich ist, und ich wünsche, ja ich kann sagen, ich bete zum Herrgott, daß unser äh daß der Gorbatschow in Rußland soviele Sowjets in seinem Rücken weiß, daß er seine Wünsche und Vorstellungen durchziehen kann. Das würde mich freuen. Und wenn ich dem Kameraden, mit dem ich zusammen im Lazarett so gelegen habe, vielleicht wäre das möglich, daß er unter den russischen Zuhörern ist, der russische Soldat, der neben mir gelegen hat, ich würde mich freuen, ja wenn es möglich wäre, einen Kontakt mit ihm wieder aufzunehmen.

MP: Ja, Wolgograd, wie ist denn die Meinung der sowjetischen Veteranen zu diesem Thema. Hätten Sie sich das träumen lassen, daß Sie mit deutschen Kriegsteilnehmern – soviel später noch einmal zusammen über dieses Thema sprechen könnten?
[Pause für die Übersetzung ins Russische. Umschaltung in's Studio Wolgograd]

MW: Vielen Dank für Ihre Frage, Fritz, ich denke, daß die Veteranen sicherlich sofort antworten werden.

Damit ist das Gesprächsschema der Sendung zunächst einmal voll realisiert:

MK zu TK [eventuell kurze Dyade M – T als Nachfragen und Antworten]
MK übergibt an MW [mit der gleichen Frage wie an TK, oder mit einer neuen Frage]
MW zu TW usw.

Die erste Übergabe wirkt besonders holprig dadurch, daß der sowjetische Moderator dem deutschen zunächst für die Frage dankt und dann ausdrücklich die – bei diesem Arrangement selbstverständliche – Gesprächsbereitschaft der sowjetischen Teilnehmer betont.

Die erste Äußerung eines sowjetischen Teilnehmers verstärkt die Künstlichkeit des Einstiegs: Er antwortet nicht auf die von MK formulierte Frage, sondern stellt seinerseits eine Frage. Es ist nicht auszumachen, ob die gänzlich überflüssige Frage (es ist ja durch das in der Einleitung der Moderatoren erläuterte Arrangement klar, daß Teilnehmer der Schlacht anwesend sind) durch die sowjetische Regie vorbereitet und nicht genügend mit den Deutschen abgesprochen war oder ob es einfach der Hilflosigkeit des Teilnehmers zuzuschreiben ist. Jedenfalls führt die Frage dann zu einem unerwarteten Umschalten zur deutschen Seite:

[Studio Wolgograd]
TW: Ich würde gerne fragen. Ich weiß, daß unter uns in den ersten Tagen des – der Schlacht Zehntausende umgekommen sind. Gibt es unter den Anwesenden Veteranen deutscher Seite, die im August zweiundvierzig hier in Stalingrad warcn?
MK: Gibt es hier? – bitte schön.
[Studio Köln]
TK: Ich war im August zweiundvierzig in Stalingrad. Das heißt, ich habe den Don-Übergang bei V(...) mitgemacht der 76. Infanteriedivision.
MK: Und sind Sie aus Stalingrad heraus
TK: Ich bin aus Stalingrad rausgekommen‚ weil ich zwei Jahre‚ damals ging turnusmäßig der Urlaub, ich hatte zwei Jahre keinen Urlaub bekommen, da hab ich am 26. Oktober meinen Urlaubsschein bekommen‚ den hab ich noch hier, bin rausgekommen – und als ich wieder zurück kam, wurden wir in äh T oder M aus dem Zug rausgeholt und als da hieß es der Russe ist durchgebrochen bei K und wurden wir Urlauber in verschiedenen Kampforganisationen und Bataillonen eingeteilt‚ und habe den Rückzug von Stalingrad dann mitgemacht .

Der sowjetische Moderator hält es für nötig, das komplizierte
Arrangement immer wieder durch verständnissichernde Maßnah-
men abzustützen, z. B. durch Reformulierung der vom deutschen
Moderator gestellten Frage:

MK: Darf ich Sie jetzt mal unterbrechen – Leonid, darf ich an
Sie und Ihre Teilnehmer dort die Frage richten: Wie haben
denn die Veteranen dámals die Deutschen gesehen‚ˆ ihre
Kriegsgegner‚ˆ ihre Kriegsfeinde?
[Pause, dann Studio Wolgograd]
MW: Ja, Freunde, Ihr habt die Frage gehört, wie habt Ihr Eure
Feinde damals angesehen, wie habt Ihr sie empfunden?

Der sowjetische Moderator unterläßt es auch nicht, die Voten seiner
Gesprächsteilnehmer zu kommentieren und ins richtige Licht zu
rücken. Ein Teilnehmer antwortet zunächst auf die oben gestellte
Frage:

TW: Ich habe die ganze Schlacht um Stalingrad mitgemacht in der
zweiundsechzigsten Armee. Wir haben damals gesehen, in
welch schwerem Zustand die deutschen Soldaten sich befunden haben. Und äh manchmal kam man dazu, sie mal etwas
genauer anzusehen, wie sie angekleidet waren, und trotzdem
standen sie durch und wir als wir die Deutschen bereits
eingekreist hatten, wir wollten das möglichst schnell zu Ende
bringen, diese Stalingrad-Schlacht, denn die der Widerstand
des Gegeners war damals schon sinnlos. Es war ein humanes
Ultimatum, das damals gestellt wurde. Letzten Endes haben
aus irgendwelchen Gründen die deutschen Soldaten nícht die
Waffen hingelegt, niedergelegt. Wir haben den deutschen
Soldaten betrachtet als einen eigenen, sowjetischen Soldaten
und wir haben diesbezüglich versucht, die Stalingradschlacht
möglichst schnell zu beenden, um so auch das Leben der
deutschen Soldaten zu schonen.

Diese Antwort kann der sowjetische Moderator offenbar nicht
einfach so stehen lassen, darum kommentiert er sie zunächst und
gibt dann das Wort mit einer gezielten thematischen Vorgabe
weiter:

MW: Sehen sie wie interessant hier im Lauf von über vierzig Jahren das Gedächtnis doch verformt wird, umgeformt wird. Ich glaube, daß damals die Empfindungen doch etwas anders waren während der Schlacht. Ich glaube, die Erinnerungen sind doch vom heutigen Tage etwas eingefärbt. Was sagen Sie von der damaligen Zeit?

TW: Ich heiße M(...) M(...) Ich habe an der Schlacht um Stalingrad teilgenommen bis zur völligen Beendigung der Schlacht teilgenommen. Ich war sehr oft an vorderster Front und (UNVERST.) Lautsprecher — dorthin gebracht und als P(...) schon eingekreist war, eingekesselt war, haben wir ihn aufgefordert, das sinnlose Blutvergießen einzustellen. Aber die Soldaten sind darauf wenig eingegangen. Ich möchte gerne bei den Teilnehmern der Stalingrad-Schlacht fragen. Erfahren möchte ich von ihnen, was sie davon abgehalten hat, das sinnlose Blutvergießen einzustellen und am Leben zu bleiben. Denn unser Ultimatum war doch human damals, das hätte doch geholfen, Leben zu retten, denn wer damals nach Ende des Krieges gefangengenommen wurde, ist doch nach/ in die Heimat geschickt worden.

Daß einerseits die Moderatoren, andererseits aber auch die Teilnehmer Fragen stellen — was wahrscheinlich nicht so abgemacht war —, führt phasenweise zu einem hoffnungslosen Durcheinander. Schon hier am Anfang ist gar nicht mehr klar, wer auf welche Frage zu antworten hat und welche Partei an der Reihe wäre:

MW: Fritz, bevor wir jemanden von den Anwesenden bei Ihnen bitten, auf diese Frage zu antworten, würde ich doch únsere Veteranen bitten, auf Ihre Fragen zu antworten. Die Frage war: Wie haben Sie jene deutschen Soldaten angesehen, die Ihnen damals gegenübergestanden haben, in jenen Tagen? (TW STEHT AUF) Bitte bleiben Sie sitzen.

MK: Ja, ich darf hier die Frage, Leonid, ich darf hier die Frage vielleicht aufgreifen, Leonid, ich darf vielleicht mal die Frage aufgreifen.

MW: Eine Sekunde Fritz, Entschuldigung,´ wir haben noch nicht geantwortet,´ Moment.

TW: (UNVERST.) ich bin Teilnehmer der Stalingrad-Schlacht − ich war Teilnehmer. Wir haben, wir waren sehr aufgeregt. Wir haben sehr intensiv erlebt, daß die Deutschen bis zu unser Stadt durchgebro/ durchgedrungen sind. Wir waren noch sehr jung. Wir waren der Ansicht, daß unsere Heimat, die wir verteidigten, und vor Stalingrad geschworen haben, keinen Schritt zurückzuweichen, und bis zum Schluß durchzuhalten, das war bereits zu der Zeit, als die deutschen Soldaten umzingelt waren. Und nach der Einkesselung haben die deutschen Soldaten bereits nicht só ausgesehen, sie haben anders ausgesehen als zu der Zeit, als sie gekommen sind, als daß Hitler sie geschickt hat, und das ist verständlich, Faschismus ist schließlich Faschismus, und ich denke, daß wenn wir jetzt das soweit bringen, daß der Faschismus sich nicht wiederholt, nicht wieder aufersteht, erst dann und nur dann kann Frieden entstehen, das ist meine persönliche Meinung. Soldaten, unsere Veteranen, Eure Veteranen, seien wir Freunde und lassen wir unsere Enkel nie wieder, unsere Enkel, unsere Brüder nie wieder Krieg führen miteinander. Sie sollen in Frieden miteinander leben, vielen Dank.

MW: Sie wollten etwas sagen.

(APPLAUS. DANN STIMME VON MK, BILD VOM STUDIO WOLGOGRAD)

MK: Leonid, dürfen wir mal

TW: Ich hab bis jetzt gesehen − eine Episode der letzten Kriegszeit. Ich erinnere mich an die schreckliche Zeit, die wir durchgemacht haben. Doch hier wurde eine Frage gestellt. Bevor wir darüber reden, wie wir die deutschen Truppen vor Stalingrad betrachtet haben, angesehen haben, möchte ich sagen, daß zu Beginn des Krieges einundvierzig als ich äh in den ersten Tagen in den Kampf geschickt wurde, haben wir gemerkt, daß die Göbbels-Propaganda es geschafft hat, die deutschen Soldaten so zu bearbeiten und ein solches Feindbild über den Sowjetmenschen in deutschen Soldaten zu schaffen, so daß der sowjetische Soldat, der − Verzeihung der faschistische Soldat tatsächlich als Aggressor uns angegriffen hat und als wir die ersten zwei, drei Wochen gekämpft haben,

haben wir trotzdem immer noch gedacht. Wir haben, wir
haben doch unsere Erziehung nicht vergessen können. Wir
können doch nicht glauben, daß die Arbeiterklasse Deutschlands gegen uns kämpft. Diese Entartung des Feindes, das
entstand erst im Laufe der Kampfhandlungen und damals
haben wir verstanden, daß ein wirklich sehr ernster Feind
uns überfallen hat, ein harter Feind. Aber damals in Stalingrad und als die eingekesselten Truppen uns sich uns ergeben
haben und als wir mit den Kriegsgefangenen zusammen die
Straßen reinigen mußten, sauber machen mußten und die
deutschen Kriegsgefangenen vorbeikamen, haben wir mit ihnen zusammen die Straßen gekehrt und der frühere Feind
war plötzlich nicht mehr der gleiche Mensch.
[Nur die Stimme von MK:]
MK: Leonid, darf ich einmal aus Köln unterbrechen.
TW: Als ich einmal einen Leutnant, mit einem Leutnant zusammen
MK: Leonid, darf ich mal aus Köln unterbrechen. [Jetzt Bild Köln
und Regie-Stimme: WIR HÖREN SIE] danke schön.
[Nur Stimme von MW:]
MW: Ja bitte?
MK: Äh, ich möchte noch gerade berichten, daß, als die Erklärung
kam, daß wir nun in Freundschaft leben sollten, hier die
Teilnehmer unserer Gesprächsrunde Beifall geklatscht haben.
Es ist vorhin ja eine Frage gestellt worden, wie denn die
deutschen Soldaten sich in ihrer Rolle gesehen haben. Gerd
S war zwar nicht in Stalingrad, aber er war in der ganzen
Zeit an der sogenannten deutschen Ostfront. Herr S, wie
waren denn damals äh die Empfindungen der deutschen
Soldaten, wie haben sie ihre Rolle gesehen?

2. Strukturelle Zwänge des Mediums

Schon nach ca. einem Drittel der Sendung kommt explizit der
Zeitdruck ins Spiel, und Zeitdruck bestimmt das ganze weitere
Geschehen in immer stärkerem Maße. Der Zeitdruck ist vorprogrammiert: Man will nicht nur ein Gespräch bieten, sondern auch
noch filmische Illustration und Dokumentation und sogar Show-

elemente (Sänger). Und im Gespräch soll eine ganze Reihe von
Themen abgehakt werden. Aus dem Hin und Her zwischen den
Parteien der Diskussion und dann noch zwischen Diskussion und
den anderen Sendungsblöcken wird schließlich ein regelrechtes
Gehetze:

MK: Leonid, ich sehe, daß wir jetzt etwas unter Zeitdruck geraten,
hier melden sich auch einige Veteranen. Ich würde sagen,
vielleicht eine ganz kurze Antwort von dem Herrn dort
hinten, aber bitte sehr kurz und dann müssen wir in unserm
Programm bitte weiter gehen. Bitte, Sie können reden.

MW: Ich denke Fritz, wir sollten uns einigen. Wir bitten Sie, sich
sehr kurz zu fassen, sonst schaffen wir es nicht, über alles
zu reden, was wir besprechen wollten.

MK: Ja bitte.

TK1: Ich versuche, es sehr kurz zu machen. Äh ich möchte das
Gespräch weiterführen. Wir möchten doch Partnerstädte sein,
Köln und Stalingrad.

MK: Okay. Vielleicht noch dieser Herr.

TK2: Vielleicht noch eine kurze Bemerkung zu dem Vorredner, und
zwar das ist folgendes: Ich wohne fünfundvierzig Kilometer
von Köln entfernt, in einem Ort dicht bei Bonn, und dort ist
eine ein Soldatenfriedhof, der sehr bekannt ist, wo an jedem
Sonntag im November, den wir Volkstrauertag nennen,
Kränze der Regierung und offiziellen Stellen niedergelegt
werden. Ein großer Teil dieses Friedhofes ist belegt mit russischen Gräbern, mit sowjetischen Menschen, die sehr gepflegt und in Ehren gehalten werden. Ich muß sagen, leider
vermisse ich bei all diesen Tagen, obwohl nur 15 Kilometer
davon entfernt die russische Botschaft ist, daß an irgendeinem
dieser Tage ein Blumengruß von sowjetischer Seite an diese
Gräber gelegt wird.

MK: Leonid, ich denke, wir müssen dieses Thema nun verlassen,
es sei denn Sie haben noch Wichtiges hinzuzufügen, denn ich
bekomme hier ständig Signale, daß wir im Programm weitergehen müssen. Wir wissen alle, daß dies ein Anfang der
Diskussion ist. Wenn Sie einverstanden sind, würde ich jetzt
weitergehen wollen, denn wir geraten sonst in Zeitdruck.

Der sowjetische Moderator beharrt aber darauf, daß die *Gesetze der Höflichkeit* immer noch den Vorrang haben vor *Zeitdruck* und er setzt diese Maxime mindestens für ein Votum durch. Dann aber fällt die Zeit-Guillotine:

MW: Ich wollte nicht gerne die Gesetze der Höflichkeit verletzen, ich denke, daß der hier sitzende Veteran, der begonnen hat zu sprechen, das Recht haben sollte, zu Ende zu führen, was er sagen wollte. Da wir nun daran gehen, Partnerschaft-Städte zu werden, Köln und Stalingrad, müssen wir natürlich auch daran denken, daß die deutschen Bürger hierher kommen, und daß sie hier auch in unsere Stadt reisen können. Ich bin zur Zeit Direktor des M(...)Hügels, der Gedenkstätte, ich habe oft Delegationen aus der Bundesrepublik, denn in diesem Denkmal sind ja Schumann-Klänge zu hören, das ist ein deutscher Komponist und wir haben ein Denkmal für den unbekannten, Grabmal für den unbekannten Soldaten und man kann ihm doch sicher die Ehre erweisen, wenn die Bundesbürger bei uns sind. – Ich denke, wir sollten wirklich zum nächsten Thema übergehen, Fritz, und ihr seht jetzt, Sie sehen jetzt eine Wochenschau aus den 30er Jahren.

Der Zeitdruck hat auch zur Folge, daß auf einer Seite nicht mehr als zwei bis drei Votanten zu Worte kommen können, ohne daß der andere Moderator sich wieder einschaltet, z. B.:

MW: Fritz, danke schön, habt Ihr noch andere Fragen an unsere Zuhörer?

MK: Ich habe noch die eine Frage, wie sieht man den Stalin denn heute bei Ihnen? Ist er immer noch so anerkannt wie früher, oder hat sich das Bild geändert?

MW: Ich denke, Ihre Fragen richten wir an Vertreter von zwei Generationen. Bitte um kurze Antwort. Wer möchte antworten?

TW1:Stalin, heute sehen wir ihn als Menschen, der viel Leid über unser sowjetisches Volk gebracht hat, deswegen wissen wir heute ziemlich objektiv, was er getan hat und entsprechend schätzen wir seine Bedeutung ein.

MW: Danke schön. Wer von den jungen Leuten möchte gerne antworten? Wie seht ihr heute Stalin?

TW2: Ich habe nicht an die allgemeine Blindheit geglaubt, als man Stalin in den dreißiger Jahren hochlobte, genauso trauere ich der heutigen Information nicht so ganz, das Stalin schlecht war, ich glaube, man sollte objektiv sein, er hatte sicher auch gute Seiten, er war ein guter Organisator, er hat vor dem Krieg aus Ruinen Rußland als Industriemacht aufgebaut.

MW: Gibt es noch andere Meinungen? Gibt es noch andere Meinungen?

MK: Leonid, Leonid, darf ich mich mal einschalten, ich sehe daß – [Studio Köln kommt ins Bild] Leonid, ich möchte mich einmal einschalten, ich sehe, daß bei uns ein äh junger Offizier sich gemeldet hat. Vielleicht können wir ihn dazu befragen, was seine Meinung ist.

MW: Bitte schön.

T: (ZU ANFANG OHNE MIKROFON, UNVERST.) dieses historische Thema auch einmal als jüngerer Bürger zu Wort melden

Die *Gesetze der Höflichkeit*, auf die sich der sowjetische Moderator beruft (s.o.), scheinen nicht so weit zu reichen, daß man der anderen Seite einmal etwas mehr Zeit lassen könnte. Die Höflichkeit findet ihre Grenzen wieder einmal am *Proporz*:

MW: Wir wollen jetzt mit unserer Zeit demokratisch umgehen und auch den äh sowjetischen Teilnehmern dieser Diskussionsrunde eine Chance geben, darauf einzugehen. Leonid, bitte.

3. Unterschiedliche Moderationskonzepte

In dieser Sendung ist geradezu die Regel, was bei Sendungen mit mehreren Moderatoren hierzulande ganz undenkbar wäre: daß sich die Moderatoren uneinig sind über den Sendungsablauf und daß sie diese Diskrepanzen in keiner Weise zu kaschieren versuchen:

MK: Gut, Leonid ich gebe jetzt an Sie weiter, weil Sie das Programm fortsetzen.

[Pause, dann Studio Wolgograd]

MW: Bitte sehr.
    [Während der Äußerung von MK Bildwechsel nach Köln:]
MK: Ich glaube, wir haben uns mißverstanden, äh ich äh ich wollte
    das Programm jetzt an Sie weitergeben, weil Sie äh das Lied
    ankündigen wollen von V(...), damit wir nun weiterkommen
    in unserem Thema.
MW: Wissen Sie Fritz, das Lied von V(...), von dem Sie jetzt
    gesprochen haben, werden wir uns gleich anhören, aber es
    kommt mir eine Art symbolischer Abschluß unserer Diskus-
    sion über die Vergangenheit vor, über die Jahre und die
    Ereignisse der vergangenen Jahre, deshalb würde ich sagen,
    wenn Sie nicht weitere Fragen an unser Auditorium haben,
    ich hab aber gehört, wie der junge Offizier äh der Bundeswehr
    äh die Meinung äh junger sowjetischer Soldaten hören wollte.
    Äh sollen wir vielleicht auf seine Bitte eingehen oder sollen
    wir unsere Diskussion über die Vergangenheit jetzt äh zu
    beendigen, beenden. Was meinen Sie?
MK: Gut äh äh als äh Formalist hatte ich äh darauf hinaus gewollt,
    daß wir äh bei unserem Programm zunächst bleiben und
    dann sofort im Anschluß an das Lied von V(...), auf das ich
    ungern verzichten wollte, aber wenn wir uns da einigen,
    können wir das auch tun, wollte ich da die Diskussion mit
    den Soldaten und Offizieren beginnen.
MW: Nun ja, gut. Also, wer von den hier anwesenden Soldaten ist
    bereit, auf die Replik Eures Kollegen aus der Armee der
    Bundesrepublik zu antworten? Bitte sehr. Bitte.
TK: Äh vollkommen richtig wurde vermerkt, daß ohne Vergan-
    genheit, ohne Geschichte es keine Gegenwart geben kann,
    und wenn wir die Augen vor der Vergangenheit verschließen,
    wir die Gegenwart schlecht sehen können. Wir dürfen deshalb
    die Augen vor der vor den politischen äh Fehlern Stalins
    verschließen (sic). Er hat für das Land sehr viel getan, ja.
    Wir dürfen aber nicht vergessen, welche Massenrepressionen,
    welche Massenopfer unser Volk durch ihn erleiden mußte.
    Und seine Position, wenn wir sie untersuchen, nun, muß man
    seine Taten nicht allein aus der Vergangenheitsperspektive
    betrachten, sondern aus der heutigen auch.

MW: Vielen Dank. Möchte jemand noch von Euch dazu was sagen, nein? Gut, Fritz, dann folgen wir tatsächlich unserem Zeitablauf und schließen wir jetzt das Thema des Krieges und alle Arten der tragischen Ereignisse der Vergangenheit durch das Anhören des Liedes von V(...) und wir sehen uns auch den Film an, zu dem dieses Lied ertönen wird. Und ich glaube wir werden danach alle Voraussetzungen haben, um unsere Diskussion über die Gegenwart sprechen können (sic).
[Übersetzung des Liedtextes gesprochen und als Untertitel: „Weshalb ist es alles anders, es scheint alles wie immer zu sein"]

Auch in thematischer Hinsicht sind sich die Moderatoren nicht immer einig, welche Frage jetzt zu stellen sei, und so vergeht viel unnötige Zeit mit dem Aushandeln der jeweils nächsten Frage:

MW: Und ich glaub, in der Zeit bis zum Schluß unserer Sendung, daß wir vielleicht Gedanken darüber austauschen sollten, wo man am effektivsten zusammenarbeiten könnte. Und welches sind die Gebiete, wo wir uns annähern könnten und gegenseitigen Nutzen bringen? Was würde Euer Auditorium dazu äußern?

MK: Ja, einverstanden, daß wir so weitergehen. Ich habe mit Freuden gehört, was die Offiziere und Soldaten auf den beiden Seiten gesagt haben. Ich bin natürlich als äh Journalist ein bißchen zu Skepsis verpflichtet, aber ich bin froh, wenn es tatsächlich so wäre oder wenn wir durch unsere Diskussion dazu beitrügen, daß man tatsächlich ein so gutes Bild voneinander gewinnt. Meine Frage ist jetzt hier äh haben Sie eine konkrete Frage an die äh Offiziere und Soldaten der Sowjetarmee. Wenn Sie jetzt schon einmal die Gelegenheit haben, mit ihnen zu reden.

MW: Ich bitte um Entschuldigung, aber sind Sie bereit, zu jenem Teil unseres Gespräches überzugehen, von dem ich eben gesprochen habe? Ich habe eine konkrete Frage gestellt: Können Sie konkrete Bereiche der Zusammenarbeit vorschlagen, in denen wir gegenseitig einander nützlich sein könnten?

MK: Gut, ja wir sind dazu bereit, hier mein der Offizier hier zu meiner Linken.

Und wenn man sich auf ein Thema geeinigt hat, heißt das noch nicht, daß auch über die Formulierung des Themas Einigkeit bestünde. Da zeigen sich dann ideologische Differenzen, die sich auf die Gesprächsführung zusätzlich verwirrend auswirken:

MW: Ja, wie sieht's aus, Fritz. wir haben Wochenschauen gesehen aus jener Zeit, jetzt müssen wir die gestellten Fragen beantworten.

MK: Ja, die Frage stellt sich.

MW: Was war denn passiert mit dem deutschen Volk, was hat uns zum Krieg geführt.

MK: Ja diese Frage stellen wir uns hier auch und fragen uns auch, äh wir haben jetzt zwei Diktatoren gesehen, Stalin und Hitler, wie konnte man ihnen damals folgen. Meine Frage richtet sich jetzt an Sie.

Der sowjetische Moderator formuliert die Frage nur in bezug auf die Kriegsschuld der deutschen Seite, der deutsche Moderator akzeptiert die Frage *(Ja diese Frage stellen wir uns hier auch)*, gibt dann scheinbar eine Spezifizierung *(fragen uns auch)*, die aber in Wirklichkeit eine Uminterpretation ist (mit *zwei Diktatoren…* wird angedeutet, daß die Kriegsschuld bei beiden Seiten liegt). Der sowjetische Moderator läßt das zunächst unkommentiert, und der deutsche Teilnehmer antwortet ohnehin nur auf den allgemeineren Teil der Frage:

TK: Na ja Deutschland hat äh nach dem Ersten Weltkrieg äh so wie ich informiert bin über zehn Millionen Arbeitslose gehabt und äh die nach dem Kriege eingesetzten Regierungen haben das nicht vermocht, äh eine äh arbeitsfähige und tragbare auf Dauer ausgerichtete äh Ordnung in Deutschland hineinzubringen und das hat Hitler ausgenutzt, indem er so den Anschein erweckte als wenn er äh alleine in der Lage ist äh dem deutschen Volk wieder Brot und Arbeit zu geben. Und vor allen Dingen wieder einen äh Platz in der Welt, denn letzten Endes waren wir durch das Versailler Diktat nach dem Ersten Weltkrieg äh doch sehr arm dran, wenn man das mal so formulieren darf.

Nach diesem Votum versucht der deutsche Moderator, auf eine Frage von vorher zurückzukommen, doch der sowjetische Moderator muß jetzt die Gelegenheit ergreifen, die Interpretation der Kriegsschuld, wie sie der Deutsche mit seiner spezifizierten Frage präsupponiert hatte, zu korrigieren:

MK: Leonid, wenn ich mich mal hier einschalten darf äh vorhin wurde auf Ihrer Seite die Frage aufgeworfen, daß man nicht damit gerechnet hat, daß die deutsche Arbeiterklasse es zuläßt, daß die deutsche Wehrmacht in Rußland einmarschiert. Wie war denn die Stimmung bei Ihnen im Land, als der Pakt zwischen Stalin und Hitler geschlossen wurde, wie hat man dann Hitler in der Sowjetunion gesehen?

MW: Ich dachte, wir wollten diese Frage jetzt beantworten. Aber, ich möchte am Anfang noch etwas sagen. Ich habe den Eindruck, das ist nicht ganz genau gestellt die Frage, die vor zwei Minuten gestellt wurde, wo es hieß, daß das deutsche und das sowjetische Volk Diktatoren gefolgt sind. Es war nicht ganz so. Das deutsche Volk ist einem Diktator gefolgt auf dem Weg der Aggression. Das sowjetische Volk ist den Weg der Aggression nicht gegangen. Darin besteht doch einen großer historischer Unterschied und eine große historische Wahrheit und jetzt die Frage: Wie sah man damals Hitler-Deutschland und Hitler an? Ich denke, diese Frage sollte ich richten an die Vertreter der älteren Generation, denn es ist doch schlecht zu sagen für junge Leute, wie es damals Hitler-Deutschland sah. Genossen, wer möchte darauf antworten: wie sah man damals vor dem Hitler-Stalin-Pakt, wie sah man damals Hitler und Hitler-Deutschland? Bitte schön.

Gegen Ende des Gesprächs drängt der deutsche Moderator – offensichtlich in Absprache mit seinen Votanten – darauf, daß zwischen den Teilnehmern individuelle Vereinbarungen erzielt werden (gegenseitige Besuche usw., *wir wollen an der Basis arbeiten*). Der sowjetische Moderator möchte lieber auf der offiziellen Ebene bleiben und über *Abrüstung* diskutieren. Das führt dann zu einem unschönen Gerangel, zu einer Diskussion zwischen den Moderatoren, so daß sich der deutsche Moderator veranlaßt sieht, die Definition der Gesprächsform zu beschwören *(in unserer Diskussion weitergehen und mal die Soldaten miteinander reden lassen):*

TW: Einen Moment, ja, auch von unserer Seite wurde ja geäußert und von Ihrer, daß unsere Armee und die Bundeswehr existieren, um Frieden und Freiheit zu verteidigen. Ja, wo liegt denn das Problem, warum sollen wir nicht abrüsten, warum haben wir bis heute noch kein Abrüstungsabkommen?

MW: Das ist wirklich eine sehr ernstzunehmende Frage, wirklich. Wie könnte man sie beantworten? Wenn wir die gleichen Zielsetzungen haben, wenn beide Seiten den Frieden verteidigen wollen und in Frieden, Garanten für den Frieden sind, dann könnte man doch die die Aufgabe erleichtern und auf dem Wege der Abrüstung fortschreiten, wie es die Politiker jetzt sprechen und sie allmählich versuchen, zu einem Abkommen zu kommen, beispielsweise das Abkommen mit den Amerikanern über den Abbau mit den Raketen der Mittelstreckenwaffen. Könnten wir, Fritz, nicht diesen Weg weiterverfolgen?

[Studio Köln]

MK: Ja gut, aber wir wollen ja an der Basis arbeiten, wenn wir das alles den Politikern überlassen, dauert es möglicherweise noch länger. Hier hat es ja einen konkreten Vorschlag ergeben, möglicherweise läßt sich so etwas in die Tat umsetzen, wenn nicht die Stellen, die dazwischen sind, diesen Prozeß aufhalten. Aber jetzt zur Linken wird ein Offizier unruhig, er möchte auch etwas dazu beitragen.

TK: Unruhig bin ich eigentlich jetzt nicht geworden. Ich meine nur ganz konkret, um das Herr Pleitgen aufzugreifen

MW: Enschuldigen Sie Fritz, einen Augenblick, einen kleinen Moment. Wir hätten gern eine Antwort auf diese Frage. Meinen Sie nicht, daß es logischer und klarer wäre als Ausweg um den Weg der Entspannung und Abrüstung weiterzugehen, damit wir diese Ziele leichter erreichen können, die Abrüstung.

MK: Ja, natürlich, natürlich sind wir für Abrüstung, wir sind auch
dafür, daß das möglichst schnell stattfindet. Äh ich weiß nur
nicht äh an wem es alleine liegt, ob auf der einen oder andern
Seite. Äh, ich bin aber dafür, daß wir jetzt hier in unserer
Diskussion weitergehen und mal die Soldaten miteinander
reden lassen, und nicht nur die Moderatoren, Leonid. Deswegen darf ich vielleicht noch mal die Frage an meinen
Nachbarn hier stellen, Sie wollten etwas dazu beitragen.

Und ganz am Schluß wird ein Teilnehmer, der sich nicht dem
Konzept des sowjetischen Moderators fügen will, rüde abgestellt:

MK: Äh Leonid äh aber nun möchte ich wieder das Wort an Sie
zurückgeben, ich sehe, daß die Zeit drängt, wir haben nur
noch wenige Minuten, bitte Wolgograd, Sie sind am Zuge.
[Studio Wolgograd]
MW: Ja, wollen wir schnell darauf antworten? Gibt es Leute unter
uns, die wünschen − ja bitte.
TW: Ja, wir möchten auf den konkreten Vorschlag des Besuches
eingehen. Nein, nicht nur besuchen, äh hier stellte sich eine
Frage über die Einladung, ich weiß nicht, wer das ist, ich
kenne mich nicht aus in Euren äh Abzeichen, aber erinnern
wir uns an die Geschichte, neunzehnachtzehn deutsch-rus-
sisch
MW: Entschuldigen Sie, für die Geschichte haben wir keine Zeit.
TW: Das ist aber nur eine Minute.
MW: Nein, es wurde die konkrete Frage gestellt: Wer ist bereit,
den eben aufgetretenen Soldaten als Gast bei sich zu Hause
aufzunehmen?

Nachdem dann die − schließlich doch von beiden Seiten geför-
derten − wechselseitigen Einladungen zustande gekommen sind,
erinnert der sowjetische Moderator seinen deutschen Kollegen
daran, daß nun noch das abschließende Showelement fällig ist:

MW: Ja, Fritz, wissen Sie, ich glaube zum Abschluß unseres Programms sind wir endlich auf in jene reelle Situation gekommen, die zum Glück heutzutage unter zwischen unseren beiden Ländern die Hauptrolle spielt und ich möchte Sie daran

erinnern, daß Sie uns versprochen hatten, eine sehr interessante musikalische Darbietung zu präsentieren.

MK: Ja danke schön für diesen Hinweis, wir kommen also zum Ende, aber das was wir soeben gesehen haben, gehört noch zum Anfang. Denn der große Dialog zwischen den Völkern beginnt sich eben erst und zaghaft zu entwickeln, die Perestroika in der Sowjetunion, diesen Begriff braucht man im Westen inzwischen auch nicht mehr zu übersetzen, denn er ist so populär geworden, diese Perestroika – kann dazu erheblich beitragen. Ein guter Wegbereiter aber zum gegenseitigen Verständnis ist die Musik und wir haben jetzt hier eine Rockgruppe namens B(...) und sie wird ihr Lied spielen, es heißt: Stadt im Niemandsland und ist eine kritische Würdigung ihrer Heimatstadt Köln, und am Ende heißt es: Oft erbaut und oft zerstört, zweimal tausend Jahre sollte heißen, dann und wann etwas dazugelernt und ich denke, dies gilt für uns alle oder sollte für uns alle gelten also auf Wiedersehen und – Doswidanja.
Bitte schön: (Name der Rockgruppe).

MW: Alles Gute, Fritz, auf Wiedersehen, vielen Dank für Ihre Teilnahme an diesem Programm, alles, alles Gute.

In der Schweiz gab es verschiedentlich überregionale, von allen Landessendern ausgestrahlte Monster-Diskussionssendungen mit Großdiskussionen an mehreren Orten der Schweiz, in drei Sprachen, die jeweils simultan übersetzt wurden. Mit einer komplizierten Regie wurde von einem Ort zum anderen geschaltet. Das Resultat war mehr eine Zurschaustellung der technischen Möglichkeiten (und – angesichts der vielen Pannen – auch der technischen Unmöglichkeiten) des Fernsehens als eine Diskussion in irgendeinem vertretbaren Sinn. Die Entgrenzung der Kommunikation hat offensichtlich – vorerst noch – ihre Grenzen.

12. Der Moderator: Rollen und Rollenkonflikte

Der Moderator ist ein Chamäleon. Er wechselt Rollen wie Kleider, und dies nicht nur zwischen verschiedenen Sendungen, sondern auch in der gleichen Sendung, im gleichen Gespräch. Ich liste zunächst die Rollen auf, die der Moderator in Mediengesprächen spielen kann, und zeige dann die Komplikationen, die sich für ihn – und die Gesprächspartner – ergeben können.

Vorweg ist eine Unterscheidung vorzunehmen, die für das Rollenverständnis des Moderators wesentlich ist: Er kann professioneller Journalist sein, der beim Sender in einer bestimmten Funktion angestellt ist; er kann aber auch aus einem anderen Berufsfeld – z. B. dem der Wissenschaft oder des Sports – kommen und sekundär (ad hoc oder für die Dauer einer ganzen Sendereihe) die Rolle eines Moderators übernehmen. Wir werden sehen, daß dieser Unterschied bedeutende Konsequenzen hat.

Im wesentlichen lassen sich nun die folgenden potentiellen Rollen des Moderators unterscheiden, wovon die beiden ersten zur Definition des Moderators gehören, die übrigen fallweise hinzukommen können:

1. Die definierte Aufgabe, die er in bezug auf das Gespräch hat, ist zweifellos die *strukturelle* Rolle der Gesprächsführung. In dieser Rolle hat er die bekannten Vorrechte der Eröffnung, Beendigung, thematischen Steuerung usw., die eine prinzipielle strukturelle Asymmetrie von Mediengesprächen zur Folge haben. Zu dieser strukturellen Funktion gehört allenfalls auch die Einbettung des Gesprächs in das Programm (An-/Absage) oder in den Kontext einer größeren Sendung, beispielsweise einer Unterhaltungsshow. Komplementär zu diesen Vorrechten ergeben sich aber auch Pflich-

ten für den Moderator: Er hat sich auf seine Aufgabe zu beschränken, ohne sich selbst als Person in den Vordergrund zu rücken,
und im übrigen das Feld dem Gast zu überlassen.

2. In bezug auf die Person(en) des Gastes/ der Gäste hat er die
situative Rolle des *Gastgebers*, freilich in einer medienspezifischen
Modifikation gegenüber der entsprechenden Alltagsrolle: Nicht er
als Person ist derjenige, zu dem der Gast „auf Besuch kommt",
sondern er „vermittelt" die Begegnung des Gastes mit dem Publikum. Da diese Begegnung nie direkt sein kann (außer bei Rezipientenbeteiligung), substituiert der Moderator den Zuschauer als
eigentlichen Gastgeber. Diese Ausprägung der Gastgeber-Rolle verpflichtet ihn dazu, den Gesprächspartner höflich zu behandeln, ihn
bis zu einem gewissen Grad zu „pflegen" und ihm die Möglichkeit
zu geben, sich im besten Licht darzustellen. Das gilt auch für die
Gesprächsformen, bei denen der Moderator den Gast durch Provokation zur Selbstdarstellung herauszufordern hat.

3. Der *soziale Status*, den Moderator und Gast außerhalb der
Gesprächssituation haben, kann auf ihr Verhältnis im Gespräch
durchschlagen. Das wird vor allem dann relevant, wenn die situative Dominanz des Moderators mit der sozialen Dominanz des
Gastes in Konflikt gerät (s. u.).

4. In manchen Gesprächstypen amtet der Moderator in der Rolle
eines *Vertreters* der *Rezipienten*. *Vertreter* kann hier zweierlei bedeuten: Entweder versetzt er sich in die Lage des Rezipienten und
formuliert aus dessen Sicht, oder er macht sich zum Anwalt der
Interessen und Probleme des Rezipienten.

5. Es gibt Gesprächsformen, bei denen die strukturelle Rolle in
den Hintergrund zu treten hat. Dort soll der Moderator zu einem
Teilnehmer des Gesprächs werden, der mindestens phasenweise
seine strukturellen Rechte und Pflichten „vergißt".

6. Sofern er professioneller Journalist ist, amtet er zugleich als
Vertreter seiner *Institution*. Wenn ein Moderator von einem anderen primären Berufsfeld herkommt, ist er nicht in der gleichen
Weise — wenn überhaupt — auf die Institution verpflichtet, in der
er das Gespräch führt. Man kann also sehr wohl die strukturellen
Rechte und Pflichten übernehmen, ohne auch die Rolle des Institutionsvertreters zu akzeptieren.

7. Sofern er aus einem anderen primären Berufsfeld stammt, kann er u. U. diese primäre Rolle in das Gespräch einbringen, indem er als _Experte seines beruflichen Fachgebietes_ auftritt.

Die potentiellen Rollen der _Gesprächspartner_ ergeben sich im wesentlichen komplementär zu den Moderatorrollen, was hier nur angedeutet sei:

Der Gesprächspartner ist zwar strukturell benachteiligt, was die Rechte der Steuerung anbelangt. Zugleich ist er aber im Vorteil, sofern er das Recht hat, ausführlicher zu reden als der Moderator und seine Person, seine Argumente ausgiebig zu präsentieren. Er ist im allgemeinen nicht auf die gleiche Institution verpflichtet wie der Moderator. Insgesamt ist seine Rolle — sofern er sie akzeptiert — weniger vielschichtig und damit unkomplizierter als die des Moderators.

Komplikationen können sich für den Moderator vor allem dadurch ergeben, daß (1) die Gesprächspartner die ihnen zugewiesene Rolle nicht akzeptieren und/oder daß (2) die Rollenkumulierung zu immanenten Widersprüchen führt. Aus (1) resultiert Rollenkampf, aus (2) Rollenkonflikt.

(1) Rollenkampf

Wenn der Gast die situative Dominanz des Moderators nicht akzeptiert, hat das im Normalfall einen Rollenkampf zur Folge.

Es ist bekannt und häufig zu beobachten, daß Politiker sich der steuernden Funktion des Interviewers zu entziehen und das Heft in die Hand zu nehmen versuchen. „Hochkarätige" Politiker sind sich ihrer sozial dominanten Rolle bewußt, und oft gelingt es ihnen, diese Dominanz auch gesprächsstrukturell durchzusetzen. Daran ist man gewöhnt, und ich verzichte hier darauf, Beispiele zu geben.[59]

Komplizierter liegt der Fall, wenn Moderator und Gast sich in gleicher Weise als Stars, als Berühmtheiten verstehen. Das kann sich so auswirken, daß der Gast dem Moderator seine strukturellen

---

[59] Vgl. dazu Holly/Kühn/Püschel 1986, passim.

Vorrechte streitig macht, oder aber so, daß der Moderator die ihm auferlegte Zurückhaltung vergißt und sich selbst als Person in den Vordergrund rückt.

Beides ist zu beobachten in „Heut' abend", wo sich der Moderator J. Fuchsberger – der ja nicht nur als Interviewer, sondern auch als Showmaster und Schauspieler renommiert ist – häufig mit der untergeordneten Rolle des Interviewers nicht abfinden mag. Er versteht sich als – gleichberechtigter – Gesprächspartner, ohne aber auf die strukturellen Vorrechte des Interviewers zu verzichten. Dadurch provoziert er u. U. den Gast dazu, daß er diese Rechte nun für sich reklamiert.

Die harmloseste Form dieses Rollenkampfes könnte man als *Jagd nach Pointen* bezeichnen. Bei wortgewandten und witzigen Partnern gerät der Moderator in Gefahr, ganz in den Hintergrund gedrängt zu werden. Wenn er selber ein Star ist, kann er das nicht auf Dauer tolerieren. Dann muß er seine eigene Brillianz unter Beweis stellen und versuchen, sich gegenüber dem Gast zu profilieren.

Sehr deutlich ist dies beim Gespräch J. Fuchsbergers mit M. Schautzer (15. 4. 88). Der Gast bucht Punkt für Punkt für sich, das Publikum ist sehr animiert, lacht, bis Fuchsberger unterbricht und seinerseits eine Pointe anbringen kann, und dann geht es hin und her wie beim Ping Pong, z. B.:

[Schautzer erzählt von seiner Militärzeit, während der er sich aus Langeweile zum Reserveoffizier habe ausbilden lassen.]

F: In neun Monaten?

S: In neun Monaten.

F: Bis zum Offizier?

S: (LACHEND) Na ja, ja ja Res ROA (PUBLIKUM LACHT)

F: Ich möchte mich jeder Bemerkung über die Qualität der Offiziere in Österreich enthalten (LAUTERES GELÄCHTER)

S: Aber, aber seit ich Offizier bin, hat hat Österreich noch keinen Krieg verloren, also (LAUTES GELÄCHTER, KLATSCHEN) (...) hab mich zur Winterausbildung gemeldet, bin also ausgebildeter Lawinenhund des österreichischen Bundesheeres (GELÄCHTER), das heißt wir haben Lawinensuchdienst gemacht

F: Ja habt ihr da so ein Faß umgebunden? Ach nee, das sind die Schweizer (GELÄCHTER)

In der folgenden Szene aus dem Gespräch mit Heinz G. Konsalik (10. 5. 85) gleitet der Konkurrenzkampf um eine – an sich schon leicht peinliche – Pointe in weitere Peinlichkeit ab, so daß Fuchsberger sich metakommunikativ aus dem Pointenwirrwarr herausziehen muß:

K: (GRINST WIE EIN HONIGKUCHENPFERD, BEDEUTSAM:) Ich könnte noch etwas sagen

F: (ERWARTUNGSVOLL, MIT EXPRESSIVER INTONATION) Ja bitte sagen Sie's

K: nóch etwas sagen nich – aber äh meine Frau wird mich vielleicht nachher beschimpfen deswegen

F: (DEKLAMIEREND) Dieses Risiko tragen wir alle permanent (GELÄCHTER)

K: daß ich eine ganze Reihe bléndender Ideen – auf dem WC bekommen habe (GELÄCHTER)

F: Warum soll se [K's Frau] da böse sein?

K: Ne? ja   Das ist ein solcher ähm ähm ist ein solcher Ort,

F: Ja, was glauben Sie, was ich auf dem Ort auch schon

K: das ist ein solcher Ort der Besinnung (GELÄCHTER) nicht

F: alles Ja da kann einem viéles einfallen, was genau das Gegenteil von dem ist, was man tut

K: ja tatsächlich, nicht?
        (KEINE REAKTION BEIM PUBLIKUM)

K: Ja das ist tatsächlich ich habe manche Idee da ausgebrütet im wahrsten Sinne des Wortes (GELÄCHTER, KLATSCHEN)

F: Honi soit qui mal y pense   ich kann nur jedem sagen,

K: Genau

F: wer so billig ist und dás̓ was Sie jetzt gesagt haben̓ so ausmünzt, wie es eigentlich – unser verfluchter Hang nach Pointen fast verlockend tut, der ist selber schuld. Okay.
     (wegwerfende Handbewegung)

In den folgenden Beispielen entsteht die Konkurrenz dadurch, daß der Gast die Vorrechte des Moderators nicht akzeptiert.

Augenzwinkernd und in beidseitigem Einverständnis wird dieser Rollenkampf angedeutet in der Sendung mit der Ärztin/ Wissenschaftsjournalistin Dr. Antje Kühnemann (1985). Nach der monologischen Einführung durch den Moderator (= F) tritt Frau Kühnemann (= K) auf:

F: Zwischen 1973 und heute hat sie sage und schreibe fünf-hundert-acht-zig Sprechstunden [medizinische Sendereihe] gemacht. Herzlich willkommen, Frau Doktor Antje Kathrin Kühnemann (SIE KOMMT AUF DIE BÜHNE, APPLAUS DES PUBLIKUMS), herzlich willkommen – also Antje, ich verspreche dir, daß in den nächsten fünfundvierzig Minuten nichts Ähnliches kommt, wie es wahrscheinlich immer ist, wenn man einen Dokter, eine Dokterin trifft, daß man sagt, ja wissen Sie, also in letzter Zeit da tuts mir da oben immer son bißchen weh, was könnte das denn sein, nichts von alledem
K: Aber dann frage ich dich, was sitzt dir denn im Nacken? (LACHT)
F: Ach só wollen wir das heute Abend halten.
K: Ja (LACHT)
F: Sehr gut.

Im weiteren Verlauf geht Fuchsberger dann aber äußerst pfleglich mit seiner Partnerin um (vgl. S. 89).

Ganz anders in der Sendung mit Alice Schwarzer (1988).[60] Die wortgewandte und temperamentvolle Feministin hat ihn bereits früher als *Pascha* attackiert, und Fuchsberger muß gewärtigen, daß sie ihm nicht nur seine Moderatorenrechte streitig machen, sondern ihn auch als Person attackieren wird. So setzt er ein ganzes Arsenal

---

60 Kienzle (1988) untersucht ein Gespräch zwischen Alice Schwarzer und Rudolf Augstein: „Frauen – Fragen". Sie studiert insbesondere den spezifischen „konversationellen Humor" Alice Schwarzers in seinen unterschiedlichen Funktionen für den Dialogablauf, wobei sie „Schwarzers Scherzverhalten als ein Element spezifisch weiblichen Humor-Registers" (191) deutet.

von konversationellen Sicherungsstrategien ein, um dem drohenden
Desaster vorzubeugen. Schon im Einleitungsmonolog thematisiert
er das Risiko, kündigt es an und entschärft es damit in einem – ,
im gleichen Atemzug aber meldet er seine dominante Position als
generöser Gastgeber an:

[Alice Schwarzer = S]
F: Ab jetzt – wird jedes Wort gefährlich. Denn alles, was wir
      Männer zum Thema Frauen sagen, kann – auf die femini-
      stische Goldwaage gelegt – und kann vor allem gegen uns
      verwendet werden. Sie zog eines Tages aus, um uns Männer
      das Fürchten zu lehren. Der oft zitierte kleine Unterschied
      und seine großen Folgen ist das Thema, dem sie folgt, und
      vielleicht, mit dem sie uns verfolgt. Mich auch, denn ich
      landete in ihrer Streitschrift „Emma" irgendwann auch mal
      in der Rubrik „Pascha des Monats". Sie sagt, was habe ich,
      die Journalistin und Feministin Alice Schwarzer, mit der Alice
      Schwarzer der Schlagzeilen und der Stammtischwitze zu tun.
      Richtig. Ich verspreche, daß an diesem nicht Stamm – , aber
      angestammten Tisch keine Witze über sie gemacht werden.
      Aber sehr gerne biete ich ihr die Möglichkeit, Schlagzeilen
      zu machen. (Sie kommt herein.) Herzlich willkommen, Alice
      Schwarzer.

Es ist bezeichnend, daß er seine Krisenprävention mit metaphorischen Klischees (unterstrichen) einleitet. Dadurch ordnet er das,
was folgen wird, in bekannte Vorstellungsmodelle mit ihren stillschweigenden Wertungen und Implikationen ein. Daß *sie auszog,*
um uns Männer das Fürchten zu lehren, verharmlost und ironisiert
ihr Engagement, so daß auch die im folgenden immer wieder
evozierte Kampf- und Kriegsmetaphorik von Anfang den Anstrich
des Nicht-ganz-Ernstzunehmenden erhält:

S: Ich bin ja in diesem Land so'n bißchen wider Willen, aber is
      nun mal so, äh zum Symbol für die Sache geworden, bin es
      anscheinend noch
F: also wider Willen – glaube ich nicht, kann auch gar nicht
      wider Willen sein, denn da is ja jemand ausgezogen und hat

<u>sich das auf die Fahnen geschrieben</u>, dieses Ziel, das kann ja nich wider Willen sein, denn das würde ja bedeuten, Alice Schwarzer hat überhaupt nicht mit irgendeiner Konsequenz gerechnet, als sie − und ich möchte doch so ein bißchen nich gleich ins Streitgespräch gehen, sondern ein bißchen den Background ausleuchten, wie kam es denn überhaupt dazu, denn (HUSTET) was da so Ende der sechziger Jahre ungefähr begonnen hat, an die Öffentlichkeit zu dringen, was war das nun, war das eine <u>Aktion</u>, war es eine <u>Revolution</u>, war es ein <u>Feldzug</u> oder war es <u>der totale Krieg</u>, was war das für Sie?

Im Lauf des Gesprächs verliert Fuchsberger dann − trotz aller Vorsichtsmaßnahmen − zeitweise die Kontrolle über das Gespräch, und Alice Schwarzer attackiert ihn in seiner Pascha-Rolle. Und wieder versucht Fuchsberger die Situation in den Griff zu bekommen, indem er sie metakommunikativ thematisiert und generös anbietet, sein Konzept *über den Haufen zu werfen*, d. h. seine strukturellen Vorrechte abzugeben:

(ER WILL IHR EIN GLAS CHAMPAGNER EINSCHENKEN)
F: Darf ich das jetzt tun oder ist das eine unerlaubte
S: ich bitte darum, ich bitte darum

F: Annäherung is es eine Kompetenzstreitigkeit?
S: Man hat soviel Ärger als   n e i n!

F: is es was machen mer jetzt daraus aus dem (EMPHATISCH:)
S: (UNVERST.)

F: Alice Schwarzer läßt sich von mir ein Glas
S: Ich laß am liebsten Männer Flaschen ent-

F: Champagner einschenken
S: korken und Reifen wechseln   Wir haben soviel

F: ....
S: Maloche, ich laß mir gern was Kleines abnehmen

F: Ich wollte gerade sagen daß ich gerne bereit bin,
S: vor allen Dingen diese schwere Arbeit

F: wenn die Sendung übehaupt ne Konzeption hat, das
S: ....

F: Konzept völlig über den Haufen zu schmeißen, aber ich weiß
S: ....

F: nich, ob Sie alle daran interessiert sind, daß ich Ihnen
S: über Blacky

F: jetzt   Nee, já nicht!
S: reden

Nach dem Motto „Angriff ist die beste Verteidigung" greift er auch
die Feministinnen-Zeitschrift „Emma" an, die von Alice Schwarzer
propagiert wird:

F: aber ich hab das Gefühl, es wird also teilweise so mit m
   Holzhammer gearbeitet, und es geht vor allen Dingen
   manchmal in den Bereich ich bin noch nich fertig, bin noch
S: (UNVERST.)
F: nich fertig, bin noch nich fertig also'n bißchen muß ich auch
   noch mein Geld verdienen, ich darf mich nicht ganz unter-
S: Das das stimmt, ja ja

F: buttern lassen von einer Feministin, vom männlichen
S: Nein! so geht das nicht

F: Standpunkt
S: Vor allen Dingen ích kann mir das nicht erlauben,

F: Ich   ich
S: da sagen die Leute, die Schwarzer hat den Fuchsberger in

F: glaube daß
S: Grund und Boden geredet
   (ebd.)

Er formuliert seinen Angriff wiederum mit einem metaphorischen
Klischee *(mit dem Holzhammer arbeiten)*. Sie will ihn unterbre-
chen, aber er läßt sich das Wort nicht nehmen und bringt seine
Moderatorenrechte und -pflichten ins Spiel *(ich muß auch noch*

mein Geld verdienen, ich darf mich nicht unterbuttern lassen). Sie
kontert damit, daß sie auf ihre Rolle als Feministin und die damit
verbundenen Pflichten anspielt *(vor allen Dingen ich kann mir das
nicht erlauben,* nämlich einen Mann *unterzubuttern),* und schließlich tut sie genau das, was sie in Abrede stellt: sie *redet den
Fuchsberger in Grund und Boden.* Damit sind faktisch die strukturellen Rollen vertauscht, und Fuchsberger hat die größte Mühe,
das Gespräch wieder einigermaßen unter seine Kontrolle zu bringen.
   Am Schluß beschwört er noch einmal die Formel *das Konzept
über den Haufen werfen,* er stellt die Situation noch einmal so dar,
wie wenn er freiwillig seine Rechte preisgegeben hätte, und versucht
sich damit — nach verlorener Schlacht — wenigstens noch einen
guten Abgang zu verschaffen:

> Ich hab am Anfang darauf hingewiesen, daß wenn wir bei
> dieser Sendung eine Konzeption haben, ich gerne bereit bin,
> sie übern Haufen zu schmeißen. — Ich hab sie total über n
> Haufen geschmissen, denn ich stelle fest, ich habe — weniger
> als ein Drittel — dessen , was ich fragen wollte, gefragt —
> — — Und unsere Zeit is um.

Was sich hier abspielt, ist der Kampf zweier Stars um die situative
Dominanz, um Prestige, um die bessere Pointe, um die Gunst des
Saal- und Bildschirmpublikums.
   Viel tiefergehend ist die folgende Konfliktsituation, die in einem
Fernsehgespräch (SRG, 20. 3. 86) zwischen dem Schweizer Journalisten F. A. Meyer und der Psychoanalytikerin Margarete Mitscherlich eintrat. Das insgesamt außerordentlich ernsthafte Gespräch, das sich über große Strecken um die Rolle der Frau in der
Gesellschaft dreht, hat wenig gemein mit den üblichen Talkshows,
und keiner von beiden versucht den anderen zu übertrumpfen. Frau
Mitscherlich gesteht dem Moderator diskussionslos seine Vorrechte
zu. Erst an einem brisanten Punkt des Gesprächs thematisiert sie
— äußerst sanft, mit stockender Formulierung, in der Wirkung
umso explosiver — die Rollenverteilung in der Fernsehsituation
und interpretiert sie als Spiegel der allgemeinen Verteilung der

Geschlechterrollen, womit sie den Interviewer völlig in die Enge
treibt:

> Auf der andern Seite werden Sie, ob Sie nun wollen oder
> nicht, als Mann nicht die geringste Lust haben, daß die
> Frauen sich wirklich ändern, nich, solange Sie wohlwollend
> auf die Frauen schauen können und sagen, is doch wunder-
> bar, was ihr macht, und geht doch Frau Mitscherlich um
> Gottes willen ja seien Sie doch nicht so friedfertig, schön daß
> Sie in einer Tigerjacke hier erschienen sind et cetera ne? nun
> gehen Sie doch endlich mal los, das ist doch alles noch nichts
> ähm das äh das sagen Sie, weil Sie ja gleichzeitig der Über-
> legene bleiben wollen nicht, Sie haben das alles kapiert, und
> Sie habens aber wieder in die Hand genommen. Sie laden
> mich hier ein zu einem Gespräch, haben mich quasi in der
> Hand, Sie stellen mir die Fragen, dirigieren mich natürlich
> auch mit den Fragen, ob Sie wollen oder nicht aber daß es
> den Männern, wenn Sie so wollen, dem bisherigen Denken
> nämlich wirken/ wirklich an den Kragen geht, äh das wollen
> Sie nicht wissen ...

Der metaphorische Komplex um das Lexem *Hand*, der die semantische Komponente ‚Macht, Gewalt‘ zum Zentrum hat, eignet sich
vorzüglich, um das Zentrum des situativen wie sozialen Konfliktes
zu verbalisieren. Der Journalist ist danach in seinen Formulierungen so verunsichert, daß er selbst Phraseologismen, die nur noch
verblaßte Metaphorik aufweisen und normalerweise nicht dem
Verdacht der Klischiertheit ausgesetzt sind, nicht mehr unbedenklich zu verwenden wagt:

> Dann müßte ich eigentlich auch reflektieren, wie ich dieses
> Gespräch führe – „führe" ist schon gefährlich, wenn ich
> sage „führe", aber dann ist meine Frage hier noch eine letzte
> zu zu diesem Gespräch, zu dieser Partnerschaft zwischen uns
> in diesem Gespräch, gibt es jetzt da von mir typisch männliche
> Verhaltensweisen, die Sie jetzt ablehnen würden?

Sie weist diese Herausforderung mit einer psychologischen Argumentation zurück, die ihn in eine double-bind-Situation versetzt.

Wie auch immer er sich jetzt – im Gespräch – verhält, so oder
so bleibt er ein Repräsentant der gängigen Rollenverteilung der
Geschlechter:

> wenn Sie aggressive Fragen äh stellen würden oder irgendwie
> eindeutig führende Fragen stellen äh würden, das tun Sie
> nicht, sondern in dem Moment, wo ich sage mein Gott Sie
> dirigieren mich mit Ihren Fragen äh stellen Sie sich sofort
> auf mich ein. Sie sind äh das was Sie gar nicht sein wollen,
> aber Sie sind Ihrer in Ihrer Haltung mir gegenüber natürlich
> auch ein Angepaßter, wenn Sie wollen ein Softie nich? und
> das macht mich auch unfähig, Sie äh aggressiv zu behandeln
> zum Beispiel.

Daß ein Interviewer seine strukturellen Rechte kampflos aus der
Hand gibt, ist äußerst selten. Die grundsätzlichen Spielregeln von
Mediengesprächen müssen suspendiert sein, damit dieser Fall –
wenigstens für eine gewisse Phase – eintreten kann. Bezeichnenderweise ist er dort anzutreffen, wo innerhalb eines längeren Gesprächs eine eigentliche Kampfphase inszeniert wird, indem ein
zweiter, „bestellter" Interviewer zum *Streitgespräch* antritt (vgl.
S. 132). In der Sendung „Schlag auf Schlag" (26. 2. 87) übernimmt
ein Zeitungsjournalist diese Rolle und tritt gegen den Gast Eber-
hard von Brauchitsch an. Der Journalist stellt die Frage, ob nach
Meinung Brauchitschs die Bundesrepublik ein Rechtsstaat sei.
Brauchitsch kontert:

[Journalist = J; Brauchitsch = B]
B: Jetzt müßten wir 'n Moment die Seite wechseln, dann müßte
    ich mich meine F/ erlauben Sie mal ne Frage?
J: (EMPHATISCH) na aber selbstverständlich!
B: Wie beurteilen Sie die Tatsache, daß derselbe Sachverhalt in
    verschiedenen Bundesländern von den Staatsanwälten der
    verschiedenen Bundesländer und den Gerichten der
    verschiedenen Bundesländer unterschiedlich beurteilt wird?
J: ganz einfach   ganz einfach
B: Halten Sie das für eine Frage des Rechtsstaats?

Der Journalist antwortet ausführlich und attackiert dann seinerseits
wieder den Gast, der wieder zum Befragten wird. Dieser läßt sich
auf den Rollenwechsel zunächst ein, hakt dann aber plötzlich ein
mit *Übrigens meine Frage haben Sie nicht beantwortet*. Der Journalist gibt das zu *(Nee)*, und Brauchitsch formuliert sie noch
einmal:

B: die Frage, ob Sie es mit einem Rechtsstaat in Überein-
      stimmung finden daß eine St/ ich hab nicht von Gerichten
J: ja doch

B: zunächst gesprochen daß eine Staatsanwaltschaft
J: Ja

B: in einem Bundesland denselben Sachverhalt
J: hm
B: nicht anklagt und in einem andern Bundesland anklagt

Es ergibt sich ein lebhafter Wortwechsel mit mehrfachem Nachhaken durch den Gast, und dann sagt der Journalist:

J: Aber erlauben Sie mir doch noch eine Frage? oder haben Sie
      noch eine an mich?
B: Aber nein, um Gottes willen, wir wollen doch die Rollen
      nicht auf Dauer vertauschen

Und dann geht es konventionell im Interviewstil weiter. Man merkt
wieder, daß beide sich über ihre Rolle und Funktion zwar im klaren
sind, daß sie aber eine Art „Spiel im Spiel" treiben, bei dem man
sich ein Abweichen von den üblichen Spielregeln konzedieren kann.
   Am Ende wird der Spielcharakter sogar metakommunikativ angesprochen:

B: Sie tun so als wenn wir die politischen Parteien unterstützt
      hätten, um von ihnen Vorteile zu haben, und exakt dieses ist
      falsch (J SCHICKT SICH AN, IHN ZU UNTERBRECHEN, B ÜBER-
      SPIELT DIESE ÜBERGANGSRELEVANTE STELLE GEKONNT DURCH
      SCHNELLERES SPRECHTEMPO) und lassen Se mich ein Wort
      bitte ein Wort – da kommt schon der Mahner – <u>mit der</u>

gelben Karte (DER MODERATOR IST AUFGESTANDEN UND HAT SICH HINTER DIE „STREITENDEN" BEGEBEN, GELÄCHTER)

M: Ich habe noch gar nichts gesagt

B: Nee aber allein (UNVERST., GELÄCHTER)

J: zuhören darf er zuhören darf er (UNVERST., GELÄCHTER)

B: Äh − es ist überhaupt kein Zweifel, und das Wort stammt von mir, daß ich sehr viel getan habe, um die Bonner Landschaft zu pflegen

Nach der Fußballmetaphorik zum Schluß gar noch der explizite Hinweis aufs Theater:

J: Ein Schlußzitat

M: ein Schlußzitat

J: Es gibt ein wúnderbares Zitat, das paßt genau dazu: Seine Lordschaft hat uns wenigstens den Gefallen getan, zu erröten, Sie haben mir diesen Gefallen leider nicht getan, ich bedaure das, aber es war'n schönes Gespräch

B: Ich bin ich bin zu stark geschminkt (GELÄCHTER)

M: Sehr gut − danke schön − herzlichen Dank für die Lebhaftigkeit dieses Streitgesprächs (...)

(2) Rollenkonflikt

Von der Vielzahl möglicher Konflikte zwischen den oben aufgelisteten Rollen möchte ich einige Beispiele geben, wie ich sie in meinem Material gefunden habe. Was typisch, was Einzelfall ist, ließe sich nur aufgrund einer separaten größeren Studie erheben. Ein Befund ist jedoch sehr deutlich: daß einige Konflikttypen in bestimmten Gesprächsformen vorprogrammiert sind, während andere eher zufällig und ad hoc auftreten.

Der Typ (a) hat derzeit am stärksten systematischen Charakter und zeigt sehr deutlich ein Dilemma der Situation der öffentlich-rechtlichen Medien.

(a) Gesprächsleiter vs. Teilnehmer

In einem großen Teil der Gespräche mit Rezipienten, insbesondere bei Hörertelefonen am Radio, die als kurze Talkphasen in Quizsendungen, Wunschkonzerte o. ä. eingebettet sind, bemühen sich die Moderatoren um einen legeren *Plauderton*, um eine *familiäre* Atmosphäre ohne Zwänge, in der sich ein symmetrisches Gespräch entfalten könnte. Der Moderator scheint seine strukturell vorgegebene Rolle zu verlassen und in die Rolle des *Teilnehmers*, des *Partners* zu schlüpfen. Bei genauerer Betrachtung aber sieht man, daß es sich nur um eine Attitüde handelt, daß er seine Vorrechte in Wirklichkeit keineswegs aufgibt, sondern u. U. noch krasser als sonst üblich davon Gebrauch macht (vgl. S. 365). Dieser Konflikt ist nach Meinung von Troesser vorprogrammiert und nicht lösbar: „Der strukturelle Widerspruch zwischen dem, was als quasi-private Kommunikation hier vorgetäuscht und was dann aber als ‚hergestellte Öffentlichkeit' real vorgeführt wird, ist keiner, der durch die einzelne Sendereihe oder den einzelnen Moderator selbst bedingt ist, sondern hier spiegeln sich gesamtgesellschaftliche und massenmediale Widersprüche generell: Der schlüssellochartige Blick ins Private kann nicht funktionieren, solange er durch eine ‚öffentliche' Institution geleistet werden soll, die den Zielen und Zwecken eines bestimmten Gesamtsystems zu folgen hat, deren Teil sie ist und deren Kontrolle sie untersteht." (204). Entsprechend sieht er im Moderator dieser Gespräche nicht nur den Gesprächsleiter, sondern immer auch den Vertreter der Institution. Mir scheint, daß diese massenmedialen Widersprüche nicht prinzipiell unauflösbar sind, wie einige Versuche in den Lokalradios zeigen (vgl. S. 374). Und was die am Konflikt beteiligten Moderator-Rollen betrifft, so würde ich für die Gesprächsanalyse doch deutlich zwischen der strukturellen und der institutionellen Rolle trennen wollen. Zwar hat der Moderator als Gesprächsleiter seine Rechte und Pflichten kraft der Institution, die er repräsentiert, aber für das konkrete Gespräch spielt der Bezug auf die Institution nur fallweise – wie bei den folgenden Konflikttypen – eine Rolle. Natürlich kann der Moderator dazu gedrängt werden – z. B. durch die Attacke des Gastes –, die Rolle des Vertreters seiner Institution zu übernehmen und explizit zu machen, aber das ist nicht typisch gerade für die Hörertelefone am Radio. Ebenso wenig ist das Beispiel in (b) typisch für Großdiskussionen am Fernsehen.

(b) Gesprächsleiter vs. Vertreter der Institution

In der Groß-Diskussion „Limit" (SRG, 5. 1. 89, vgl. S. 249) zum Thema „Brutalofilme im Fernsehen" wird das Schweizer Fernsehen von Teilnehmern und Anrufern angegriffen, weil es für einmal (im Rahmen der Diskussionssendung) einen Brutalofilm zeigt. Da fühlt sich der Moderator aufgefordert und legitimiert, als Vertreter der Institution und gleichzeitig als Verantwortlicher für die Ausstrahlung des Filmes eine Stellungnahme abzugeben. Da dies eine grobe Verletzung der für den Gesprächsleiter geltenden Regeln darstellt, muß er seinen Rollenwechsel explizit begründen:

M: Und ich glaube, ich muß jetzt, obwohl ich der Moderator bin in erster Linie, doch versuchen, darauf eine Antwort zu geben. Aber ich muß ein bißchen ausholen, Sie müssen mir die Chance geben. Wir haben gehört in dem Kreis – und da hat's keinen wirklichen Widerspruch gegeben –, daß nicht nur der junge Mensch, sondern der Mensch überhaupt – zu wenig Lebensraum hat.

Er tut nun das, was er seinen Gästen nur selten gestattet – er holt zu einer längeren Rede in wohlgesetzten, offensichtlich vorbereiteten Worten aus. Das provoziert heftige Reaktionen von zwei Votanten, von denen der eine offenbar Medienpädagoge ist. Es kommt zu einem Wortwechsel innerhalb der Triade – auch das würde er den Gästen untereinander nicht gestatten –, den er schließlich so abbricht:

M: Aber ich glaube, wir wollen jetzt nicht zwischen uns dreien die Diskussion beenden – das können wir vielleicht an einem anderen Ort oder hinterher machen – wir haben da viele Gäste, und mir ist die Meinung der Gäste mindestens ebenso wichtig.

Der Moderator hat sich offensichtlich im Gestrüpp der Rollen verfangen, wie die verqueren Formulierungen zeigen: Er kontra-

stiert die Dreiergruppe mit den *vielen Gästen,* womit die beiden
Angreifer implizit als *Nicht-Gäste* abqualifiziert sind. Und die
Meinung der vielen Gäste ist ihm *mindestens ebenso wichtig* —
wie die Meinung wessen? der beiden Angreifer? wie seine eigene
Meinung?

(c) Vertreter des Rezipienten vs. Vertreter der Institution

In politischen Interviews besteht eine der zentralen Funktionen des
Interviewers darin, die Fragen zu stellen, die der Rezipient hat oder
nach Meinung der Kommunikatoren haben könnte, und die Fragen
so zu stellen, daß sich der Rezipient — vermutlich — damit
identifizieren kann. Im folgenden Beispiel (Heute-Journal, ZDF,
25. 5. 88) gerät diese Rolle der Stellvertretung des Rezipienten in
krassen Konflikt mit der Rolle des Vertreters der Institution. Thema
ist der — vorher gemeldete — Beschluß des DFB-Liga-Ausschusses,
wonach die Übertragungsrechte von Fußballspielen neu geregelt
werden und den öffentlich-rechtlichen Anstalten finanzielle Ein-
bußen entstehen.

Der Moderator interviewt den Vorsitzenden des Ausschusses
über Bildschirm.

Die Rollenkomplikation, die sich für den Moderator ergibt, ist
durch das Thema vorprogrammiert: Einerseits ist er als Interviewer
darauf verpflichtet, die Fragen des Publikums — und das ist in
erster Linie hier das Fußballpublikum — zu formulieren, andererseits ist er Vertreter der Rundfunkanstalt und kann sich als direkt
Betroffener fühlen, was er in diesem Interview sehr deutlich zum
Ausdruck bringt. Was kommt dabei heraus?

Zunächst gibt es eine technische Panne: der Interviewte erscheint
nicht pünktlich auf dem Bildschirm, der Moderator ist sichtlich
nervös, dann endlich erscheint der Gast doch:

[Vorsitzender G. Mayer-Vorfelder = V]

M: Tja meine Damen und Herren,ˆ jetzt warte ich eigentlich,ˆ und
da is er auch schon. Bei der Suche nach Siegern und Verlierern
dieses Tages zählt der Mann,ˆ den Sie jetzt sehen,ˆ sicher zu
den Siegern,ˆ und ich denke zumindest dás ist unstrittig zwischen uns,ˆ Herr Mayer-Vorfelder.ˆ Sie sind nicht nur Bil-

dungsminister Ihres Landes Baden-Württemberg, Sie sind
nicht nur — Vorsitzender des VFB-Stuttgart, sondern vor
allem Sie haben mit dafür gesorgt, daß nur der Millionen-
regen über die DFB-Vereine niedergeht, und wenn ich mal
persönlich etwas zugespitzt fragen darf, ist dás quasi Ihre
Bewerbungsunterlage für das nächste Amt, daß Sie das Mil-
lionending nämlich mitprägen (sic) für die Bewerbung als
neuer Präsident des deutschen Fußballbundes?

Vielleicht weil er durch die technische Panne ein bißchen aus dem
Konzept geraten ist, vielleicht auch absichtlich unterläßt der Moderator die Begrüßung. Wenn absichtlich, dann ist das bereits ein
massiv aggressiver Akt. Und der Moderator macht von Anfang an
klar, daß es nur in der oberflächlichen Beurteilung der Situation
allenfalls einen Konsens gibt, im übrigen ist er auf Attacke aus.
Soweit ich sehe, ist das innerhalb der deutschsprachigen Nachrich-
tenmagazine eher ungewöhnlich, und es müssen schon besondere
Gründe dafür vorliegen. Der Befragte läßt den Moderator mit
seiner *persönlich zugespitzten* Frage auflaufen: d*iese Fragen werden
ja immer gestellt*, d. h. implizit: die Frage ist weder brisant noch
persönlich noch besonders originell — und darum muß ich gar
nicht erst darauf eingehen.
  Der Moderator läßt es dabei bewenden — vermutlich weil er
sieht, daß er dem Befragten auf diesem Geleise nicht beikommen
kann:

M: Also gut, dann reden wir mal über das, was heute ja politisch
     und medienpolitisch entschieden worden is. ARD und ZDF,
     wir haben eben gemeldet, haben erklärt, Fußballübertragun-
     gen seien jetzt vorrangig zu einer Frage des Geldes geworden,
     zumindest das ist doch wohl unstrittig, oder?
V: Nun w a r die Übertragung von Fußball immer eine Sache des
     Geldes (UNVERST.) ZDF und ARD hat ja bislang auch Geld
M: Aber nicht von 135 Millionen
V: äh äh bezahlt, sondern äh der wesentlich Unterschied ist
     jetzt, daß eben mehr Anbieter auf'm Markt sind

Wieder kündigt er Dissens an, indem er den schmalen Bereich von
übereinstimmender Interpretation benennt. Aber der Befragte zieht

ihm den Teppich weg, indem er die entscheidende Präsupposition der Frage (früher war Fußballübertragung <u>nicht</u> vorrangig eine Sache des Geldes) in Frage stellt. Es ist offenkundig, daß der Interviewer sich mit der Sache von ARD und ZDF identifiziert *(wir haben eben gemeldet)*, und das wird im weiteren noch deutlicher. Die Antwort des Gastes entwertet er *Also Herr M.-V., das kann man so kühn sehen*‚̂ *wie Sie sagen* und bezieht dann eindeutig Position:

> hätten denn ARD und ZDF 135 Millionen plus Mehrwertsteuer zahlen sollen? Wir ham ja die Verpflichtung‚̂ mit dem Geld unserer Zuschauer noch ein bißchen anders umzugehen, wir müssen nämlich ordentliche Nachrichtensendungen machen, ordentliche Unterhaltung bieten und eine Versorgung garantieren‚̂ die nicht nur mit Fußball zu tun hat.

Wir machen *ordentliche* Sendungen, und implizit heißt das: die anderen, die Privaten machen das nicht. Der Moderator identifiziert sich ganz mit seiner Institution und baut ein klares Feindbild auf. Der Interviewte konzediert dem Moderator seinen Standpunkt, relativiert ihn aber schließlich wieder mit einem finanziellen Argument: *der Fußball ist nach wie vor die billigste Sendeminute für die öffentlich-rechtlichen Anstalten.* Dagegen kann der Moderator wohl nicht viel einwenden, dennoch entwertet er wiederum die Antwort: *Also gut, ich laß das mal als Argument so stehen.* D. h. 'es ist eigentlich kein Argument, aber ich will (oder kann) hier nicht weiter nachfragen'. Damit wechselt er das Thema und zugleich die Perspektive: jetzt fragt er weiter aus der Perspektive der betroffenen Rezipienten, der Fußballfans:

> und frage Sie‚̂ als einen ja nicht nur engagierten Politiker‚̂ sondern als einen engagierten Fußballfan, ob der deutsche Fußballbund nicht seinen Anspruch verloren hat, nämlich sich um den Sport und um die Fans zu kümmern, und ob seit heute nicht klar ist‚̂ daß es um was anderes geht‚̂ nämlich um Millionen.

Doppelfragen sind in einem provokativen Interview geradezu ein Angebot an den Befragten, sich den Teil auszusuchen, bei dem er sich weniger exponieren muß. Genau das tut der Befragte hier: er antwortet nur auf den ersten Vorwurf:

> Wir haben uns immer über um die Fans gekümmert und kümmern uns auch zukünftig um die Fans.

Wieder entwertet der Moderator die längere Antwort des Befragten: *Auch das klingt gut* — sprich: es klingt nur gut, ist aber nicht akzeptabel. Dann wechselt er wieder die Perspektive und fragt aus der Rolle des beleidigten Institutionsvertreters weiter:

> Warum sollen eigentlich ARD und ZDF quasi die Lücke füllen für die Privaten, solange die Privaten zu einer flächendeckenden Versorgung nicht in der Láge sínd und auf unseren Sendungen dann die Werbung in den Stadien, für die die Vereine die Millionen einnehmen, transportieren.

Die wiederum ausführliche Antwort des Gastes wird wieder entwertet, diesmal mit einer Begründung:

> Auch das klingt schöner, jedenfalls für mich, als die Realität es ist, denn unterm Strich kommt doch heraus, nach dem heutigen Tage und möglicherweise auch bei anstehenden Verhandlungen, daß die Öffentlich-rechtlichen für immer weniger Fußball immer mehr Geld bezahlen sollen.

Der Befragte kontert wieder damit, daß er eine wesentliche Präsupposition der Frage ('die öffentlich-rechtlichen Anstalten bezahlen schon zuviel Geld für Fußball und müssen in Zukunft viel zuviel bezahlen') bestreitet:

> Es ist durchaus möglich, daß sie etwas äh mehr Geld bezahlen müssen, als sie bislang bezahlt haben, aber da kann man natürlich umgekehrt auch sagen, sie haben bislang zu wenig bezahlt. Im Vergleich zu dem, was wir aus anderen Ländern wissen

Diesmal enthält sich der Moderator eines Kommentars. Er wechselt einen Moment lang wieder die Perspektive, indem er die Rolle des persönlich Betroffenen und zusätzlich die des Stellvertreters aller

Betroffenen einnimmt, gerät dann aber sofort wieder auf das institutionelle Gleis:

> Herr M.-V.´, eine letzte´, auch persönliche Frage´, sie betrifft nicht nur mich´, sondern die vielen´, die Fußball kucken´, ich interessiere mich auch für Fußball. Warum soll eigentlich für so viele schlechte Spiele´, es gibt ja nicht nur Spitzenspieler, und für Ortsspieler´, die nicht allzuviel leisten´, immer mehr Geld bezahlt werden?

Bei der *persönlichen* Frage würde man denken, jetzt kommt endlich etwas, was mich als Betroffenen interessiert, z. B. die Frage: warum sind die Spiele so schlecht? Statt dessen wird diese Frage wieder in eine Präsupposition verpackt (*für so viele schlechte Spiele* – d. h., die Spiele sind de facto schlecht), und die Frage selbst wird aus der Optik der Anstalten gestellt (den Betroffenen interessiert wohl nicht direkt, wieviel Geld wer für was bezahlt, wenn er es nicht selbst bezahlen muß). Man könnte die Formulierung allerdings auch so interpretieren, daß implizit auch nach der Bezahlung der Spieler gefragt ist.

Der Befragte nutzt sehr raffiniert die Chance, so zu tun, als habe der Moderator faktisch zwei Fragen gestellt, und geht nur auf die erste ein:

> Nur zum ersten´, derzeit läuft im andern Programm läuft ein Spiel´, Endspiel ist auch nicht grad ein herrliches Spiel. Es gibt es immer wieder´, es gibt gute und es gibt schlechte Spiele, das war früher so und ist heute – so.

Und weiter tut er so, als habe der Moderator nur danach gefragt, warum die Fußballspieler so hoch bezahlt seien, und wieder leugnet er die Präsupposition, daß sie hoch bezahlt seien:

> und darüber hinaus muß ich das auch mal sagen hier´. Im Vergleich zu einem Spitzentennisspieler ist ein Spitzenfußballspieler ein armer Mann´, auch in seinen Einkünften.

Auch jetzt, am Ende des Interviews, läßt der Moderator es sich nicht nehmen, die Antwort zu entwerten, diesmal indem er sich wieder auf die Seite der Betroffenen schlägt:

Das hab ich schon mal gelesen, haben Sie Anfang der Woche in einem Spiegelinterview gesagt [sprich: dadurch wird es auch nicht wahrer!], aber dann werden sich sicher, wenn Sie diese Bemerkung gestatten, viele in unserem Lande wünschen, daß sie so arme Leute wären wie diese Spitzenspieler. Äh ich würde trotzdem bitten, daß wir da vielleicht aufhören. Bedanke mich, daß Sie vorzeitig von dem Spiel zu uns gekommen sind. Guten Abend nach Stuttgart

Warum er *trotzdem bitten* möchte, daß man da aufhört, ist unerfindlich. Und die Verabschiedung fällt sehr knapp, fast unhöflich aus.

Alles in allem muß man sagen, der Interviewer ist seinen Rollen nicht gerecht geworden oder: er ist der Kumulation von Rollen nicht gewachsen. Zwar fragt er kritisch, viel mehr noch aber bewertet er die Antworten des Befragten kritisch und abschätzig, ohne daraus konstruktive Folgefragen zu entwickeln. Man merkt ihm zu sehr an, daß er sich beleidigt fühlt. Das wäre an sich noch vertretbar, wenn er nicht ständig die Rolle und die Perspektive wechseln würde. So weiß man nie genau, in welcher Rolle er sich angegriffen fühlt. Dominant ist ganz sicher die Rolle des Vertreters der Institution, und sekundär kommt diejenige des Rezipienten-Anwalts zur Geltung. Dabei würde man eher das Umgekehrte erwarten.

(d) Gesprächsleiter und Gastgeber vs. Experte

Die Open-end-Sendung „Club 2" wird nicht durchwegs von Journalisten moderiert. Eine Sendung, die sich mit der Scientology-Kirche befaßte (20. 12. 88), wurde von einem Wissenschaftler (einem Theologen) geleitet. Es ist anzunehmen, daß er beide Rollen – die des Moderators und die des Experten – zugleich hätte realisieren sollen. Doch gelingt es ihm nicht, die beiden Aufgaben unauffällig miteinander zu koordinieren. Zunächst übertreibt er die Gesprächsleiterrolle: Er nutzt die strukturellen Vorrechte viel unverblümter, als es ein professioneller Moderator tun würde. Er ist sehr direktiv; wenn er selber dem Gespräch eine bestimmte Wendung geben möchte, unterbricht er den gerade Sprechenden an

beliebiger Stelle und oft ohne ersichtlichen Grund. Dies explizite
In-Anspruch-nehmen der Gesprächsleiterrolle hört sich dann z. B.
so an:

[Gast = G]
G: einfach um mal äh äh die Beziehung der Scientology zur
      Psychiatrie oder äh Nervenchirurgie oder sonstwas
M: Lassen Sie mich e bíssel die Dis-
      kussion − bíßchen führen, ich hätt nämlich noch eine kleine
      Frage gehabt

Im Laufe des Gesprächs engagiert er sich immer mehr gegen die
beiden Vertreter der Scientology, verläßt damit die Rolle des bloßen
Gesprächsleiters, verletzt seine Pflichten als Gastgeber und wechselt
in die Rolle des − beleidigten − Fachmanns. In der folgenden
Szene geht es darum, wie die Scientology mit den privaten Daten
der Mitglieder umgeht. Der Vertreter der Scientology versucht zu
erklären, warum eine anwesende Betroffene, die Mitglied der Vereinigung war, wieder ausgetreten ist. Durch die respektlosen Äußerungen des Scientology-Arztes über einen Klinikdirektor fühlt sich
der Wissenschaftler-Moderator in seiner Berufsehre und seinem
Wissenschaftsethos dermaßen gekränkt, daß er geradezu ausfällig
wird und den Arzt wie einen unbotmäßigen Schüler abkanzelt:

[Erster Vertreter Scientology = S; zweiter Vertreter Scientology,
der Arzt ist = A; Gast 2 = G]
S: (...) der Gründ [für den Austritt], was mir gesagt worden ist,
      daß Sie einen Freund hatten oder vielleicht immer noch ha-
      ben, der nach Stuttgart umgesiedelt ist und nicht wollte,̑
      daß Sie bei Scientology
G: Können Sie uns den Namen vielleicht gleich noch
      sagen (DURCHEINANDER, UNVERST.)
M: Das ís scho sensationell (DURCHEINANDER) (...)
G: Ich zitiere aus einem Gutachten von Herrn H. über das
      Auditing − das paßt dazu, entschuldigen Sie (UNVERST.,
A: von wem?
G: SIMULTAN MEHRERE) von Professor H. − Klinik H., und zwar

von Herrn Professor
A: Da kann bald jemand was sagen
G: Ja natürlich, für Sie ist das kein Maßstab (UNVERST., SIMUL-
      TAN) − das ist irgendjemand − mácht ja nix (DURCHEIN-
      ANDER, UNVERST.)

G zitiert aus dem Gutachten, der Arzt redet drein *das stimmt nicht*,
mehrmals, dann ein großes Durcheinander, schließlich ist wieder
der Moderator herauszuhören:

M: Jetzt krieg ich scho langsam a Zorn (ALLE SIMULTAN, M SEHR
      LAUT, SEHR EMPHATISCH, WÄHREND DAS DURCHEINANDER
      WEITERGEHT:) a Kapazität Herr Doktor! Aus Ihrer Branche
      Herr Doktor! Herr Doktor! Denken Sie an Ihren Eid,
      den Sie geschworen haben!
A: Ja aber ich hab nicht den Eid

M: an der Universität! − eine gewisse
A: geschworen, irgendwas zu glauben, was mir n

M: ein gewisser gewísser Respekt vor Ihren Fachkollegen
A: Professor sagt   (UNVERST.) muß nicht unbedingt sein

M: (UNVERST.) Nicht emal den Herrn H. respektieren Sie?
A: Nein!

M: Nein? -Aha! sagen S emal wer is denn der Herr H.?
A: Ja glauben Sie äh man studiert heute so
M: I kenn den Ma ned, aber er sollt ihn kennen
G: Der Herr H. is äh der Direkter der forensisch-psychiatrischen
      Abteilung der Psychiatrie und Klinik und Poliklinik in Mün-
      chen − das is der Herr H. (SIMULTAN, UNVERST.)
M: (SEHR ERREGT, UNVERST., DANN:) jetzt frag ich Sie in Ruhe
      − Is Ihnen der goar nix wert, der H., Herr Dokter? Ich sage
      jetzt absichtlich „Herr Dokter" − Sie san ja praktischer
A: ja

M: Arzt − Mediziner
A: richtig darf ich dazu was sagn? Darf ich
      ausreden, wenn ich Ihnen eine Antwort geb?

M: Aber natürlich
A: Ich muß Ihnen sagen, ich habe
M: Ich bin bestürzt (UNVERST.) bin

          ich jetzt wirklich bestürzt gewesen   wie Sie auf
A: was, daß ich nicht unbedingt

M: den Herrn H. reagiert haben
A: Ja
M: (SEHR VORWURFSVOLL:) als Arzt, als Mediziner (DURCHEIN-
ANDER, UNVERST.)

Dann streiten die beiden darüber, inwieweit ein angesehener Professor eine Autorität sei, der man als Schüler glauben müsse.
Während der Arzt seine Argumente gegen Autoritätsgläubigkeit
vorzubringen versucht, gibt der Wissenschaftler-Moderator miß-
billigende paraverbale Signale *(tz tz tz...)* von sich, die außerordentlich befremdlich wirken. Schließlich mischt sich die betroffene
Frau ein, aber der Moderator läßt sie nicht zu Wort kommen:

M: Entschuldigen Sie, jetzt bin ich dran (SIMULTAN, UNVERST.)
   – jetzt muß ich das das geht nämlich gegen mein persönliches
   wissenschaftliches Ethos

Er formuliert dann seine Vorstellungen von Autorität: wenn ein
berühmter Fachkollege, der *a Latten vo wissenschaftlichen Publi-
kationen* habe, etwas sagt, dann *horcht* er erst einmal zu.

M: und dás hab ich vermißt bei Ihnen ned Autoritäts-
A: Ja   horchen (UNVERST.)
M: gläubigkeit, sondern (EMPHATISCH:) Respékt vor der wissen-
   schaftlichen Arbeit eines Kol-lé-gen Das habe ich bei Ihnen
A: Gut – das kann ich akzeptieren

M: vermißt Herr Doktor Ja na gut
A: nein das kann ich akzeptieren

M: – aber vül z spät! tut mir sehr leid
A: ich habe nur nicht   Sie haben aber Sie haben jetzt

jetzt verstanden, was ich gmeint hab

M: ja ja leider! – (ZU DER BETROF-
FENEN GEWENDET:) Sie sind am Wort.

Am Ende dieser Phase der Diskussion nimmt sich der Moderator
wieder ein bißchen zurück, offenbar im Bewußtsein, daß er seiner
Doppelrolle nicht gerecht geworden ist:

> Wir haben den ersten Abschnitt, glaub ich, damit abgeschlos-
> sen – in Bezug auf die Einstellung zur Wissenschaft. I bin
> leider Gottes selber als Wissenschaftler dabei ein bißchen also
> Partei geworden, aber das äh Urteil über die Wissenschaft-
> lichkeit von Scientology müssen sich dann die Zuschauer
> schon sélber bilden. Das werd ich jetzt nicht äh nichts mehr
> sagen dazu.

(e) Gesprächsleiter und Gastgeber vs. Teilnehmer und Vertreter
des Rezipienten

Wenn in einer Gesprächsrunde ein *Sündenbock* oder *Prügelknabe*
vorhanden ist, der eine unpopuläre, in der öffentlichen Meinung
nicht akzeptierte Position vertritt und gegen den alle anderen
Stellung nehmen, kann sich der Moderator dazu hinreißen lassen,
seinerseits sich auf die Seite der Majorität zu schlagen und gegen
den einen *Partei zu nehmen*. Ein krasses Beispiel dafür bietet die
ZDF-Talkshow „live", in der es um Salman Rushdie geht (vgl. S.
202). Hier verletzen die Moderatoren ihre strukturelle Neutrali-
tätspflicht und ihre sozialen Pflichten als Gastgeber und solidari-
sieren sich mit dem Studiopublikum, das seinerseits die damalige
öffentliche Meinung in der BRD repräsentiert.

Ich habe versucht, Beispiele zu geben, in denen sich die am
jeweiligen Konflikt beteiligten Rollen einigermaßen klar ausein-
anderhalten lassen. Sie zeigen sich im Text, und es bedarf keiner
weitergehenden Interpretation des Moderatorverhaltens. Sobald
man auch latente Rollen mit einbezieht und hinter den Text zu
seinen Bedingungen und Voraussetzungen zurückgeht, werden die
Verhältnisse sehr komplex. Wie komplex die Situation im konkre-

ten Fall sein, mag ein abschließendes Beispiel aus dem Bereich des Wissenschaftsinterviews zeigen.

Es handelt sich um die Moderatorin Dr. med. A. Kühnemann in der Sendereihe „Sprechstunde" (ZDF). Ihr Verhalten als Moderatorin zeigt in jeder Sendung die gleichen Muster und die gleichen Rollenkonflikte. Ich habe an anderem Ort[61] ein Beispiel von 1982 analysiert; der Anfang einer neueren Sendung (1. 3. 88) mag als Beleg dafür dienen, daß sich seither nichts Grundsätzliches geändert hat.

Frau Kühnemann ist Medizinerin, also Expertin, und professionelle Wissenschaftsjournalistin, außerdem ist sie zweifellos ein Fernsehstar. In der Talkshow „Heut' abend" (1985; vgl. S. 89) wird sie vom Moderator Fuchsberger in seinem Einführungsmonolog unmißverständlich als Star, als Schönheit und Berühmtheit vorgestellt:

> In Zahlen gerechnet, ist sie unbestritten die erfolgreichste Ärztin in diesem unserem Lande, vielleicht sogar in der Welt. Denn wer außer ihr hat in der Sprechstunde Millionen von Menschen? Als sie sich aus Spaß, wie sie sagt, als Ansagerin beim Fernsehen beworben hat, hatte sie wenig Hoffnung, genommen zu werden. Warum eigentlich? Bei dém Aussehn. Als man bald darauf dieser in Anführungsstrichelchen „nur"-Ansagerin anbot, eine medizinische Sendereihe zu moderieren, hatte sie wenig Hoffnung darauf, einen länger anhaltenden Erfolg zu haben. Wieso eigentlich? Bei ihren Voraussetzungen. Zwischen 1973 und heute hat sie sage und schreibe fünf-hundert-acht-zig Sprechstunden gemacht.

Daß sie auch in der „Sprechstunde" ein Star ist, wird in ihrem selbstbewußten Auftreten manifest. Wer auch immer ihr Gesprächspartner ist, sie gibt sich als sozial gleichberechtigt. Darüberhinaus gibt sie sich auch als gleichberechtigte und gleich kompetente Expertin. Als Gesprächsleiterin hat sie das Heft völlig in der Hand. Und schließlich vergißt sie nicht, die Interessen der Rezipienten, in

---

61 Burger 1984, 284 ff.

diesem Fall der Patienten, zu vertreten. Das alles ist ein bißchen viel auf einmal, und das Resultat ist denn auch eine merkwürdige Textform.

[Frau Dr. Kühnemann = K; Prof. Dr. H. J. Refior = R]

K: Achtzig Prozent aller Menschen haben eine Beinlängendifferenz. Sicherlich eine überraschend hohe Zahl‚ und Sie werden wissen wollen‚ ja bekommt da eigentlich jéder auch Beschwerden? Und diese Frage möcht ich gleich an unseren heutigen Studiogast richten, es ist Herr Professor Refior. Sie sind Direktor der Universitätsklinik, der orthopädischen Universitätsklinik Großhadern in München. Also, wer bekommt denn Beschwerden‚ wieviele?

R: Also, man darf sicher davon ausgehen, daß äh die größte Zahl der Patienten mit einer Beinlängendifferenz äh keine Beschwerden bekommen. Äh sicherlich ist die Abhängigkeit zum Ausmaß der Beinlängendifferenz gegeben. Zum andern spielen natürlich auch noch andere Ursachen, wie allgemeine muskuläre Schwäche, wie statische andere Störungen, die im Bereich des Hüftgelenkes‚ im Bereich der Wirbelsäule liegen, noch eine Ursache mit (sic).

Schon in der Eröffnung deutet sich ihr Moderationsstil an: Es genügt ihr nicht, die Einleitungsfrage einmal relativ offen zu formulieren, sie schiebt gleich noch Präzisierungen nach, die sich nach Prüfungsfragen anhören *(wer.., wieviele)*. Auf die Antwort des Gastes gibt sie nun sofort zu erkennen, daß sie eigentlich alles selber weiß, und daß sie den Professor eigentlich nur braucht, damit er das gemeinsame Wissen am Modell demonstriert:

K: Trotzdem wollen wir das ja nun äh doch mal ernst nehmen‚ sollen drauf achten, denn es kann ein wichtiger Faktor für diese Beschwerden seih. Äh wie dann diese Ausmaße sind, wo wir sagen, da eher, da weniger‚ kommen wir später drauf‚ Jetzt möcht ich ganz gern mal generell wissen, wás also passiert eigentlich zunächst mal im Skelettsystem, wenn wir zwei unterschiedliche lange Beine haben? Sie haben das Modell, vielleicht können Sie's uns gleich daran demonstrieren.

Sie pflegt durchwegs das Pronomen *wir*, das zwei Funktionen haben kann: Entweder solidarisiert sie sich mit den Patienten *(wenn wir zwei unterschiedlich lange Beine haben, können Sie's uns demonstrieren)* oder mit der Gemeinschaft der Experten *(wollen wir das ernst nehmen, wo wir sagen* usw.). Nachdem bereits im ersten Satz klar geworden ist, daß sie ebenso Expertin ist wie ihr Gast, muß man ihre Fragen im folgenden als Fragen aus der Perspektive des Laien verstehen. Freilich darf man bezweifeln, ob ein Laie wohl *ganz gern mal generell wissen* will, was am Skelettsystem passiert, wenn... Zumindest würde der Laie kaum von *Skelettsystem* sprechen. In der Formulierung ihrer Frage kommt es zum Konflikt zwischen den Rollen der Expertin und der Vertreterin des Rezipienten. Dann beginnt der Gast die Demonstration:

R: Vielleicht darf ich vorführen, daß ähm wir mit einer Beinlängendifferenz exzentrisch belasten, somit die Muskulatur primär unterschiedlich beanspruchen.

K: Also wir belasten nicht im Lot, wenn Sie das meinen, sondern eben etwas abweichend. Das ist mit exzentrisch

R: Das ist richtig, ja.

K: ausgesagt, ja.

Hier übernimmt sie die Rolle der Anwältin des Rezipienten, indem sie das Fachwort *exzentrisch*, das der Gast unerklärt benutzt hatte, paraphrasiert. Der Gast spricht dann von Veränderungen *an den festeren Strukturen*; das hat sie aber noch nicht hören wollen, darum dirigiert sie ihn schulmeisterlich in die von ihr gewünschte Richtung:

K: Ja, und wenn Sie vielleicht doch das Modell nehmen können und uns auch ruhig nicht gleich die organischen Veränderungen zeigen, sondern uns erstmal erklären, welche Muskelpartien sich warum verspannen. Was also/ wie steht das Becken? Wie steht die Wirbelsäule? Was muß ich da eigentlich am Anfang tun?

Jetzt klingen die Fragen vollends wie im Staatsexamen *(welche...warum...was also...wie...wie...was...eigentlich...?)*, und der Gast rettet sich ans Demonstrationsmodell:

R: Wenn wir davon ausgehen, daß das Becken nach links ver-
      kippt ist, dann kommt es zunächst zu einer Verbiegung der
      Lendenwirbelsäule nach links, ähm das ist die Regel, und
      folglich wird die Muskulatur auf der linken Seite, wo diese
K: hm (+)
R: Verbiegung sich ausbiegt
K: Vielleicht darf ich da ein bißchen
      mithelfen, und zunächst mal zeigen: Wir haben also einmal
      hier wäre das sozusagen die Schiefstellung, und in welcher
      Richtung verbiegt sich jetzt die Wirbelsäule? Ich halt sie Ihnen
      da mal, wenn Sie da mal hinweisen können.

Der Gast macht es ihr nicht didaktisch genug, so daß sie gleich
selbst *ein bißchen mithilft*, und er darf dann noch den nächsten
didaktischen Zug ausführen *(Wenn Sie da mal hinweisen können)*.

R: Ja, vielen Dank, äh ja also die Verbiegung findet nach links
K: hm (+)
R: statt, wenn das Becken nach links verkippt ist.
K: Ja, und wo spannt sich denn da nun eigentlich die Muskulatur
      an?
R: Auf dieser äh kon/ sogenannten konvexen Seite ist eine stär-
      kere Verspannung zu registrieren, weil diese Muskulatur
K: warum?
R: auf Dehnung stärker beansprucht wird.

Der Gast hat inzwischen ein bißchen Didaktik gelernt. Statt das
Fremdwort *konvex* unbesehen zu verwenden, korrigiert er sich und
macht es durch *sogenannt* wenigstens als Fachwort kenntlich.
Während er noch demonstriert, fährt sie ihm mit der Frage *warum?*
drein. Und nachdem er die Begründung geliefert hat, ist sie endlich
mit der Leistung des „Kandidaten" zufrieden:

K: Aha, und äh heißt das denn nicht, daß eigentlich die andere
      Seite äh entlasten will, daß die auch verkrampft, um hier
      wieder einen Ausgleich zu schaffen?
R: Zweifellos wird durch eine statisch falsche Belastung die
      gesamte Muskulatur überansprucht. Das heißt, auch auf der

K: Konkavseite wird es einen höheren Muskeltonus geben.
K: hm (+)
        so daß am Anfang ganz im Vordergrund diese Muskelbe-
        schwerden stehen?
R: Ähm im Anfang sind es immer reine Muskelbeschwerden,
K: hm (+)
R: die äh den Patienten zum Arzt führen.
K: Und was passiert dann, wenn so ein Zustand längere Zeit
        anhält? Denn wir wollen ja natürlich nachher besprechen,
        was man auf diesen unterschiedlichen Stufen schon thera-
        peutisch tun kann, vor allem natürlich auch, was man tun
        kann, damit es gar nicht erst zu Beschwerden kommt. Aber
        nehmen wir einmal an, es wird nichts getan, was passiert
        dann?

Jetzt hat sie vollends die Rolle der Expertin übernommen, sie gibt
dem Gast nur noch die Stichwörter, führt seine Äußerung syntaktisch bruchlos weiter *(so daß ...)*, womit ihm nur noch die Bestätigung durch Wiederholung bleibt *(im Anfang sind es ...)*. Dann
gibt sie ihr Konzept für die weiteren zu besprechenden Punkte
bekannt, und wieder läßt sie mehr als nur durchblicken, daß sie
die Antworten selber geben könnte.

Der Gast-Experte ist in einem solchen Gespräch nicht viel mehr
als Staffage. Die Moderatorin feiert sich selbst, sie spielt auf der
Klaviatur aller ihrer Rollen. Und die Zuschauer scheinen ihre
Freude daran zu haben...

13. Prominente — und Menschen wie du und ich

Wir haben schon an früherer Stelle gesehen, daß es — grob gesagt — zwei Arten von Gästen gibt, mit denen Moderatoren sprechen: *Prominente* und *Unbekannte* (vgl. S. 74). In manchen Sendungen wird der Gegensatz eher neutralisiert (z. B. in der ZDF Talkshow „live", wo auch weniger bekannte „Prominente" eingeladen werden, oder in Open-end-Sendungen wie „Club 2", wo man sich häufig auch mit der „zweiten Garnitur" begnügt und wo ganz bewußt eine situative Symmetrie der Gesprächsrollen mindestens angestrebt wird).

In anderen Sendungen wird der Gegensatz scharf profiliert und als Unterhaltungswert genutzt. Das ist vor allem der Fall in den großen *Unterhaltungsshows*.

Hier gibt es überall Gesprächsphasen mit Gästen, und meist gibt es beide Sorten von Gesprächspartnern: die Prominenten und die Unbekannten. Die beiden Arten von Gästen werden sehr unterschiedlich eingeführt und unterschiedlich behandelt, wobei von Moderator zu Moderator große Unterschiede bestehen. Grundsätzlich gilt: Prominente müssen nicht eigentlich *vorgestellt* werden, sie werden *begrüßt*, und dann kann man zum Gespräch übergehen. Demgegenüber muß beispielsweise ein *Saalkandidat* nicht nur *begrüßt*, sondern dem Publikum im Saal wie den Zuschauern am Bildschirm bis zu einem gewissen Grad *vorgestellt* werden.

Gespräche mit Prominenten sind i.allg. nichts anderes als kleine Talkshows. Wie in selbständigen Talkshows werden sie zunächst überschwenglich angekündigt unter Hinweis auf ihr „Markenzeichen", treten dann auf, werden emphatisch begrüßt, und nun beginnt das Gespräch mit einer ausführlichen Aufzählung der wichtigsten Meriten. Daß die Differenz von *begrüßen* und *vorstellen* nicht einfach sachgegeben ist — durch das unterschiedliche öffentliche Wissen über die Personen —, sieht man leicht daran, daß auch bei den Prominenten auf das *Begrüßen* Sprechhandlungen folgen, die sonst unter *Vorstellen* subsumiert werden (Aufzählen biographischer Einzelheiten, wichtiger Verdienste...).

Z. B. in „Wetten daß..." (4. 4. 87) wird Dieter Kronzucker von Frank Elstner so angekündigt:

> Jetzt kommt ein Mann, der so viele Berufe hat, daß man sie gar nicht alle aufzählen kann. Er war, ob Sie's glauben oder nicht, Nachtclubbesitzer, Jazzpianist, Journalist, Autor, alles Mögliche — (rufend:) Dieter Kronzucker!

(Kronzucker tritt auf die Bühne, nickt ins Publikum und setzt sich. Elstner kündigt dann noch die anderen Gäste an, und sie treten der Reihe nach auf. Dann beginnt Elstner das Gespräch mit Kronzucker so:)

> Der Mann, der Nachrichten interpretiert, erklärt, sammelt und sie an uns weitergibt, damit wir sie auch leichter verstehen können, hat mal ganz anders angefangen. Sie haben ja eine Jugend, Herr Doktor Kronzucker, die glaubt man gar nicht so richtig, Sie hatten einen Nightclub, Sie waren Jazzpianist, Sie sind in der ganzen Welt herumgeflitzt, Sie haben amerikanische Reisen organisiert als Reiseleiter. Ab wann wurde denn aus diesem Saulus der Paulus, erzählen Sie'n bißchen.

Im optimalen Fall kennen sich Moderator und prominenter Gast näher, und Anspielungen auf die gemeinsame Geschichte sind dann ein probates Mittel wechselseitiger Imagepflege. Etwa wenn Thomas Gottschalk Elke Sommer (= S) interviewt (Wetten daß, 20. 12. 87):

M: (ZUM PUBLIKUM GEWENDET:)
    Es ist übrigens keine Unverschämtheit und Anmaßung, daß
    ich sie duze, aber wir haben bereits gemeinsam gekocht,
S: ja

M: und Frauen, mit denen ich koche, die duz ich auch
S: ja selbst-

M: (ZU S:) Weiß du noch in „Na sowas"? (UNVERST.)
S: verständlich Ja sicher ja
das lief so fabelhaft in der Probe, schmeckte auch allen so
gut und dann tja (GRINST) während der Sendung, da ging
dann irgendwas schief, dann ging die eine Platte nicht an –
weißt du noch?
M: Ich weiß auch nimmer (UNVERST.) war der Hund [den S jetzt
auf die Bühne mitgebracht hat] beim Kochen nicht dabei,
S: nein
M: aber ist doch gut, daß es ihn noch gibt, gell?

Demgegenüber bilden die Erstgespräche mit den unbekannten Partnern etwas wie eine eigene Gesprächssorte mit ihren eigenen Bedingungen und Merkmalen. Man könnte ihr den Titel *Vorstellungsgespräch* geben. Im Gegensatz zu den Prominenten weiß der
Moderator bei den Unbekannten nicht, was er verbal und nonverbal von ihnen zu erwarten hat, ob sie überhaupt in der Lage sind,
vor einem „Millionenpublikum" ein geordnetes Gespräch zu führen.
In der gleichen Sendung kündigt Elstner die Saalkandidatin so
an:

Ja, und jetzt kann ich nur sagen, liebe Zuschauer zu Hause
und liebe Zuschauer hier in Berlin, ich glaub, ich hab Glück
gehabt, das ist meine Saalkandidatin Anke

(Sie kommt auf die Bühne. Elstner führt sie – nach Begrüßung
einer weiteren Prominenten – zu ihrem Platz. Dann beginnt das
Gespräch zunächst im Off:)

A: Sind wir per du oder
M: Wie du willst

Im folgenden siezt er sie dann aber ganz selbstverständlich und
entsprechend sie ihn.

[Jetzt im On:]
M: Anke, (emphatisch:) das jetzt sind die berühmten Gäste, die
man kennt aus Film, Funk und Fernsehen, und keiner kennt

unsere Anke und das werden wir jetzt gleich ändern, Anke,
ich mach mal hier den Platz [die „Barriere" vor ihrem Sessel]
etwas zu — jetzt machen wir eine Tonprobe, schnaufen Sie

A: ja

M: erst mal durch, Anke Sie sind jetzt nervös, das ist klar
A: (SCHNAUFT DURCH)   allerdings
M: Sind Sie denn Berlinerin?
A: Nein, ich komme aus Rüdigheim, ich bin mit einem Verein
hier, die sitzen übrigens da oben, die möcht ich erst mal recht
herzlich begrüßen, wo seid ihr? (JOHLEN IM PUBLIKUM, A
WINKT)
M: Und ihr habt ne Berlinfahrt gemacht?
A: Wir haben ne Berlinfahrt gemacht, ja wir fahren morgen
wieder nach Hause.
M: Was machen Sie beruflich, Anke?
A: Ich bin Zahnarzthelferin.
M: Ou, da hätt ich Sie gestern gebrauchen können, sag ich Ihnen.
Dá hätt ich Sie gestern gebrauchen können, Sie wünschen
sich also hier — wetten daß Sie es nicht schaffen! — die
Vorstellung von Didi Hallervorden im Theater „Die Wühl-
mäuse" heute abend zu unterbrechen, um ihn in Ihre Sendung
zu holen (…)

Die Saalkandidatin ist bei der Ankündigung noch nichts weiter als
eben die Saalkandidatin. Dennoch bringt Elstner es fertig, wenigstens ein Merkmal anzudeuten: sie ist offenbar attraktiv *(ich hab
Glück gehabt)*. Am Schluß des Gesprächs wird das noch einmal,
diesmal deutlicher angesprochen (s. u.). Elstner hat die Situation
und das Gesprächsrisiko im Griff, indem er beides thematisiert:
Anke ist unbekannt, auch er weiß noch nichts von ihr, und: sie ist
nervös, man muß ihr also helfen und darf nicht zuviel von ihr
erwarten. Damit ist implizit gerechtfertigt, warum nur minimale
Informationen über ihre Person erfragt und erwartet werden: Herkunft, Grund ihres Aufenthaltes in Berlin, Beruf — das ist schon
alles, und dann geht Elstner zum Wortlaut und den genauen Bedingungen der Wette über. Da kann sie nicht mehr tun als seine

Formulierungen bestätigen. Nachdem soweit alles klar ist, kommt Elstner noch einmal auf ihre Person zu sprechen:

M: Kamen Sie selber auf die Idee?

A: Ja, ich bin selber auf die Idee gekommen. Nun ich wollte halt auch ganz gerne Didi Hallvorden sehen, und da das etwas schwierig war bei unserem großen Terminplan (LACHT), dann hab ich mir das halt so vorgestellt. (APPLAUS)

M: A ja, is ganz klar.(APPLAUS) Wo ist Rüdigheim?

A: Das liegt bei Marburg in Hessen.

M: Hat wieviele Einwohner?

A: Fünfhundert (GRINST).

M: Ist es schön?

A: Ja, sehr schön (JOHLEN, APPLAUS).

M: Also, nachdem wir hier so gut über Berlin sprechen und heute abend noch so vieles hören wollen, machen wir jetzt mal Werbung für Rüdigheim. Rüdigheim ist ein wunderschöner Luftkurort nehm ich an, wo die Menschen besonders schön sind, dafür ist das beste Beispiel hier, nämlich die Anke, einverstanden?

Der Übergang von den die Wette betreffenden Fragen zum Wohnort ist brüsk und unmotiviert. Elstner hat wohl das Gefühl, er müsse zum Schluß noch einmal auf den persönlichen Hintergrund zu sprechen kommen. Und die Frage nach der *Schönheit* des Ortes gibt ihm Gelegenheit, in einem argumentativen Salto mortale noch einmal die Schönheit der Kandidatin anzusprechen, diesmal ganz unverhohlen. Mehr ist bei einem Vorstellungspräch kaum zu erwarten. Allenfalls weniger − wie Sendungen mit anderen Moderatoren zeigen.

Elstner geht i.allg. pfleglich mit seinen unbekannten Gästen um, er überfordert sie nicht, er fordert sie nicht heraus, das Ganze ist risikolos − und häufig ein bißchen langweilig. In diesem Beispiel ist die Kandidatin noch einigermaßen schlagfertig und belebt von sich aus die Szene. Sonst bleibt dem Moderator nicht viel mehr, als selber Pointen anzubringen (wie auch hier in seiner allerdings nicht sehr originellen Reaktion auf *Zahnarzthelferin*). Diese Technik − die eigene Schlagfertigkeit und den eigenen Humor anläßlich

des Vorstellungsgesprächs zu demonstrieren — war H. J. Kulenkampffs Masche.

Ein Beispiel aus „Einer wird gewinnen" (4. 12. 82):

(Kulenkampff führt die beiden Kandidatinnen zu ihrem Platz und
schüttelt ihnen die Hand; Französin = F, Liechtensteinerin = L)

M: (ZU F:) Sie haben schöne warme Hände — (zu L:) und Sie
     haben noch kalte Hände. Warum haben Sie kalte Hände?
F: Also das is so — allgemein — habe ich also immer kalte
     Hände
M: Haben Sie immer kalte Hände? Haben Sie einen niedrigen
     Blutdruck?
F: Ja ich glaub schon aber
M: Sie kennen Ihren Blutdruck nicht!
F: Nein — also — sogar im Sommer hab ich auch
M: Im Sommer haben Sie kalte Hände — jo das is ja schöön!
F: jaja
M: nich? Kalte Hand dann auf die Stirn legen (ENTSPRECHENDE
     GESTE, PUBLIKUM LACHT)

Das ist ein kabarettreifer Dialog. Die Kandidatin ist auf die —
typisch für Kulenkampff — sehr private, aber durch den Kontrast
warme Hände der einen/ kalte Hände der anderen entschärfte und
humoristisch wirkende Frage nicht gefaßt, er doppelt gleich noch
nach, und damit wird's schon ein bißchen grotesk, und als sie
immer noch ganz ernsthaft zu antworten versucht, bricht er die
Phase mit einer absurden Bemerkung ab. *Vorgestellt* hat er nicht
die Person der Kandidatin, sondern ein peripheres Merkmal. Dann
geht's weiter mit einer der üblichen Checkfragen:

M: Wo kommen Sie her? Sie sind aus-?
F: Ich bin äh Französin und komme aus Marseille
M: ja   aus Marseille!

F: Ja ja   ja (UNVERST.) ja, aber
M: Daher die hellblauen Augen und die blonden Haare
     — wär ich wieder reingefallen — (UNVERST.) hätt gedacht,
     die (WEIST AUF L) kommt aus Frankreich mit ihren dunkel-
     braunen Augen

Die Frage nach der Herkunft dient ihm nur dazu, wieder eine
Pointe über das Aussehen der beiden Damen loszuwerden. Die
Französin antwortet wieder ganz ernsthaft, warum sie blaue Augen
hat: sie hat Schweizer Vorfahren. Das liefert dem Moderator die
Brücke zur Vorstellung der Liechtensteinerin:

M: Sie sprechen doch Schwyzerdütsch, nicht?
L: Ja
M: Ich meine – in Liechtenstein?
L: Also: Liechtenstein-Deutsch – (PHONET. DIALEKTAL:) Liech-
    teschteinerdütsch
M: (IMITIEREND) Liechtesteinerdütsch?
M: Ja
M: (SCHWEIZERDEUTSCH IMITIEREND) Und das ischt so ehnlich
    wie Schwyzerdütsch?
L: Nid ganz so schlimm
M: Nüd! – ne – nicht ganz so schlímm, hat sie gesagt (GE-
    LÄCHTER)
L: Aso äh – nicht   so kraß
M: nich nich – nicht – ganz so   kraß ja
    – kraß is ja besser als schlimm, nicht?
L: Ja
M: Nicht – Günther Grass ist (UNVERST.) als Günther Schlimm
    nicht, aber (GELÄCHTER) vielleicht – Was máchen Sie in
    Liechtenstein?

Genau parallel zur ersten Kandidatin greift er ein Merkmal –
diesmal freilich ein weniger abseitiges! – heraus, was ihm zunächst
Gelegenheit gibt, seine imitatorischen Fähigkeiten humoristisch zu
demonstrieren, sodann, die stereotype Hänselei aufs Schweizerdeutsche loszuwerden, und schließlich zur kalauernden Witzelei
mit den von der Kandidatin angebotenen Adjektiven *schlimm* und
kraß. Genau wie im ersten Fall geht er dann zu einer Checkfrage
über, wieder ganz unmotiviert:

M: Was máchen Sie in Liechtenstein?

Er betont *máchen* so emphatisch, als könne er sich gar nicht
vorstellen, daß man in Liechtenstein überhaupt etwas *machen*
könne.

Sie sagt, sie arbeite in einer *Wohnboutique*. Nach ein paar
„sachlichen" Fragen (was kauft man dort? u. a. auch Möbel) hängt
er sie dann am Kompositum *Wohnboutique* auf:

M: (SEHR ERSTAUNT:) In einer Boutique! Gibt's jetz auch schon
    Möbel!
L: Ja — kleine
M: Sind die besonders — kleine? für Kinder oder was?
    oder sind (UNVERST.)
L: so ein bißchen die speziellen — kleinen — Tischchen
    und so
M: Für mich nich — gibt's da nix?
L: Doch doch
M: Ja?
L: Sie können ja vielleicht mal vorbeikommen
M: (LACHEND) Gut — bitte — (WENDET SICH ZU F) und was
    machen S/ (WENDET SICH ZURÜCK ZU L) Und jetzt muß ich
    noch um Ihren Namen bitten
L: Brigitte
M: Brigitte — Brigitte — und Sie (ZU F GEWANDT) heißen
F: Florence
M: (PATHETISCH) Flo-ren-ce — und was machen Sie, Florence?

Er dreht der Kandidatin das Wort *klein* über mehrere Gesprächsschritte hinweg im Mund herum, bis sie selbst mit ihrer schlagfer-
tigen Einladung dem Spiel ein Ende macht. Der Moderator war
die ganze Zeit so auf seine Witzeleien bedacht, daß er den —
normalerweise wichtigsten — Teil der Vorstellung vergessen hat:
nach dem Namen zu fragen. (Am nonverbalen Verhalten Kulenkampffs wird nicht erkennbar, ob er das tatsächlich vergessen hat,
oder ob er das gar als einen besonderen Gag eingeplant hat.) Das
holt er jetzt nach, und dann geht es noch kurze Zeit weiter mit
ein paar Checkfragen an die Französin. Ganz offensichtlich ist die
Vorstellung der Person hier nichts als ein Anlaß, den eigenen Witz
zur Schau zu stellen und — bei wohlwollendster Interpretation —
den Kandidaten Gelegenheit zu geben, sich auf diesem Gebiet selber
zu versuchen.

Er scheut sich auch nicht, die Kandidaten mit seinen witzelnden Fragen geradezu in die Enge zu treiben und sich auf deren Kosten zu amüsieren, wie bei einem des Deutschen nicht besonders mächtigen Finnen (aus der gleichen Sendung, Finne = F):

M: Wie heißen Sie bitte?
F: G(...) K(...) heiße ich
M: G(...) K(...) — ach Gott! Was machen Sie in Finnland?
F: Ich bin Vertreter für eine deutsche Firma
M: Wie gehen die Geschäfte?
F: (UNVERST.) oh — ziemlich ziemlich gut, aber
M: Ziemlich gut?
F: aber man soll — nicht hier — äh   nein nein
M: Werbung machen
     Sie können doch sagen, wás Sie vertreiben — nich nich Firmennamen
F: ah nein nein
M: aber ob es Nähmaschinen sind oder oder
F: nein nein es sind äh — Exportzeitungen
M: (SEHR ERSTAUNT) Exportzeitungen?
F: Ja
M: Was sind denn das für Zeitungen? (PARAVERBAL SO REALISIERT, DAß MAN ETWAS ZWEIDEUTIGES VERMUTEN MUß; PUBLIKUM LACHT)
F: Soll ich sagen das?
M: Solche — na ha — — Tageszeitungen?
F: Nein
M: Mehr so zur Unterhaltung — so Profilzeitungen (?)?
F: Nein nein äh
M: ja ja zum Beispiel
F: ekonomische
M: (HÄMISCH IMITIEREND) ekomische?
F: äh ja ja
M: Gut — wir wollen
F: für die Wirtschaft
M: (MIßVERSTEHEND) für die Wissenschaft — es is ja auch ne Wissenschaft, man lernt ja nie aus

F: (RATLOS; PUBLIKUM LACHT)
F: für die Wirtschaft
M: Für die Wirtschaft, ja ja — jetzt passen Sie mal auf — wir
      wollen der Sache auch nicht zu sehr auf den Grund gehen —
      es gibt soviele Zeitungen (GELÄCHTER)

Die wahrscheinlich sehr ehrenwerte Weigerung des Finnen, Werbung zu betreiben, und seine sprachliche Unfähigkeit, gewandt zu
reagieren, nutzt Kulenkampff zu einem hämischen Spiel: je mehr
Vorschläge für mögliche Zeitungen er dem Gast anbietet, umso
klarer wird, daß er auf ein eindeutig zweideutiges Produkt zusteu-
ert. Und selbst als der Gast endlich sagt, um welches Produkt es
sich handelt, mißversteht er ihn (absichtlich?) und zieht auch die
Begriffe *Wissenschaft* und *Wirtschaft* ins Zwielichtige, bis zum
abschließenden Satz, mit dem er — scheinbar wohlwollend — die
ganze Zweideutigkeit überdeckt und die Frage somit in der Luft
hängen läßt. Danach wendet er sich unvermittelt an den nächsten
Kandidaten.
   Wieder anders geht Th. Gottschalk mit den unbekannten Partnern um. Er verwickelt sie z. B. in ein lockeres Gespräch über ihre
Wette — womit er gleichzeitig eine Präzisierung des Wett-Textes
erreicht und den Gast über das Thema reden läßt, auf das er am
ehesten vorbereitet ist. Ein Beispiel („Wetten daß…" 27. 2. 88):

M: Brigitte, bitteschön. Das ist — (GIBT IHR DIE HAND) guten
      Abend — bitte — komm mal'n bißchen hier rum — únsere
      Saalkandidatin — (APPLAUS) — und von ihr stammte die
      Idee, daß der Herr — Oberbürgermeister — von Bremerhaven
      — sein Wohnzimmer auf die Bühne bringt. Ich meine, das
      ist — das ich meine Sie leben wahrscheinlich beim Gedanken,
      daß Ihnen das passieren würdè, richtig auf, oder? wenn man
      Ihr Wohnzimmer hierhin tragen würde?
B: Ja ich weiß nicht (GRINST)
M: Das wär natürlich mal ein Grund, groß Reine zu machen,
      man hat alles mal draußen und kann richtig durchsaugen
B: das auch   genau,   die Ecken
      kann man alle sauber machen

M: Gut, der Oberbürgermeister, meinen Sie, der k/ der kriegt
     das hin?
B: Ja, scho gut
M: Er sitzt nämlich auf seinem Stuhl, also er wird wahrscheinlich
     jetzt nach Hause gehen und die Türen zunageln (GELÄCHTER).
B: Oder die Einrichtung steht nachher hier.

So geht es noch eine Zeitlang weiter, dann kommt auch hier der
Übergang zur Checkfrage:

M: Brigitte, wir versuchen, den Oberbürgermeister dazu zu be-
     wegen, sein Wohnzimmer hier bei uns aufzubauen, was nicht
     einfach wird, weil das Ganze ja irgendwo natürlich trans-
     portiert werden muß, wir haben anderthalb Stunden, viel-
     leicht überziehen wir ein bißchen, dann können wir ihm
     helfen – so. Bleiben Sie hier bei mir, was sind Sie norma-
     lerweise von Beruf? Kein/ Sie haben keine Spedition zu Hause,
     oder?
B: Nee, ich arbeite am Fitnesszentrum
M: Am Fitnesszentrum, was machen Sie selb/ selber Gymnastik
     oder?
B: Ja 'n bißchen
M: Ja also – Möbelschleppen ist Ihnen nichts Fremdes
B: nö nö
M: Gut

Die Frage nach dem Beruf ist die einzige Frage zur Person, die
Gottschalk der Kandidatin stellt, und auch diese knüpft er noch
witzig an die Thematik der Wette an. Man weiß am Schluß nicht,
ob sich die Frage nach dem Beruf einfach aus dem vorhergehenden
Geplauder ergeben hat oder ob er tatsächlich so etwas wie ein
rudimentäres Vorstellungsgespräch führen wollte. Hier hat also das
funktionelle, auf die Wette bezogene Geplauder die Vorstellung
weitgehend ersetzt.

Spieler, Kandidaten, Wettpartner sind *Unbekannte* für das Publikum. Sie präsentieren sich und werden präsentiert in der Rolle
der *Nicht-Stars*. Dem Moderator hingegen sind die Nicht-Stars
nicht unbedingt auch unbekannt. In den Spiel-Shows ist es eher

die Regel, daß man sich für die Sendung zu bewerben und eine *Vorselektion* mitzumachen hat. Dadurch verringert sich für den Showmaster natürlich das Gesprächsrisiko. Die in der Schweiz äußerst erfolgreiche Sendung „Traumpaar" ist ein Beispiel dafür. (Die folgenden Angaben verdanke ich Raimond Fein, dem Redakteur und Moderator der Show, und den Studierenden Bettina Marxer und Reto Wilhelm, die sich mit der Produktionstechnik der Sendung vertraut machen konnten.)

In dieser Sendung spielen Unbekannte und Prominente mit. Die Einführung der Prominenten erfolgt ganz ähnlich wie in den anderen Shows: also im Rahmen einer kleinen Talkshow. Die Unbekannten werden sorgfältig vorselektiert. Sie müssen sich mit einem für die Sendung konzipierten Fragebogen bewerben, der Daten zur Biographie, zu Hobbys, und − entsprechend dem Ziel der Sendung − Angaben zum Profil des *Traumpartners* enthält, sowie Hinweise darauf, welche Themen in der Sendung <u>nicht</u> angesprochen werden sollen. Die Kandidaten, die aufgrund der schriftlichen Bewerbung in einem ersten Schritt ausgewählt werden, finden sich zu einem lockeren Gespräch am runden Tisch ein, das dem Moderator Gelegenheit gibt, ihr Gesprächsverhalten zu beobachten. Danach werden die für die Sendung Einzuladenden definitiv bestimmt. Der Moderator teilt ihnen den Bescheid telefonisch mit und erhebt bei dieser Gelegenheit noch weitere Informationen, die ihm nötig scheinen.

Somit kennt der Moderator auch die unbekannten Gäste schon vor der Sendung recht genau. Der schriftliche Fragebogen erlaubt ihm zudem eine sehr genaue Vorstellung in der Sendung. Diese läuft nun beispielsweise so ab (28. 3. 88):

[Die folgenden Beispiele sind aus dem Schweizerdeutschen übersetzt. Herr Desole = D]
M: Sie kommen ursprünglich aus Ombia in Sardinien
D: Jawohl
M: sind aber schon einige Zeit in der Schweiz
D: Hm (+)
M: da aufgewachsen, glaub ich?
    [schwdt. „glaub da ufgwachse"- „glaub" ist eine elliptische Form von „ich glaub", die fast wie eine Partikel funktioniert; „glaub" ist semantisch schwächer als hochdt. „ich glaube"]

D: Bin ich, ja
M: Sie haben äh Sie sind eigentlich beide [Herr Desole und seine Frau] ein Beispiel für den zweiten und dritten Bildungsweg, wenn man so sagen will. Sie haben Kellner als Ausbildung dann äh Wirtfachschule
D: Ja genau
M: heißt das aber jetzt auch den Beruf gewechselt
D: Ja
M: Sie verkaufen Versicherungen
D: Versicherungsheini, jawohl (LACHT)

Der Moderator hat seine schriftlichen Unterlagen vor sich auf dem Tisch liegen, für den Zuschauer klar erkennbar. Er macht also kein Hehl aus seiner detaillierten Vorbereitung. Die Fragen sind in der Form von Aussagesätzen formuliert, mit progredienter Intonation – ein typisches Muster, das nur nach Bestätigung der Richtigkeit verlangt. (Einzig durch die Partikel *glaub* wird das Vorwissen ein bißchen in Richtung ‚Vermutung‘ abgeschwächt.) Das erlaubt ihm, in kürzester Zeit eine ganze Menge von Informationen abzurufen – im Gegensatz zur Praxis etwa von Elstner oder Gottschalk. Dafür sind diese Befragungen aber auch monotoner und nicht besonders telegen. Etwas offenere Fragen formuliert er nur dann, wenn die Antwort – entsprechend seinen Vorinformationen – einen gewissen Unterhaltungswert verspricht:

[Frau Desole = D]
M: (…) Sie haben Telegrafistin gelernt, haben aber dann den Beruf gewechselt – und sind jetzt Juniortraderin
D: Hm   Ja
M: Was macht ein Juniortrader?
D: Also ich arbeite bei einem Broker, bei einem amerikanischen Börsenmakler, und äh ich gebe dort Börsenaufträge ein, also ich gebe sie nach New York weiter von vorwiegend von Banken, Großbanken und dann mach ich noch ein bißchen Backoffice, also wenn's Probleme gibt, dann versuche ich das Ganze aufzuklären, so ein bißchen alles zusammen.
M: Da wimmelt's von englischen Ausdrücken äh, habt ihr
D: ja

M: überhaupt noch etwas zu tun, so nach dem schwarzen letzten
    Herbst?
D: (kichert) Ja schon ein bißchen weniger, man merkt's schon,
    aber äh
M: Es zieht langsam
D: die letzten paar Tage zieht es wieder ein bißchen
    an.
M: zieht es wieder ein bißchen an. Sie kommen ursprünglich aus
    Ombia (...)

Die Ergänzungsfrage *(was macht...?)* mit ihrem großen Antwortspielraum ist offensichtlich motiviert durch den Beruf mit dem
englischen Namen und dem Hauch von großer Finanzwelt. Darum
auch die halbernste Frage nach der Situation in der Folge des
schwarzen Herbstes, die keine Information ad personam erwarten
läßt.
    Gelegentlich gibt die schriftliche Vorlage Anlaß zu einer humo-
ristischen Befragungsvariante:

(14. 3. 88, Frau Regina Bärtsch = B)
M: Sie haben noch angegeben: Furna i. P. [ausgesprochen: i P].
    Es hat einen Haufen Abkürzungen
B: A ja, da bin ich Bürgerin, von
    Furna im Prättigau.
M: Im Prättigau. Jetzt sind Sie in Santa Maria i. M.
B: Ja   Santa (LACHT)
    Maria im Münstertal.
M: Da arbeiten Sie als Krankenpflegerin (BUCHSTABIERT:) FASRK
    (GELÄCHTER)
B: Ja ja
M: Was heißt (BUCHSTABIERT:) FASRK (GELÄCHTER)
B: (LACHT) Das heißt Krankenpflegerin mit dem Fähigkeitsaus-
    weis des Schweizerischen Roten Kreuzes.
M: Vielen Dank.

Das starre Frageschema, das sich am Fragebogen orientiert, hat
für die Kandidaten den Vorteil, daß sie wissen, was sie zu erwarten
haben. Es gibt ihnen die Möglichkeit zu „lernen", sich ziemlich

genau vorzubereiten. Manchen Kandidaten gelingt es, immer wieder Pointen anzubringen, die vermutlich zum großen Teil vorbereitet sind, z. B. (28. 3. 88, Ruth Vogel = V):

M: Sie haben noch andere Hobbys, tanzen, malen, Sie sind ziemlich sportlich, auch mit Fußball.

V: Ja, habe ich mal gespielt, Fußball, dann hat der Doktor gefunden, es sei nicht so gut für Frauen. Jetzt spiel ich einfach bei der Firma zum Spaß [schwdt. „Plausch"], wenn sie mal einen linken Torpfosten brauchen oder so (GELÄCHTER)

Im Verlauf des Gesprächs verweist dann der Moderator darauf, daß sie (und ihr Partner) soeben das demonstriert haben, was sie bereits im Fragebogen angegeben haben: *Schlagfertigkeit* und *Spontaneität*. Das sind natürlich Eigenschaften, die jeder Moderator sich von seinen Gästen wünscht. Und auch hier hat die Vorselektion ihre Funktion.

Da in der Sendung immer Paare als Kandidaten beteiligt sind, ergibt sich bei den Prominenten nicht selten das Problem, daß nicht beide dem Publikum in gleichem Maße bekannt sind. Dann hat das Publikum gegenüber dem weniger bekannten oder unbekannten Partner das gleiche Informationsbedürfnis wie bei den nicht-prominenten Gästen. Bezeichnenderweise geht der Moderator hier dennoch nicht so vor wie in den zitierten Beispielen. Vielmehr wählt er einen Zwischenweg zwischen der überschwenglichen Einführung des Prominenten und der bloß-informierenden Vorstellung des Unbekannten. Ein Beispiel:

M: Auch bei unserem heutigen prominenten Ehepaar tragen beide zur Prominenz bei. Der weibliche Teil ist eine ehemalige Fernsehmitarbeiterin, die einige von Ihnen sicher noch kennen. Der männliche Teil ist einer der spritzigsten und einer der fleißigsten Schweizer Karikaturisten. Es sind Katrin und Nico Cadsky-Frei! (APPLAUS) Frau Cadsky, Sie kommen jetzt gerade aus Olten und Sie stammen glaub ich ursprünglich aus Olten, ist das richtig?

C: Ich stamme aus Olten, bin dort aufgewachsen, auf die Welt gekommen und bis äh 17 bin ich dort gewesen und nachher

habe ich in Solothurn eben die Matur gemacht und bin dann
nach der Matur ein bißchen herumzigeunert (LACHT) in der
Schweiz.

M: Das ist glaub ich auch im Zusammenhang gewesen mit der
       Ausbildung zur Sekundarlehrerin, also Uni Genf, Uni
       Basel, Zürich

C: und Zürich dann, ja dort habe ich fertig gemacht.

M: Und dann schon bald mal der Weg zum Schweizer Fernsehen
       (...)

Der Moderator löst das Problem der ungleichen Prominenz recht
elegant, indem er so tut, wie wenn gar kein Problem da wäre,
dann aber durch die Charakterisierung der beiden doch klar macht,
daß eine Abstufung der Prominenz gegeben ist. Die erste Frage ist
– wie bei den Unbekannten – als Aussagesatz formuliert, wieder
mit der leicht einschränkenden Partikel *glaub*. Die zweite und dritte
Frage sind gleichfalls als Aussagesätze formuliert, doch sehr viel
vager *(im Zusammenhang mit..., der Weg zum...)*, so daß nicht
nur Bestätigung, sondern Präzisierung und ausführlichere Erzählung nahegelegt wird – was dann im weiteren Gespräch auch
geschieht.

   In den letzten Sendungen der Reihe hat sich eine gewisse Veränderung in den Vorstellungsgesprächen gezeigt: Nach seiner eigenen Aussage hat sich der Moderator durch die Diskussion mit den
Studenten veranlaßt gesehen, seine rigide Gesprächsführung zu
mildern und überhaupt der Vorstellung der Unbekannten – soweit
das im Rahmen des zeitlich sehr begrenzten Konzeptes von einer
Stunde überhaupt möglich ist – mehr Raum zu geben.

   Die Fragen in Aussagesatzform hat er weitgehend aufgegeben,
statt dessen verwendet er Wortfragen (Ergänzungsfragen):

[6. 6. 88, Ruth Meier = Me]

M: Ich habe angesprochen die Innerschweiz, woher kommen Sie
       genau?

Me: Ich komme von Kriens bei Luzern.

M: Und was machen Sie beruflich?

Me: Ich bin Teilnehmerberaterin der Telefondirektion Luzern.

Das sind subtile sprachliche Unterschiede zu früher, aber wenn man die Szenen nacheinander anschaut, ist die Wirkung frappierend anders – milder, lockerer.[62]

In der Fortsetzung werden die Fragen noch offener, z. B. bietet er der Kandidatin mehrere Fragen auf einmal an – eine Fragetechnik, die bei strikten Interviews verpönt ist, weil sie dem Interviewten eben zuviel Spielraum läßt (vgl. S. 231):

Me: (...) Ich bin anderthalb Jahre lang im Welschland gewesen. Also in Lausanne in der Nähe und nachher ein halbes Jahr lang jetzt in Kanada vor einem Jahr.

M: Und wie hat es Ihnen gefallen, was haben Sie dort so gemacht, Besonderes erlebt?

Eine spezielle Variante des Vorstellungsgesprächs bietet A. Bioleks Show „Mensch Meier". Die Sendung hat zwei Vorstellungsphasen. Ein Beispiel (15. 12. 88, vgl. S. 97):

---

62 Seit der Arbeit von Ecker et al. (1977) ist die Diskussion um die semantischen und pragmatischen Aspekte von Frage und Antwort weitergegangen (vgl. z. B. Conrad 1978), auch im Hinblick auf die bei Ecker et al. erstmals ausführlicher beschriebenen medienspezifischen Ausprägungen (z. B. Rehbein 1985). Klar geworden ist dabei, daß die syntaktisch-semantischen Merkmale von Fragen und möglichen Antwortbereichen keine klaren Vorhersagen darüber erlauben, welche kommunikativen Erwartungen ein Sprecher an den Antwortenden richtet. Das hängt weitgehend von den spezifischen Eigenschaften der Gesprächssorte ab. So schreibt Rehbein (a. a. O., 189 f.) zu den Entscheidungsfragen: „Im Kontext eines Medieninterviews, in dem die biblisch und fragelogisch adäquate Antwort ‚ja, ja' oder ‚nein, nein' die Maxime der Relevanz verletzen und damit dem Antwortenden das Stigma mangelnder Kooperativität einhandeln würde, haben derartige Fragen allerdings die pragmatische Qualität einer ‚indirekten Begründungsfrage', worauf Sökeland hingewiesen hat." Diese legen den responsiv Antwortenden „auf Begründungsakte fest, die im Falle kritischer, das Handeln des Adressaten bewertender Fragen Akte der ‚Rechtfertigung' sind. Entscheidungsfragen sind insofern ein probates Mittel einer offensiv-konfrontativen Interviewführung."

Wenn ich in dieser Arbeit von „offenen" und „geschlossenen" Fragen (und Zwischenstufen) spreche, meine ich damit, daß der Fragende in kommunikativer Hinsicht dem Antwortenden einen weiteren oder engeren Spielraum eröffnet.

Die erste Vorstellung der drei vorher ausgewählten Spielkandidatinnen erfolgt nicht durch Biolek, sondern die Damen stellen sich auf seine Aufforderung hin selbst vor, offensichtlich in einer wörtlich vorbereiteten und (bei B und C) wohl absichtlich leicht verrätselten Formulierung.

M: Darf ich Sie bitten, sich vorzustellen. (APPLAUS, DIE ERSTE DAME WILL SICH ERHEBEN) Bleiben Sie sitzen.

A: (LIEST AB): Liebe Gäste hier im Studio und zuhaus an den Bildschirmen. (EMPHATISCH:) Ich begrüße Sie sehr sehr herzlich. Ich heiße A(...) J(...) und komme aus Lübeck. Ich singe sehr gerne und koche auch sehr gerne. Durch unser Lübecker Marzipan ist unsere Stadt in der ganzen Welt bekannt.

M: Sehr gut!
(APPLAUS)

B: Ja, ich bin B(...) M(...). Ich lebe und arbeite in Bonn, und von dort aus helfe ich Frauen, eine Männerdomäne zu erobern.
(APPLAUS)

C: Ich heiße G(...) H(...), komme aus West-Berlin, und ein Professor aus Ost-Berlin hat mir bei meiner Ausbildung geholfen.
(APPLAUS)

Die bewußt nur andeutenden Formulierungen von B und C werden dann in der zweiten Vorstellungsrunde geklärt. Im Laufe der Sendung stellt Biolek jede der Kandidatinnen ausführlich vor, wobei er sich auf die Formulierungen der Selbstvorstellung bezieht. Z. B. sagt er, nachdem den Beruf (Hufschmied) von Frau C. charakterisiert hat:

> Nun haben Sie aber vorhin gesagt, es hat Ihnen jemand zu einer Ausbildung verholfen in Ost-Berlin äh, was war das für eine Ausbildung?

Im Gegensatz dazu ist die Vorstellung der Kandidaten, die Biolek aus dem Saal aufruft, rudimentär, z. B.

M: Wo ist einer, der sich zutraut, völlig ruhig und gelassen zu bleiben, selbst wenn wir seine innersten/ — dahinten — der Herr mit dem mit dem Pullover — ja mit dem blauen oder/ darf ich Sie bitten, kommen Sie — sehr schön (APPLAUS, KANDIDAT KOMMT AUF DIE BÜHNE) Guten Tag, kommen Sie bitte. — Ich möchte Sie erst vorstellen, wie Sie heißen

A: Meier

M: Meier!

A: Mensch Meier ja!

M: O wie wunderbar! Mensch Meier! Und äh Sie trauen sich zu, gelassen zu bleiben?

Die Welt der großen Unterhaltungsshows ist — durch das Verhalten des Moderators und für das Publikum unübersehbar — säuberlich gegliedert. Es gibt zwei Sorten von Gesprächspartnern, die Prominenten und die Unbekannten. Für jede der beiden Sorten hat der Moderator eigene Gesprächsstrategien bereit. Da alle Beteiligten mit dieser Sortierung offenbar einverstanden sind, ist die Welt der Shows auch in dieser Hinsicht eine heile Welt.

14. Kinder

Kinder sind in den Medien eine Randgruppe. Sie sind nicht – oder nicht so leicht programmierbar wie Erwachsene und darum ein potentieller Risikofaktor. Darum treten sie nur unter ganz bestimmten, eng limitierten Bedingungen auf. Z. B. als Lieferanten „origineller" Definitionen, wie in „Dingsda", wo die kindliche Sprache als Unterhaltungswert genutzt wird. Im übrigen spielen im Erwachsenenprogramm die Kinder nur eine marginale Rolle. In Filmen und Serien kommen sie z. B. vor, wenn Familien vorkommen (von den seltenen Filmen abgesehen, wo ein Kind für einmal mit Mittelpunkt steht).

In Unterhaltungsshows des Fernsehens dürfen gelegentlich Kinder auftreten, wenn sie etwas Exzeptionelles zu bieten haben, etwa als musizierende „Wunderkinder" wie in der Sendung „Na sowas" (ZDF, 23. 3. 85).

In *Sport-Sendungen* der BRD spielen – nach der Untersuchung von Thomas (1988) – Kinder als Interviewpartner keine Rolle, im Gegensatz zur DDR. Thomas hat Interviews in den Sendungen „Aktuelles Sportstudio" (ZDF) und „Halbzeit" sowie „Sport aktuell" (DDR) miteinander verglichen und dabei gefunden, daß Breitensport nur in DDR-Interviews vertreten ist. Das entspricht dem politischen Programm, das mit dem Sport verfolgt wird. Auch Sport hat den gesellschaftlichen und politischen Zielen des Parteiprogramms zu dienen. Entsprechend enthält auch die Sportberichterstattung ein eminent didaktisches Element. Demgegenüber ist Breitensport in der BRD kein Thema fürs Fernsehen. Entsprechend werden nur in der DDR Sportinterviews mit Nicht-Stars praktiziert. Interviews mit Schülern, Breitensportlern und Spartakiadeteilnehmern belegen (zusammengefaßt) bei Thomas den dritten Platz in der Rangfolge der Befragten.

Die Kinder erscheinen in den Interviews ausschließlich als Leistungsträger — wie die Erwachsenen —, als Erfüller von Normen, die es im sozialistischen Sport von Anfang an zu erfüllen gilt. Selbst im Moment des Sieges und der Niederlage geht es nur um Leistung, nicht um Emotionen und persönliche Befindlichkeit:

I-er: Herzlichen Glückwunsch zum ersten Platz, zwo zwoundzwanzig acht bist du mit der Zeit zufrieden?

I-te: Ja bin schnell gewesen zwei dreiundzwanzig hatte ich mir vorgenommen

I-er: (WENDET SICH DER ZWEITEN BEFRAGTEN ZU): Grit Anke heute nur letzte hat vielleicht nicht so geklappt, welche Zeit hattest du dir denn vorgenommen?

I-te: Zwo fündunddreißig (Thomas 210)

Weder die Siegerin noch die Verliererin wird nach ihren Gefühlen befragt, bei beiden geht es nur um Zeiten, angestrebte — erreichte — nicht-erreichte Leistungen. In dieser Hinsicht sind die kindlichen Interviewpartner nichts als kleine Erwachsene. Daß der Moderator die kindliche Lebenswelt in irgendeiner Weise in Rechnung stellen würde, davon ist nichts zu spüren. Allenfalls sieht man, daß er die Kinder nicht im gleichen Sinne ernst nimmt wie die erwachsenen Gesprächspartner, daß er sie nur als Ausführende seiner eigenen Antwort-Vorgaben behandelt. Er fragt ungeniert suggestiv, und den Kindern bleibt überhaupt kein Spielraum für ihre Antworten — so daß schließlich alle als Musterschüler herauskommen:

(Aus einem Interview mit zwei Mädchen, von denen eines sich verletzt hat:)

I-er: Und du wirst weiter dabeibleiben nicht? das ist doch klar

I-te: Ist ja klar

I-er: Man läßt sich doch nicht entmutigen, nicht? gut, prima alles Gute für Euch, viel Spaß noch beim Sportfest und gute Erfolge, wenn's so weitergeht, ihr bleibt doch sicher bei der Leichtathletik beide was?

I-te: Ja

I-er: Und du auch, nicht?

I-te: Ja

I-er: Gut (202)

Die Partikeln *nicht, doch, auch* und die explizite Antwortvorgabe *das ist doch klar* determinieren die Antworten.

Im folgenden Beispiel „veranlaßt" der Interviewer die Kinder, „den Willen zur Spartakiadeteilnahme und den Wunsch nach einer Medaille zu äußern", der „situative Rahmen läßt (...) die Verneinung der beiden Entscheidungsfragen (...) gar nicht zu. Die Antworten sind auf diese Weise vorprogrammiert, ihre Sprecher nur Erfüllungsgehilfen der Interviewerintention und damit austauschbar" (209):

I-er: Willst du mal zur Spartakiade?

I-ter: Ja, soweit wie möglich schon

I-er: und Medaille wär's Schönste was?

I-ter: Ja (DER INTERVIEWER WENDET SICH DEM ZWEITEN BEFRAGTEN ZU)

I-er: Wie bist dú zum Skilaufen gekommen?

I-ter: Na ja, ich bin durch meine Eltern hierher gekommen, die wollten gern, daß ich sportlich wär

I-er: (...) Was ist denn deín großes Ziel, hast du dir was vorgenommen?

I-ter: Ja ich möchte auch gerne an der der Spartakiade teilnehmen und

I-er: Medaillenwünsche Träume

I-ter: Na ja

I-er: Ein bißchen doch oder

I-ter: mhm (208)

Reservat für Kinderauftritte sind *Kindersendungen*, also Sendungen, die sich an ein Kinderpublikum wenden.. Der Normalfall ist auch hier, daß Kinder nicht „unkontrolliert" auftreten und sprechen, sondern unter der straffen Leitung einer oder eines Erwachsenen. Sendungen, die ganz von Kindern gemacht werden, gibt es in den öffentlich-rechtlichen Medien kaum. Im Radio noch eher als im Fernsehen. In den Lokalradios gibt es sogar Versuche mit Kinder-Moderatoren.[63]

---

63 Ich beziehe mich hier nur auf Sendungen für Kinder. Rundfunksendungen für Jugendliche hat Nowottnick (1989) untersucht. Auf dialogische Formen mit Jugendlichen, z. B. Gespräche mit Hörerbeteiligung, geht sie jedoch nur kurz ein (203 ff.).

Ein singuläres Experiment war der Versuch, einen „Club 2" von Kindern bestreiten zu lassen. Die Ansage lautete so:

M: Mit diesen dürftigen Wetteraussichten schließt die „Zeit im Bild 2", in FS 2 geht es anschließend weiter mit einem ûngewöhnlichen Club 2, ungewöhnlich deshalb weil die acht Gäste – zwischen 8 und 12 Jahre alt sind. Deshalb wurde dieser Club mit dem Titel „Jetzt reden einmal wír" auch vor einigen Tagen am Nachmittag aufgezeichnet. Das Ergebnis dessen, was Kinder heutzutage bewegt, sehen Sie also jetzt wie immer, wenn am Club 2 (sic) auch wenn es ausnahmsweise eine Aufzeichnung ist, natürlich ungekürzt. Ich wünsche Ihnen dazu einen besonders guten Abend. Bis morgen um 22 Uhr.

Die Gesprächsrituale der Erwachsenen werden von Moderatorin und Kindern teils an die neue Situation angepaßt, teils aber auch verändert. Das beginnt schon bei der Begrüßung und wird von der Moderatorin auch metakommunikativ angesprochen:

M: Guten Abend meine Damen und Herren paßt heute nícht. Unser Clubthema ist, wenn Kinder was zu reden haben, und wir haben heute Kinder als Gäste. Ich begrüß' Euch. Ich schlag vor, daß wir uns jeder selber vorstellen, der Reihe nach, ich fang an. Ich heiß Barbara R(...), bin 36 Jahre alt, hab Deutsch und Französisch studiert und bin in diesem Club genauso neu wie Ihr. Ich bin auch zum ersten Mal da.

Weder *guten Abend* noch *meine Damen und Herren* paßt hier. *Guten Abend* würde sich nur auf den Zeitpunkt der Ausstrahlung, nicht aber auf den der Aufnahme beziehen; *meine Damen und Herren* nur auf das Publikum am Bildschirm, nicht aber auf die Gesprächsrunde. Das heißt: die Adressaten der beiden Kommunikationskreise lassen sich nicht mit einer rituellen Formel ansprechen. Die Selbst-Vorstellung ist unauffällig-kinderspezifisch:

Man: Ich heiß Manuela, bin 10 Jahre alt und mein Hobby ist Schwimmen und Fußball spielen.
Ba: Ich heiß Barbara H(...), und mein Ho/ mein Hobby is Schwimmen äh hauptsächlich Leicht/ Leichtathletik

Fa: Ich heiße Fatma, bin 12 Jahre alt und mein Hobby ist
      Schwimmen
P1:   Ich heiße Philipp und mein Hobby is, mein einziges Hobby
      ist eigentlich Tiere
M: Wie alt bist Du, Philipp?
P1:   Ich bin 8 Jahre alt.
P2:   Ich heiße Philipp, so wie er, bin 12 Jahre alt und gehe komme
      jetzt in die dritte Klasse Gymnasium. Meine Hobbys sind
      Schwimmen, Radfahren, Fußball spielen, Joggen und Leicht-
      athletik. (...)

Es war wohl vorher abgemacht, daß man den Namen, das Alter
und die Hobbys nennen solle. Einige tun das, andere vergessen das
Alter. Beim achtjährigen Philipp (P1) fragt die Moderatorin nach,
wohl weil sie darauf aufmerksam machen möchte, daß er der
Jüngste in der Runde ist.
   An die letzte Vorstellung schließt die Moderatorin dann eine
explizite Zuweisung und Modifikation der Erwachsenenrollen an:

Mar: Ich heiße Markus L(...) und mein Hobby ist Schwimmen,
      Radfahren, Laufen und Joggen. Und ich gehe in die eins/ in
      die erste/ in die ins Gymnasium in die 1B.
M: Und Du hast vorhin gesagt, wißt's Ihr eigentlich, daß in
      diesen Stühlen schon   gsessen sind
Mar: Politiker gses sen sin und heute sitzts
      ihr amal
M: ihr da. Über was reden wir als erstes? Philip, Du sitzt in dem
      Stuhl, wo sonst glaube ich immer der Gastgeber sitzt.
P1:   Ich glaub au.
M: Übernimmst Du die Rolle bitte?

Mit dem Hinweis auf die sonst hier zu erwartenden *Politiker* hebt
die Moderatorin den für Kinder wie Publikum exzeptionellen Charakter der Veranstaltung hervor, mit der Zuweisung der *Rolle* des
Gastgebers definiert sie das kommende Gespräch als eine Art
Rollenspiel. Merkwürdigerweise hat sie gerade den Jüngsten in
den Sessel des Gastgebers gesetzt (daß die Kinder sich ihre Plätze
nicht selber ausgesucht haben, ist anzunehmen) und ihm damit die

– aus der Perspektive der Erwachsenen – schwierigste Rolle zugewiesen. Das hat für den Gesprächsverlauf fatale Folgen. Philipp übernimmt sofort bereitwillig die ihm zugedachte Aufgabe:

P1: (SCHNELL UND SCHLECHT ARTIKULIEREND) Ja also ich glaub wir reden heute über Umwelt und Du/ die Barbara hat mir schon gesagt (UNVERST.) die Kinder das verändern könnten und wie sie's verändern wollen und äh hab ich mir gedacht, ich sag a Thema und die andern sagen das denn auch.

M: Gut

Die Moderatorin billigt seine Einführung, die wohl auch inhaltlich vorher abgemacht wurde. Da die Sendung heißt *Jetzt reden einmal wir*, ist kein übergreifendes Thema vereinbart, sondern die Kinder sollen wohl alle Themen, denen sie aus ihrer Erfahrungswelt heraus allgemeinere Bedeutung zuschreiben, der Reihe nach zur Sprache bringen. Am Anfang hätte dann so etwas wie eine Eröffnungsrunde mit Nennung der relevanten Themen stehen sollen. Es kommt aber ganz anders:

P1: Ich bin der Meinung, daß mer zum Beispiel nicht zuviele Betonhäuser braucht, das bringt nichts, man kann auch Holzhäuser bauen. Zwar müßte man dann wieder Bäume pflanzen, aber das könnte man ja auch machen, finde ich. Weil, beim, es gibt doch so so viele Betonspielplätze – und das finde ich un/ unnötig, man kann ja auch was aus Holz machen weil – Betonspielplätze 's tut doch weh auch. Und man könnte auch mehr – Bäume pflanzen und und der Amazonas der geht, wird pro Tag 'n ganzes Fußballfeld abgehackt, glaube ich. Früher hat man zwar mehr abgehackt als heut, aber des wurde schon besser geregelt, – weil man darf jetzt nicht zuviel abhacken – und früher durfte man einfach abhacken. Soviel abgehackt, (KAUM VERSTÄNDLICH) kanns verkaufen und hat Geld.

P2: (LANGSAM, ÜBERLEGT) Ja aber Du mußt Dir überlegen, wenn jetzt – mehr Betonhäuser/ keine Betonhäuser gebaut werden sollen und keine Betonspielplätze, findest Du denn auch, daß es nicht so viele Straßen geben sollte?

P1:   Straßen, ja, vielleicht ma sollte auch mehr Grün machen weil
      – weil es is ja alles nur mehr aus Beton fast. Weil, das sieht
      man auch in den Städten, zum Beispiel am Land ist das zwar
      noch anders, aber bald wird des auch alles aus Beton sein.
      Und

M: (ZU P 2 GEWENDET:) Was glaubst Du Philipp?

P2:   Ja, ich glaube, wenn, was ér jetzt gesagt hat, da müßte man
      sehr viel ändern, weil, man müßte die Straßen aufreißen,
      man müßte alle Betonhäuser vernichten und man müßte alles
      neu bauen und das wäre sehr viel Arbeit. Aber ich bin auch
      seiner Meinung, man sollte das machen.

P1:   Und die Autos, was bringt das, man kann auch mit dem Rad
      fahren und da kann man auch (UNVERST.), da braucht man
      nicht so viel an/ es kostet auch erstens nicht so viel, zweitens
      es – es braucht nicht so viel, also, wenn's kaputt ist, braucht
      nicht so viel Platz und es gibt auch keine Abstoffe und des
      is auch besser für die Umwelt.

M: Wer fährt gern Rad von Euch? Alle?

Kinder: (ALLE GLEICHZEITIG) Sicher, ja

Mar: Ja und was glaubst Du, wenn mer, wenn mer ja, Du meinst
      ja man sollte nicht so viel also Straßen bauen und Betonhäu-
      ser wie Du meinst halt.

P1:   Ja zum Beispiel in Japan, da fährt jeder Mensch mit dem
      Rad. Da hört man schon ab sieben Uhr die Klingling, das ist
      find ich praktisch, weil das sind doch wesentlich weniger
      Autos.

Der „Gastgeber" hat sich das Thema (oder die Themen?) *weg mit
dem Beton* und *mehr Bäume* vorgenommen, der erste „Gast" knüpft
daran das Thema *weniger Straßenbau* an. Da er das Thema aber
nicht einfach nennt, sondern es in Form einer Frage an den „Gastgeber" zurückgibt, ergibt sich bereits eine Dyade (die von der
Moderatorin ausdrücklich akzeptiert wird, wenn sie nach der Antwort des „Gastgebers" wieder den anderen Philipp zum Sprechen
auffordert). Der Kleine kommt von den *Beton-Straßen* zwanglos
auf *mehr Grün in den Städten*, von dort zu *weniger Autos*, zu
Umwelt und *mehr Fahrradfahren*. In dieser assoziativen Weise geht

es dann weiter. Hier und da greift die Moderatorin — äußerst behutsam und betont undirigistisch — ein, damit die Kinder wenigstens kurze Zeit mal bei einem Thema bleiben. Der Gesamteindruck ist der einer Karikatur einer Erwachsenen-Gesprächsrunde. Nicht unwesentlich trägt zu diesem Eindruck der „Gastgeber" bei: Er mißversteht seine privilegierte Rolle in der Weise, daß er jederzeit jedem Votanten ins Wort fallen darf und zu allem und jedem sofort seinen Kommentar abgeben soll. Mit der Zeit wird das den anderen Kindern zuviel, und sie weisen ihn von sich aus zurecht.

Karikierend wirkt es auch, wenn die Kinder Versatzstücke aus dem Inventar der Erwachsenen-Formeln einsetzen wie *du willst also sagen...* In der ersten halben Stunde beachten die Kinder — mit Ausnahme des Jüngsten — geradezu pedantisch die wohl vorher besprochenen Gesprächsregeln: Jeder läßt den andern ausreden, man bleibt „sachlich" und vermeidet jeglichen Angriff auf die Person des Partners. Überhaupt gibt es kaum Kontroversen, da die Kinder sich in den meisten Punkten von vornherein einig sind. Lange Zeit dominieren die Buben das Gespräch, da die Mädchen nur selten von sich aus das Rederecht beanspruchen. Im Laufe der Sendung bringt dann die Moderatorin die Mädchen stärker ins Spiel, so daß sich allmählich ein ausgeglicheneres Verhältnis ergibt. Je länger die Sendung dauert, desto mehr geht die anfängliche Disziplin verloren. Es wird gekichert, die Buben räkeln sich in den Sesseln, die Konzentration läßt nach — wie es natürlich zu erwarten war. Und als die Moderatorin einem Buben das *Schlußwort* aufträgt, schlägt dieser vor, man solle doch einen *Spaß* machen und jetzt einmal das Gegenteil von dem sagen, was man eigentlich denkt. Das führt zu chaotischen Produktionen, so daß die Moderatorin die Übung abbrechen muß. Ein eigentliches Schlußwort fehlt dann, die Kamera blendet langsam aus dem noch laufenden Gespräch aus. Ich glaube kaum, daß man das Experiment wiederholen wird. Eine Diskussion unter Kindern in die ritualisierten Muster von Erwachsenen-Gesprächen einpassen zu wollen, das ist wohl von vornherein zum Scheitern verurteilt.

Betrachten wir nun die Art von Dialogen, die Erwachsene mit Kindern im Rahmen von Kindersendungen führen. Hier werden die Kinder in der Regel nicht als gleichberechtigte Gesprächspartner

behandelt, sie sind *unterprivilegiert* in doppeltem Sinne: Wie Rezipienten im allgemeinen, wenn sie innerhalb des Mediums auftreten, sind die Kinder natürlich keine versierten Kenner der Medien-
routinen, und darüberhinaus gelten sie den Moderatoren, eben weil
sie Kinder sind, als nur beschränkt gesprächsfähig – dies zumindest unter den Aspekten, die für das Gelingen eines Mediengesprächs maßgebend sind (sie gelten als nicht geistreich, nicht witzig,
nicht angriffig, nicht schlagfertig..., allenfalls sind sie „herzig",
unfreiwillig komisch...). Manche Moderatoren verstehen es, trotz
dieser grundsätzlichen Asymmetrie zumindest eine Atmosphäre von
Partnerschaftlichkeit zu schaffen und die Distanz durch ihr kommunikatives Verhalten zu verringern (so der Moderator von „Mikado", s. u.). Bei anderen ist der Abstand zu den Kindern in jeder
Phase manifest. Bei der Moderatorin von „1, 2 oder 3" (ARD u. a.)
ist oft zu beobachten, daß sie sich, während sie mit den Kindern
spricht, gleichzeitig nonverbal dem Publikum (im Saal und am
Bildschirm) zuwendet; oder umgekehrt: daß sie, während sie sich
explizit ans Publikum wendet, ihre Gesprächspartner in den Arm
nimmt oder ihnen die Hand auf die Schulter legt (was diese in der
Regel eher widerwillig tolerieren). Diese demonstrative Doppel-
adressierung ihres Verhaltens zeugt davon, daß das Fernsehereignis
für sie Priorität hat, daß das Sprechen mit den Kindern bestenfalls
ein Element in der Konstruktion der Kindershow ist. Ihre perma-
nente Ausrichtung auf die äußeren Kommunikationskreise dokumentiert sich auch darin, daß sie immer wieder das Saalpublikum
in die Spiele einzubeziehen sucht, z. B. gleich zu Beginn einer
Sendung:

M'in: [nach der Begrüßung der Zuschauer am Bildschirm:] Hallo
im Studio!
Alle: Hallo Biggi!
M'in: Was ist das? Was habe ich euch mitgebracht?
Alle: Ein Steckenpferd! [o. ä.]
M'in: Richtig, das ist ein Steckenpferd, mit dem ham die Kinder
früher gespielt – – Darf ich das solange bei euch anbinden?
Alle: Jaaa! (25. 3. 87)

Sie fordert das Publikum zum Applaus auf *(Der kriegt auch nen
Applaus von euch!)* und weist es zurecht *(Oh hier wird nicht*

vorgesagt ä ä das gibts nicht!). Das schafft eine angeregte Stimmung im Saal, wie überhaupt in der ganzen Sendung ständig Betrieb gemacht wird.

Daß sie auch das Publikum am Bildschirm nicht vergißt, macht sie immer wieder durch Hinweise auf die *Kamera* deutlich. Damit die Kamera alles *sieht* (auch auf Kosten der Kinder auf der Bühne), dirigiert sie die Kinder immer wieder auf die passenden Plätze:

> Kommt, wollen wir mal rüber gehen und uns die Ritter näher anschauen (...) Macht vielleicht – kommt mal 'n bißchen näher. Vielleicht macht ihr – guckt mal einfach so rum, daß unsere Kinder drüben auch was sehen. Barbara, kommt ruhig hier rum! (17. 2. 87)

> Jetzt kommt doch ein bißchen mit rum, so ist gut, schaut mal, da ist die Kamera, dann können die Kinder zu Hause auch was sehen, so! (...) Nein, ihr bleibt hier stehen, ihr könnt es von hier auch sehen! (25. 3. 87)

> So! Das ist der Andreas Sch(...) – Kommt mal richtig hier dahinter, dann können die Kinder zu Hause auch mitschauen! (4. 5. 87)

Die ganze Sendung ist auf raschen Wechsel der Ereignisse, der Personen, der Szenen aus; „action" dominiert. Die Akteure sind ständig in Bewegung, und man hetzt von einer Attraktion zur nächsten. Da bleibt für ein individuelles Eingehen auf jeden Gesprächspartner natürlich keine Zeit und keine Ruhe.

Für die Moderatoren sind Kinder unberechenbare Größen, die ein Gesprächsrisiko in zweierlei Hinsicht darstellen: man weiß einerseits nicht, ob ihnen die Situation vor der Kamera und/oder einem Studiopublikum nicht die Sprache verschlägt, andererseits sind auch dann, wenn sie den Mut zum Sprechen haben, ihre Reaktionen nicht in dem gleichen Maße vorhersehbar, kalkulierbar wie bei Erwachsenen.

Es gibt Verfahren, die eindeutig dazu eingesetzt werden, die Kinder überhaupt zum Sprechen zu bringen. Dazu gehört die Reformulierung der Frage, wenn das Kind nicht oder nur zögernd reagiert, z. B.:

M'in: Habt ihr denn vielleicht selber schon in der Zeitung gestanden, Barbara?

B: ähm

M'in: Warst du schon mal in der Zeitung abgedruckt − − vielleicht mit einem Bild?

(1, 2 oder 3, 24. 5.1987)

Extrem protektiv wirkt es, wenn die Moderatorin die erwartete Äußerung des Kindes vorformuliert. In der folgenden Szene, wo die Moderatorin gleich in zwei Anläufen vorformuliert, ist das − noch relativ kleine und schüchterne − Kind auf eine solche Strategie der Überprotektion offenbar nicht gefaßt:

M'in: Und jetzt kommen wir zu Olivers Frage. Oliver möchte nämlich von euch wissen, woraus früher Tinte gemacht wurde. Heute macht man Tinte aus allerlei künstlichen Farbstoffen, aber woraus wurde denn die Tinte früher gemacht? Oliver, möchtest du deine Frage stellen?

O.:   Sicher (SCHAUT ABER WEITERHIN IN DIE KAMERA UND REAGIERT NICHT WEITER)

M'in: Okay, leg los!

O: (LIEST LANGSAM AB) Woraus wurde früher Tinte hergestellt? Aus Pflanzen oder Tintenfischsaft oder Ruß?

(1,2 oder 2, 17. 2. 87)

Oliver hat nicht gemerkt, daß die Moderatorin ihm eine vorformulierte Version der von ihm erwarteten Frage anbietet. Darum versteht er auch ihre als Aufforderung gemeinte (aber „indirekt", nämlich mit einem Fragesatz formulierte) Äußerung *möchtest du deine Frage stellen?* fälschlicherweise als echte Frage, ein kommunikatives Mißverständnis, das angesichts der hochgradigen Konventionalisierung dieser Art von „indirektem" Sprechakt ungewöhnlich ist. Er bekundet zwar seine Bereitschaft, die Frage zu stellen, tut dies dann aber erst auf explizite Aufforderung hin, und sicherheitshalber liest er die Frage von seinem Zettel ab.

Meist aber haben die Verfahren, die die Moderatoren einsetzen, um die Kinder in der gewünschten Weise zum Sprechen zu bringen, jeweils zugleich einen protektiven und einen kontrollierend-restriktiven Aspekt. Diese Ambivalenz unterscheidet die Moderatorstrategien in Gesprächen mit Kindern grundsätzlich von äußerlich ähnlichen Strategien in Erwachsenendialogen (vgl. S. 400). Verfahren, die bei Erwachsenen eindeutig nur zur Risikokontrolle eingesetzt werden, dienen hier nicht nur dazu, das Gespräch zu planen, zu überwachen, zu lenken, sondern auch dazu, den Kindern eine Art Schonraum für ihre Äußerungen zu schaffen. Zumindest ist dies die offenkundige Absicht der Moderatoren. Nicht allen Moderatoren gelingt es, eine Balance zwischen den beiden Intentionen zu halten. Vielfach drängt sich das formal-strukturierende Moment im Verhalten des Moderators in den Vordergrund, so daß letzten Endes eher der Eindruck von Rigidität als von schonendem Umgang mit dem Gesprächspartner entsteht.

Die Ambivalenz der Strategien zeigt sich besonders deutlich in einem Phänomen, das in sonst ganz unterschiedlichen Sendungen (wie „1, 2 oder 3" und „Mikado") auftritt: in der *Stereotypie der Moderatorfragen.*

„Mikado" (SRG) ist eine Sendung, die sich um Hobbys von Kindern dreht. (Ziel der Sendung ist – gemäß Sendungskonzept –, die Zuschauer zu neuen Aktivitäten zu animieren.) Das jeweilige Hobby wird in einem vor Ort gedrehten Film vorgestellt, und anschließend werden die Kinder befragt. *Wie bist du zu deinem Hobby gekommen?* und *Wie schwierig ist dein Hobby?* – diese Fragen (mit kleineren Variationen und Spezifikationen) stellt der Moderator seinen Gästen in jeder Sendung. Das mag für den Zuschauer wenig phantasievoll wirken, ermöglicht den Kindern aber, sich aufgrund ihrer Erfahrungen mit der Sendung auf das Gespräch vorzubereiten und Mustern zu folgen, die sie schon einmal gehört haben. Dem Moderator erlaubt dies eine risikolose Gesprächsführung. Außerdem zielen die Fragen auf diejenigen Informationen, die die zuschauenden Kinder benötigen, um beurteilen zu können, ob das Hobby sich auch für sie eignen könnte.

Auch die Moderatorin von „1, 2 oder 3" arbeitet mit stereotypen Fragen, die aber nicht in allen Sendungen vorkommen, sondern themenspezifisch formuliert sind. In einer Sendung zum Thema *Pferde* stellt sie insgesamt 41 Fragen (items). Bei 27 items aber

handelt es sich um Fragen, die zwei- oder mehrmals gestellt werden.
Einige Beispiele:

> Yves, wie fühlst du dich denn da oben auf dem Pferd?
> Corinna, wie fühlst du dich denn da oben?
> Wie ist das Gefühl?
> Na, Andrea, wie fühlt man sich?
> Andreas, wie fühlst du dich denn?

> Wie heißt das [Pferd] denn?
> Wie heißt denn das Pony hier?
> Wie heißt es denn?
> Wie heißt denn dein Pony?

> Und macht dir das Spaß?
> Macht richtig Spaß zu reiten, oder?
> Macht's dir Spaß?
> Macht's Spaß?

> Gefällt dir das [Pferd]?
> Wie gefällt dir denn dein Pferd?
> Gefällt dir das?

> Das allererste Mal, Premiere?
> Zum allerersten Mal?
> Dein allererster Ritt heute?   (25. 3. 87)

Auch hier hat die Fragetaktik Vorteile für die befragten Kinder,
doch wirkt sie sehr viel schematischer als in „Mikado", weil die
Fragen spezifischer sind und in kurzen Intervallen wiederkehren.

Die Risikostrategien der Moderatoren haben zur Folge, daß
Dialoge mit Kindern ungewöhnlich geordnet verlaufen. Im Extremfall wirken sie wie Texte, die nach einem *Drehbuch* gesprochen
werden. Dafür sind u. a. folgende Faktoren verantwortlich:

(1) Das *Wissen*, das die Moderatoren aus den *Vorgesprächen* mit
den Kindern haben, wird unverblümt zur Strukturierung des eigentlichen Gesprächs eingesetzt. Dieses wirkt dann wie eine fernsehgerechte, nachgespielte Version des Vorgesprächs. Und wenn
einmal das Wissen kaschiert wird, fällt das deutlich aus dem

Rahmen und wirkt als Sich-Verstellen, So-tun-als-ob. Z. B. in der folgenden Szene („Oma-Opa-Mama-Papa-guck-mal-Show" vom 6. 4. 88), in der die Moderatorin mit dem Kind, das gerade einen Steptanz vorgeführt hat, eine Gespräch beginnt:

M: (IN DEN APPLAUS HINEINSPRECHEND:) Toll — Komm her, mal da — — prima — — so — das war also Martha, die Steptänzerin. Und was mich immer wieder verblüfft, ist daß du da nicht stolperst, über deine Schuhe. Die Lackschuhe, die sind äh beschlagen mit äh — was ist das denn eigentlich, so ein Stück Eisen oder so, das klackert?

K: Ja, das sind Eisenplatten, die sind vorne und hinten an — einmal an den Ballen und einmal am Hacken sind Eisenplatten dran.

M: Machst du Unterricht?

K: Ja, ich hab Unterricht. Also, ich habe bei äh bei einer Ballettschule (...) un da hab ich bei einem Amerikaner (...) Unterricht. Und das kostet so fünfundvierzig Mark im Monat.

M: Bist du denn Amerikanerin?

K: Nein, ich komme aus Eritrea.

M: Das is in Äthiopien, da hammer auch mal Gäste in der Oma-Opa-Mama-Papa-guck-mal-Show gehabt, die geflüchtet sind von dort. (...)

Daß die Moderatorin auf das Stichwort *Amerikaner* hin das Mädchen aus Eritrea fragt, ob sie Amerikanerin sei, wirkt als vorgetäuschte Unwissenheit, umso mehr wenn man dann hört, daß in der Show schon einmal Gäste mit derselben ungewöhnlichen Herkunft aufgetreten sind.

Doch Kinder reagieren nicht immer so, wie es der Moderator aufgrund seiner Vorgespräche erwartet und gehofft hat. Das kann dann peinlich werden — nicht für das Kind, sondern für den Moderator, wenn sein geheimer Gesprächsplan unerwartet offengelegt wird.

Ein Beispiel aus der Radiosendung „Bei uns zu Haus" (WDR) findet sich bei Troesser (1986,146 f.). Hier ist der Gesprächspartner ein 7jähriges Kind [= K], das die Gesprächserwartungen des Moderators nicht erfüllt:

M: Und Ihr seid ja hier eine Familie und Ihr habt nen eigenen
     Vogel nech, ne, zwei Vögel habt Ihr, nech, erzähl mal von
     den Amseln auf dem Balkon
K: Da waren immer zwei Amseln, da hat das Weibchen vier
     Eier gelegt, und wenn ich morgens immer aufsteh, dann sitzt
     einer drauf, wenn ich an der Fensterscheibe klopf, dann
M: Die Amsel sitzt drauf, nicht einer, wenn nämlich einer drauf-
     sitzt, sind die Eier kaputt und dann kriegen wir nie kleine
     Vögelchen, nech, aber jetzt hofft Ihr alle, daß vier kleine
     Amseln da rauskommen sollen, nech, und du guckst jeden
     Morgen nach, ob die Eier noch da sind
K: Ja
M: Ja, und nicht die Eier anfassen, warum darf man die Eier
     nicht anfassen
K: Sonst geht die Mutter nicht mehr dran
(Troesser 146; Transkription adaptiert)

Der Moderator hat mit dem Kind vorher über das Amselnest auf
dem Balkon gesprochen und erwartet nun, daß es davon erzählt.
Er gibt überdeutlich die Stichwörter *Vogel* und *zwei Vögel* und
fordert das Kind explizit auf zu erzählen, und zwar nun noch
präziser *von den Amseln auf dem Balkon*. Das Kind beginnt zu
erzählen, wie es dazu kam, und was jetzt jeden Morgen passiert.
Der Moderator mißversteht entweder, daß das Kind mit *einer* wohl
einen Vogel meint, und korrigiert es deshalb (so deutet es Troesser),
oder er findet, daß das Kind nicht rasch genug auf die „Pointe" zu
sprechen kommt, und erzählt die Pointe gleich selber. „Er folgt
seiner eigenen Erzählaufforderung." (Troesser 147). Wie dem auch
sei, der Moderator erklärt durch sein Verhalten das Kind als
kommunikativ inkompetent, als noch nicht dialog- und erzählfähig.

(2) Bei Gesprächen mit mehreren Beteiligten ist es stets der Moderator, der das *Rederecht* vergibt. Selbstwahl der Kinder kommt
i.allg. nicht vor. Das hat Gründe auf Seiten der Kinder wie des
Moderators: Die Kinder betrachten ihre Aufgabe als abgeschlossen,

wenn sie auf die Frage des Moderators geantwortet haben und
dieser ein positives Feedback gibt bzw. nicht eine neue Sequenz
initiiert. Der Moderator seinerseits läßt in der Regel keinen Zweifel
darüber, an wen er sich mit einer initiierenden Äußerung richtet,
durch Körperhaltung und Blick. Wenn er die Phase mit dem einen
Kind als abgeschlossen betrachtet, wendet er sich von diesem ab
und deutlich einem anderen zu. Ein sehr beliebtes Instrument der
Verteilung des Rederechts ist das *Handmikrofon*. Noch viel drastischer als in Gesprächen unter Erwachsenen (vgl. S. 405) ist das
Mikrofon hier ein Machtmittel, ein Instrument der Disziplinierung
und Kontrolle.

Dort wo der Moderator Gespräche nicht nur mit Kindern, sondern daneben auch mit Erwachsenen führt, wird der Unterschied
im Gesprächsverhalten der Kinder und der Erwachsenen augenfällig. In einer Sendung von „1, 2 oder 3" tritt der Sänger Frank
Zander als Studiogast auf. Er hat ein Stofftierchen mitgebracht,
mit dem er die Kinder zum Lachen zu bringen versucht. Als die
Moderatorin alle Beteiligten zu einer Polonaise auffordert, gibt er
das Tierchen einem Kind. Nach der Polonaise redet die Moderatorin nur noch mit den Kindern, ohne auf den Gast zu achten:

[K 1, K2 = Kinder; Z = Zander]
M'in: Uch, ich bin ja ganz außer Atem, du auch?
K 1: Ja.
M'in: Och wir haben eine ganz tolle Polonaise gemacht ne?
K 2: Ja.
(Z NIMMT SICH SEIN STOFFTIER)
M'in: Hat's dir Spaß gemacht, René?
Z: Darf ich mein Tierchen wiederhaben?

M'in: Jetzt kommt unsere letzte Frage. Es fehlt uns ja noch eine
Z: Jetzt gehe ich,

M'in: neunte Frage — — herzlichen Dank, Frank!
Z: Biggi. Ich bedanke mich!
(BEIDE VERBEUGEN SICH VOREINANDER)
      (17. 2. 87)

Die Moderatorin ist offenbar ihren vielfältigen Programmpunkten nicht mehr ganz gewachsen und übersieht, daß sie den Gast noch nicht gebührend verabschiedet hat. Der ergreift selber die Initiative und „erzwingt" seine Verabschiedung, indem er sich selbst das Rederecht nimmt und der Moderatorin solange „dreinredet", bis sie ihn endlich beachtet und das verlangte Ritual ausführt.

(3) *Simultansprechen* kommt selten vor, sowohl in Dyaden zwischen Moderator und Kind wie auch in Gruppengesprächen mit mehreren Kindern. Wenn man weiß, wie sehr Kinder dazu tendieren, dreinzureden, wenn ihnen etwas einfällt, wie viel Training es im Kindergarten und in den ersten Schuljahren braucht, bis die Kinder die Regeln eines geordneten Gruppengesprächs gelernt haben, dann kann man ermessen, wie restriktiv die Mediensituation und das kommunikative Verhalten des Moderators auf die Kinder wirken müssen, damit sie derart diszipliniert reagieren. Die Moderatoren ihrerseits tendieren dazu, die Kinder ausreden zu lassen, wenn sie schon einmal eine zusammenhängende Äußerung zustande bringen...

Wenn ein Moderator einmal ein Kind *unterbricht*, dann allenfalls, weil ein gesprächsexternes Interesse die protektive Strategie durchkreuzt. Dies zeigt sich drastisch bei der Moderatorin von „1, 2 oder 3":

[Claudia hat die Frage eingeschickt *Wie nennt man den weißen Fleck auf der Pferdestirn? Schnippe, Stern oder Blesse?* Nach dem Ratespiel soll sie die Auflösung kommentieren:]

M'in: Claudia, komm gleich her, denn jetzt sollst du uns das natürlich auch erklären, du hast uns ja diese Frage eingeschickt. (CLAUDIA GEHT ZUM PFERD HIN, GESICHT VON DER KAMERA ABGEWENDET, WILL SPRECHEN.) Das ist also − (BIGGI DREHT CLAUDIA ZU SICH HERUM, SO DASS SIE DAS GESICHT ETWAS MEHR ZU KAMERA WENDET, UND FASST SIE AN DER SCHULTER.) Komm dreh dich um! Komm mal hierher zu mir! Keine Angst! Du siehst schon Pferde und willst gleich losgehn, ne?

C: Also der Stern, der jetzt

M'in: das ist der Stern (zeigt auf den Stern)

C: jetzt auf der Stirn — der Stern
M'in: Schau mal her, und dann hat dieses Pferd (zeigt darauf)
C: Das hat ne Blesse
M'in: So
         (25. 3. 87)

Im Interesse der *Kamera* läßt die Moderatorin das Kind zunächst
gar nicht zu Wort kommen; als es dann zu sprechen beginnt, wird
es sofort wieder unterbrochen, weil die Moderatorin für die Zuschauer am Bildschirm sichtbar machen will, wovon die Rede ist.
    Ähnlich die folgende Szene:

M'in: Und René?
R.:   Ja ich war auch
M'in: Ich komm mal rum, so!
R: Ich war auch schon mal auf ner Ro/ Ritterburg und da habe
       ich — hat mich sehr begeistert die Folterkammer und das
M'in: uii! (EKELT SICH DE-
       MONSTRATIV)
R: Gefängnis hat man noch gesehen und eine Waffenkammer
       hats auch noch gegeben, aber da waren keine Waffen mehr
       drinnen.

Im Gegensatz zu Claudia ist René selbstsicher genug, um sich
durch die Interventionen der Moderatorin nicht aus dem Tritt
bringen zu lassen. Während er beim ersten Mal seinen Satz immerhin neu beginnt, läßt er sich durch ihre affektierte Interjektion
gar nicht erst unterbrechen.
    Im folgenden Beispiel ist es vielleicht nicht nur der Blick auf die
Rezipienten, sondern auch der Druck des Fernsehrituals, der die
Unterbrechung motiviert:

M'in: Wo kommt ihr denn her?
Ch: Müns/
M'in: Christina?
Ch: Aus Münster.

Die Moderatorin wendet sich an Christina, redet sie mit *ihr* als
Vertreterin ihrer Gruppe an, bemerkt dann, daß sie die Anrede mit
Namen vergessen hat, unterbricht sie und holt die Anrede nach.

Ein sehr restriktives Mittel, um Simultansprechen so gut wie zu verunmöglichen, ist wiederum das *Handmikrofon*. Bei genauem Hinhören und Hinschauen kann man gelegentlich beobachten, daß die Handhabung des Mikrofons den Eindruck einer Geordnetheit erzeugt, die „in Wirklichkeit", d. h. im inneren Kommunikationskreis nicht gegeben ist und die nur für den Zuschauer durch die technische Manipulation entsteht: Manchmal spricht ein Kind noch weiter, nachdem ihm das Mikrofon entzogen wurde. Aber man hört es dann nicht mehr.

(4) Durch die *Formulierung* der *Frage* kann der Moderator die erwartete *Antwort* hochgradig *determinieren*. Wortfragen mit *wann?, wo?* z. B. lassen dem Partner keinen großen Antwortspielraum. Entscheidungsfragen würden bei einem erwachsenen Partner zwar einen ersten Antwortschritt mit *ja, nein, vielleicht* o. ä. provozieren, darüberhinaus aber würde man von ihm eine Amplifizierung (in irgendeinem Sinne: als Begründung, Erläuterung...) erwarten[64]. Kinder hingegen betrachten i.allg. ihre Aufgabe als erledigt, wenn sie Zustimmung oder Ablehnung bekundet haben. Besonders restriktiv wirken Entscheidungsfragen, die als Aussagesätze mit Frageintonation und/oder mit der angehängten Partikel *ne?* formuliert sind. Bei der Moderatorin von „1, 2 oder 3" findet sich diese Variante immer wieder:

M'in: Eine Frage war ja auch von dir ne?
K: Ja.
          (17. 2. 87)

M'in: Du würdest am liebsten nen ganzen Reitstall eröffnen und
          alle mitnehmen ne?
K: Ja.
          (25. 3. 87)

M'in: Ich glaube es ist gar nicht so einfach Drucker zu werden, ne?
K: Nein.
          (24. 5. 87)

---

64 Vgl. Rehbock 1985, 189.

Man könnte sagen: Kinder reagieren auf die in Frageformulierungen enthaltenen Antwortvorgaben schematischer, sozusagen linguistisch „korrekter" als Erwachsene. Das sieht man an einem für die Sendung „1, 2 oder 3" typischen Dialogablauf wie diesem:

M'in: Also ihr kommt aus der Schweiz. Hast du schon mal auf nem Pferd gesessen?
Yves: Nein.
M'in: Das allererste Mal, Premiere! Und macht dir das Spaß?
Yves: Ja.
M'in: Das kann ich mir denken. Wie ist das denn bei dir, René?
R: Ich bin schon einmal auf einem Pony gesessen.
M'in: Wie heißt denn das Pony hier?
R: Nico.
M'in: Gefällt dir das?
R: Ja.
M'in: Macht richtig Spaß zu reiten, oder?
R: Ja.
M'in: Die sind ja auch ganz lieb! Corinna, wie fühlst du dich denn da oben?
C: Super!
M'in: Wär das ein Hobby für dich, reiten?
C: Jaa!
M'in: Gehört das sogar zu deinen Hobbys?
C: Nein.
M'in: Was machst du denn ansonsten?
C: Schwimmen, lesen, Elektroorgel spielen und skifahren.
M'in: Würdest du ein Hobby gegen Reiten eintauschen?
C: Ja, wieso nicht?
M'in: Das kann ich mir denken! Marco hat sich ein Pferd ausgesucht, das paßt genau zu seiner Haarfarbe, ne?
M: Ja.
(und so weiter im gleichen Stil)

(25. 3. 87)

Auf alle als Fragesätze oder Ausssagesätze (mit *oder?* und *ne?*) formulierten Entscheidungsfragen antworten die Kinder mit einem einzigen Wort. Nur Corinna, die überhaupt etwas enthusiastischer reagiert *(super)*, verstärkt ihr *Ja* mit *wieso nicht?* Auf die Wortfrage *wie heißt...?* antwortet René mit dem Namen *(Nico)*, und auf die Wortfrage *wie fühlst du dich...?* reagiert Corinna mit *super.* Die Wortfrage *was machst du...?,* die wegen des unspezifischen Verbs *machen* sehr offen ist, beantwortet Corinna mit einer Aufzählung von Hobbys. Die einzige Frage, die mit einem ganzen Satz beantwortet wird, ist die sehr vage Formulierung *wie ist das denn bei dir?* Die Antworten sind somit präzise Ausfüllungen des durch die Frage gegebenen linguistischen Spielraums. Eine Auszählung von 3 Sendungen ergab, daß ca. 70 % der Antworten aus nur einem Wort bestehen und daß bei Mehr-Wort-Antworten das Wortmaterial oft schon partiell von der Moderatorin vorgegeben ist.

Die Kargheit des Frage-Antwort-Spiels wird durch die Stereotypie der Formulierungen der Moderatorin noch verstärkt: *Das kann ich mir denken* ist eine ihrer Lieblingsphrasen; beim Wort genommen, würde der Satz besagen, daß die Äußerungen der Kinder an Belanglosigkeit und Vorhersagbarkeit nicht mehr zu übertreffen sind.

Das Verhalten der Moderatorin in dieser Sendung scheint die Kinder noch darin zu bestärken, daß von ihnen Minimalantworten erwartet werden, daß alles Weitere unerwünscht wäre. So scheint sich Mauro in der folgenden Szene geradezu Mühe zu geben, alles Überflüssige wie Präpositionen und Artikel wegzulassen und nur ja keinen ganzen Satz zu bilden:

M'in: Stellt euch mal vor, ihr dürftet eine Reise in die Vergangenheit machen. Welche Figur würdet ihr denn am liebsten sein? Würdet ihr mal Indianer sein, gerne Ritter oder Pirat? Mauro?
M: Pirat.
M'in: Also Pirat. Warum?
M: Aufregender.
M'in: Ja was hättest denn da für ein Kostüm an?
M: Ähm – Lumpen.
       (17. 2. 87)

Auch *Gruppengespräche* mit Kindern verlaufen in mancher Hinsicht nicht so wie entsprechende Gesprächsformen bei Erwachse-

nen. Ich gebe ein zusammenhängendes Beispiel eines Gruppen-
gespräches aus der „Oma-Opa-Mama-Papa-guck-mal-Show"
(9. 3. 88):

[Bela = B, Christian = C, Dirk = D, Torsten = T]

M'in: So, und hier wart ich jetzt nun auf Bela, auf Christian, auf
Dirk und auf zwei Torsten.
So — — muß ich noch die Lücke finden (ATMET AUS), só,
bei euch muß man dazu sagen, ihr kommt aus — lauter
verschiedenen Städten, ihr habt euch jetzt erst angefreundet
so im Laufe der Sendung, ihr kommt nämlich aus — Bremen,
ihr kommt aus Dortmund, und ihr kommt aus Duisburg-
Rheinhausen. Duisburg-Rheinhausen ist ja ziemlich bekannt
geworden in letzter Zeit, weil dort das große Krupp-Stahl-
werk geschlossen werden soll, das wü,'rde dann bedeuten,
daß 5000 Leute ihre Arbeitsplätze verlieren, (WENDET SICH
ZU T) und einer der 5000, das wäre dann dein Vater, ne?
Torsten, der würde seinen Arbeitsplatz verlieren. Warst du
auf den vielen Demonstrationen mit dabei, die man im am
Fernsehen gesehen hat in letzter Zeit?

T: Ja, ich war — hm in Bochum war ich dabei, und bei der
Menschenkette und — viele andere Demonstrationen.

M'in: Hilft da die ganze Familie zusammen, jetzt?

T: Ja.

M'in: Und redet ihr darüber mittags, beim Essen oder so?

T: Ja, wir reden über Krupp, und was mein Vater abends vorhat.

M'in: Was der macht mit Demonstratiónen und Aktiónen und
Mahnwachen und so (HOLT LUFT) Nu is es ja so, daß zum
Beispiel bei dem — anderen Torsten, der da ganz außen sitzt,
und bei Dirk (HOLT LUFT) das schon passiert ist, und auch
bei Bela — aus Bremen, daß äh der Vater arbeitslos geworden
is. Das ist schon bei euch längere Zeit der Fall. Wie lang
genau, Dirk?

D: Zwei Jahre jetzt.

M'in: Zwei Jahre?

D: Ja.

M'in: Zwei Jahre. Was war der Papa von Beruf, oder was isser?

D: Maler 'n Lackierer.

M'in: Maler und Lackierer.

D: Ja.

M'in: Sag mal, was hat sich denn verändert — bei euch zu Hause jetzt, seit dein Papa arbeitslos ist?

D: Ähm — na — aus — äh ziemlich alles — weil — ähm — also er hat sich selbst auch verändert, mein Vater, — also — er wird auch — wenn er darüber nachdenkt und es auch merkt, daß er arbeitslos wird (sic!), er wird auch aggressiv — — also

M'in: und wahrscheinlich auch enttäuscht, oder?

D: Jaa.

M'in: Hm. (ZU B, DER VORHER NICHT IM BILD WAR UND DESSEN „HM" MAN NICHT GEHÖRT HAT, DA ER KEIN MIKROFON HATTE:) Du sagst hm, ist es bei euch auch so?

B: Ja, weil er jetzt viele Bewerbungen geschrieben hat, und halt immer nur Absagen — es — is ja auch nicht gut, dann dann wird er auch aggressiv und hackt immer auf denen rum, — die gar nich — na — zum Ort zum Rumhacken sind, so Kleinigkeiten — hackt er man dann drauf rum.

M'in: Ähm, auf was müßt ihr eigentlich in der Familie jetzt konkret verzichten? Wie ist es bei dir?

B: Ich kann jetzt nie sagen: Du Mamma, kauf mir die Hose und dann noch die Schuhe, — so — es geht halt nicht, das Geld ist nich da.

M'in: Müßt ihr rechnen?

B: Ja.

M'in: Christian, und bei euch?

C: Bei uns auch (RÄUSPERT SICH). Wenn ich jetzt — wenn ich meine Mutter frag: Bekomm ich was Süßes? Nee!, dann sacht sie immer: Nee, du wirst zu dick! (GELÄCHTER, APPLAUS)

M'in: Du wirst zu dick! Wie ist denn das in eurer Klasse, könnt ihr dann — mit den — anderen — darüber reden? Wie ist das bei dir, Dirk?

D: Nee, bei mir nich, also

M'in: Du lachst ja auch nur, Bela!

B: Jaa, bei mir kann man auch nich drüber reden. Is auch kein
Théma bei uns in der Klasse. Also ich glaub͜, mein Vater is
der einzige, der da arbeitslos is.

M'in: Da redet man nach Möglichkeit da nicht drüber?

B: Nö, die andern kennen das nich.

M'in: Hm. Isses so͜, daß sie ei – daß vielleicht nicht nur kennen
(sic)͜, sondern einen auch ärgern?

D: Ja.

M'in: Und sagen, du hast nicht so tolle – Sweat-Shirts wie wir,
nicht so tolle Jeans und so?

D: Ja.

M'in: Was hastn du da schon erlebt, Dirk?

D: Ooch, (LACHT) schlimme Sachen. – Also, wie zu meinem
Geburtstag mit neuen Schuhen. – So, ich bin in die Schule
gekommen͜, und da haben sie gesagt zu mir: Na, hasse neue
Schuhe, konntse die leisten? (unverst.) Gesagt, nein, die hab
ich zum Geburtstag gekriegt'. Da habn sie gesagt: Ja, kannste
dir – mußte dir sowas schenken lassen, kannste dir nicht
selber kaufen?   äh

M'in: Das tut dann ganz schön weh sowas ne?

D: Na sicher!

M'in: Hm. Sachses dann der Mutti hinterher?

D: Ja, äh meine Mutter – – die kümmert sich da wenigstens
darum, die Lehrer, wenn man denen das sagt, das ist euer
Problem, ihr müßt euch da selber drüber kümmern! Aber
meine Mutter͜, die kümmert sich dann da drum.

M'in: Hm. - Was hast du schon – erlebt so in dem Punkt, Schule
und Freunde?

B: Also Freunde hab ich dadurch ge/ verloren͜, daß mein Vater
arbeitslos wurde. Ne. Die äh Eltern haben mich dann – mal
gefragt von meinem Freund, was mein Vater tut, und da hab
ich gesagt, der is arbeitslos. Da – haben die irgendwie
komisch reagiert, nix mehr gesagt und so, und am nächsten
Tag sagt mein Freund zu mir, ich kann nicht mehr mit dir
spielen. Dann frag ich͜, ja warum? Jaa, meine Eltern wollen
das nicht. Ging halt nich. Da habn wir uns nochmal zusammengesetzt 'n wollten darüber reden, hat er auch nur gesagt͜,

die Eltern wollten das nicht. Hm ha — haben mers nachher nochmal versucht, so so am — ging nich.

M'in: Dasis eigentlich doch ganz schön gemein Christian wenn man das hört oder?

C: Ja —

M'in: Haste sowas auch schon miterlebt?

C: (RÄUSPERT SICH) Nö.

M'in: Nö, wie ist es denn bei dir zu Hause jetzt? Dein Papa ist doch auch arbeitslos, oder?

C: Ja. — Bei uns wird viel geredet aber — bei uns mitgeredet aber — — wir nehmen d- wir stecken das einfach weg.

M'in: Ihr steckts einfach weg.

C: Hm (+).

M'in: Hm (ZU B:) Was sagst du da?

B: Bei uns wird auch geredet, aber die Eltern ne — halt — soo — leise dann in der Küche túscheln sie

M'in: Hm. Weil sie wahrscheinlich wollen, daß ihr das alles mit-kriegt, oder? (sic)

B: (LACHT) Ich krieg's sowieso mit, ich hör nur zu. (GELÄCHTER)

M'in: Hm. Also, da erfährt die Mutti jetzt auf dem Weg, daß du das sowieso alles mitkriegst und weißt. Tja, was soll man da noch viel sagen eigentlich ne?

T: Hm (+).

M'in: Vielleicht hoffen, daß bei — das Werk Rhein-hausen dann doch nicht schließt. (ZU DIRK:) Das hoffst du wahrscheinlich — daß dein Papa weiter Arbeit behalten wird, und daß ihr — vielleicht dann für euren Vater doch noch mal

D: Hm (+), das

M'in: ne Chance seht, daß das klappt.

D: wär schön.

M'in: Das wünsch ich euch. — Danke euch.

Die Kinder setzen sich unaufgefordert nebeneinander in einer Reihe auf die Bühnentreppe, die Moderatorin setzt sich dann dazwischen. Moderatorin und jeweiliger Sprecher müssen sich vorbeugen, wenn sie miteinander reden wollen. Diese offenbar vorher abgesprochene Sitzordnung macht es von vornherein unwahrscheinlich, daß das

Gespräch über Dyaden mit der Moderatorin hinaus zu einem Gruppengespräch mit wechselnden Sprechern und Adressaten werden könnte. Der Moderatorin vergibt das Rederecht, und sie tut es, indem sie sich jeweils durch Körperhaltung und Mimik dem Adressaten zuwendet und ihm das Mikrofon hinhält. Den *anderen Torsten, der da ganz außen sitzt,* erwähnt die Moderatorin, schaut ihn kurz an, vergißt ihn dann aber im Lauf des Gesprächs. Er sitzt unbeteiligt da, schaut meist ins Publikum und bohrt in der Nase.

In der etwas mühsamen Eingangsphase, in der die Kinder noch nicht recht reagieren, rettet sich die Moderatorin schließlich in die hilflose Strategie der engen Frage *(wie lang genau, Dirk? Was war der Papa von Beruf),* mit Minimalantwort und imitativem Feedback. Die dann folgenden thematischen Blöcke sind sichtlich vorbesprochen, auch die längeren Äußerungen der Kinder wirken zumindest vor-bedacht. Die Fragestrategie der Moderatorin ist jeweils die gleiche: Sie initiiert das Subthema, indem sie die Frage an den ersten Adressaten richtet (Was hat sich zu Hause verändert? Könnt ihr in der Klasse darüber reden? Ärgern euch die Klassenkameraden?) und nachher an andere weitergibt (Ist es bei euch auch so? Was hast du schon erlebt in dem Punkt? usw.). Innerhalb einer Dyade gibt sie den Kindern empathisches Feedback *(das tut dann ganz schön weh sowas? Ganz schön gemein...),* was allerdings das Gespräch nicht weiterbringt, sondern auf Seiten der Kinder nur zu erneutem Bestätigen führt *(Na sicher).*

Gegen Ende hat man den Eindruck, daß die Kinder das Gespräch entgegen dem Plan der Moderatorin selbst in die Hand nehmen. Christian antwortet auf die Frage *Haste sowas auch schon miterlebt?* (die das Thema „Schule und Freunde" weiterführen soll) anscheinend unerwarteterweise *Nö,* worauf die Moderatorin mit einer sehr vagen Frage *(Wie ist es denn bei dir zu Hause jetzt...?)* fortfährt. Christian greift aus der letzten Äußerung von Bela das Stichwort *drüber reden* auf, und Bela seinerseits knüpft wieder an Christians Äußerung an *(Bei uns wird auch geredet...).* Daß der zweite Torsten in Vergessenheit gerät, mag ein Symptom dafür sein, daß die Moderatorin den Faden ihres Frage-Konzepts verloren hat. So greift sie denn bereitwillig die Pointe Belas auf, um mit einer Formulierung, die als eine Art Gemeinplatz wirkt *(was soll man da noch viel sagen)* das Gespräch abzuschließen.

Nur zweimal treten (minimale) simultane Phasen auf, und in beiden Fällen leistet die Moderatorin einem Kind Hilfestellung, das mit seiner Rede ins Stocken gerät. Während sie ihre Fragen stellt, schaut sie nur teilweise den jeweiligen Adressaten an, teils redet sie auch ins Publikum.

Die längeren zusammenhängenden Äußerungen der Kinder sind durchaus eindrücklich und vermitteln den Zuschauern Depression und Resigniertheit, und auch so etwas wie Galgenhumor. Dies aber um den Preis einer nur formal-dialogischen Kommunikation im inneren „Gesprächs"-Kreis.

Daß Dialoge mit Kindern auch in den Medien nicht so karg ausfallen müssen wie in „1, 2 oder 3", zeigen Sendungen wie beispielsweise „Mikado" (SRG). Hier ist die Ausgangslage eine ganz andere, da die Sendung nicht nur unterhalten, sondern vorzugsweise zu *Aktivitäten animinieren* und inspirieren will. Außerdem sind die Kinder wohl im Durchschnitt deutlich älter (nämlich laut Konzept zwischen 10 und 16 Jahren) als z. B. bei „1, 2 oder 3". Zudem sind es wenige Kinder, die in der Sendung auftreten, und diese Kinder haben durch die vorgängige „Verfilmung" ihres Hobbys bereits einige Vertrautheit mit dem Fernsehen. Da die Orientierung auf „action" entfällt, können die Gespräche mit dem einzelnen Kind ausführlich sein, und sie wirken in keiner Weise gehetzt. Ein kurzer Dialogausschnitt mag den hier praktizierten Gesprächsstil illustrieren. Es geht um Panflöten, und in einem Filmbericht wurde gezeigt, wie die Kinder Panflöten selber bauen. Eines der Kinder wird anschließend interviewt.

[Aus dem Schweizerdeutschen übersetzt]

M: Rahel, aber wenn man so eine Panflöte machen will, da muß man schon spezielle Instrumente haben?

R: Ja man sollte es eigentlich schon mal mit jemandem gemacht haben, der drauskommt, weil – es braucht schon etwas -

M: ja   Wie

```
       bist du gerade auf die Idee gekommen?
R:                                 Also ich habe mal  −  bei
       meinem (sic) Vater hat mal den Jöri [den Flötenlehrer]

       eingeladen, sie sollten spielen kommen und nachher  −  hat
M:                                aha

R:     mir das so gefallen da hat mich's so gepackt da hab
M:                  ja                     jawohl   Und
R:     ich gesagt, jetzt muß ich auch gehen
M:     was gibts für verschiedene Panflöten? Also Marcel
       hat                               Ja ist das so die
R:             Sopran  −  also wenn ich spiele

M:     gängigste?
R:              Ja also die Schulflöte, mit der man anfängt.
       (Mikado, DRS, Mai 1988)
```

Das ist ein ganz zwangloser, unauffälliger Dialog. Der Moderator
verhält sich nicht protektiv und auch nicht kontrollierend, und das
Kind reagiert ohne jedes Anzeichen von Blockierung. Auf die
Eingangsfrage (als Vermutung formuliert) antwortet Rahel sprachlich und inhaltlich selbständig, ohne sich an das vom Moderator
vorgegebene Wortmaterial zu klammern. Der Moderator unterstützt das Kind durch Rückmeldungspartikel und ermuntert es
damit zum Weitersprechen. Das Kind fällt dem Moderator ins
Wort, sobald es die Frage verstanden hat *(Sopran),* und er fällt
dem Kind ins Wort, weil er seine Fragestrategie durchziehen will,
die sich am Informationsbedürfnis der Zuschauer orientiert *(Ja ist
das die gängigste?).* Der Moderator nimmt also seine Rechte als
Interviewer durchaus wahr, aber ohne das Kind zum kommuni-
kationsunfähigen Stichwortlieferanten abzuwerten.

Ich habe aus dem Verhalten der Moderatoren bzw. den Reaktionen
der Kinder zu erschließen versucht, wie die Moderatoren ihre
kindlichen Gesprächspartner einschätzen. Es gibt nun noch einen
Bereich von Fernsehtexten, die unmittelbarere Aussagen darüber
erlaubt, was Erwachsene über kindliche Kommunikationsfähigkeit
denken: *fiktionale Dialoge* unter Kindern oder von Erwachsenen

mit Kindern, insbesondere in Trickfilmen. Am Beispiel der *Phraseologie* habe ich andernorts[65] gezeigt, wie breit die Skala dessen ist, was die Produzenten in Sendungen wie „Wickie" oder „Biene Maja" der kindlichen Sprachkompetenz zutrauen. Man würde annehmen, daß die Sprache der Personen — ob Erwachsene oder Kinder — der Einfachheit kindlicher Syntax und kindlichen Wortschatzes angenähert wäre, wie es in Kinderliteratur häufig, wenn auch nicht durchwegs, der Fall ist. In Wirklichkeit sprechen aber zunächst die Erwachsenen und vielfach auch die Kinder eine höchst „elaborierte" Sprache. Dabei ist es keineswegs so, daß die Texter gedankenlos und blindlings den Kindern unverdauliches Sprachmaterial vorsetzen würden. Tatsächlich werden eine ganze Reihe von „didaktischen" Verfahren eingesetzt, die bei den Kindern u. U. einen Lernprozeß initiieren und zur Vermittlung neuer Phraseologiebereiche führen können.

Natürlich sind die fiktionalen Dialoge nicht unmittelbar vergleichbar mit den oben besprochenen realen Gesprächsszenen, da es sich in den beiden Fällen um völlig verschiedene Gesprächssorten mit ganz verschiedenen kommunikativen Bedingungen handelt. Die Trickfilme bieten „dramatische" Dialoge mit unterschiedlichsten Rollenkonstellationen, während in den realen Gesprächen, die in Sendungen wie „1,2 oder 3" dem Interview sehr nahestehen, die asymmetrische Beziehung Moderator — Kind gänzlich dominiert. Gleichwohl ist die Diskrepanz frappierend, und es wäre eine Studie wert, warum Moderatoren in realen Gesprächen die Kommunikationsfähigkeit und sprachliche Kreativität von Kindern soviel geringer einschätzen, als es die Texter von Trickfilmen tun.

Abschließend — wie in den anderen untersuchten Dialogbereichen — die Frage, inwieweit die *Lokalradios* dem Gespräch von Kindern bzw. mit Kindern allenfalls neue Möglichkeiten eröffnen. (Die Kindersendungen der öffentlich-rechtlichen Sender habe ich nicht systematisch untersucht.) Das Programmangebot der Lokalradios ist in raschem Wandel begriffen. Experimente werden gemacht und

---

65 Burger 1990.

wieder aufgegeben, so daß es schwierig ist, sich ohne größere
Erhebungen ein Bild zu machen. Da Lokalradios generell Wert
legen auf unmittelbaren Kontakt mit den Hörern und auf Beteiligung der Hörer an Sendungen, wäre zu erwarten, daß hier auch
Sendungen <u>von</u> Kindern <u>für</u> Kinder bzw. unter Beteiligung von
Kindern gemacht würden. Von den im Raum Zürich zu empfan-
genden Lokalsendern boten 1988 jedoch nur die nicht-kommer-
ziellen Sender (d. h. zwei von sechs) derartige Kinderprogramme
an. In einem Flugblatt von Radio LoRa heißt es dazu:

> Warum eigentlich dürfen nur Erwachsene ihr teilweise doofes
> Radioprogramm durchleiern? Dabei fehlt es gerade diesen
> oft an Fantasie, Spontaneität und frischem Elan, was man
> von euch Kindern wohl kaum behaupten kann. Ihr sitzt
> nämlich meist unbefangener am Mikrofon als Erwachsene,
> die immer wieder versuchen, möglichst lässig ins Mikrofon
> zu hauchen.

Deshalb ruft Radio LoRa „Kinder von 1–99" – also auch Erwachsene, die etwas für Kinder Geeignetes zu bieten haben – auf,
sich an der Sendung zu beteiligen.

Eine meiner Studentinnen, Nicole Küpfer, die Gelegenheit hatte,
bei der Produktion einer dieser Sendungen dabeizusein, berichtet
über Voraussetzungen und Ablauf: Die Kinder waren zwischen 7
und 14 Jahre alt. Teils waren sie von den Moderatoren eingeladen
worden, teils hatten sie sich selbst gemeldet. Alle Beteiligten saßen
an einem runden Tisch mit Mikrofon an jedem Platz. Das Gespräch
stand während langer Phasen im Zentrum der Sendung; unterbrochen wurde es durch Lieder und sonstige Blöcke. Die Atmosphäre
war gelöst und ungezwungen. Von Zeitdruck und Streß war nichts
zu spüren. Ein Teil der Kinder war schon früher dabeigewesen,
andere waren Neulinge, und auch diese schienen durch die Studio-
situation nicht beeinträchtigt. Die Kinder konnten auch aufstehen
und den Raum zeitweise verlassen.

Das Setting bietet also alle Voraussetzungen dafür, daß freiere
Kommunikationsabläufe zustande kommen können als in Sendun-
gen, bei denen die Kinder nur als „Elemente" in einer straffen
Ablaufregie fungieren. Beim Anhören der Sendungen bestätigt sich

dieser produktionsseitige Eindruck. Auffälligstes Phänomen — im Vergleich mit Kindersendungen der öffentlich-rechtlichen Radios — ist die große Toleranz gegenüber Gesprächspausen. Wenn ein Kind den Faden verliert oder wenn nach dem Ende eines Gesprächsbeitrags nicht sofort ein anderes Kind die Sprecherrolle übernimmt, greifen die Moderatoren nicht unmittelbar ein, sondern warten möglichst ab, bis sich das Gespräch „von selbst" wieder reguliert. Damit kommt aber auch das Dilemma solcher alternativen Produktionsformen zum Vorschein: Ungezwungenheit wird erkauft durch Unattraktivität bis hin zur Langeweile. Die Kinder im Studio fühlen sich wohl, aber die Hörer gähnen. Attraktiv sind solche Sendungen wohl vor allem für Kinder, die selbst schon mal teilgenommen haben oder die die Absicht haben, mitzumachen. Dann kann sich der Insidereffekt einstellen, der bei den typischen Phoneins der Alternativradios zu beobachten ist (vgl. S. 375).

15. Der Rezipient im Gespräch

Nachdem lange Zeit die „Einbahnstraße" als unvermeidliche Beschränkung der Massenmedien gegolten hatte, entdeckte man den Rezipienten als potentiellen – nicht nur passiven, sondern aktiven – Partner, als Mitgestalter von Sendungen. Dabei hat das Radio Pionierarbeit geleistet, und das Fernsehen beginnt allmählich nachzuziehen. Die Beteiligung von Rezipienten hat offensichtlich auch Folgen für die Rezipienten selbst, für ihre Kommunikationsgewohnheiten: Von Seiten vieler Kulturkritiker hört man die Behauptung, durch das Fernsehen verkümmere die Sprachfähigkeit im allgemeinen und die interpersonale Kommunikation im besonderen.[66] Das hätte seine Plausibilität, wenn man annehmen würde, daß die Medien in völliger Passivität rezipiert würden. Dagegen sprechen schon die Erkenntnisse der Wirkungsforschung.[67] Es wäre ohnehin zu fragen, welche Teilfähigkeiten denn im einzelnen der Verkümmerung anheimfallen sollen; denn daß Sprachfähigkeit überhaupt degeneriere, wird wohl kaum jemand ernsthaft vertreten wollen. Nun zeigt die Entwicklung der Rezipientenbeteiligung mindestens in einem konkreten Punkt eine Tendenz, die gegenläufig ist zu den von Kulturpessimisten prognostizierten oder bereits diagnostizierten Entwicklungen: Der aktive Umgang mit den Medien wird insbesondere für die jüngere Generation immer mehr zur Selbstverständlichkeit. Man muß nicht gewöhnt sein, in der Öffentlichkeit zu reden, um erfolgreich an einem Phone-in teilzuneh-

---

66 Vgl. Maletzke 1988, 81 ff., der diese Thesen vor allem aus methodologischen Erwägungen als unbewiesen erachtet.
67 Vgl. Maletzke ebd., 59 ff.

men. Auch Auftritte im Fernsehen sind für viele wohl nicht mehr
die Mutprobe, die sie einmal waren. Ein Moderator, der sich mit
Rezipientenbeteiligung im Fernsehen bestens auskennt, formuliert
das so: „Ich persönlich, der ich also Bürgersendungen seit zwanzig
Jahren mache, habe den Eindruck, daß diese Bürgersendungen dazu
beigetragen haben, daß die Menschen in unserem Land sich besser
artikulieren können. Es war vor zwanzig Jahren wesentlich schwieriger, Bürger zu finden, die frei, ohne Zettel, ohne etwas Aufge-
schriebenes vor der Kamera ihre Meinung gesagt haben." (Burkhard in „Der Bürger hat das Wort", BR 3. 1. 89)

Die Möglichkeiten und inzwischen gängigen Verfahren der Rezipientenbeteiligung sind bei Radio und Fernsehen unterschiedlich:

Beim Radio ist es insbesondere das Telefon als subsidiäres Medium, das den Rezipienten einzubeziehen erlaubt. Beim Fernsehen
ist das Telefon nur eine unter verschiedenen Möglichkeiten, und
nicht einmal die wichtigste. Damit sind auch die kommunikativen
Konstellationen im Radio und Fernsehen unterschiedlich: Während
beim Radio der einzelne Rezipient als Teilnehmer einer Sendung
im Vordergrund steht, ist es beim Fernsehen meist eine Gruppe
von Rezipienten. Und auch die Rollen, die die Rezipienten einneh-
men, sind partiell verschieden. Daher bietet es sich an, Radio und
Fernsehen getrennt zu behandeln.

1. Radio

Für die schweizerischen Lokalradios liegt inzwischen ein Bericht
über die „Ergebnisse der nationalen Begleitforschung zu den lokalen Rundfunkversuchen 1983 – 1988" von Saxer (1989) vor, wo
auch auf die *Publikumsbeteiligung* eingegangen wird. Es zeigt sich,
daß Publikumsbeteiligung bei den Lokalradios eine wichtige Rolle
spielt. Allein die Deutschschweizer Lokalradios programmieren
„jede Woche im Durchschnitt 21 Hörerbeteiligungssendungen, insgesamt 22 Stunden, der Spitzenreiter Radio Z sogar nicht weniger
als 64 ein. Das Publikum kann sich so aktiv in fast ein Drittel des
gesamten Wochenprogramms einschalten." (62)

Die Anfänge des *Hörertelefons* – ich verwende im folgenden
diesen Terminus als Oberbegriff für alle Formen des telefonischen

Kontaktes mit Hörern – liegen, soweit ich sehe, in England. Hier hatte das *Phone-in* schon eine mehrjährige Tradition, bevor es auf den Kontinent kam. Das ursprüngliche Phone-in hatte ein klar definiertes Setting: Im Studio befinden sich ein Moderator und ein (prominenter) Gast. Der Hörer richtet per Telefon seine Fragen an den Gast. Der Moderator hat vorwiegend strukturelle Funktion[68]. In England gab es eine heiße Debatte um Sinn und Grenzen dieser Sendungsform. Positiv wurde jeweils herausgestellt, daß durch das Phone-in die Demokratisierung des Mediums gefördert werden könne; negativ schlug zu Buche, daß die Gestaltung der Sendung der Verantwortlichkeit des Journalisten entgleite und daß nicht mehr kontrollierbar sei, ob der Anrufer sich an die Spielregeln des öffentlichen Mediums halte und die Grenzen des Sagbaren akzeptiere.

Inzwischen haben sich bei uns die Formen der Hörertelefone verändert und ausdifferenziert, so daß nicht mehr von einem einheitlichen Typ Phone-in gesprochen werden kann. Beispiele für Sendungen mit dem ursprünglichen Setting wären die Sendung „Freizeichen" (Ö 3), in der kompetente Gäste zu aktuellen Themen eingeladen werden, oder die auf Sport spezialisierte Sendung „Clinch" (DRS 1), bei der im Studio ein Moderator und ein bekannter Sportler sitzen, wobei die Anrufer dem Sportler Fragen stellen. In der Regel aber haben sich andere Phone-in-Formen durchgesetzt. Das Fernsehen hat demgegenüber die alte Konstellation adaptiert und ausgebaut. Medienethische Einwände werden heute kaum mehr laut, und das aus zwei Gründen: Zum einen haben sich die Hörertelefone so eingespielt, das sie nicht mehr als Durchbrechung von Medienkonventionen empfunden werden, zum anderen haben die Journalisten vielfältige Techniken entwickelt, um das potentielle Risiko in den Griff zu bekommen (vgl. S. 400).

Als *Vorzüge* der Hörertelefone gelten nach wie vor:

1. Die Beschränkungen durch die Einweggkommunikation werden partiell außer Kraft gesetzt.

---

68 Vgl. Leitner 1982, Nowotny 1982.

2. Sendungen sind nicht mehr nur Sache von Profis und Prominenten, sondern Menschen wie du und ich werden radio-fähig.
3. Die Distanz zwischen Medium und Rezipient verringert sich.
4. Das Hörertelefon lebt von der Unmittelbarkeit der Präsentation, es unterstützt den Trend zu Live-Sendungen.

Hinzu kommt ein weiterer Punkt, der insbesondere bei den Lokalradios an Wichtigkeit gewonnen hat:
5. Hörertelefone sind billige Sendezeit. Sie erfordern wenig oder keine Vorbereitung und keinerlei technischen Aufwand.

Die gängigste Form des Hörertelefons ist gegenwärtig die Dyade Moderator – Hörer. Alle anderen Spielarten haben nur marginale Bedeutung.

Die kommunikationstheoretisch wichtigste Frage ist, inwieweit durch die Hörer-Beteiligung tatsächlich die Einwegkommunikation überwunden werden kann.

Formal betrachtet ist das von vornherein nur partiell möglich: Die Gesamtheit des potentiellen oder auch nur des aktuell zuhörenden Publikums kann sich natürlich nicht an einer Sendung beteiligen. Es bleiben immer einzelne, die sich überhaupt um den Kontakt bemühen, und von diesen kommt auch nur ein Bruchteil überhaupt „auf Sendung".

Interessanter scheint mir aber die Frage, was für eine Art von Kommunikation zwischen Moderator und Hörer zustande kommt. Ich will das nur unter dem Aspekt der *Symmetrie/Asymmetrie* der Kommunikation betrachten. Das Problem hängt eng zusammen mit der *Funktion*, die das Hörertelefon im Programm hat. Hier gibt es grundsätzlich drei Typen:

(1) Das Hörertelefon ohne Talk, das rein funktional abläuft (z. B. Verkaufsgespräch, Glückwünsche). Nach Saxer (1989) machen „Kleinanzeigen" einen Fünftel der Zeit von Hörerbeteiligungsprogrammen in der Deutschschweiz aus, ein Zehntel der Zeit ist für Glückwunschsendungen reserviert.
(2) Das Hörertelefon, das an ein Spiel, ein Quiz, ein Wunschkonzert o. ä. gebunden ist und in das unselbständige Talkphasen eingebettet sind. (Spiele und Wunschkonzerte sind nach Saxer

1989, 62, die häufigsten Formen der Hörerbeteiligung in der deutschen Schweiz.)

(3) Das Hörertelefon als Talk, das eine ganze Sendung oder doch einen klar definierten Teil einer Sendung ausmacht.

Die Typen im einzelnen:

(1) Das funktionale Hörertelefon

Dieser Typ ist vor allem für die Lokalradios wichtig. Im lokalen Bereich bieten sich diese Privatsender für bestimmte Serviceleistungen an: zum Verkauf von Gegenständen, die die Hörer anbieten; zum Suchen von Gegenständen, die ein Hörer benötigt; zur Stellenvermittlung usw. Diese Dialoge sind meist kurz, laufen nach einem rigiden Schema ab, lassen wenig Variationen zu, sind also nicht dazu geeignet, flexible Kommunikation in Gang zu setzen. Ein Beispiel möge genügen:

(„Kleine Anzeigen", Radio Zürichsee, 28. 7. 84; aus dem Schweizerdeutschen übersetzt; Hörer = H)

M: Hallo, wer ist da?

H: Da ist Meier, grüezi

M: Guten Tag, Herr Meier

H: Ich habe ein Rennfahrrad zum Verkaufen, und zwar ein silbriges, und das ist der Typ V heißt das, und das ist Shimano 600 und Rahmengröße ist 57

M: Rahmen 57?

H: Jawohl

M: Und das hat 12 Gänge?

H: 12 Gänge, jawohl

M: Hm? (ZUM WEITERSPRECHEN AUFFORDERND)

H: Und äh – ich verkaufe das für 550 Franken.

M: Für 550 Franken. Also die Marke ist V.

H: Jawohl, das ist richtig.

M: Habe ich das richtig verstanden hä?

H: Jawohl – und Shimano

M: Prima – silber-grau

H: 600, das ist einfach die Ausführung von den – von den
    Gängen?
M: Jawohl – und äh Ihre Telefonnummer?
H: Das wäre 923 – 40 -12
M: 923 40 12 für ein silbergraues Rennfahrrad.
H: Jawohl.
M: Bestens. Adieu Herr Meier!
H: Besten Dank, auf Wiederhören, merci!

Das Ablaufschema ist simpel:
  Begrüßung – Angabe und Beschreibung des Angebots – Telefonnummer des Anrufers – Verabschiedung.
  Auch innerhalb der eigentlichen Angebotsphase sind die Äußerungen des Moderators rein funktional bestimmt: Nachfragen und
Wiederholungen der Äußerungen des Hörers dienen der Sicherung
der Information. Man könnte diese Passagen als *Verständigungs-
dialog* bezeichnen. Solche Gespräche haben keinen Unterhaltungswert über die präzise Funktion hinaus. Sie sind asymmetrisch im
Sinne der üblichen Interviewregeln, von der Funktion her kann
man aber eher von komplementären Rollen sprechen: der Anrufer
ist der Anbieter, der Moderator ist der Vermittler des Angebots an
das Publikum. Das sind situative Rollen, die nichts mit sozialer
Dominanz zu tun haben.
  Freilich kann man auch solche funktionalen Gespräche so gestalten, daß eine *Show* daraus wird, vor allem dann, wenn das
Thema bzw. die Funktion brisant genug ist. Bei den Lokalradios
sind es vor allem die *Kontakt-Telefone*, die diese Rolle spielen:
eine Art telefonisch-radiophoner Heiratsanzeige. Ein Beispiel (Radio 24, Zürich, 26. 2. 83, aus dem Schweizerdeutschen übersetzt):
  Am Anfang der Sendung, die von zwei Moderatoren gemacht
wird, heißt es: die Anrufer sollen *sich akustisch einigermaßen
ausdrücken können* und *akustische Fingerabdrücke* liefern. Nach
der Begrüßung:

[Moderatoren = M1 und M2; Hörer/Anrufer = H]
M1: Also, du hast jetzt drei Minuten Zeit, du kannst dich vor-
    stellen.

H: Gut. Ich bin 23. Mein Job ist Bauführer – Spezialtiefbau – ist ein bißchen ein spezielles Gebiet. Hobbys sind – Sport allgemein.

M1: Moment mal – was ist denn spezial, speziell am Spezialtiefbau? (lacht)

H: Es ist ein bißchen eine spezielle Sparte vom Tiefbau.

M1: Das haben wir jetzt schon gehört

M2: Geht ihr besonders tief oder seid ihr besonders nah unter der Oberfläche?

H: Besonders tief únd besonders nah unter der Oberfläche – je nachdem.

M1: Hm aber was ist denn speziell am Spezialtiefbau?

H: Das sind spezielle Sachen einfach, zum Beispiel irgendwie – spezielle Schächte zum Anfangen (…) oder irgend so spezielle Sachen

M2: Was hast du jetzt für eine Baustelle?

H: Jetzt im Moment im Sankt-Gallischen oben

M2: Und was baut ihr da?

H: Kanalisationen vor allem

M1: Aber das ist doch nicht so speziell (LACHT HÄMISCH)

H: Ja das ist eben ein bißchen ein spezielles Verfahren, das wir verwenden.

M1: Gut. Jetzt sag mir mal – in den nächsten zwei Minuten nie mehr das Wort „speziell" – hm?

H: Gut, okay.

Im Hinblick darauf, daß sich der Anrufer präsentieren soll, ist das ständige Nachhaken, besser Herumhacken auf dem Wort *speziell* dysfunktional, und am Ende dieser Gesprächsphase behandelt der Moderator den Anrufer wie einen Schulbuben, dem er einen Verweis erteilt. Das ist nun keineswegs ein besonders bissiger Moderator oder eine verunglückte Befragung, sondern das ist die „Masche" dieser Sendung. Die Moderatoren machen sich einen Sport daraus, hemdsärmelig, aggressiv, hämisch zu fragen, und die Anrufer müssen versuchen, sich diesen Attacken gewachsen zu zeigen, die Moderatoren womöglich noch zu überbieten. Wer anruft, weiß das, und für das Publikum liegt der Reiz der Sendung gerade darin zu sehen, wie sich der jeweilige Anrufer schlägt.

(2) Das Hörertelefon mit eingebettetem Talk

Ein typisches Beispiel für ein Hörertelefon, das einerseits funktional
bestimmt ist, andererseits aber auch Talk-Anteile enthält, ist das
„Wunschkonzert" von SWF 1.[69] Funktional bestimmt sind hier vier
Phasen: die Nennung des Musik-Wunsches, ein Quiz zu einem
Thema, das jeweils für eine Sendung durchgehalten wird, eine
Schätzfrage mit Antwort, schließlich Grüße an Verwandte und
Freunde. Zu dem jeweiligen Sendungsthema wird jeweils eine
kleine Talkphase eingeschaltet, bevor das eigentliche Quiz beginnt.
Die Blöcke sind vorgegeben, den Hörern bekannt, und sie können
sich darauf vorbereiten. Dabei ist von vornherein zu erwarten, daß
die funktionalen Blöcke die normale Asymmetrie der Interview-
Struktur aufweisen, während die Talkphase theoretisch andere
Möglichkeiten eröffnen würde. In der Praxis aber werden die
Möglichkeiten i.allg. nicht genutzt, auch in anderen vergleichbaren
Sendungen nicht. Ein durchschnittliches Beispiel aus dem „Wunsch-
konzert" (9. 4. 86, die Anruferin spricht stark regional gefärbt)
sieht so aus:

[Text des vorangehenden Liedes: Es gibt sieben Wunder der Erde,
tausend Schiffe fahren über die Meere, gut, um Geld gibt es viel
auf der Welt, aber dich gibt's nur einmal für mich, aber dich gibt's
nur einmal für mich.]

M: Würde Ihr Mann das für Sie auch noch singen, Frau S(...) ?
S: Ich glaub schon (LACHT)
M: (LACHT) Das find ich nett. Das ist Frau Erika Sandmeier,
     meine Damen und Herren, aus U. – Seien Sie uns will-
S: Ja

M: kommen in der Runde.   Einen schönen guten Abend
S: gleichfalls   guten Abend

Das ist eine charakteristische Eröffnungs- und Begrüßungsphase.
Die Eröffnung geschieht durch Anknüpfung an den Musik-Text –

---

69 Troesser (1986, 134) nennt diese Art von Dialog „Plaudergespräch", vgl.
   Anm. 44.

eine typische Moderationsfunktion[70]. Daß der gesprochene Text so beginnt, wie wenn die Gesprächssituation schon während der Musik bestanden habe, ist eine gängige dramaturgische Technik. Die Begrüßung erfolgt zweistufig, da der Moderator die Anruferin schon vor der Sendung kennt (s. u.). Dem Radiopublikum stellt er sie vor und heißt sie *in der Runde* willkommen. Damit wird eine Gesprächssituation unter Bekannten suggeriert, in die auch das Publikum einbezogen ist. So will sich ja das Radio heutzutage verstanden wissen: als ständiger Begleiter, Freund, Ratgeber etc.

Dann beginnt die Talkphase:

M: Liebe Frau S(...), wenn man zwei Kinder hat‸ 2 1/2 und 5 Jahre‸ da ist das Thema Märchen ja eigentlich schon abgehakt‸ das múß ja sein nich?

S: Ach also sie hörens séhr gern.

M: Äh wann denn eigentlich‸ ist das so‸ daß man noch sagt‸ Mama, komm lies mir n Märchen vor‸ bevor ich einschlafe abends‸ oder auch mal tagsüber?

S: Auch tagsüber ja

M: Auch tagsüber?

S: besonders der Große also mit fünf

M: (ERSTAUNT) Ja?

S: Der will sie also sehr gern höre.

M: Ja das finde ich aber doch riesig‸ mein dä/ im Grund genommen sind ja Märchen ein Relikt aus alter Zeit‸ und wir sind ja so wáhnsinnig modern geworden auch in der Kindererziehung‸ ich find das eigentlich noch schön‸ daß die noch Märchen hören wollen.

S: Ja aber ich selber hab immer gern Märchen gelesen‸ und da hab ich eigentlich dann gleich n Märchenbuch gekauft und die Bilder‸ die sie da sahen‸ da drin‸ und das hat sie denn interessiert.

M: Das ist also auch ein bißchen ne Erziehungsfrage‸ das was die Eltern so mitbringen

---

70 Zu den Funktionen des Moderators im allgemeinen vgl. Burger 1984, 170 ff.

S: Ja ich glaub schon
M: nich?   ja

Der Moderator verknüpft das biographische Vorwissen, das er
über die Anruferin hat, mit dem Leitthema der Sendung *(Märchen)*
und initiiert damit eine nette (das Wort *nett* liebt er selbst sehr)
kleine Plauderei. Er gibt sich interessiert an ihrem Privatleben,
erstaunt über die interessierten Kinder, unterstützt fast überschwenglich ihre Aussagen. Das ermuntert sie zu assoziativer Anknüpfung *(Ja aber ich selber...)*, ohne daß er eine Frage hat stellen
müssen. Am Ende dieser Passage verdichten sich die wechselseitigen
Konsenssignale.

   In einer zweiten Passage geht es um die Märchen, die sie den
Kindern vorliest, und um ihr Lieblingsmärchen. Sie nennt „Hänsel
und Gretel", und dran knüpft sich ein vorsichtiger Einwand des
Moderators im Hinblick auf die Brutalität der Märchen, doch alles
endet dann wieder in einer Konsens-Coda:

M: Obwohl ja alle äh irgendwo sind die ja ein bißchen brutal,
      wenn man sich das überlegt mit Finger rausstrecken und
      dann in'n Ofen schmeißen, die Hexe und sowas.
S: Ja das stimmt schon, aber ich glaub, wenn man das nicht so
      drauf anspielt, übergehts des, des isch denn/ das gute Ende
      isch dene am wichtigschte noch.
M: Das ist richtig, was Sie sagen, das ist genau richtig.
S: Ja

Nach einer solchen Plauderei kann dann das Quiz auch nicht nur
nach einem funktionalen Schema ablaufen, aber hier zeigt sich nun
wieder, wer der Meister ist:

M: Ja äh liebe Frau S(...), wir machen ein Spielchen miteinander
S: hm (+)
M: Sie haben sich gemeldet für die fünf äh Spielfragen, und
      nachdem Sie sich ja in Märchen einigermaßen auskennen,
      sollte es kein Problem für Sie sein. Darf ich anfangen?
S: Ja   Ja
M: Also gut. Erste Frage: Ich nenne Ihnen jetzt die Namen von
      fünf Dichtern

S: hm (+)

M: Einer von diesen fünfen hat keíne Märchen geschrìeben

S: Ja

M: Also: Grimm, das sind die Brüder, Hauff, Morgenstern, Brentano und Andersen

S: Brentano.

M: (HERABLASSENDER TONFALL, LANGSAM, TRÖSTEND) Das tut mir leid. Brentano hát Märchen geschrieben, wunderschöne͡,

S: ach

M: Mórgenstern wars, Christian Morgenstern, der hat

S: aha

M: Gedichte geschrieben,   aber keine Märchen.

S: aha

Der Moderator reagiert auf die falsche Antwort im Tonfall und aus der Position des Besserwissers, womit ganz klar die nicht nur strukturelle, sondern auch soziale Dominanz ins Spiel kommt, die während der Plauderei kaschiert worden war. Die übernächste Frage kann sie wieder nicht beantworten:

M: Wieviele Nächte hat Scheherazade ihrem König Märchen erzählen müssen?

S: Hundert

M: (MIT WEINERLICHER STIMME, LANGGEZOGEN) N-e-i-n, och Frau S

S: Ach

M: Das war so leicht – tausend und eine – tausend und eine,

S: ach ach

M: das war die Berühmteste͡, ich hab's extra ne/ das war die

S: ja

M: Scheherazade, die ihrem König Märchen erzählen mußte.

S: Ich kenn des, aber ich bin jetzt im Moment – bißchen aufgeregt.

M: Ach braúchen Sie doch nich͡, ist doch ganz gemütlich bei uns

S: ja

Diesmal reagiert er paraverbal noch herablassender. Dadurch daß er ihr sagt, wie leicht die Frage war, demütigt er sie noch zusätzlich. Und um ihre Aufregung zu mildern, ist es bestimmt kein taugliches Mittel, wieder die *gemütliche* Runde zu evozieren. Das klingt schon wie Hohn. Nachdem sie noch einmal nicht reüssiert und er sie noch einmal ausgiebig „bedauert", ist die Quälerei zum Glück zu Ende. Die verbleibenden funktionalen Blöcke werden auch funktional abgewickelt, so daß das Ganze wenigstens nüchtern-neutral zu Ende geht.

Im folgenden Text (SWF I, Wunschkonzert, 2. 4. 86) geht es um die Weinlese in Baden. Dieses Hörertelefon stellt eine Zwischenform zwischen Typ 2 und 3 dar. Zwar ist das Telefon funktional an den Musikwunsch gebunden, aber der Text hat doch unverkennbar einen Eigenwert. Das Thema, zu dem die Hörer anrufen könne, ist das *Herbsten.* Und offensichtlicher Zweck der Plauderei ist es, folkloristische Atmosphäre zu evozieren. Dabei spielt nicht nur das Wissen der Hörerin über den Sachbereich Weinbau eine Rolle, sondern auch und vor allem ihre mundartlich gefärbte Sprache. In der Differenz von standardsprachlicher Artikulation der Moderatorin und dialektnaher Sprechweise der Anruferin kommt zugleich die soziolinguistische Bewertung der Sprachformen und die Asymmetrie des Gesprächs zum Vorschein. Dialekt steht für ,ländlich', ,folkloristisch', ,liebenswürdig', ,amüsant', Standardsprache für ,urban', ,kultiviert', ,professionell' usw.

Schon in der Ansage des Gesprächs *(ein Kind aus Kandern)* demonstriert die Moderatorin diese Einschätzung, und bereits der Ortsname gibt ihr Anlaß zu milder Verwunderung und leichtem Amüsement:

M: Ein Kind aus Kandern möchte ich jetzt herzlich begrüßen, denn acht Minuten vor einundzwanzig Uhr habe ich jetzt meine erste Telefonpartnerin, guten Abend Frau E(...) R(...).

H: Guten Abend

M: Grüße Sie, Frau R(...), äh sind Sie Kan-der-ne-rin? Heißt das so?

H: Jawohl

M: Heißt das Kan-der-ne-rin?
H: Kandernerin, jawohl
M: Das ist ja schwierig auszusprechen   (LACHT) für mich im
H: Ja? (LACHT)
M: Moment aber ich bin froh, daß es richtig ist.

Über die Frage nach dem Beruf gelangt die Moderatorin zum
Thema *Herbsten:*

M: Was machen Sie beruflich?
H: Arbeite an der Post,
M: Hm
H: Basel, Briefverteilung
M: Ja, und wann haben Sie schon mal geherbstet oder haben Sie
      das schon öfter?
H: Ja, bald jedes Jahr
M: Und wo wo machen Sie das? Freiwillig wo Not am Mann
      ist oder – ?
H: Nein in W, auch bei einem Kollegen
M: Und der hat Weinberge
H: Jawohl
M: Und sagt: Hilfe, bei mir hängt alles voll
H: Jawohl (LACHT) Hat aber immer genug Leute – kommt alles
M: Ja?
      Äh, seit wann machen Sie das und macht das Spaß?
H: Ja das macht Spaß
M: Gibts da Geld zu verdienen oder ist man einfach fröhlich?
H: Das ist freiwillig – nur so zum Spaß
M: Ehä   Es ist ja ganz schön
      anstrengend
H: Ja es geht hä

Dann wird der Hörerin die Rolle der Expertin in Sachen Herbsten
zugewiesen:

M: W- Wie, eh sagen Sie mal ich mein das klingt nämlich für
      jemand, der's noch nie gemacht hat so: na ja da nimmt man
      halt die die die Trauben   runter nich?
H: (LACHT)   Hm (LACHT)

M: Äh, wo gehts denn am meisten in die Füße in die Hände oder ins Kreuz?

H: Ins Kreuz

M: Weil man sich ganz schön bücken muß

H: Ja

M: Und dann kommt das, erklären Sie mal jemand,̂ der's noch nie gemacht hat, wie das vor sich geht. Sie haben also 'ne Reihe

H: Hm (+), zu zweit, einer links einer rechts

M: Hm

H: und dann werden die Trauben abgeschnitten, in e Körble, also in e ine Eimer, und dann wird's in so ne Bütte reingeschmissen, und dann — kommt jemand und holt das wieder ab.

M: Hm, und haben Sie schon mal ausgerechnet,̂ wenn Sie das so en Nachmittag oder en ganzen Tag lang machen, wieviel Sie gewichtsmäßig da runtergemacht haben?

H: Nei das hämmer no net usgrechnet hä, aber wüsse Sie, mir — mir müsse ja das net, mir mache das nur in die Eimer und die Männer hole des dann

M: Das ist mir schon klar, aber wenn ich mir überlege,̂ so viele kleine Eimerchen,̂ gibt nämlich ganz schön viel Gewicht was man im Laufe des

H: Ja, das stimmt, das stimmt

M: Das ist das Gleiche mit den Hausfrauen, die äh die Waschmittel und die Weichspüler und alles einkaufen,̂ da schleppt man ganz schön, nicht?

H: Ja, das isch wohr (LACHT)

M: (LACHT, IMITIEREND:) Das isch wohr (LACHT)

Aus der Rolle der Expertin ist die Hörerin wieder in die alltägliche Rolle der waschenden Hausfrau zurückgeholt worden, und diese Phase wurde durch eine Echo-Antwort abgeschlossen, in der die Moderatorin den Dia-/Soziolekt der Hörerin mit hörbarem Amüsement imitierte. Nun wird das Klischee von der fröhlichen Weinlese wieder aufgenommen und thematisch gemacht:

M: Frau R(...) und was ist für Sie äh ich mein, wenn's regnet äh ist das ja nicht so sehr lustig, aber da muß der Wein auch reingebracht werden. Es ist ja ne ganz bestimmte Stimmung ne ganz gewisse, wenn man im Weinberg arbeitet

H: jawohl

M: Singen Sie dabei?

H: Ja nei, net, mängmol ja, aber net immer hä

M: Manches Mal ja?

H: Ja

Die Hörerin spricht auf die Frage nach der *Stimmung* leider nicht besonders gut an. So kehrt die Moderatorin wieder zum Experteninterview zurück, in dessen Verlauf sich aber schließlich doch noch der erhoffte Anlaß für den folkloristischen Exkurs bietet:

M: Alle miteinander? Sind da eigentlich mehr Frauen oder Männer, die arbeiten?

H: Ja, mehr Fraue

M: Und warum?

H: Ja, das weiß' i/ weil Fraue vielleicht mehr Zeit händ händ also am Tag

M: Ham Männer vielleicht weniger Geduld?

H: Ja, das isch au no möglich, jawohl (LACHT)

M: Und nun ist es ja so, es werden ja werden denn an dem/ Sie ernten Gutedel?

H: Ja

M: Ja, wird denn da jede Traube runtergenommen oder bleibt manches dran?

H: Nei, da wird jede Traube runtergenomme

M: Bleibt nichts hängen?

H: Bleibt nix hänge, nei

M: Aha, und wie ist das bei Ihnen in der Gegend in Kandern? Das kommt dann in die Winzergenossenschaft?

H: Ja, nach Ebringen

M: Aha

H: Ebringkirchen

M: Und gibt's dann abends n zünftigen Schluck?
H: Jawohl, mit Schüfeli und Burebrot
⌈ M: Mit Schüfeli
⌊ H: und Grumbiresalat, jawohl

⌈ M: Sagen Sie das bítte nochmal, in − mit Schüf-ele
⌊ H: mit Schäufele,

⌈ M: Nein, es war so schön,
⌊ H: Kartoffelsalat und Bauernbrot

⌈ M: mit Schüfele und Burebrot und und
⌊ H: Ach so, Schüfele,

⌈ M: und Grumbire −
⌊ H: Burebrot   Grumbiresalat, jawohl

⌈ M: Erdöpfelsalat   Ja ja Schüfele äh, das kennt sicher
⌊ H: ja
M: mancher nich, Schäufele das is − erklären Sie's als Hausfrau
H: Das ist e Schinke vom Schwein, e geräucherte Schinke
M: Ja, aber Schäufele ist doch das äh ist Schulter − und da ist
     glaube ich/ jetzt ruft mich gleich sicher ein Metzger an und
⌈   sagt Moment, Sie haben auch keine Ah/   gell
⌊ H: Ja ja klar
M: das ist Schulter?
H: Ja, ja, des ist d Schulter, aber wüsse Sie, mir machen au
     mängmal noch en Schinke
⌈ M: Ja, man kann da ein bissl mehr dran lassen, ja ja dann
⌊ H: Ja

⌈ M: schmeckts umso besser   Ja und der Süße, wird
⌊ H: Ja
M: dann eigentlich der Vorjährige dazu getrunken oder der neue
⌈   Süße, der schon ein bissl räßelt?
⌊ H: Der neue Süße
M: Ohne Räß?
H: Ja, das ist schön süß, richtig frisch
M: Aha
H: Ja

M: Gut, ich danke Ihnen herzlich
H: Die Männer trinken natürlich
      auch den vom letzten Jahr, immer den − alte noch
M: Die Männer trinken den Alten weg, ja Und die Frauen
H: Ja, ja, (LACHT)

M: trinken den Neuen, ja aber Vorsicht mit dem Neuen,
H: Ja

M: mit dem Suser   und mit dem Sieder
H: Ja genau, der isch gfährlich gell?

M: der isch gfährlich, ja (LACHT)
H: Jawohl (LACHT)

M: Haben Sie vollkommen recht,   Frau R.
H: Hm (+)

[Daran schließen sich Schätzfrage, Grüße und Musikwunsch an.]

Die Hörerin redet mundartlich von *Schüfeli und Burebrot*. Die
Moderatorin − entzückt ob so viel Folklore − fordert die Hörerin
auf, das noch einmal zu sagen. Diese mißversteht und *switcht* ins
Hochdeutsche, in der Meinung, sie müsse ihre unverständlichen
mundartlichen Ausdrücke übersetzen. Erst im zweiten Anlauf gelingt es der Moderatorin, die gewünschten Mundartausdrücke zu
elizitieren, durch die Evaluation *es war so schön* (die sich ja kaum
auf den Inhalt beziehen kann) und die mundartliche Hilfestellung
(mit Schüfele und Burebrot und und...). Den *Grumbiresalat* übersetzt die Moderatorin selber − dies wohl tatsächlich zuhanden des
Publikums − mit dem gleichfalls mundartlichen, aber wohl geläu-
figeren *Erdöpfelsalat*. Nachdem die Moderatorin schon das Ende
des Talk signalisiert hat *(ich danke Ihnen herzlich)*, gelingt es der
Hörerin, noch eine Pointe über die Männer anzubringen, und dann
geht die Talkphase definitiv zu Ende − mit einem Austausch von
Klischees.

Man sollte meinen, daß ein ziemliches Maß an Masochismus
nötig wäre, um sich freiwillig solchen Gesprächs-Übungen zu un-
terziehen. Doch scheint den Hörern gänzlich zu entgehen, wie
„unterprivilegiert" sie hier gehalten werden. Der Trend zu Sendun-

gen, bei denen Hörer sowohl in funktionalen Rollen als auch in der Rolle des Talkpartners zur Geltung kommen, wird noch verstärkt durch die Lokalradios, wie die erwähnte Studie von Saxer (1989) gezeigt hat. Es sind insbesondere die Frauen, die von den Lokalradios und zumal den Hörerbeteiligungssendungen angetan sind (ebd., 63). Beim Lokalradio muß eine Hörerin offensichtlich von vornherein nicht befürchten, herablassend behandelt zu werden, und so entfällt auch für sensible Hörerinnen die Hemmschwelle, die gegenüber den Moderatoren der öffentlich-rechtlichen Sender allenfalls vorhanden wäre.

(3) Das Hörertelefon als Talk

Hier sind neue Kommunikationsformen am ehesten zu erwarten, also bei Sendungen, in denen der Talk mit dem Anrufer Selbstzweck ist und nicht funktional an andere Zwecke gebunden. In der Regel sind das dann − technisch gesehen − auch Sendungen mit *offenem Kanal*, d. h. es gibt keine Vorselektion, der Hörer kommt − wenn das Telefon nicht besetzt ist − direkt „auf Sendung". Wenn jemand anruft, klingelt es, und das Publikum hört mit, der Moderator nimmt dann über das Mischpult ab. Bei diesem Setting ist es kaum denkbar, daß der Moderator nicht abnimmt, und das bedeutet: der Anrufer kann die Kommunikation erzwingen, der Moderator ist dem Anrufer ausgeliefert. Damit entfällt für ihn natürlich die Möglichkeit, sich individuell auf den Anrufer und dessen Beitrag vorzubereiten. Umgekehrt hat der Anrufer alle Möglichkeiten der gezielten Vorbereitung. Das ist eine klare Umkehrung der sonst in den Medien üblichen Verteilung.

Ein Beispiel ist die „Talkshow" von Radio LoRa (Zürich). Sie wird mittwochs nach Mitternacht gesendet. Die Sendung ist tatsächlich open-end. Im Normalfall dauert sie 4 bis 5 Stunden, sie hat aber auch schon bis 10 Uhr morgens gedauert. Im Gegensatz zu anderen Open-end-Sendungen, wo das Prinzip nur für die Sendung als ganze gilt, ist hier auch die einzelne Dyade nicht zeitlich beschränkt. Nur Überdruß oder Übermüdung eines der Beteiligten führen hier zu einem Ende, wobei der Moderator immerhin noch das strukturelle Recht zur Beendigung des Gespräches hat.

Die Beziehung zwischen Moderator und Anrufer ist eine andere als bei anderen Gesprächsformen und auch anders als bei den anderen Typen von Hörertelefonen. Manche Anrufer sind *Stammgäste*, so daß sich zwischen Moderator und Anrufer eine nicht nur situative Beziehung aufbauen kann, auch ein Stock von Vorwissen und gemeinsamen Erfahrungen. Auf diese Weise entstehen zwischen Telefonen zu verschiedenen Zeiten auch thematische Bezüge, es kommen Anspielungen auf gemeinsames Wissen vor, die dem Interview sonst fremd sind.

Außerdem kommen manchmal Hörer ins Studio – unaufgefordert oder auch auf Aufforderung des Moderators hin –, die dann am Gespräch teilnehmen, so daß die Rezipienten in verschiedenen Rollen an der Sendung beteiligt sind. Man könnte sagen: es findet eine bewußte *Vermischung der Rollen von Rezipient und Produzent* statt.

Die nächtliche Sendezeit hat zur Folge, daß wohl nur ein sehr kleines Publikum zuhört. Anders gesagt: Der Kreis der Hörer ist potentiell nahezu identisch mit dem Kreis derer, die anrufen wollen. Das ergibt eine Mediensituation von bisher ungekannter *Intimität*. Die sonst gängige und meist zutreffende Charakterisierung der Medien-Rezipienten als „disperses Publikum" verliert hier ihren Sinn.

Andererseits ist es keineswegs so, daß die *Öffentlichkeit* des Mediums außer Kraft gesetzt wäre. Im Gegenteil: Die Hörer sind sich in der Regel bewußt, daß ihr Anruf gesendet wird, und sie rufen nicht zuletzt an, weil er gesendet wird. Ein Moderator eines Lokalradios, der von Keil[71] interviewt wurde, formuliert das ein bißchen zynisch so:

Allen Leute, die anrufen, geht es letztlich darum, im Radio etwas sagen zu können. Das ist fast eine Regel. Dann kommt alles andere [d. h. die etwaigen konkreten Bedürfnisse: jemand sucht eine Wohnung, sucht psychologischen Rat usw.].

---

71 Keil, E. (1985): Telefon am Radio. Textkorpus und Dialoganalyse zweier Nachtsendungen an Zürcher Lokalradios mit Hörerbeteiligung. Lizentiatsarbeit Zürich (unveröffentlicht).

Deshalb kannst du diese Gespräche endlos verlängern. Das
ist ein dramatischer Unterschied zum normalen Telefon.

Früher habe ich dieses Experiment als einen „transkontextuellen
Akt"[72] eingeschätzt, weil man hier rede „völlig ohne Rücksicht auf
die ‚öffentliche' Situation, ohne Rücksicht darauf, ob das Gespräch
außer den Beteiligten auch sonst noch jemanden interessieren
könnte".[73] Nachdem das Experiment nicht abgebrochen werden
mußte und nun seit Jahren eine feste Institution des Senders ist,
muß ich mein Urteil mindestens teilweise revidieren. Dies auch –
und diese Einsicht verdanke ich Diskussionen mit meinen Studenten –, weil sich hier etwas wie ein neuer Gesprächsstil eingespielt
hat, der einen *Zwischenzustand zwischen ‚öffentlich' und ‚privat'*
realisiert. Früher habe ich von „kommunikativem Paradox" gesprochen, nun scheint mir eher, daß aus der ursprünglich sicherlich
paradoxen Situation ein Neues entstanden ist, das u. U. auch eine
neue Einschätzung der kommunikationstheoretischen Merkmale
von Mediengesprächen erfordert. Gewiß handelt es sich noch um
einen marginalen Sender, um marginale Sendungen, aber aufregend
ist die Beobachtung, daß kommunikationstheoretisch unvereinbar
scheinende Faktoren – mindestens in manchen Dyaden – verein-
bar werden können.

Im folgenden Beispiel ist eine Frau [Elenore = E] am Telefon,
die – wie sich im Lauf des Gesprächs herausstellt – Direktions-
sekretärin war, aber infolge eines Unfalls diese Stelle aufgeben
mußte und nun große Probleme im beruflichen wie privaten Bereich
hat. Man sieht hier, wie der Moderator, der seit Jahren an der
Talkshow beteiligt ist, einen Gesprächsstil entwickelt hat, mit dem
er auch auf Heikles und Intimes eingehen kann, ohne daß es für
den Anrufer und die Hörer peinlich würde. Anrufer und Moderator
nähern sich gemeinsam den heiklen Punkten, tastend und zögernd,
keiner drängt den anderen. Nach einer Einleitungsphase, in der
man über die Sendung redet, kommt sie darauf zu sprechen, daß
sie aus gesundheitlichen Gründen nicht arbeite:

---

72 Vgl. Anm. 45.
73 Burger 1984, 39.

[Die schweizerdeutsche Sprachform des Textes ist beibehalten, weil durch eine Übersetzung ins Hochdeutsche hier die syntaktisch-lexikalischen und paraverbalen Eigenheiten verloren gingen, die den experimentellen Charakter des Gesprächs verdeutlichen.][74]

M: Und und lisch (sic) und muesch im Bett liege?
E: Nei. Aso jetzt bin ich uff gsii und ha no Züüg gmacht, will
M: du bisch Entschuldigung jetzt han i öppis nöd verschtande
E: Ja ich cha mich da ned eso üssere͵ will ich bi eifach e chli inere − − − jaa eifach chli inere − − − schwierige Situation eso − insofern tuet michs Radio mängisch au no bitzli − intressiere͵ eifach es Medium wie me gwüssi Sache chönnti − weis au nöd͵ undert Lüüt bringe oder
M: hm
E: - Also guuet͵ i mues das emool andersch bespräche --(4 sec) ich − − Probleem eifach so di Unfallfolge und − das sind ganz verruckti Rächtsprobleem wo daa git − und anderi Probleem.
M: Hm
E: − und soo ja
M: und mit dene häsch z tue so
E: Ja eso en en Unfall cha natürlich es Läbe − aso − radikal verändere
M: hm
E: - es git ja Lüüt͵ wo stärbed dra. Es cha je mein (sic) − das sind nöd ganz eso harmloosi Sache   ja mit dem han ich z
M: Hm
E: tue, ja ja.

Nachdem sie auf *gesundheitliche Gründe* hingewiesen hat, fragt er vorsichtig weiter, nicht nach der Krankheit, sondern nur nach ihrem äußeren Befinden (*mußt du im Bett liegen?*). Dann präzisiert sie ihr Problem nach und nach, zögernd und immer wieder stok-kend; über die vage Formulierung *schwierige Situation* gelangt sie

---

74 Die Übersetzung findet sich im Anhang, S. 424 ff.

zum Unfall und seinen Folgen. Dazwischen deutet sie an, warum sie telefoniert hat: das Radio ist das Medium, mit dem man *gewisse Sachen* unter die Leute bringen kann. Während dieser mühsamen Annäherung, deren sprachliche Vagheit noch zu nichts verpflichtet, den Fortgang des Gesprächs noch völlig offenhält, läßt sie der Moderator sprechen, ohne die vielen Pausen zur Redeübernahme zu nutzen. Statt dessen ermuntert er sie durch Hörersignale zum Weitersprechen. Schließlich formuliert er eine Art bestätigendes „Resümee" *(so ein Unfall kann ein Leben radikal verändern)*, womit er ihr die Möglichkeit gibt, das Thema abzuschließen, zu verlassen oder aber — weiter ins Detail zu gehen. Und das letztere tut sie denn auch. Sie schreibt, um mit ihren Problemen fertigzuwerden. Und wieder nähern sich beide tastend einer Präzisierung:

M: Ähm machsch dänn du im Moment — aso das was du jetzt as Erfahrige machsch im Moment

E: d Spraach

M: isch núr d Spraach?

E: Nei ich mach — no anderi Erfahrige,̂ wo

M: und über die schriibsch niid

E: Äbe,̂ ich ch cha gar ned so guet drübert rede,̂ wil das isch eso heikel — me setzt sich seer de Kritik uus

M: hm   aber dem aber t meine (sic), ooni daß d jetzt seisch waas aber aber ww ääh schriibsch au — im Zämehang vo dene Erfaarige — oderchasch die gar nonig benütze für

E: wie meinsch   jetzt vo dene Erfaarige won ich mache

M: fürs Schriibe

E: — i de ph ph physische i de Unfallsituation

M: Ja   Ja ich mein jetzt eifach was me Erfaarig nännt,̂ wil — ähm ich mein jetzt nöd — was Erfaarig isch — im — im Läse vo Büecher oder Naatänke über d Spraach,̂ sondern was Erfaarig isch — im im Läbe usserhalb vo dem — aso im Läbe — generell wie mes allgemein säit,̂ was me so für Erfaarige macht,̂ und du machsch jetzt ä bestimmte Art vo Erfaarige — und was mich

E: Ja   ich mach

M: interessiert – – was mich äh was mich
E: ganz verruckti Erfaarige und und ähm

M: interessiert, chasch du
E: ich mues au vill schriibe, wil – ich
      kämpf würklich um d Exischtenz und s isch vil passiert und
      – im Grund gnaa möcht ich dadrüber maal en – wen s
      gaat – aber das isch eifach z früe jetzt und ich weiß nöd
      wie lang das es duuret – aso ich fin, ich sött chönne en
      Sachbricht mache (...)

Es geht um Erfahrungen – mit dem Schreiben und mit der Realität.
Die Erfahrungen mit der Realität sind *so heikel, man setzt sich der
Kritik aus*, daß sie darüber (noch) nicht hat schreiben können. Der
Moderator versucht, mit einer ganzen Serie von vagen Formulierungen *(Erfahrungen im Leben, generell, wie man's allgemein sagt,
bestimmte Erfahrungen)* ihr nahezulegen, ihre Erfahrungen zu präzisieren. Sie spricht dann von *verrückten Erfahrungen*, und schließlich kommt sie dazu, ihre Schreibpläne etwas genauer zu benennen:
einen *Sachbericht* möchte sie schreiben. Das ist ein bißchen überraschend, nachdem vorher die ganze Zeit von *Erfahrungen* die
Rede war. Sie präzisiert dann weiter, daß sie viel Material habe,
das sie *rechtlich aufarbeiten* müsse *und so weiter*. Und eigentlich
müsse man das auch *in einer sehr harten Sprache* schreiben.
  Der Moderator versucht nun, den von ihr ins Spiel gebrachten
Begriff *rechtlich* weiterzuverfolgen, transponiert die Thematik aber
wieder ganz ins Persönlich-Subjektive, womit er ihr Gelegenheit
gibt, sich aus den – vielleicht schon zu konkreten – Aussagen
wieder in Andeutungen zurückzuziehen:

M: Ähm – und und isch – äh – aso dir isch – m m Unrächt
      gscheh i dem Sinn
E: Ja ich glaub schoo, asoo das sind eifach ganz verruckti
      Situatione wo chönd – wo ned nur mi gschend, das cha au
      au anderne gschee aso – ich bi so inere chliine Gruppe –
M: hm
E: und ähm – ja, das aso das sindganz brutaali Sache wo da
      uf nen Mönsch iichömed – won ich mir persöönlich nie

M: hätti la träume — und au nöd glaubt hätti
M: hm   bisch du zmitzt

E: useme, us diner Aarbet useg/ grisse w/
E: hm   hm   dasch e Fraag vonere

M: hm
E: Sekund͈, s cha s Läbe totaal verändere — — und äh͈, me
   chunnt ei-fach so ine Situation͈, aso das — ich wenigschtens
   — ich ha ei-fach nüüt gwüßt — und   weisch
M: du häsch nüüt gewüßt
E: es chömed soo vil Faktoore drübert ich ha chli Angscht
   jetzt da drüber z rede das isch äh
M: Ja ja muesch ja nöd drüber rede

Verrückte Situationen, brutale Sachen — mit solchen Begriffen
weicht sie der konkreten Antwort aus, inwiefern ihr denn Unrecht
geschehen sei.

Der Moderator versucht, wieder auf die Unfallsituation zurückzukommen *(mitten aus der Arbeit herausgerissen)*, aber sie bleibt
im Vagen *(einfach so eine Situation,* daß sie *nichts gewußt* hat), es
kommen *soviele Faktoren* dazu... Er versucht nicht mehr, die
unscharfen Formulierungen zu präzisieren, er unterstützt sie mit
Hörersignalen und mit der bloßen Wiederholung ihrer Aussage
nüüt gwüßt, und dann thematisiert sie die Vagheit ihrer Formulierungen: sie hat Angst, jetzt — d. h. in der Öffentlichkeit des
Mediums — darüber zu reden. Er bietet ihr den Rückzug an *(mußt
ja nicht darüber reden),* worauf sie ihre jetzige Medien-Situation
noch verdeutlicht:

> S gaat meiste de Lüüt (sic) dä meischte eso͈, daß s imene
> Verfaare sind͈, wil das sind äh hm äh ich irgendwie möcht
> ich maal daß es nach use — gaat͈, aso — aber — das mues
> gezielter sii͈, das mues wie abgschproche sii (...) s mues i
> Form gfaßt sii͈, und me mues sich genau überlegge wie wiit
> das me will gaa (...) Ich bi öpper wo sich seer exponiert͈,
> aber aber ich bi jetzt eifach nöd so druf vorbereitet.

Sie will an die Öffentlichkeit gelangen, ist aber noch nicht soweit, daß sie ihre Gedanken in die für die Öffentlichkeit geeignete Form gebracht hat, sie weiß noch nicht, wie weit sie gehen kann und will...

Offensichtlich erlaubt ihr dieses Medium − die Talkshow in einem alternativen Sender −, öffentlich zu werden, ohne sich definitiv und mit möglichen juristischen Folgen zu exponieren. Und dieser labile Zwischenzustand ist genau das, was erst durch die neue Gesprächsform ermöglicht wird. Man könnte auch sagen: der Telefonanruf ist etwas zwischen einem ganz privaten Hilferuf und einer öffentlichen Anklage. Das Gespräch geht dann noch lang über alle möglichen Themen weiter, ohne daß das private Problem noch einmal konkretisiert würde.[75]

Der gleiche Sender hat auch andere experimentelle Gesprächsformen ins Medium eingeführt: So gibt es neuerdings eine Openend-Sendung („Im Dickicht der Städte", freitags nach Mitternacht), die eine Mischung von Musik- und Talk-Sendung ist. Das Besondere daran ist, daß die Gäste erst kurz vor der Sendung in der Stadt kontaktiert werden. Manchmal „sammelt" die Moderatorin

---

75 Naumann (1989, 412 f.) beschreibt das Verhältnis von Intimität und Öffentlichkeit bei Ratgebersendungen im öffentlich-rechtlichen Radio folgendermaßen: „Die Illusion der Anrufer, ganz allein mit dem Ratgeber zu sein, ist für den Rundfunkzuhörer oft erstaunlich. Fast immer scheinen die Ratsuchenden nicht damit zu rechnen, daß die Person, mit der sie Probleme haben, auch zuhören oder über Dritte davon erfahren könnte. Sie sind alle so stark in ihrer eigenen Problematik befangen, daß sie sich ausschließlich an den Ratgeber halten und die Öffentlichkeit, auch den Moderator, kaum oder gar nicht wahrzunehmen scheinen. Dennoch muß ihnen allen auf irgendeine Art bewußt sein, daß jedermann bei der Schilderung ihrer intimen Probleme zuhören kann, und, wie gesagt, sicher liegt für manche gerade darin der Reiz der Sendung." Mir scheint, daß hier der Faktor ‚Öffentlichkeit' unterschätzt wird. Die Erfahrungen mit den Lokalradios, in denen Hörerbeteiligung ja wesentlich selbstverständlicher vor sich geht als bei den öffentlich-rechtlichen Sendern, deuten m. E. daraufhin, daß für jeden Hörer das Bewußtsein von der Öffentlichkeit des Gesprächs conditio sine qua non seines Anrufes ist. Die Frage ist nur, in welcher Weise die jeweilige Vermittlung von Intimität und Öffentlichkeit stattfindet.

ihre Gäste einen nach dem andern, manchmal nimmt sie ganze
Gruppen mit. Aufgrund dieser situativen Konstellation – mit
wechselndem Bekanntheitsgrad und unvorhersehbarem, häufig bewußt provokativem Gesprächsverhalten der Teilnehmer – wäre
eine genauere Untersuchung solcher Gespräche von großem Interesse.

Am Rande des Experiments lauert aber immer das Chaos.
Manchmal geht es so turbulent zu, daß ein eigentliches Gespräch
gar nicht mehr zustande kommt. Ein Moderator, den E. Keil [=
K] interviewt[76], formuliert es so:

M: Wir waren auch schon zu zweit, und dann kamen Leute
     herein. Zum Teil hatten wir vorher gesagt, sie sollten vor-
     beikommen, auch über das Telefon. Einmal hatten wir eine
     der treuesten Hörerinnen, die M. [einen anderen Moderator]
     liebt und mich haßt, weil sie meint, ich habe Italiener nicht
     gern, dabei hat sie den Satz falsch verstanden. Ich vermute,
     sie war eine Nutte. (...) Damals gab es zum Teil wilde
     Sendungen mit viel Leuten im Studio, z. B. diese Prostituierte
     und die Blinde, von ganz verschiedenen Seiten des Hörer-
     spektrums.
K: Erlebst du das als Chaos, das dir über den Kopf wächst, oder
     bist du froh, daß du gar nichts mehr zu sagen brauchst?
M: Nein, schon eher Chaos. Wenn du in einem Raum mit meh-
     reren Leuten bist und den visuellen Eindruck hast, ist es sehr
     schwer zu abstrahieren, was man noch versteht, wenn man
     nur den Ton hat.

Die öffentlich-rechtlichen Medien setzen sich den Risiken des offenen Kanals, soweit ich sehe, nicht aus. Sie brauchen ein gewisses
Maß an Vorhersehbarkeit des Ereignisses, d. h. an Planung von
seiten des Moderators und an Kontrolle des Anrufers. Darum kann
nicht einfach jeder Hörer direkt auf Sendung kommen. Und darum
beschränkt man sich hier auf die funktional gebundenen Hörertelefone, die i.allg. eine Reihe von „Vorleistungen" voraussetzen.

---

76 Keil, vgl. Anm. 71.

Man hat hier ein ganze Palette von Verfahren entwickelt, mit denen der Rezipient „domestiziert" werden kann. Beim „Wunschkonzert" von SWF 1 muß man zwei Initiationsstufen durchlaufen: Man hat eine Postkarte zu schreiben mit etlichen Vorangaben, und während der Sendung werden die Anrufer durch einen Journalisten vorselektioniert. Im Augenblick, wo die Schaltung dann tatsächlich hörbar erfolgt, ist der Moderator also bereits im Bild über das, was ihn erwartet. Daraus machen die Moderatoren auch kein Hehl, wie z. B. der Anfang des S. 364 zitierten Dialogs zeigt, oder folgendes noch deutlichere Beispiel (aus der gleichen Sendung):

M: Schweiz, Schweiz und nochmal Schweiz. Jetzt äh sind wir
     schon wieder mit der Schweiz verbunden, nämlich mit Basel,
     mit Herrn B(...) S(...), ich grüße Sie herzlich Herr S(...),
     guten Abend
S: Einen wunderschönen guten Abend
M: Ja, fast kein Schweizer Akzent, ein ganz kleines bißchen nur.
S: Ja, ich geb mir — ich geb mir Mühe, daß äh wenn ich eine
     Fremdsprache spreche, daß das auch klappt.
M: Und in Ihrem Beruf glaub ich äh sollten Sie einige sprechen.
     Wieviele sind's denn?
S: Also bei mir wird verlangt also äh Italienisch, Französisch,
     'n bißchen Englisch.
M: Bißchen Englisch, ja äh Sie sind, hier steht schlicht und
     einfach Kellner, also Ober in einem Hotel oder einem Re-
     staurant?
S: Ähm es is — es is'n Speiselokal.

Zuerst macht er implizit deutlich, daß er den Beruf des Anrufers kennt *(in Ihrem Beruf...)*, dann weist er explizit darauf hin, daß er vom Anrufer schriftliche Unterlagen hat.

2. Fernsehen

Rezipientenbeteiligung im Fernsehen stellt sich weitgehend anders dar als im Radio. Im Fernsehen gibt es meines Wissens (noch) keinen offenen Kanal. Das Telefon ist nur ein Mittel unter anderen zur Beteiligung der Zuschauer. Warum das Telefon nicht das Mittel der Wahl ist, ist offensichtlich: Die bloß-akustische Übertragung erzeugt eine Art visuelles Vakuum, so daß der nicht sichtbare Anrufer irgendwie substituiert werden muß (vgl. S. 255). Bei Zuschauertelefonen wird der Anrufer i. allg. durch den Telefonapparat substituiert.

Was ähnlich ist wie im Radio, was unterschiedlich, läßt sich insbesondere anhand der folgenden Fragen beobachten:

(a) In welchen Rollen kommt der Rezipient zu Wort?
(b) Welches sind die Verfahren, mit denen der Rezipient am Gespräch beteiligt wird?
(c) Mit welchen Mitteln wird der Rezipient kontrolliert?

(a) Rollen

Es scheinen mir im wesentlichen vier Rollen zu sein:
  Der Rezipient als
    1. Betroffener
    2. Bürger („repräsentativer Bürger")
    3. Rat- oder Hilfesuchender
    4. Spiel-Teilnehmer

Im Radio tritt der Rezipient vor allem in der dritten und vierten Rolle auf. Hinzu kommt beim Radio die Rolle des Anrufers beim Phone-in, die kaum näher zu spezifizieren ist. Man könnte allenfalls sagen: Der Anrufer beim Phone-in hat hier eine analoge Rolle wie der prominente Gast in der Fernsehtalkshow — die Rolle des Talk-Produzierenden, desjenigen, der sich selbst verbal zur Schau stellt. Im Fernsehen gibt es — soweit ich sehe — diese Rolle des Rezipienten nicht, hier ist er immer in irgendeiner Weise „funktionell" eingesetzt.

Die aus der Sicht der Produzenten wohl wichtigsten Rezipientenrollen im Fernsehen sind die erste und die zweite. Man kann geradezu von einer Ideologie des *Betroffenen* und des *Bürgers* sprechen, die die Kommunikatoren im Lauf der Zeit aufgebaut haben und die in allen betreffenden Sendungen reproduziert und verstärkt wird. *Bürger* meint in der Regel etwas Kollektives, *Be-*

troffener etwas Singuläres. Der (Staats-)Bürger tritt immer als
Gruppe auf, und zwar als *repräsentative* Gruppe, während das
Spezifische des Betroffenen gerade in der Individualität seines Ein-
zelfalls liegt. Der repräsentative Bürger hat seine Funktion vor
allem in politischen Kontexten, während Betroffenheit sich auf
jedes beliebige Thema, jede beliebige Erfahrung beziehen kann.

(1) Der Betroffene

In der Sendung „Veto" (BR) geht es um Betroffene. Terminologisch
wird hier *Bürger* als der neutrale Oberbegriff verwendet, während
Betroffensein die sendungsrelevante Qualifikation des Rezipienten
meint. Die Sendung hat den Untertitel „Bürger erheben Einspruch",
wobei „erheben Einspruch" sich auf das Betroffensein bezieht.

Bei ihrer Erstausstrahlung wird sie vom Moderator so eingeführt:

M: In dieser Sendung sollen Bürger, die von gesetzlichen oder
     anderen Regelungen in besonderer Weise hart betroffen sind,
     die Möglichkeit haben, ihre Betroffenheit darzustellen, und
     damit konfrontieren wir dann Zuständige und Verantwort-
     liche. Unser Thema heute „Wochenendschlamperei in den
     Krankenhäusern". Auf der einen Seite unseres paragraphen-
     förmigen Tisches haben bereits Damen und Herren Platz
     genommen, die von solcher Wochenendschlamperei direkt
     betroffen waren oder betroffen sind. (...) Den Betroffenen
     gegenüber haben heute Platz genommen Dr. B., Abgeordneter
     des Deutschen Bundestags (...)

Das Gegenstück zu den *betroffenen Bürgern* sind dann die *Zuständigen* oder *Verantwortlichen*, in politisch orientierten Sendungen
die *Politiker*.

Die *Betroffenen* sind den *Zuständigen* und *Verantwortlichen*
keineswegs ausgeliefert. Da man annehmen muß, daß sie sprachlich
und sachlich ihren Gegnern nicht durchwegs gewachsen sein werden, werden ihnen *Anwälte* beigegeben (auch hier — wie bei „Pro
und Contra" — nicht unbedingt Juristen, vgl. S. 118). Außerdem
werden sie gestützt durch den Moderator. Der Moderator ist ganz
eindeutig Partei. Man sieht das schon daran, daß er das Thema

Wochenendschlamperei ohne jede reservatio (weder „Anführungszeichen" in der Intonation noch verbale Distanzierungssignale)
einführt. Man sieht es ebenso gut am Ablauf der Befragung, z. B.:

M: Das heißt also ganz eindeutig, die Geburt ist zu früh einge-
     leitet worden, weil Weihnachten vor der Tür stand – und
     es ist von Sachverständigen bestätigt, daß dieser Zusammen-
     hang besteht.

Ehemann der Betroffenen: Dieser Zusammenhang besteht, der vom
     Gericht bestellte Sachverständige hat festgestellt, daß äh es
     keinerlei Indikation für diese Einleitung gab, daß man hätte
     warten können (...)

Mit seinem ersten Satz schließt sich der Moderator explizit der
Interpretation durch den Ehemann der Betroffenen an, im zweiten
Satz zeigt die Intonation – gleichbleibende Tonhöhe, in der
Schwebe zwischen Aussage und Behauptung –, daß der Moderator
zwar die Bestätigung durch den Gesprächspartner noch einholen
will, daß er sich aber im Prinzip hinter diese Aussage stellt.
    Der Moderator kennt den jeweiligen Fall bis ins Detail. Eigent-
lich könnte er ihn selber darstellen, aber der Betroffene tut das
authentischer, auch und besonders dann, wenn er sprachlich un-
gewandt ist. Dann kommt ihm der Moderator zu Hilfe, indem er
ihm die Stichworte liefert oder direkt selber die Darstellung übernimmt. Ein typisches Beispiel:

M: Herr P., Sie kommen aus der Gegend von Dortmund – Sie
     haben Ihren Sohn verloren durch eine Blinddarmentzündung,
     und da möchte man ja eigentlich nicht glauben, daß dabei
     der Tod eintreten kann, wie war das?

P: Am 17. Juno neunzehnhundertzwoundachtzig klagte unser
     Sohn über Leibschmerzen. Am 18. Juno waren die Schmerzen
     so groß, daß wir ihn ins Krankenhaus brachten. Und äh –
     dann wurde festgestellt nicht wahr, daß der Junge Blind-
     darmentzündung hatte.

M: Und dann wurde nicht gleich operiert?

P: Nein es wurde nich operiert, sondern es wurde gesagt nich
     wahr, wir tun den Jungen nach oben und dann bekommt er

Eisbeutel auf n Bauch ja, damit die Schmerzen etwas gelindert werden. Samstags morgens kam der Oberarzt, drückte den Jungen auf n Bauch und sagte, Montag wird operiert. Nach der Operation hatte der Junge ständig Fieber

M: Also die Operation war erst am Montag –   das heißt
P: am Montag
M: man hat das ganze Wochenende gewartet und erst am Montag erfolgte der Eingriff
P: Richtig, es wurde am Samstag und Sonntag keine einzige Untersuchung vorgenommen mehr
M: Und am Montag, was stellte man da fest?
P: Ja daß er eine hochgradige Blinddarmentzündung hätte
M: Aber es wurde nicht festgestellt, daß der Blinddarm bereits durchgebrochen war?
P: Das hat man uns nicht gesagt – ja – und äh wie gesagt der Junge hatte dann immer Fieber
M: hatte immer Fieber, hatte einen/ hatte enorme Schmerzen und wann   trat wann trat der Tod ein?
P: große Schmerzen
P: Andern Freitags da trat der Tod ein
M: Am Freitag der Woche, in der er am Montag operiert worden war
P: richtig – am fünfundzwanzigsten Juno
M: Und ist mittlerweile festgestellt, daß ein Zusammenhang besteht – zwischen der verspäteten Operation und dem Tod?
P: Ja, hätte man den Jungen tatsächlich freitags oder spätestens samstags operiert, wäre der Junge nicht gestorben.

Der Moderator weiß, woher der Betroffene kommt, welches der Kasus ist, wie das Ereignis genau abgelaufen ist, was die Sachverständigen gesagt haben. Teils ist das explizit gesagt, teils implizit. Implizit beispielsweise dort, wo er mit *eigentlich* präsupponiert, daß es in Wirklichkeit anders gewesen ist, daß der Junge also wider alle Erfahrung an einer Blinddarmentzündung gestorben ist. Der Moderator treibt die Erzählung des Betroffenen, die weitschweifig zu werden droht, durch gezielte Fragen nach den – juristisch – entscheidenden Punkten weiter (Es wurde nicht gleich operiert?

Man wartete bis zum Montag? Es wurde nicht festgestellt, daß der Blinddarm bereits durchgebrochen war? usw.). Der Schluß zeigt sehr klar, wie der Moderator den springenden Punkt juristisch ebenso genau wie vorsichtig zu fassen versucht (Es besteht ein *Zusammenhang* zwischen verspäteter Operation und Tod, aber wie eng der Zusammenhang ist, ist juristisch noch zu klären; ebenso die Frage, ob bei der *Verspätung* ein Verschulden vorliegt usw.), während der Betroffene „dasselbe" sehr direkt-alltagssprachlich als unzweideutigen Ursache-Folge-Zusammenhang mit klarer Schuldzuweisung formuliert.

Das *Betroffensein* machte vom Anfang der Rezipientenbeteiligung an die Faszination solcher Sendungen aus. Die Großdiskussion „Telearena" (SRG) z. B. lebte davon, wie sehr die Betroffenen ihre Betroffenheit einbringen konnten (vgl. S. 245). Diese Faszination durch das Betroffensein hat sich bis heute gehalten, bei Produzenten wie Rezipienten. Die Sendung „Veto" hat hohe Einschaltquoten. Dort werden die Betroffenen offensichtlich nicht nach dem – sonst bei Rezipientensendungen gängigen – Kriterium ausgesucht, ob sie sich vor der Kamera ausdrücken können, sondern nach der Brisanz des „Falles". Es macht gar nichts, wenn ein Betroffener anfängt zu weinen oder zu schreien – im Gegenteil: *echter* kann die Betroffenheit nicht zur Geltung kommen, und für den „sachlichen" Teil des Falles kann der genauestens vorinformierte Moderator notfalls das Reden übernehmen.

(2) Der repräsentative Bürger

Insbesondere bei politischen Sendungen fungieren die beteiligten Rezipienten als *Repräsentanten* des ganzen politischen Spektrums, als Repräsentanten der Wählerschaft etc. Der *Bürger* hat im Medium letztlich die Funktion, den Wahrheitsbeweis für den demokratischen Charakter von Medienveranstaltungen zu liefern. In der Presse-Ankündigung der Sendung „Votum" vom 12. 6. 86 (ARD) konnte man dazu lesen:

> Wieder einmal will der Chefredaktor des Bayerischen Fernsehens, Wolf Feller, ein „Stück unmittelbare Demokratie" im Studio praktizieren. Dr. Heinz Riesenhuber (CDU), Minister

für Forschung und Technologie, wird mit „Wahlbürgern"
konfrontiert, die Fragen stellen und Urteile abgeben. Ein
Votometer zeigt zwischen den Debatten-Runden, was die
Bürger vom Ergebnis halten.

Bei der Sendung „Jetzt red i" (BR), die in Wirtshäusern u. ä. meist
auf dem Land oder in kleinen Städten stattfindet, können Bürger
jedes beliebige lokalpolitische Thema zur Sprache bringen. Da
ergibt sich natürlich das Problem, inwieweit der störende Misthaufen des Nachbarn auch überregional ein Thema von Interesse
ist. In einer programmatischen Sendung („Der Bürger hat das
Wort", BR 3. 1. 89) wird der Begriff des *repräsentativen Bürgers*
thematisch gemacht.

[Moderator Burkhard = M; Chefredakteur Markwart = Ma; Prof.
Homberg = H]
Ma: Und dann ist mir mal ne/ eine andere Sache aufgefallen, in
    Würzburg im Bürgerforum, das ist sicher ein Problem für
    sich, ich weiß gar nicht, ob Sie's wissen. Es ist natürlich, je
    erfolgreicher diese Sendung ist, desto größer ist natürlich
    auch die Versuchung für alle möglichen Leute, sich darzu-
    stellen und sich an – hoffentlich Millionen zu wenden. Und
    da hab ich, da haben Sie eine sehr schöne Bürgerforumsen-
    dung in Würzburg gemacht, und dann ist ein kundiger Leser
    zu mir gekommen und hat gsagt: „Wissens was da für Leute
    aufgetreten sind?" Und da warn das zwei Leute, die hatten
    sich da auf die Rednerliste geschmuggelt oder reingeschafft,
    die ich nicht für repräsentativ für das Bürgertum in Deutsch-
    land halte, wir sagen ja auch das schöne Wort gut bürgerlich,
    nicht nur Burger King, um was über die Gastronomie zu
    sagen, also die sind nicht repräsentativ, schon gar nicht für
    Würzburg, das waren zwei Leute (...), ich will ihnen aber
    nicht die Ehre antun, sie beim Namen zu nennen, von einer
    linksradikalen, ziemlich verfassungsfeindlichen Gruppe, die
    gesagt ham, da können wir mal unsere Thesen äh los werden.
    Das ist sicher ein Problem, das ist da passiert, und ich sag
    das als kritische Anmerkung, daß man da halt aufpassen
    muß.

M: Ja, Herr Markwart, das ist uns bewußt, wobei natürlich zu sagen ist, ein Restrisiko bleibt.

Ma: Natürlich.

M: Das berühmte Wort vom Restrisiko, das können auch wir nicht ausschließen, obwohl wir sehr sorgfältig, sehr sorgsam vorgehen, und zum − repräsentativen Bürger, da möchten wir dann später noch einige Anmerkungen machen. Aber jetzt, Herr Professor Hömberg, was ist Ihre Meinung zu dieser Art von Sendungen?

H: Also zunächst kann es den repräsentativen Bürger natürlich gar nicht geben, äh, es gibt Repräsentanten von Bürgern, es gibt verschiedene Gruppen, die nun wirklich in dem Programm intensiv zu Wort kommen. Und wenn ich diese Sendung richtig verstehe, dann sollen ja hier gerade auch einzelne, die sonst kein Forum haben, die Möglichkeit haben, äh, ihre Interessen und auch ihre Bedürfnisse zur Sprache zu bringen. Ich möchte allerdings sagen, daß es manchmal so mein Eindruck ist, daß mit diesem Begriff „Bürgersendung" auch ein bißchen Schindluder getrieben wird.

Die beiden Diskutanten verstehen unter *repräsentativ* offenbar etwas Verschiedenes: Ma spricht von *repräsentativ für das Bürgertum* (im weiteren noch eingeschränkt auf Würzburg), und das heißt wohl − wenn man seiner Argumentation zu folgen versucht − 'Repräsentanten der Meinung(en) der großen Mehrheit'. Damit sind also Vertreter von extremen Gruppen nicht repräsentativ. H leugnet überhaupt den Sinn des Begriffs *repräsentativer Bürger* und setzt an seine Stelle den Begriff *Repräsentanten von Gruppen*. In diesem Sinne wären auch die Extremen durchaus legitime *Repräsentanten* − nur eben von relativ kleinen Gruppen. Darüberhinaus legt er den Finger auf einen Widerspruch zwischen den verschiedenen Ansprüchen, die die Moderatoren an die Sendung stellen: Wenn in „Jetzt red i" auch Bürger zu Worte kommen sollen, die sonst *kein Forum haben,* heißt das ja, daß diese Leute und ihre Probleme eben in keinem der möglichen Sinne repräsentativ sind. Da kommt dann offensichtlich ein anderes Auswahlkriterium ins Spiel, das in der programmatischen Sendung auch diskutiert wird.

Nachdem die Medienprofis befragt wurden, kommen nun die „Laien" zu Wort, Rezipientenvertreter im Studio (M'in: „Wenn wir schon den kritischen Journalisten hatten, dann hätten wir jetzt mal, wirklich wär's an der Reihe, einen kritischen Zuschauer zu finden"):

[Ein Mann und eine Frau, die an einem Tisch sitzen, werden von der Moderatorin befragt. Rezipientin = R]

R: Ja, das ist ein Problem, da würd ich jetzt ganz gern drauf eingehen, der Herr Burkhart sprach von der − bunten Palette, und Herr Markwart hat gesprochen von den − Schwierigkeiten der Auswahlkriterien, also ich hab schon manchmal ein biß-chen das Gefühl, daß die Beiträge so nach dem Standpunkt der Originalität ausgesucht werden. Äh -

Min: Haben ja auch einen Unterhaltungswert, wenn sie (UNVERST.)

R: Richtig, richtig (LACHT), den ich gar nicht verkennen möchte, aber ich hab manchmal das Gefühl, daß also wirklich das sagen mer mal das Original des kleinen Ortes, der kleinen Stadt gesucht wird, der dann stark mundartlich sein ganz spezielles Problem schildert, und dann wird an einen Herrn Staatsminister herangetragen, daß er also seinen Gartenzaun versetzen möchte, der Herr Burkhard muß es vielleicht auch erst übersetzen für den Zuschauer draußen, für den Bürger, und wiederum der Bürger hat dann den Eindruck, der Herr Staatsminister kümmert sich sogár um den Misthaufen des Herrn Oberbauern. (...)

Der Moderator läßt freilich das Kriterium der *Originalität* nur beschränkt gelten:

M: (...)Ich möcht noch ein/ etwas sagen zu dem Vorwurf, wir würden auswählen noch dem Gesichtspunkt der Originalität. Ich streite nicht ab, daß dieser Gesichtspunkt auch eine Rolle spielt, weil wir nur auf diese Weise, dadurch daß wir auch unterhaltsame Elemente in diese Sendung einbeziehen, überhaupt Sachthemen transportieren können. Wenn Sie sich bei

manchem Sachthema vorstellen würden, das würde bei her-
kömmlicher ·journalistischer Art aufbereitet, als Reportage,
als Minifeature oder dergleichen mehr, dann würden wir es
niemals dem Zuschauer vermitteln können. Nur weil hinter
dem Thema das persönliche Betroffensein steht, können wir
es überhaupt vermitteln.

Der Moderator deutet das Stichwort „Originalität" um zu „persönliches Betroffensein" – womit er das, was als Einwand gedacht
war, neutralisiert und in eine der gängigen Argumentationsschienen
für Bürgersendungen zurücklenkt.

(3) Rat- und Hilfesuchender

In der Sendung „Der direkte Draht" (BR) geht es um praktische
Lebensfragen aller Art. Im Studio sitzen Moderatoren und Fachleute, die miteinander diskutieren und telefonische Fragen von
Rezipienten beantworten. Es scheint so zu sein, daß keine Vorselektion stattfindet. Bei harmlosen Themen ist das in der Regel
unproblematisch. Doch bei einem Thema wie plastische Brustchi-
rurgie (21. 2. 89) können sich u. U. peinliche Situationen ergeben,
wie im folgenden Beispiel. Eine Anruferin macht dem im Studio
anwesenden Chirurgen Vorwürfe:

[Frau = F; Chirurg Dr. L. = L]
M: Wer ist da bitte – ja? – hallo?
F: Ich möchte meinen Namen nicht nennen. Ich bin von Dr.
     L.(…) operiert worden und hab also dadurch äh sehr schwere
     äh seelische Konflikte durchlebt und äh ich möchte also nur
     äh sagen, ich hab die Aufklärung sehr mangelhaft empfunden
     bei Dr. L(…) Er hat also/ rhetorisch is er sehr begabt und
     kann es also sehr gut darstellen. Ich war mit meinem Mann
     dort, und ich wurde begutachtet, mein Busen war vielleicht
     so äh daß man sagen kann die Bleistiftprobe die hat also
     nicht mehr ganz geklappt. Aber es ist schon wirklich – ja
     – eine schlimme Sache‚ wenn Ärzte sich dazu hergeben, daß
     sie in – gesundes Fleisch einfach ohne weiteres hineinschneiden – und ich mein das Problem das bei mir dahintergesteckt hat das war ein Partnerschaftsproblem (UNVERST.)
     daß ich meinem Mann nicht mehr genügt hab mit meinem
     Aussehen‚ meine Brust war also nicht mehr so – anziehend

wie vorher − als in jungen Jahren

M: Jetzt   ja − − − (SEHR SCHNELL, ZU BEGINN SICH VERHASPELND) jetzt ham mer natürlich ein Problem Herr Dr. L(...)̑ ich weiß nicht ob Sie was oder was Sie drauf sageñ das Problem ist natürlich, daß wir Ihren Namen eben nicht wissen und äh und Herr Dr. L(...) ist natürlich insofern dem Fall etwas hiflos gegenüber, weil Sie

F: Ja

M: eben anonym anrufen

F: Ja -− ich kann aber aus äh Rücksicht

L: abgesehen davon

F: gegenüber bestimmten Leuten meinen Mann (UNVERST.)

M: (ÜBERHASTET) klar, das

F: (UNVERST ....)

M: kann ich vollkommen verstehen, ich will nur sagen ich will nur sagen wir ham ja sozusagen auch eine Fürsorgepflicht für unsere Gäste hier im Studio und es kann natürlich auch hier das will ich Ihnen jetzt nich unterstellen es kann natürlich jeder hier anonym anrufen und kann sagen Herr Dr. L(...) Sie sind ein äh Scharlatan äh mit Verlaub Entschuldigung oder irgendsowas − und was soll er machen dagegen? Also ich meine ich glaube das was Sie sagen aber es is'n Problem

Der Arzt nimmt dann aber Stellung, mit der wahrscheinlich einzigen Strategie, die ihm in dieser Situation bleibt: indem er sich aufs Generelle zurückzieht:

Es gibt generell eine Sache zu beantworten (...)

Sichtlich und hörbar nervös, macht der Moderator seine *Fürsorgepflicht für unsere Gäste* geltend, die es ihm − für den Fall, daß der Gast in Schwierigkeiten käme − erlauben würde, rigidere Maßnahmen, bis hin zum Abbruch des Gesprächs, zu ergreifen. Das bleibt ihm dank der Gewandtheit des Befragten hier erspart.

(4) Spiel-Teilnehmer

Diese Rolle qualifiziert den Rezipienten in der Regel als *Unbekannten* im Kontrast zu den *Prominenten*, die in derartigen Sendungen meist auch auftreten. Die aus dieser Rolle sich ergebenden Eigenheiten des Gesprächs wurden S. 307 ff. besprochen.

(b) Verfahren

Von den Rollen lassen sich die diskursbezogenen Funktionen unterscheiden, die der Rezipient im jeweiligen Gespräch haben kann. Es bedeutet natürlich einen großen Unterschied, ob der Rezipient unmittelbar am Gespräch beteiligt ist oder ob er nur fallweise am Gespräch partizipieren kann. Die *Funktionen* sind eng verknüpft mit den *Verfahren*, mit denen die Kommunikatoren den Rezipienten an einer Sendung beteiligen[77].

Deshalb behandle ich diese beiden Aspekte gemeinsam, wobei ich jeweils von den *Verfahren* ausgehe. Das folgende Übersichtsschema (mit Beispielen von Sendungen) zeigt, wie die räumliche Anordnung und die Art der kommunikativen Aktivität verschiedene Verfahren von Beteiligung ergeben:

1. Die Rezipienten beteiligen sich am *inneren Gesprächskreis*, im gleichen Raum, am gleichen Tisch.
   Diese Konstellation kommt vor allem dann vor, wenn der Rezipient in der Rolle des *Betroffenen* auftritt, wie in der Sendung „Veto".
   Bei politischen Diskussionen bietet dieses Verfahren offenbar zu große Risiken. Praktiziert wird es allenfalls dann, wenn die Rezipienten ihrerseits nicht einfach als Zuschauer auftreten, sondern als Repräsentanten von Bürgerinitiativen o. ä.[78]

2. Die Rezipienten befinden sich im *gleichen Raum* wie der innere Gesprächskreis, aber *getrennt* von diesem.

---

77 Vgl. Burger 1989.
78 Vgl. Burger 1989.

Art der kommuni- kativen Akti- vität des Re- zipienten räumlich- kommunikative Anordnung	aktiv / \ als als Teilnehmer Fragesteller	liefert nur Feedback
innerer Kreis face-to-face	VETO (Teilnehmer) TELEARENA	
gleicher Raum getrennt	LIVE (kommunikativ)	
face-to-face (frontal/kommunikativ)		HEUT' ABEND (frontal)
gleicher Raum getrennt face-to-face technisch vermittelt (Mikrofon)	BÜRGER FRAGEN (Fragesteller)	
verschiedene Orte indirekt (Telefon)	ZUR SACHE DER DIREKTE DRAHT (Fragesteller)	

Mischform: HEUT' ABEND IN

Das ist der Fall bei Talkshows mit Studio- bzw. Saalpublikum. Bei politischen Diskussionen ist es eher selten realisiert. Dabei gibt es kommunikativere und weniger kommunikative räumliche Arrangements (vgl. S. 43)[79]:

Wenn die Rezipienten im Saal sitzen und die Gesprächsteilnehmer sich frontal dazu auf einer Bühne befinden, dann haben die Rezipienten kaum die Möglichkeit, aktiv-verbal in das Gespräch einzugreifen. Ihre Funktion beschränkt sich darauf, Feedback zu liefern. Beispiel dafür ist Fuchsbergers „Heut' abend". Im Gegensatz dazu können die Rezipienten in der ZDF-Talkshow „Live", die um den inneren Kreis herum gruppiert sind, gelegentlich in das laufende Gespräch „hineinrufen" – und sie bekommen auch nicht selten unmittelbar eine Antwort. Ein Beispiel für eine politische Diskussion, die in Wirtshausatmosphäre und mit lockerer Sitzordnung stattfindet und bei dem das Publikum sich sehr lebhaft durch Zurufen beteiligt, habe ich S. 43 ff. besprochen.

3. Vom *Hearing* abgeleitete Verfahren: Beispielsweise sitzt auf dem Podium ein Politiker (oder eine Gruppe von Politikern), dem (denen) dann aus dem Publikum Fragen gestellt werden. Natürlich geht das Ganze nicht ohne Moderator (oder sogar mehrere Moderatoren) und allenfalls weitere „Helfer" (die das Mikrofon hinhalten oder wegziehen). So z. B. in „Bürger fragen…"

Eine extrem karge Spielart bietet „Votum". Hier kommt es zu keinen diskussionsartigen Phasen, und die Fragen sind sehr genau vorbereitet, was der Moderator in der Einleitung zu einer Sendung explizit als besondere Qualität der Veranstaltung herausstreicht:

Das gewählte Parlament, Zentrum der Demokratie, heißt es auf einem Informationsposter des Deutschen Bundestages. An diesem parlamentseigenen Anspruch wollen die Gäste im Studio heute abend die Aussagen des Bundestagspräsidenten messen. Dazu haben sie sich Fragen überlegt, zum Teil regelrecht erarbeitet, und vorwiegend sind es äh Staatsbürger der jüngeren Generation, die heute abend dem Bundestags-

---

79 Vgl. Mühlen 1985, 25 ff., 317.

präsidenten zusetzen wollen, — sind — Studenten, Schüler,
Lehrlinge, Berufstätige, aber auch die älteren Semester sind
vertreten‚ und vor allen Dingen auch jede politische Couleur.
(16. 10. 86)

Die starke Vorbereitheit der Votanten zeigt sich z. B. darin, daß
zwischen den Gesprächsbeiträgen entweder keine textlinguistische
Kohärenz besteht oder daß Kohärenz nur von besonders geschick-
ten Fragern hergestellt wird. Die Befragung fängt in der gleichen
Sendung so an:

A: Herr Bundespräsident Jenninger, ich möchte Ihnen mal 'n
    paar Zahlen aus Ihrem Bundestags-Handbuch entgegenhal-
    ten. In unserer sogenannten Volksvertretung sind 40 % Be-
    amte, nur 2,3 % Arbeiter und nur 10 % Frauen. Was haben
    Sie, Herr Doktor Jenninger, in Ihrer Amtszeit bisher getan,
    damit dieses Mißverhältnis in der nächsten Legislaturperiode
    besser ist?
M: Noch eine Frage zur Zusammensetzung des Bundestages?
B: Herr Doktor Jenninger, es sieht doch so aus, daß das/ der
    Bundestag eine Vertretung für das ganze Volk sein soll. Wie
    kommt es denn nun, daß nur so wenige Frauen da drin sind?
    Meinem Demokratieverständnis entgegen (sic) müßten doch
    alle Leute paritätisch drin vertreten sein.
M: Noch eine Frage zur Zusammensetzung?
C: Herr Doktor Jenninger, auch die junge Generation ist ja stark
    unterrepräsentiert in Ihrem Parlament. Was halten jetzt Sie
    von einer Pensionsgrenze für die älteren Abgeordneten‚ um
    so jungen Leuten die Chance zu geben nachzurücken?
M: Ich glaube — , das genügt mal, Herr — Bundestagspräsident.
J: Darf ich antworten — zur ersteren [sic] Frage möchte ich
    sagen, daß es (...)

Der Moderator, der den Ablauf während der ganzen Sendung völlig
im Griff hat, sichert die thematische Einheit der jeweiligen Befra-
gungsphase, so daß die Votanten jeweils Subthemen artikulieren
sollen. Nachdem der erste Votant bereits die Zahlen zur Zusammensetzung des Bundestags genannt und auch die Frauen explizit

erwähnt hat, formuliert der zweite Votant so, wie wenn noch gar
nichts vorher gesagt worden wäre. Die Partikeln *(doch, denn nun)*
beziehen sich nicht auf das vorhergehende Votum, sondern artikulieren nur den Gegensatz zwischen Erwartung des Votanten an
den Bundestag und Realität des Bundestages. Demgegenüber
knüpft die dritte Votantin textlinguistisch konsequent an die vor-
herigen Voten an. Mit der Partikel *auch* ordnet sie die Gruppe, auf
die sich ihre Frage bezieht (die jüngere Generation), in die Reihe
der vorher spezifizierten statistischen Gruppen ein und weist ihnen
das vorher genannte statistische Merkmal ebenfalls zu. Mit *unterrepräsentiert* verwendet sie den Fachterminus, der den nicht-fach-
lichen Formulierungen der Vorredner *(Mißverhältnis, [nicht] pa-
ritätisch vertreten)* entspricht.

Im Gegensatz zu dieser Sendung legen die Moderatoren aber im
allgemeinen Wert darauf, daß ein *Gespräch*, ein *Dialog*, eine *Diskussion* zustande kommen solle. *Hearing* wird also als die bloß
formale Struktur ausgegeben, die überhaupt ein Gespräch mit so
vielen Beteiligten ermögliche. Angestrebt aber ist eigentlich eine
Kommunikationsform wie *Diskussion* – in der hochwertigen Bedeutung des Wortes. Die Praxis sieht in dieser Hinsicht sehr unterschiedlich aus. Es gibt Sendungen, die nie über das bloße Hearing
hinauskommen (so etwa „Votum"), in anderen ergeben sich tatsächlich phasenweise dyadische Diskussionspassagen (so bei „Bürger fragen...""). Wenn sich dann mal eine Dyade ergibt, hat sie aber
meist kein langes Leben. Sobald es zur geringsten Eskalation zu
kommen droht – oder auch nur schon, wenn die Zeit drängt,
aktivieren die Moderatoren und u. U. auch die Befragten ihr Potential an *domestizierenden Maßnahmen* (vgl. S. 400).

4. Das Zuschauertelefon.

Der derzeit gängigste Typ ist eine Adaptation und Weiterführung
des ursprünglichen Phone-in-Prinzips beim Radio: Im Studio befindet sich eine Gesprächsrunde, die zunächst für sich diskutiert. In
einer zweiten Phase können dann Zuschauer telefonisch ihre Fragen
stellen.

Ein Beispiel ist „Der direkte Draht" (B 3, vgl. S. 392), ein anderes
Beispiel – eine politische Diskussionssendung – ist „Zur Sache"

(SRG). Hier werden kleine Diskussionsgruppen (mit 3 bis 4 Teilnehmern und Moderator) gebildet, die zunächst das Thema unter sich verhandeln. Im zweiten Teil der Sendung werden dann Zuschauertelefone eingegeben.

Wenn die Anrufe ins Studio geschaltet werden, haben sich die Anrufer einem festen Ritual zu unterwerfen, das ich andernorts beschrieben habe[80]. Die Rolle des Rezipienten ist in diesen Sendungen freilich nicht die des Mitdiskutierenden, sondern die des Katalysators oder Animators.

5. Der statistische Rezipient.
Die abstrakteste Form der Zuschauerbeteiligung liegt dort vor, wo der Rezipient nur als statistische Größe in Erscheinung tritt. Eine ausgewählte Zuschauergruppe gibt durch technische Vermittlung ihre Meinung bekannt, wobei es sich nur um Ja/Nein- (oder Pro/Contra-)Entscheidungen handeln kann. Bei dieser Gruppe kann es sich um das Saalpublikum handeln oder aber um Zuschauer daheim, die sich via Telefon äußern. Der Rezipient hat hier gar keine Funktion im Rahmen des Diskurses selbst, sondern er dient als Bewertungsinstanz für die Gesamtheit des Gesprächs.

So gibt es in „Pro und Contra" (vgl. S. 117) eine „Jury", d. h. eine ausgewählte Zuschauergruppe (750 Bundesbürger), die am Anfang und Ende der Sendung mit Teledialogsystem über Pro und Contra abstimmt. Die Bewertung am Ende zeigt dann den „Erfolg" der Debatte. Außerdem werden Zuschauer im Studio befragt, in der Sendung von 26. 6. 86 z. B. vier an der Zahl, nach folgendem Schema:

Reporter mit Mikrofon [im Saal]: Ham Sie schon ne Meinung pro und contra Ausstieg aus der Atomkraft jetzt?

Die Befragung verläuft — und hört sich an — wie eine *Umfrage:* der Reporter stellt seine Frage nicht jedesmal neu, sondern gibt die Frage nonverbal — durch das Mikrofon — an den nächsten Befragten weiter. Beim letzten Befragten hängt der Reporter noch die

---

80 Burger 1989.

Zusatzfrage an: „Könnte sich Ihre Meinung bewegen – jetzt im Lauf der Sendung?"

Die Befragten antworten kurz, mit ihrem Votum und einer knappen Begründung.

Auch unter diesem Aspekt hat sich die Struktur der Sendung im Lauf der Jahre nicht geändert (vgl. S. 118). In der Sendung vom 15. 12. 88 beispielsweise findet genau die gleiche Art von Umfrage unter den Studiozuschauern statt, wobei es diesmal sieben Befragte sind.

In „Votum" haben die Rezipienten im Saal eine Doppelfunktion: Einerseits liefern sie die Hearing-Fragen, andererseits haben sie am Anfang und Ende die „Gesamtleistung" des Politikers durch Knopfdruck zu bewerten (am Anfang seine Leistung außerhalb des Gesprächs, am Ende seine Leistung innerhalb des Hearings). Dabei wird jeweils Wert darauf gelegt, daß die Kraft der vorgebrachten Argumente zu bewerten sei.

(c) Kontrolle

Wir haben gesehen, daß die Mitwirkung der Rezipienten beim Fernsehen zwar erwünscht ist, daß sie aber – noch deutlicher als beim Radio – als Risikofaktoren betrachtet werden, die man auf vielfältige Weise im Griff zu behalten versucht. Die Verfahren, die man zur Kontrolle und zur Domestizierung des Rezipienten einsetzt, werden nicht erst beim „Krisenmanagement" wirksam, nicht erst dann, wenn die Eskalation schon eingetreten ist, sondern bereits in den allerersten Anfängen des Kontakts mit dem Rezipienten.

Ich stelle hier die wichtigsten Verfahren der Rezipientenkontrolle beim Fernsehen zusammen. Die beiden ersten Punkte beziehen sich auf Kontrollverfahren außerhalb der Sendung, die anderen auf sendungsinterne Verfahren.

1. Auswahl
2. Bearbeitung
3. räumliche Anordnung
4. technische Mittel: Mikrofon, Telefonhörer den man auflegen kann

5. verbale (gesprächsstrukturelle) Verfahren, insbesondere:
   – Verweis auf Zeitdruck, Ankündigung des Endes der Sendung
   – Hinweis auf die Definition der Gesprächsform
   – Hinweis auf allgemeine Konversationsmaximen
   – Entwertung des Fragers

1. Auswahl des Rezipienten

Wie beim öffentlich-rechtlichen Radio – und noch stärker als dort – ist die Selektion des Rezipienten eines der wichtigsten Mittel der Kontrolle. Wie vielfältig die Kriterien sein können, nach denen Bürger für eine Sendung ausgewählt werden, zeigt folgende Passage aus einer Radiosendung, in der der Moderator den Leiter einer Vorabend-Bürgersendung des Deutschschweizer Fernsehens nach den Kriterien der Auswahl befragt:

[Aus dem Schweizerdeutschen übersetzt]

M: Gestern abend hat das Schweizer Fernsehen eine Sendung „Der Bundespräsident im Gespräch mit Bürgern" gezeigt und zwar haben Mitarbeiter der Firma H(...) und S(...) in Herisau Fragen gestellt. Warum ist gerade Herisau, warum gerade die Firma H und S ausgewählt worden? Die Frage an den Sendeleiter Christian Huber.

H: Erstens müssen wir immer auch die verschiedenen Landesteile ein bißchen berücksichtigen, letztes Mal sind wir in Murten gewesen, diesmal sind wir wieder in den Osten rüber und dann haben wir uns überlegt, was für Firmen in Frage kommen, die müssen auch eine gewisse Größe haben und dann haben wir die drei vier Firmen mal dem Herrn Stich vorgelegt, und er hat dann gefunden, das wäre ihm recht.

M: Und wie sind die Mitarbeiter der Firma H(...) und S(...) ausgewählt worden?

H: Wir haben 19 Anmeldungen gehabt, wir wollten eigentlich zuerst nur 12 Leute einladen und haben dann aber gefunden, es sind soviele gute Leute dabei, daß wir auf 15 gegangen sind, und die sind doch recht repräsentabel (sic) für das Haus.

M: Von welchen Kriterien haben Sie sich leiten lassen?

H: Ja die Kriterien sind wirklich auch ein Lehrling und auch ein
      Leiter und die Frauen und auch ein Pensionierter, man hat
      einfach geschaut, daß der Betrieb einigermaßen repräsentativ
      vertreten ist.

Zunächst müssen die Landesteile berücksichtigt werden, dann muß
aus der Menge der Firmen eine Wahl getroffen werden – hier
nach dem Kriterium der Größe und dann nach dem Gusto des
Bundespräsidenten; schließlich wird aus den Bürgern, die sich
angemeldet haben, eine Auswahl getroffen, die hier nach zwei
Kriterien erfolgt: *gute Leute* und *der Betrieb soll einigermaßen
repräsentativ vertreten sein.*
  Bei Sendungen mit Telefonbeteiligung sind die Selektionsmecha-
nismen im Prinzip dieselben wie bei den Phone-ins des Radios.
  In „Zur Sache" (SRG) z. B. erfährt der Zuschauer zu Beginn
jeder Sendung im Detail, was er zu tun hat, um sich per Telefon
zu beteiligen, z. B. so (17. 2. 85, aus dem Schweizerdeutschen übersetzt):

M: Sie liebe Zuschauer können sich übrigens mit eigenen Fragen
      an dieser Sendung beteiligen. Unsere Telefonredaktion unter
      Leitung von XY wird Ihre Fragen an die Runde weiterleiten.
Redakteur im Studio: Sie können uns anrufen über die Telefon-
      nummer (nn). Wir werden Ihre Fragen sichten, um Über-
      schneidungen zu vermeiden, und einzelne von Ihnen nachher
      zurückrufen und sie dann direkt in die Sendung zuschalten.
      Wir sind Ihnen dankbar, wenn Sie sehr kurze und prägnante
      Fragen stellen.

Wenn gesagt wird, das selektive Verfahren sei nötig, *um Über-
schneidungen zu vermeiden,* so ist das natürlich ein Euphemismus
und nur ein Bruchteil der Wahrheit. In Wirklichkeit ist eine wirksame Schleuse eingebaut, die die Kontrolle über den Rezipienten
gewährleistet. Die Telefonistin hat eine Liste von Kriterien, nach
denen der Anrufer auf einem vorgedruckten Formular zu beurteilen
ist (z. B. *Der Anrufer drückt sich gut/ schlecht aus, Besondere
Merkmale* usw.). Damit hat der Redakteur eine gute Handhabe
für seine Selektion.

Die Auswahl erfolgt hier zwar während der Sendung, dennoch aber „außerhalb" ihrer, da der eigentliche Selektionsvorgang nicht Betandteil der Sendung selbst ist.

Im allgemeinen wird hinsichtlich der Auswahl der Rezipienten nicht mit offenen Karten gespielt. Im allgemeinen begnügt man sich mit vagen Hinweisen auf das oben besprochene Kriterium der *Repräsentativität*. So wird etwa gesagt, man habe Leute „verschiedenster Berufe, verschiedenster Altersstufen, Frauen und Männer, darunter auch Journalisten" eingeladen („Bürger fragen...", 27. 6. 85).[81]

2. Bearbeitung

Wenn die Auswahl des Rezipienten den ersten Schritt der Kontrolle darstellt, so bietet die nachträgliche Bearbeitung der Rezipientenäußerung die letzte Möglichkeit der Kontrolle. Dies ist natürlich nur bei zeitverschobener Ausstrahlung möglich. Ein charakteristisches Beispiel dafür bietet „Jetz red i" (BR).

Die Sendung vom 1. 3. 89 wird von der Moderatorin so eingeleitet:

M'in: Diesmal waren wir mit unserem Wirtshausdiskurs in Schwaben an der Grenze zu Württemberg, nämlich im Ries in Nördlingen, und historisch wie die Stadt war auch der Saal, in dem wir unsere Veranstaltung aufgezeichnet haben. (...) Und wie temperamentvoll es dort zuging, liebe Zuschauer, das können Sie schon daran ermessen, daß wir nämlich noch selten so viéle Wortmeldungen hatten wie – in Nördlingen. (...)

Einige der aufgezeichneten Rezipientenäußerungen werden dann in der jetzt laufenden (live-)Sendung einem Diskussionskreis im Studio vorgelegt. Daß dies so gehandhabt wird, und daß auch nicht alle Rezipientenäußerungen zur Geltung kommen, wird den Betroffenen bereits im Wirtshaus angedeutet:

---

81 Burger 1989.

M (im Saal): (...) Wenn man aber dann liebe Nördlinger in diesem
    Stadtkern spazieren geht, dann merkt man dann hier/ daß
    hier ein aktíver — rühriger Menschenschlag lebt (...) Und
    daß solche Leute sich manchmal über was ärgern, das is auch
    ganz normal, und des ghört dazú, und es gehört auch dazu,
    daß diese Leute ihrem Ärger und ihrem Grant Luft machen
    und es offen sagen. Deswegen simmer mit „Jetzt red i" heut
    zu Ihnen gekommen. Bitte tún Sie des, ságen Sie, was Ihnen
    auf'm Herzen liegt, wir werden's im Studio den Verantwort-
    lichen vorlegen. Jetzt bitt ich, daß sich der erste meldet. —
    Da is schon einer — bitte!

Zwar sind bereits im Wirtshaus Politiker anwesend, so daß es
schon dort zu Diskussionen kommen kann, doch die eigentlichen
Adressaten, die *Verantwortlichen*, werden erst zeitverschoben und
selektiv mit den Rezipientenäußerungen konfrontiert. Das ist eine
durch das Fernsehen geschaffene neue Form der *indirekten Kommunikation*, die ihre offensichtlichen Vor- und Nachteile hat. Der
Vorteil für die Bürger im Wirtshaus besteht darin, daß sie in einem
quasi geschützten Raum frei von der Leber weg sprechen können,
ohne sich unmittelbar mit den Verantwortlichen auseinandersetzen
zu müssen. Komplementär dazu haben die verantwortlichen Politiker den Vorteil, kommunikativ klar abgeschirmt zu sein gegen
frontale Angriffe. Andererseits ist es für den Bürger unbefriedigend,
wenn er den Politiker nicht auf seinen Äußerungen behaften kann.
(Nachteile für den Politiker sehe ich eigentlich keine.) Diese Asymmetrie wird von den Redakteuren auch offen zugegeben, und man
bemüht sich um Kompensation, indem man daneben noch Bürgersendungen anderen Typs anbietet. So sagt der Moderator in der
programmatischen Sendung:

Ja, verehrte Zuschauer, Sie haben es eben mitbekommen, wie
    „Jetzt red i" vor Ort besteht, jeweils in einem Wirtshaus in
    einer bayrischen Gemeinde und mit den Anliegen, die vor-
    gebracht werden, versuche ich dann diejenigen zu konfron-
    tieren, die eventuell etwas verbessern können, die aber auch
    Zusammenhänge sichtbar machen können. Natürlich ist eines
    richtig, was eben in der Sendung schon gesagt worden ist,

daß der Bürger selbst nicht noch einmal nachhaken kann, aber das läßt sich eben nicht machen, wenn nicht wir die Thematik einer Sendung bestimmen, sondern der Bürger selbst. Und bei „Jetzt red i" bestimmt der Bürger selbst, worüber geredet werden soll. Weil das so ist, haben wir andere Bürgersendungen eingerichtet, indem wir die Thematik vorgeben und bei denen dann der Bürger unmittelbar mit den Politikern reden kann. Nämlich der „Direkte Draht" und „Bürgerforum", und dann gibt es in der Reihe der Bürgersendungen auch noch die Sendung „BR unterwegs", in der der Intendant unseres Hauses (...) sich unmittelbar mit dem Publikum unterhält, um festzustellen, welche Sendungen ankommen und welche vielleicht ein wenig weniger.

3. Räumliche Anordnung

Wenn das Publikum deutlich getrennt von den Gesprächsteilnehmern angeordnet ist, besteht für den einzelnen kaum die Möglichkeit, aktiv in das Gespräch einzugreifen. Eine Anordnung wie in „Heut' abend" von J. Fuchsberger immunisiert die Gesprächsteilnehmer gegen „Übergriffe" von Seiten der Rezipienten (s.o. S. 43).

4. Technische Mittel

Bei Sendungen mit einer größeren Rezipientengruppe werden Hand- oder Standmikrofone eingesetzt, mit denen der einzelne zu Wort kommen kann. Das Mikrofon kann aber nicht nur der Vermittlung der Rezipientenäußerung dienen, sondern ebenso gut zur Kontrolle des Rezipienten eingesetzt werden (vgl. S. 341). Es ist klar, daß das Mikrofon, das man dem Sprechenden hinhält und auch wieder entzieht, das geeignetere Mittel der Kontrolle ist als das Standmikrofon.

Drastisch wurde das demonstriert in zwei Diskussionssendungen zur Landtagswahl in Baden-Württemberg: „Wahl '88 in Baden-Württemberg", 2. 3. 88 und 9. 3. 88. In der ersten Sendung wurden Standmikrofone verwendet. Die Rezipienten konnten sich dahinter aufstellen, und so hatte – potentiell – jeder die Möglichkeit, seine Frage anzubringen. Offenbar funktionierte das Verfahren

nicht zur Zufriedenheit der Macher, und so zog man in der zweiten
Sendung die Konsequenzen: Mitarbeiter des Fernsehens sammelten
im Saal die Fragen, nahmen eine Selektion vor und hielten den
potentiell „ergiebigen" Fragestellern das Mikrofon hin. Der Journalist im Saal qualifiziert und kommentiert u. U. die zu erwartende
Rezipienten-Frage im voraus, womit er demonstriert, daß er die
Situation völlig unter Kontrolle hat, z. B.:

> Eine kurze Frage, die ideal zeigt, wie Landwirtschaft und
> Umwelt zusammenhängen, nämlich zum Thema Luftrein-
> haltung.

Dann hält er dem Mann im Publikum das Mikrofon hin, und der
darf seine – wohlgemerkt *kurze* – Frage stellen.

Wenn dennoch ein „Störenfried" die Vorselektion passierte, blieb
immer noch die Möglichkeit des *Mikrofonentzugs*. Davon wurde
einmal bei einem besonders aggressiven Sprecher Gebrauch gemacht.

Auch Mikrofonverweigerung kann vorkommen: Am Schluß der
Sendung, als der Moderator gerade zum Schlußwort ansetzt, steht
hinten im Saal eine Frau auf und fängt an zu schimpfen. Da ihr
niemand ein Mikrofon anbietet, versteht man sie als Zuschauer
nicht. Die Kamera zeigt sie aber, während der Moderator redet:

M: Ich danke nicht nur Herrn K(...) ich danke Herrn D(...), ich
    danke Herrn L(...) und (ERHEBT DIE STIMME, WÄHREND DIE
    FRAU ZU SCHIMPFEN ANFÄNGT) danke dem Minister W(...) –
    nein wir sind jetzt am Ende, ich bedaure das sehr, ich bin
    sicher daß es eine – (MAN VERSTEHT EIN PAAR WORTE DER
    FRAU „ICH WILL WISSEN", DANN WIEDER UNVERSTÄNDLICH,
    DER MODERATOR IMMER LAUTER UND AKZENTUIERTER) an-
    geregte Diskussion war, ob Sie sich haben überzeugen lassen
    können, das weiß ich nicht – dieses war die letzte öffentliche
    Sendung, die der Südwestfunk und der Süddeutsche Rund-
    funk gemeinsam veranstaltet haben, am nächsten Donnerstag
    sehen Sie die sogenannte „Elefantenrunde", wo die Spitzen-
    vertreter im Süddeutschen Rundfunk befragt werden. (...)
    Ich bedaure, daß nicht alle Fragen/ es sind viele übriggeblie-

ben — ich weiß es/ (LÄRM IM SAAL) nicht alle beantwortet
werden konnten, aber neunzig Minuten sind nur anderthalb
Stunden, ich wünsche Ihnen einen guten Abend.

Das ganze paraverbale Verhalten des Moderators macht deutlich,
daß er befürchtet, die lautstarke Votantin könnte ihn „über-
schreien" oder doch noch an ein Mikrofon gelangen. Keines von
beidem gelingt ihr. Für den Zuschauer bleibt der Moderator Herr
der Lage. Die Leute im Saal aber wenden sich nach hinten, schauen
und hören der Frau zu, und nicht dem Moderator, wie die Kamera
schonungslos zeigt. Wenigstens die Kamera hat hier für die Rezipientin Partei genommen.
Mikrofonentzug ist ein so radikales Mittel, daß es selten tale
quale eingesetzt wird. Meist wird es „verpackt" in andere Verfahren, die den Eingriff mildern und verharmlosen (s. u. 5 b).

5. Verbal-gesprächsstrukturelle Verfahren

a) „Zeitdruck"

Die Ideologie des „Zeitdrucks" haben wir oben demonstriert. Natürlich ist auch hier die Zeit eine willkommene Waffe in der Hand
des Moderators (daß sich ein Gast auf die Zeit beruft, ist wohl
eher selten, vgl. S. 23). In der Sendung „Bürger fragen Theodor
Waigel" (14. 3. 85) kommt es gegen Ende, in der Phase, die eigentlich dem Schlußwort des Befragten vorbehalten ist, noch einmal
zu einer Dyade — initiiert durch Selbstwahl eines Teilnehmers —,
und da greift der Moderator zu dem an dieser Stelle buchstäblich
letzten aller Mittel:

Zuruf: Herr Doktor Waigel, mit Ihrer Antwort haben Sie meine
        Frage nicht ganz beantwortet.
M: Entschuldigen Sie die Sendezeit ist zu Ende. Wir müssen an
        die denken, die jetzt auf die nächste Sendung warten, ich
        bitte Sie jetzt (SIMULTAN MIT WAIGEL UNVERST.) Ich bitte
        jetzt, noch Herrn Doktor Waigel ausreden zu lassen
Waigel: Sind'S mir ned bös, aber — ich schaffs nicht
[nämlich: auf den Zwischenruf einzugehen; er redet sodann seinen
Schlußmonolog unbehelligt zu Ende.]

b) Definition des Gesprächstyps

Das ist besonders bei den Hearing-Varianten zu beobachten: Angestrebt ist ein Gesprächstyp, der die hochwertigen Eigenschaften
von „Diskussion" haben soll[82]. Und solange alles geordnet verläuft,
wird diese Definition nicht in Frage gestellt. Sobald aber eine
Eskalation droht, beruft sich der Moderator gern auf die — rigi-
deren — Regeln und die supponierte, aber nicht explizit gemachte
Definition des „Hearings".

Ein Beispiel, bei dem das radikalere Mittel des Mikrofonentzugs
in das gesprächsstrukturelle Verfahren „verpackt" ist, fand ich
ebenfalls in der Sendung „Bürger fragen Theodor Waigel". Eine
Rentnerin beschwert sich darüber, daß wieder einmal bei den
Ärmsten gespart werde. Sie wird durch erregte Zurufe aus dem
Publikum unterbrochen, und es entsteht ein Tumult. Darauf bricht
der Moderator die Dyade brüsk ab. Er gibt das Mikrofon weiter,
indem er sich gleichzeitig auf die gesprächsstrukturellen Regeln des
Hearings beruft:

> Ja also, aber jeder hat hier das Recht, seine Meinung zu
> äußern, wir sind noch beim Rentenproblem, ich bitte — dort
> das Mikrofon hinten, dann <u>sollten wir den Minister bitten</u>
> <u>und — seine Antwort abwarten</u>

c) Allgemeine Konversationsmaximen

Dem Befragten stehen nur verbale Mittel zur Verfügung, um sich
zur Wehr zu setzen. Insbesondere Politiker berufen sich häufig auf
die allgemeinen <u>kommunikativen Maximen</u>, die man unausgespro-
chen dem „Gespräch", dem „Dialog" usw. zuschreibt, und noch
allgemeiner: auf die stillschweigend vorausgesetzten Regeln der
Höflichkeit. (Dieses Mittel kann natürlich auch der Moderator
einsetzen.) Ein Beispiel aus der Sendung mit Th. Waigel:

[Waigel will die Vorgeschichte der Münchner Flughafenplanung
aufrollen. Einige Votanten sind daran offenbar nicht interessiert,

---

82 Zur Ideologie des Begriffs „Diskussion" vgl. Holly et al. 1986, 4 ff.

sie wollen eine Stellungnahme zu den aktuellen Vorgängen. Lautstarke Zwischenrufe.]

Waigel: Nein nein nein nein, Sie müssen mir schon gestatten, wenn
Sie eine so umfassende Frage auch mit harten Konsequenzen
stellen, daß Sie dann die Einleitung, wie das Verfahren lief
und wie die Politiker verantwortlich geplant und gehandelt
haben, daß Sie das in wenigen Sätzen sich das auch sich auch
anhören. Das gehört zu einem <u>Dialog</u>.

d) Entwertung des Fragers

Eine Technik, die wohl nur dem Befragten zur Verfügung steht,
und auch diesem nur im äußersten Fall, ist die Entwertung der
Äußerung des Votanten bzw. seines Verhaltens oder gar seiner
Person. In der Sendung mit Theodor Waigel findet sich eine Passage, in der Waigel sich gegenüber einem Pfarrer, der im hitzigen
Wortwechsel soeben die bayrische Landesregierung scharf angegriffen hat, zu folgender Äußerung hinreißen läßt:

> Herr Pfarrer, ich will Ihnen mal eines sagen: Sie machen sich
> des hier zu billig. Ich respektiere Ihre theologische Aussage,
> nur wenn Sie sich in die Politik einmischen und das ist äh
> das Recht, daß Sie das als Staatsbürger tun, dann müssen Sie
> sich natürlich die gleichen Vorwürfe machen lassen wie jeder
> andere Staatsbürger, und ich meine, Sie argumentieren hier
> zu billig, zu einfach und nur aus der Sicht Ihres Ortes heraus
> (...) Sie können hier nicht mit einem so billigen Angriff auf
> die Regierung und auf den Ministerpräsident (...) hier poli-
> tische Stellung beziehen, ich finde das nicht fair (ZWISCHEN-
> RUF) ich finde das nicht fair (LAUTER), wie Sie das machen,
> ich respektiere Ihre Meinung als Bürger in der betroffenen
> Umgebung. Sie sollten sich aber der Polemik in dem Zusam-
> menhang – das sollten Sie sich versagen. Diese bayrische
> Staatsregierung hat Umweltpolitik sehr ernst genommen (...)

Ich bin nicht sicher, ob der Politiker im Rückblick besonders
glücklich über die Verbalinjurie war, die ihm da unterlaufen ist.

16. Die Wirklichkeit des Mediengesprächs

Im Sinne eines Fazits möchte ich die wichtigsten Beobachtungen resümieren, die sich bei der Gesprächslektüre ergeben haben, und versuchen, sie zu einem vorläufigen Gesamtbild zusammenzufügen. Dabei seien Vereinfachungen, u. U. auch Überzeichnungen gestattet, die sich bei einer Globalansicht des Phänomens notgedrungen einstellen.

Ich knüpfe an die in der Einführung aufgeworfenen Fragen an, zumal an die Frage nach der *Inszeniertheit* des Mediengesprächs, und versuche aus der Rückschau auf das präsentierte Material genauere Antworten zu geben.

Zunächst ist festzuhalten, daß sich Mediengespräche nicht befriedigend in die geläufigen gesprächsanalytischen Typologien und Kategorien einordnen lassen. Machen wir einen Versuch mit dem von Henne/Rehbock (1982, 32 ff.) angebotenen „kommunikativ-pragmatischen Kategorieninventar". Bei den „Gesprächsgattungen" werden dort *natürliche, fiktive/fiktionale* und *inszenierte* Gespräche unterschieden (32). Nicht auf Mediengespräche anwendbar ist offensichtlich nur die zweite Kategorie mit ihren Ausprägungen *fiktiv* und *fiktional*. („Fiktive Gespräche sind solche, die zu bestimmten Zwecken, z. B. denen des Unterrichts, entworfen werden, während fiktionale Gespräche die in Literatur und Philosophie sind." 33 f.) Auf den ersten Blick würde man Mediengespräche am ehesten der dritten Kategorie zuordnen. „Ein Gespräch soll inszeniert heißen, wenn es Aufführungscharakter hat und damit eine zweite Wirklichkeit − andere mögen sagen: einen schönen Schein − konstituiert." (34) Als Beispiele werden Theateraufführungen, Fernsehspiele und Gespräche zu wissenschaftlichen Aufnahmezwecken genannt. Nun sind Fernsehspiele sicherlich in einem anderen Sinne „inszeniert", als man es etwa von Talkshows behaupten könnte. Die Personen des Fernsehspiels sind nicht „sie selber", sie spielen eine Rolle, die nur für die Wirklichkeit dieses Spiels gilt. Die Teilnehmer der Talkshow spielen ebenfalls Rollen, doch sind sie zugleich sie selber. Der Professor Brinkmann der Schwarzwaldklinik ist in der Talkshow der „Mensch Wussow", und eines seiner Attribute als Person (für das Fernsehpublikum vielleicht das wichtigste Attribut) ist eben die Tatsache, daß er in der berühmten Fernsehserie den Professor spielt. Die Räume und Zeiten des Fernsehspiels sind nicht die Räume und Zeiten des real Zuschauenden oder des real Produzierenden. Die Talkshow demgegenüber kann live gesendet werden. Aber auch wenn sie aufgezeichnet gesendet wird, schafft die Aufzeichnung nicht eine Wirklichkeit, die mit der des Fernsehspiels kommensurabel wäre. Aufzeichnung bedeutet Zeitversetzung, nicht „fiktive" Zeit. Der Studioraum wird durch die Aufzeichnung nicht zu einem fiktiven Raum im gleichen Sinne wie beim Fernsehspiel. Er ist als Studioraum intendiert, nicht als Büro, Schlafzimmer, Theatersaal...

Als *natürliche* Gespräche bezeichnen Henne/Rehbock solche Gespräche, „die real in gesellschaftliche Funktionsabläufe eingelassen sind bzw. diese begründen" (33). Es wird zwar nicht näher ausgeführt, was das im einzelnen heißt, doch scheint mir evident, daß Mediendialoge heutzutage in vielfältiger Weise in „gesellschaftliche Funktionsabläufe eingelassen" sind. Freilich gilt das für die Beteiligten u. U. in sehr unterschiedlicher Weise. Für den Rezipienten, der sich telefonisch an einer Sendung beteiligt, ist das Telefongespräch in seine alltäglichen Aktivitäten eingebettet, und das wird im Medium gelegentlich auch erkennbar und sogar thematisch gemacht. Der Politiker als Diskussionsteilnehmer ist auf Persuasion aus, er will reale Handlungen der Rezipienten bewirken, und darüber sind sich Kommunikatoren wie Rezipienten im klaren. Der Moderator von Radio-Begleitprogrammen, der Hörertelefone entgegennimmt, kann von seiner Situation im Studio oder vom Wetter draußen sprechen und so auf sein reales Umfeld Bezug nehmen. Schließlich ist der Konsum von Mediendialogen – wie von allen anderen Medienereignisse – für den Rezipienten heutzutage selbstverständlicher Bestandteil seiner Freizeitgestaltung oder sogar eine begleitende Komponente der Arbeit.

Dennoch sind Mediendialoge sicher nicht in der gleichen Weise *natürlich* wie das „Gespräch über den Gartenzaun". Allein schon das „Gefühl des Beobachtetwerdens", das sich „je nach Routiniertheit und Medienerfahrenheit der einzelnen Interaktanten hemmend auswirken" kann (Mühlen 1985, 68), oder – von der Kommunikationsrichtung her gesehen – die Mehrfachadressiertheit der Äußerungen machen die Situation zu einer wesentlich anderen, als es das Gespräch über den Gartenzaun wäre.

Man versucht sich terminologisch zu behelfen, indem man das Zwischen-den-Kategorien-stehen thematisiert. So schlägt Mühlen (ebd.) den Terminus *semi-natürlich* vor, da „der ‚Talk' und andere Mediendialoge eine Zwischenform von ‚natürlichen' und ‚nicht-natürlichen' Gesprächen" konstituieren.

Wenn man andere der von Henne/Rehbock aufgelisteten Kategorien beizieht, ergeben sich ähnliche Schwierigkeiten der Zuordnung. Welchen *Grad der Öffentlichkeit* haben Mediengespräche? Wir haben an vielen Beispielen gesehen, daß diese Frage sicher nicht durch eine einfache Zuordnung zu einer der Kategorien *privat/ nicht-öffentlich/halb öffentlich/öffentlich* (32) zu beantworten ist.

Oder die *Konstellation der Gesprächspartner*: Hier wird unterschieden zwischen *interpersonalem dyadischem Gespräch* und *Gruppengespräch*, wobei letzteres *in Kleingruppen* oder *in Großgruppen* stattfinden kann. Diese Kategorien lassen sich zweifellos anwenden auf den inneren Kommunikationskreis von Mediengesprächen, aber sie erfassen in keiner Weise das komplizierte Beziehungsgeflecht der verschiedenen an Mediengesprächen beteiligten Kommunikationskreise. Henne/Rehbock schlagen tentativ eine Ergänzung ihrer Kategorien um die Subkategorie *Kleingruppengespräch vor Großgruppen* vor, womit die Fernseh-Talkshow charakterisiert sein soll (34 f.). Damit ist wenig gewonnen. Denn erstens handelt es sich beim Fernsehen um verschiedene „Großgruppen", sprich: Publika, wobei das *disperse Publikum* kaum als „Gruppe" im gleichen Sinne gelten kann wie etwa ein Studiopublikum. Und zweitens müßte die Art der Beziehung von Kleingruppe und Großgruppe näher charakterisiert werden (das „vor" suggeriert eine Theaterszenerie, die allenfalls im Hinblick auf das Studio-Publikum zutreffen kann).

Insgesamt halte ich alle Charakterisierungen des Mediengesprächs, die es *zwischen* anderen Gattungen ansiedeln, die es als *Mischform* oder als spezielle Ausprägung einer anderen, übergreifenden Kategorie ansehen, zwar für heuristisch brauchbar, aber theoretisch wenig hilfreich.

Mediengespräche haben eine *eigene Wirklichkeit*, in die Elemente anderer Wirklichkeiten *transformiert* werden und in der sie eine immanente neue Funktion erhalten. Den Begriff *Wirklichkeit* verstehe ich in jenem generellen und zugegebenermaßen vagen Sinne, wie ihn z. B. Watzlawick (1976) verwendet: als durch Kommunikationsprozesse geschaffenes, von den Kommunikationspartnern in Kooperation definiertes Deutungsmodell. Strikt angewendet, würde das bedeuten, daß jede neue Kommunikationssituation wieder ihre eigene Wirklichkeit schafft. Mit der *Wirklichkeit des Mediengesprächs* meine ich jedoch jene Strukturen und Regeln des kommunikativen Modells, die sich bereits als relativ stabile etabliert haben und auf die die Aktanten konkreter Medienkommunikation im voraus verpflichtet sind.

Beginnen wir mit den qualitativen Aspekten eines Mediengesprächs und mit der Gruppe der entsprechenden *Wertbegriffe. Natürlichkeit* beispielsweise kann durchaus eine Eigenschaft eines bestimmten Mediengesprächs sein, aber eben als funktionales Moment des Medienereignisses. Es ist nicht so, wie wenn sich z. B. *Natürlichkeit* als Gesprächqualität aus dem Alltag ins Medium „hinüberretten" und sich somit eine Kontinuität vom Alltag ins Medium ergeben würde. Richtiger ist wohl zu sagen, daß das Medium eine Qualität wie *Natürlichkeit* aufgreift, nutzbar macht und sie dadurch in eine medienimmanente Qualität transformiert. *Natürlichkeit* ist nicht mehr dasselbe im Kontext des Mediums wie im Kontext des Alltags. Wir haben beispielsweise gesehen, daß nicht alle Aspekte alltäglicher Natürlichkeit vom Medium genutzt und toleriert werden. Ganz ähnlich ist es mit benachbarten Begriffen wie *Spontaneität, Authentizität* usw. Alle diese Qualitäten werden im Medium zu einem neuen System von Werten verknüpft, das eine innere Konsequenz entwickelt und das die entsprechenden Begriffe des Alltags transformiert.

Anders ist der Weg eines Begriffes wie *live*, der nicht aus Gesprächen des Alltags übernommen werden muß, sondern der bereits aus dem Medienbereich stammt. Zunächst nur einen produktionstechnischen, also äußeren und „objektiven" Aspekt des Medienereignisses bezeichend, wird der Begriff zu einem medienimmanten Wert, der sich in das Netz der anderen Wertbegriffe einordnet. *live* ist dann verknüpft mit *Unvorhersehbarkeit, Unkalkulierbarkeit*, und daraus folgt: mit *Risiko* und mit *Spannung*.

Diese letzteren Begriffe hängen zusammen mit *Kampf*. *Gesprächskampf*, Jagd nach Pointen, sich gegenseitig verbal ausstechen – das alles gibt es auch im alltäglichen Gespräch. Aber im Medium wird das agonale Moment zum Prinzip einer großen Gruppe von Gesprächen, zu einer Struktur, der sich andere strukturelle Elemente unterzuordnen haben. Beispielsweise werden Themen- und Problembereiche – indem man sie auf pro-und-contra-Schemata reduziert – so strukturiert, daß sie einer agonalen Behandlung zugänglich werden.

Gesprächskampf – das kann auch bedeuten: *Kampf um Wörter*, um Sprache. Am Beispiel der *Metapher*, besonders in ihren usuellen Formen, zeigte sich die Ambivalenz dieses Kampfes. Wer seine Argumentation auf der bildlichen Ebene entwickelt und damit das Netz der usuellen Metaphorik aktiviert, transportiert Bedeutung auf mehreren Ebenen. Für die politische Auseinandersetzung besonders folgenreich ist, daß die Metapher auf einer latenten Ebene evaluative und appellative Bedeutungen mit-transportiert und daß ein Teilnehmer des inneren Kreises diese Bedeutungen den Adressaten der äußeren Kreise suggestiv vermitteln kann. Im Mediengespräch haben die Teilnehmer die Chance, diesen latenten Bedeutungstransport zu thematisieren, die Konnotationen ans Licht zu holen und damit überhaupt erst angreifbar zu machen.[83]

---

83 In einem allgemeineren Sinne gehört diese Art des Transportes latenter Bedeutung zu den von Holly (1989) am Beispiel monologischer Texte charakterisierten Verfahren des „non-communicating". Es wäre interessant zu sehen, worin sich die Techniken des non-communicating in monologischen und dialogischen Texten unterscheiden.

Auch *Gegensatzpaare* aus dem Bereich alltäglichen Sprechens
wie *spontan vs. vorbereitet* funktionieren nicht so wie in ihrem
Herkunftsbereich. Sie verlieren ihren Gegensatzcharakter, indem
Vorbereitetes sich als spontan präsentiert und Spontanes seine
Vorbereitetheit nicht verleugnet. Abwertende Charakterisierungen
wie *pseudo-spontan* oder auch der Begriff der *Inszeniertheit* scheinen mir diesen Sachverhalt nicht zu treffen. Denn damit wird
jeweils nahegelegt, es werde so getan als ob, hier werde ein Schein
erzeugt, den es zu entlarven gälte. In welcher Relation die Begriffe
spontan/vorbereitet medienimmanent stehen können, zeigt sich
sehr deutlich in den Unterhaltungsshows vom Typ „Rudi-Carrell-
Show". In einer anderen Relation stehen sie häufig beim Radio:
Hier werden sie als Gegensätze genutzt und funktionalisiert, z. B.
als Kontrast von spontanem Dialog und vorbereitetem Monolog
(in den fürs Radio typischen Formen von stark bearbeiteten Gesprächen).[84]

Ähnlich verhält es sich mit dem Gegensatz *öffentlich vs. privat.*
Im Alltag gilt das Private als etwas, das aus dem öffentlichen
Bereich auszugliedern, gegenüber dem Öffentlichen zu schützen ist.
Im Medium wird das Private zur Qualität qua Öffentlichkeit. Das
hat seine schwächeren Ausprägungen etwa in Unterhaltungsshows
des Fernsehens, wo schon die Gäste selbst ihre Privatheit ins
Öffentliche einbringen. Stärker und dramatischer zeigt es sich in
manchen Phone-ins der Lokalradios.

Schon die *raumzeitlichen äußeren Bedingungen* des Sprechens
verändern ihre Eigenschaften im Medium. Während Zeit im Alltag
ein Hintergrund-Phänomen ist, das nur phasenweise in den Vordergrund der Aufmerksamkeit gerät, zeigt sich Medienzeit häufig
als Vordergrund: sie wird thematisiert, sie wird zum verhandelbaren Objekt, zur Quantität, von der der eine mehr, der andere
weniger besitzt. Aber auch wenn sie nur Rahmenbedingung bleibt,
ist sie unübersehbar, aufdringlich vorhanden und jederzeit restriktiv. Alle Aktanten sind sich bewußt, daß sie unter dieser Bedingung
agieren, und manche nutzen den *Zeitdruck* als Element ihrer Ge-
sprächsstrategie.

---

84 Vgl. Burger 1984, 77 ff.

Der *Raum* bleibt zwar in der Regel Hintergrund, doch bekommen die räumlichen Arrangements Qualitäten, die sie im Alltag in geringerem Maße aufweisen. Räume mit ihren Requisiten dienen beispielsweise der Definition der Gesprächssituation. Der Aspekt des Privaten wird in diesem Kontext auf wieder neue Weise funktionalisiert: das Privathaus, die Privatwohnung mit ihren Requisiten – zu denen Bilder, die Bibliothek, u. U. auch die Frau (!) gehören – definieren eine Form von Talk, die sich von anderen medienimmanent abhebt.

Der *Raumklang* beim Radio kann funktionalisiert werden im Hinblick auf Kategorien wie *live, spontan vs. aufgezeichnet, vorbereitet* verknüpfen, indem – bei stark bearbeiteten Radio-Gesprächen – der Kontrast von Studio- und O-Ton indexikalisch auf den Gegensatz *spontan/ vorbereitet* verweist (s.o.).

Auch der *Raumklang* des *Telefongesprächs*, gerade wenn er durch Störungen noch beeinträchtigt ist, ist im Radio wie im Fernsehen nicht einfach das, was er im Alltag ist: nämlich Indiz für den spezifischen Übertragungskanal, allenfalls mit schlechter, gestörter Übertragungsqualität, sondern er verweist auf medieninterne Kategorien wie *Rezipient, authentisch, vor Ort* usw.

Die *Entgrenzung* der Kommunikationsräume ist nicht eine Erfindung von Radio und Fernsehen. Mit Telegraf und Telefon sind die Spiel-Räume alltäglicher Kommunikation bereits entgrenzt worden. Doch erst das Fernsehen macht die Kommunikation über beliebige Distanzen zu einer Spielart der Face-to-face-Kommunikation. (Ob das Bildtelefon zu einem Element unseres alltäglichen Kommunizierens wird, bleibt noch abzuwarten.) Der Bildschirm – zunächst nicht mehr als der Apparat im Wohnzimmer, der uns in Kontakt bringt mit der Welt des Fernsehens – wird zum Index für Kommunikation ohne Grenzen: Bildschirm im Bildschirm – das ist die Visualisierung eines potentiell rekursiven Mechanismus der Entgrenzung.

Die *Aktanten*, die in den Medien auftreten, lassen sich nach außermedialen Kriterien gruppieren, z. B. nach dem Beruf: Dann sind es Journalisten, Filmstars, Politiker, Wissenschaftler, Beamte, Lehrer, Handwerker… Oder nach Geschlecht und Alter. Wenn man mit solchen Kriterien an die Teilnehmer von Mediengesprä-

chen herangeht, dann sieht man z. B., daß Kinder drastisch unterrepräsentiert sind, desgleichen wohl die Handwerker... Von innen
her gruppieren sich die Aktanten auf ganz andere Weise: In der
Welt der Unterhaltung gibt es *Prominente* und *Unbekannte*, wobei
die zweite Kategorie in bezug auf das Publikum definiert ist. Ob
der Gesprächspartner auch dem Moderator unbekannt ist, spielt
gar keine Rolle. Er präsentiert den Betreffenden seinem Publikum
als Unbekannten, indem er ihn mit geeigneten Gesprächsverfahren
in dieser Weise „modelliert". In der Welt der Politik gibt es *Politiker*
und *Bürger*, eventuell auch *Betroffene*. Die Bürger sind im Medium
keine Individuen, sondern meist Repräsentanten von politischen
Gruppen, von Interessen, u. U. auch von demographischen Kategorien (Junge/ Alte, Frauen/ Männer usw.). Dabei wird jeweils
beteuert, daß die Bürger so *repräsentativ* wie möglich ausgewählt
werden, obwohl das natürlich grundsätzlich und im strikten Sinn
nicht möglich sei. Die *Betroffenen* spielen eine Hauptrolle in Diskussionen, bei denen es um Alltags- und Lebensprobleme jeglicher
Art geht. *Kinder* sind weitgehend eine Gruppe von „Un-Personen".
Entweder kommen sie nicht vor, oder wenn sie vorkommen, werden sie als kommunikativ inkompetente Noch-nicht-Erwachsene
präsentiert.

Gesprächssorten linguistisch zu definieren, ist im Rahmen der
Medien äußerst schwierig, nicht nur wegen der gleitenden Übergänge zwischen den Kategorien und dem raschen Wandel der
Sendeformen, sondern vor allem, weil die linguistischen Kriterien
die Medienereignisse aus externer Perspektive klassifizieren. Von
innen her gesehen, gibt es wohl nur wenige relevante Unterschei-
dungen, die auch nicht einmal zu eindeutigen Klassenbildungen
führen. Gespräche können angelegt sein auf Talk, auf Kampf, auf
des Politikers optimale Darstellung der eigenen Position, auf die
Zelebrierung eines Glückwunsch-Rituals... Die *innermedialen Ab-
grenzungen* werden dort sichtbar, wo ein Aktant sie für einmal
durchbricht. Der Politiker kann im Rahmen einer Talkshow nicht
ungestraft eine Rede an die Bürger halten, und wenn der Showmaster in seiner Unterhaltungsshow arbeitslose Jugendliche für ein
Gruppengespräch auftreten läßt, muß er sich dafür entschuldigen.
Während eine Talkshow mit mehreren Gästen *bunt* zusammenge-

setzt sein kann, hat die Komposition einer politischen Diskussion dem Prinzip der *Ausgewogenheit* zu folgen. Zwar ist Ausgewogenheit zunächst eine Forderung, die von außen (vom Gesetzgeber, von den Parteien, den Verbänden etc.) ans Medium herangetragen wird, doch kann man sie mit gleichem Recht als sendungsinternes Regulativ auffassen. Nach dem Prinzip der Ausgewogenheit wird insbesondere die Verteilung der Zeit geregelt, und nicht nur die Moderatoren, sondern gerade auch die Teilnehmer nehmen es als Instrument der Gesprächskontrolle in Anspruch.

Die Wirklichkeit des Mediengesprächs ist labil. Darum sind *Rituale* erforderlich, die ein gewisses Maß an Stabilisierung erlauben. Eröffnungs- und Schlußphase bedürfen der Ritualisierung in besonderer Weise. In dem weiteren Sinne, in dem Goffman und in seinem Gefolge Holly den Begriff des Rituals etabliert haben (vgl. S. 94), könnten alle die Regelmäßigkeiten, die wir für den Umgang des Moderators mit seinen Gesprächspartnern beschrieben haben, als Elemente einer neuen, medieninternen rituellen Ordnung aufgefaßt werden.

Eines der wesentlichsten Merkmale der Wirklichkeit des Mediengesprächs ist, daß sie sich *ausrichtet* auf die *Alltagswirklichkeit*. Gemeint sind damit nicht die „objektiven" Fakten beispielsweise der Mediennutzung und der Medienwirkung, also die Tatsache, daß die Medien auf vielfältige Weise mit den Aktivitäten des Alltags verflochten sind. Gemeint ist vielmehr das Phänomen, daß die Kommunikation des *inneren Kreises* prinzipiell auf den/die *äußeren Kreis(e)* hin orientiert ist. Die Metapher vom *aus dem Fenster hinausreden* ist eigentlich irreführend, insofern sie eine in sich geschlossene Welt mit Mauern und einzelnen Öffnungen voraussetzt. Es ist folgerichtig und liegt in der Logik des Systems, wenn der Rezipient in zunehmendem Maße zur Partizipation herangezogen wird. Dadurch wird der zuschauende Dritte auch leibhaftig zur immanenten Eigenschaft des Kommunikationssystems. Wenn man in diesem Zusammenhang von partieller Überwindung der „Einbahnstraße" der Medienkommunikation spricht, so ist das wiederum ganz von außen gesehen. Viel passender erschiene es mir zu sagen, daß das Medium dazu tendiert, den Rezipienten im buchstäblichen wie übertragenen Sinne einzuverleiben. Wenn dieser

Prozeß an ein Ende käme, würde die Welt des Mediengesprächs tatsächlich zu einer geschlossenen.

Zum Verständnis dieser Vorgänge bietet sich Roland Barthes Konzept des *Mythos* an.[85] Knüpfen wir an eines der einfachsten Beispiele an, mit dem er seinen Begriff des Mythos erläutert. Der Satz „quia ego nominor leo" aus einer Grammatik des Lateinischen hat für den Lateinlernenden Quintaner eine Doppelbedeutung:

> Einerseits haben die Wörter einen einfachen Sinn: ‚denn ich werde Löwe genannt'; andererseits steht der Satz offensichtlich da, um mir etwas anderes zu bedeuten; insofern er sich an mich, den Quintaner, richtet, sagt er mir ganz deutlich: ich bin ein grammatisches Beispiel, das bestimmt ist, die Regel für die formale Übereinstimmung von Subjekt und Prädikatsnomen zu illustrieren. Ich muß sogar erkennen, daß der Satz mir gar nicht seinen Sinn <u>bedeutet</u>, er versucht gar nicht, vom Löwen (und wie er genannt wird) zu sprechen; seine wirkliche und letzte Bedeutung besteht darin, sich mir als Präsenz einer bestimmten grammatischen Übereinstimmung aufzuzwingen. Ich schließe daraus, daß ich ein besonderes, erweitertes semiologisches System vor mir habe, da es über die Sprache hinausgeht. (Barthes 1964, 94)

Dieses erweiterte System ist der Mythos. Man sieht an dem Beispiel, daß die objektsprachliche Bedeutung des Satzes im Mythos „deformiert" wird. Der Löwe wird seiner „Geschichte beraubt (...), aber diese Deformierung ist keine Vernichtung" (103). Die Weiterführung des Gedankenganges sei nur angedeutet: Das Signifié des alltagssprachlichen Satzes wird im Mythos zum Signifiant, zur Form. „Wenn man ‚quia ego nominor leo' in ein rein linguistisches System einschließt, findet der Satz darin Fülle, Reichtum, Geschichte wieder: ich bin ein Tier, ein Löwe, ich lebe in jenem Land, ich komme von der Jagd (...). Als Form des Mythos jedoch enthält der Satz fast nichts mehr von dieser langen Geschichte. (...) Man

---

85 Detaillierter wird das Barthes'sche Konzept des Mythos neuerdings auf Hörertelefone angewendet von Keil (1991).

muß die Geschichte des Löwen weit zurückweisen, um Platz für
das grammatische Beispiel zu schaffen (...)."(97)

Man erkennt unschwer die Analogie zu den semiotischen Vorgängen im Medium. Der Bürger im Alltag hat eine Fülle von
Eigenschaften, die durch das politische System, das System der
Institutionen gegeben sind. Er hat Rechte, und er hat Pflichten.
Jedes Individuum hat seine eigene Geschichte als Bürger: man leistet
Wehrdienst oder auch nicht, man geht zur Wahl oder auch nicht,
man nimmt teil an Bürgerinitiativen oder hält sich fern usw. Für
den *Bürger* im Medium sind diese Eigenschaften und diese Geschichten irrelevant. Relevant ist der *Bürger* als eine Kategorie von
Rezipient, als Repräsentant von Wählergruppen, in seiner kontrastiven Qualität in Opposition zu Institutionenvertretern und zu
Medienprofis. Die Alltagsbedeutung von *Bürger* wird nicht zum
Verschwinden gebracht, aber nur noch einzelne Aspekte bleiben
relevant, neue Aspekte kommen hinzu, und der Begriff wird Element einer neuen begrifflichen Gesamtstruktur.

Dabei ist der *Rezipient* das begriffliche Zentrum und wahrscheinlich der wichtigste Mythos, mit dem die Medien-Mythologie
sich im letzten Jahrzehnt angereichert hat.

Schließlich ist das *Dialogische* selbst ein zentraler Mythos der
Medien geworden. Information als Dialog zu vermitteln, ist von
vornherein höherwertig als die bloß-monologische Präsentation,
auch dann, wenn das Dialogische bloße Struktur bleibt, ohne
erkennbare Funktion. Welche Transformationen das Dialogische
durchmachen muß, damit es zum mythischen Element des Mediums
werden kann, sieht man am besten dort, wo es als manifester
Zweck einer Sendung deklariert wird: im *Talk*. Talk ist nicht
„phatische Kommunikation" im Sinne des alltäglichen Smalltalk,
nicht einfach „Plauderei", entspanntes Miteinanderrreden. Talk
unterliegt vielmehr strikten Bedingungen, die es erst ermöglichen,
daß „Miteinanderreden" für den Zuhörer und Zuschauer attraktiv
wird.[86]

---

86 Mininni (1989) charakterisiert die Talkshow als „retro-referentiell", „post-
   dialogisch", als eine Art von „kollektivem Monolog" im Sinne Piagets. „En
   effet, la tension entre le pilier dialogique du ,talk' et l'orientation mono-

Nun hat die Wirklichkeit der Medien, wie jede kommunikative Wirklichkeit, ihre *Risse* und *Brüche*.

Wenn in einer Talkshow die europäischen Teilnehmer über den iranischen Diplomaten, der die Prinzipien des islamischen Fundamentalismus verteidigt, geschlossen herfallen, dann ist das ein eklatanter Verstoß gegen die der Gesprächsform immanenten Regeln, wie Gäste zu behandeln seien, und zugleich eine Durchbrechung der Gesprächssorte auf die politische Diskussion hin, ohne daß aber die Bedingungen der neuen Gesprächssorte erfüllt wären: die Talkrunde ist eben nicht nach den Prinzipien zusammengesetzt und auch nicht im Bewußtsein derjenigen Gesprächsregeln durchgeführt, die für eine politische Diskussion konstitutiv wären.

Verschiedene Arten von Brüchen haben sich in den Texten aufweisen lassen, z. B.:

- Ein Moderator kommt mit der Heterogenität der Rollen, denen er gleichzeitig gewachsen sein sollte, nicht mehr zurecht.
- In einer Schaltsendung werden die Kommunikationsprozesse dadurch paralysiert, daß sich das Arrangement aufdringlich in den Vordergrund drängt.
- Bei einer nach dem Pro- und Contra-Schema angelegten politischen Sendung fällt durch eine technische Panne die eine Partei aus, mit der Konsequenz, daß Diskutieren überhaupt verunmöglicht wird.

---

logique du ‚show‘ produit une sorte de fibrillation du langage, qui déclenche la vidange de sa nature transactionelle.“ (400 f.) Diese These — sofern ich sie richtig verstehe — formuliert nur die halbe Wahrheit der Talkshow: Die „kollektiven Monologe“ wären im Medium gänzlich unattraktiv, wären sie wirklich der transaktionellen Komponente beraubt. Viel eher müßte man sagen, daß sie als dialogische Spiele realisiert werden — in den vielfältigen kommunikativen Ausprägungen und den sehr unterschiedlichen Spielregeln, wie wir sie an den Texten beschrieben haben. Wenn in einer Sendung wie „Showgeschichten“ die Beiträge von Moderator und Gast zu einem homogenen Quasi-Monolog verschmelzen, so ist dies eine bewußt realisierte, auf gänzliche Harmonie angelegte Variante des Dialogischen, und darin besteht gerade der Reiz dieses Dialogspiels mit „post-dialogischer“ Struktur.

- In einer Betroffenen-Sendung führt die schiefe Kommunikationskonstellation dazu, daß die emotionalen Ausbrüche des Betroffenen leer laufen, weil sie keinen echten Adressaten finden.
- Ein Moderator gibt den Talk im Wunschkonzert als Plaudern in gemütlicher Runde aus und demonstriert gleichzeitig der Hörerin ihre situative Unterlegenheit.

Solche Brüche können einmal zufällig „passieren", mehrheitlich aber sind sie im System vorprogrammiert. Werte und Normen, die außerhalb des Mediums inkompatibel wären, werden im Medium in einer prekären Balance gehalten, und jede kleine Störung des Gleichgewichts kann die Labilität des Systems sichtbar machen.

Wenn man nach Orten sucht, wo sich im Mediengespräch *innovative Tendenzen* andeuten, so findet man sie am ehesten im Bereich der Zuhörer- und Zuschauerbeteiligung, und man findet sie eher beim Radio als beim Fernsehen. Rezipientenbeteiligung ist aber eine ambivalente Sache: Wenn sich der Rezipient in einen kontrollierten und funktionalisierten Aktanten des Mediums verwandeln läßt, dient er der Immunisierung des Mediums gegen Kritik von außen. Es gibt dann streng genommen keinen Punkt außerhalb des Mediums mehr, von dem aus Widerspruch sich erheben könnte. Nur wenn der Rezipient, wie das bei Lokalradios hier und da zu beobachten ist, seine eigenen Werte und Ansprüche behauptet, wenn er sich den Ritualen nicht selbstverständlich fügt, wenn er neue Spielregeln ins Gesprächsspiel einführt, dann hat er die Kraft zur Innovation. Daß der Rezipient dem Medium dienstbar gemacht werden kann, zeigt sich in einem allgemeineren und für das ganze Programm gültigen Sinne bei den *Einschaltquoten*. Sie sind eines der Instrumente, die dazu dienen, einen Zirkel von sich selbst bestätigenden Kommunikationsprozessen zu schaffen. Würde sich der Rezipient auf die Rolle des Lieferanten möglichst hoher Einschaltquoten reduzieren lassen, wäre der Zirkel geschlossen.

Das Mediengespräch offen zu halten — offen für Wandel und offen für Kritik —, ist nicht in erster Linie Sache der professionellen Medienkritik, sondern Sache des Zuhörers und Zuschauers.

Anhang

1. Hinweise zum Transkriptionsverfahren

Das Hauptprinzip der Transkription ist die leichte Lesbarkeit. Daher wird die standardsprachliche Orthographie (mit gelegentlichen Abweichungen, sofern regionalsprachliche Besonderheiten gekennzeichnet werden sollen) verwendet. Satzzeichen werden nicht durchwegs nach den standardsprachlichen Regeln gesetzt, sondern um die syntaktische Gliederung klar zu machen.

Pausen werden notiert, aber in sehr idealisierter Form. Nach dem Höreindruck werden (wie in Burger 1984) „normale" kurze Pausen (wie sie z. B. bei schriftnahem Ablesen von Texten an den syntaktischen Schnittstellen hörbar sind) von längeren Pausen unterschieden. Ein Satzzeichen bedeutet zugleich ‚kurze Pause', mit der folgenden Ausnahme: Wenn der Sprecher die syntaktische Schnittstelle paraverbal „überspielt". wird dies durch Zirkumflex über dem Interpunktionszeichen angegeben (z. B. die Verhandlungen̂, die). Alle sonstigen kurzen Pausen werden durch „ – " wiedergegeben. Längere Pausen werden je nach Höreindruck mit „ – – ", „ – – – " usw. indiziert, in Ausnahmefällen auch durch Angabe der absoluten Dauer.

Die vielen idiolektalen Varianten von „hm" und „äh" werden vereinheitlicht. Wenn das Hörersignal „hm" deutlich als Zustimmungssignal erkennbar ist, wird es mit (+) versehen.

Lachen und sonstige *stimmliche Äußerungen, Kommentare* zur stimmlichen Realisierung und zum *nonverbalen Verhalten* werden mit Kapitälchen in Klammern notiert, z. B. (LACHT), (SEHR HASTIG), (GRINSEND). Hinweise auf das nonverbale Verhalten werden nur dort gegeben, wo es für das Verständnis des Dialogablaufes wichtig ist. Auf eigentliche Bildprotokolle wird verzichtet, da der Aufwand in keiner Relation zu den Zielen dieses Buches stehen würde.

Für *simultane* Passagen wird die Partiturnotation verwendet. Die gleichzeitig gesprochenen Teile stehen also untereinander, und die entsprechenden Zeilen sind am Rand durch eine Klammer markiert. Namen von Journalisten, Politikern, Städten etc. werden, sofern sie nicht eindeutig verständlich sind, abgekürzt, z. B. H(...). Journalisten, die ein Gespräch führen, werden einheitlich als *Moderatoren* (= M) bezeichnet.

Schweizerdeutsche Texte werden um der Lesbarkeit willen ins Hochdeutsche übersetzt, wenn der Eindruck vom Dialogablauf dadurch nicht wesentlich verfälscht wird.

2. Übersetzung des Gesprächs S. 377 ff.

M: Und liegst du und mußt du im Bett liegen?

E: Nein. Also jetzt bin ich auf gewesen und hab noch Sachen gemacht weil

M: du bist/ Entschuldigung jetzt habe ich etwas nicht verstanden

E: Ja ich kann mich da nicht so äußern, weil ich bin einfach ein bißchen in einer – ja einfach ein bißchen in einer schwierigen Situation so – insofern tut michs Radio manchmal auch noch ein bißchen interereressieren, einfach ein Medium wie man gewisse Sachen könnte – weiß auch nicht, unter die Leute bringen oder

M: Hm

E: Also gut ich muß das mal anders besprechen – ich – Probleme einfach so die Unfallfolgen und – das sind ganz verrückte Rechtsprobleme die es da gibt – und andere Probleme.

M: Hm

E: und so ja

M: und mit denen hast du so zu tun

E: Ja so ein Unfall kann natürlich ein Leben – also – radikal verändern

M: Hm

E: Es gibt ja Leute die sterben daran. Es kann ja mein – das sind nicht ganz so harmlose Sachen ja mit dem habe ich zu tun ja ja.

*   *   *

M: Ähm machst denn du im Moment – also das was du jetzt an Erfahrungen machst im Moment

E: die Sprache

M: Ist es nur die Sprache?

E: Nein ich mache noch andere Erfahrungen die

M: und über die schreibst du nicht

E: Eben ich kann gar nicht so gut darüber reden weil das ist so heikel –
      man setzt sich sehr der Kritik aus
M: aber dem aber ich meine ohne daß du jetzt sagst was, aber schreibst du
      auch – im Zusammenhang von den Erfahrungen oder kannst du die
      gar noch nicht benützen für
E: wie meinst du, jetzt von den Erfahrungen die ich mache in den
M: fürs Schreiben
E: physische in der Unfallsituation
M: Ja ich meine jetzt – einfach was man Erfahrung nennt weil ähm ich
      meine jetzt nicht was Erfahrung ist im Lesen von Büchern oder Nach-
      denken über die Sprache, sondern was Erfahrung ist im Leben außerhalb
      von dem also im Leben generell wie man es allgemein sagt, was man
      so für Erfahrungen macht, und du machst jetzt bestimmte Arten von
      Erfahrungen – und was mich interessiert
E: Ja ich mache ganz verrückte Erfahrungen und ähm
M: was mich äh was mich interessiert, kannst du
E: ich muß auch viel schreiben weil ich kämpfe wirklich um die Existenz
      und es ist viel passiert und im Grunde genommen möchte ich darüber
      mal ein – wenn's geht – das das ist einfach zu früh jetzt und ich weiß
      nicht wie lang daß es dauert – also ich finde ich sollte können einen
      Sachbericht machen

                                    *   *   *

M: Ähm un ist äh also dir ist Unrecht geschehen in dem Sinn
E: Ja ich glaube schon also das sind einfach ganz verrückte Situationen
      die können – die nicht nur mir geschehen, das kann auch anderen
      geschehen also ich bin so in einer kleinen Gruppe und ähm ja das also
      das sind ganz brutale Sachen, die da auf einen Menschen zukommen,
      die ich mir persönlich nie hätte träumen lassen und auch nicht geglaubt
      hätte
M: bist du mitten aus einem aus deiner Arbeit herausgerissen w/
E: Das ist eine Frage von einer Sekunde, es kann das Leben total verändern
      und äh man kommt einfach so in eine Situation also das – ich wenig-
      stens – ich habe einfach nichts gewußt – und
M: du hast nichts gewußt
E: weißt du es kommen so viele Faktoren dazu ich habe ein bißchen Angst
      jetzt darüber zu reden das ist äh
M: Ja ja du mußt ja nicht darüber reden

Literatur

Balmer, A. (1983): Gegensätze in Serie. Der Alltag 3.

Bayer, K. (1975): Talk Show – die inszenierte Spontaneität. – In: C. v. Barloewen/ H. Brandenberg (Hrsg.), Talk Show – Unterhaltung im Fernsehen = Fernsehunterhaltung? München, 138 – 168.

Berry, C. (1988): Rundfunknachrichtenforschung – Ein Beitrag zur Klärung der Wirkung von Präsentation und Motivation. Media Perspektiven 3, 166 – 175.

Brinker, K. (1985): Linguistische Textanalyse. Eine Einführung in Grundbegriffe und Methoden. Berlin.

Brown, P./Levinson, S. (1978): Universals in language usage: politeness phenomena. – In: E. Goody, (ed.), Questions and Politeness: Strategies in social interaction. London.

Bublitz, W. (1989): Ein Gesprächsthema ‚zur Sprache bringen'. – E. Weigand/ F. Hundsnurscher (Hrsg., 1989 b), 175 – 189.

Bucher, H.-J. (1986): Pressekommunikation – Grundstrukturen einer öffentlichen Form der Kommunikation aus linguistischer Sicht. Tübingen (= Medien in Forschung und Unterricht A/20).

Brinker, K. (1988): Thematische Muster und ihre Realisierung in Talkshowgesprächen. ZGL 16. 1, 26 – 45.

Burger, H., Imhasly, B. (1978): Formen sprachlicher Kommunikation. München.

Burger, H. (1984): Sprache der Massenmedien. Berlin (= Sammlung Göschen 2225).

Burger, H./ v. Matt, P. (1980): Die „Telearena". Literatur- und sprachwissenschaftliche Aspekte einer Fernsehreihe. Schweizer Monatshefte 60, H.4, 325 – 337.

Burger, H. (1988): Die Semantik des Phraseologismus: ihre Darstellung im Wörterbuch. – In: R. Hessky (Hrsg.), Beiträge zur Phraseologie des Ungarischen und des Deutschen, Budapest, 69 – 97 (= Budapester Beiträge zur Germanistik 16)

Burger, H. (1989): Diskussion ohne Ritual oder: Der domestizierte Rezipient. – In: W. Holly/P. Kühn/U. Püschel (Hrsg.) 1989, 116 – 141.

Burger, H. (1990): Phraseologie im Kinder- und Jugendbuch. – In: Wortbildung und Phraseologie (Jahrbuch des IDS 1988). Im Druck.

Burger, H. /Buhofer, A./Sialm, A. (1982): Handbuch der Phraseologie. Berlin.

Dieckmann, W. (1981): Probleme der linguistischen Analyse (öffentlich-) institutioneller Kommunikation. – In: W. Dieckmann, Politische Sprache – Politische Kommunikation. Heidelberg, 255–279.

Dieckmann, W. (1985): Wie redet man „zum Fenster hinaus"? Zur Realisierung des Adressatenbezugs in öffentlich-dialogischer Kommunikation am Beispiel eines Redebeitrags Brandts. – In: W. Sucharowski (Hrsg.), 54–76.

van Dijk, T. A.(Hrsg., 1985): Discourse and Communication. New Approaches to the Analyses of Mass Media Discourse and Communication. Berlin (= Research in Text Theory 10).

Dohrmann, U./ Vowe, G. (1982): Konfliktorientierte Informationssendungen. – In: Media Perspektiven 10, 645–659.

Draganits, A./ Steinmann, M. (1987): Mundart – Schriftsprache. Eine gesamtschweizerische Untersuchung zu allgemeinen Sprachproblemen. Bern.

Ebner, W. (1986): Kommunikative Probleme tagesaktueller Berichterstattung im Fernsehen. Frankfurt a. M.

Ecker, H.-P. et al. (1977): Textform Interview. Darstellung und Analyse eines Kommunikationsmodells. Düsseldorf.

Franke, W. (1989): Medienspezifische Dialogsorten. Überlegungen zu ihrer Klassifizierung und Beschreibung. – In: E. Weigand/F. Hundsnurscher (Hrsg., 1989 a), 161–173.

Gautschy, H. (1984): Die besten Gespräche aus den Fernsehreihen „Link" und „Unter uns gesagt". Bern.

Goffman, E. (1969): Wir alle spielen Theater. Die Selbstdarstellung im Alltag. München [engl. Original 1959].

Goffman, E. (1971): Interaktionsrituale. Über Verhalten in direkter Kommunikation. Frankfurt a. M. [engl. Original 1967].

Hang, H. G. (1976): Fragesignale in der gesprochenen deutschen Standardsprache. Dargestellt an Interviews zweier Rundfunk-Magazinsendungen. Göppingen.

Häusermann, J./Käppeli, H. (1986): Rhetorik für Radio und Fernsehen. Aarau 1986.

Hermann, I./Heygster, A. L. (Hrsg.,1981): Fernsehkritik. Sprache im Fernsehen. Spontan? Konkret? Korrekt? Annäherungen an ein Thema. Mainz.

Hermanns, F (1989).: Deontische Tautologien. Ein linguistischer Beitrag zur Interpretation des Godesberger Programms (1959) der Sozialdemokratischen Partei Deutschlands. – In: J. Klein (Hrsg.), 69–149.

Hess-Lüttich, E. W. B. (1989): Dialogsorten: Mediengespräche. – In: E. Weigand/F. Hundsnurscher (Hrsg, 1989 b), 175 – 189.

Hoffmann, R. R. (1982): Politische Fernsehinterviews. Eine empirische Analyse sprachlichen Handelns. Tübingen (= Medien in Forschung Unterricht, A 9)

Holly, W. (1979): Imagearbeit in Gesprächen. Zur linguistischen Beschreibung des Beziehungsaspektes. Tübingen (= RGL 18).

Holly, W./Kühn, P./Püschel, U. (1986): Politische Fernsehdiskussionen. Zur medienspezifischen Inszenierung von Propaganda als Diskussion. Tübingen (= Medien in Forschung + Unterricht A/18).

Holly, W./Kühn, P./Püschel, U. (Hrsg., 1989): Redeshows – Fernsehdiskussionen in der Diskussion. Tübingen (= Medien in Forschung + Unterricht A/26).

Holly, W. (1989): Credibility and political language. – In: R. Wodak (Hrsg.),115 – 135.

Hundsnurscher, F./Weigand, E. (Hrsg.,1986): Dialoganalyse. Referate der 1. Arbeitstagung Münster 1986. Tübingen (= Linguistische Arbeiten 176).

Interbitzin, St. (1984): Die Geschichte der Telearena – Telebühne. Eine Auswertung im Auftrag der Abteilung Dramatik des Fernsehens DRS. Zürich 1984.

Jucker, A. H. (1986): News Interviews. A Pragmalinguistic Analysis. Amsterdam/Philadelphia (= Pragmatics & Beyond VII: 4).

Keil, E. (1991): Hörerbeteiligung am Radio. Vom sprachlosen Ich zum eloquenten Du. (in Vorbereitung).

Kienzle, B. (1988): Göttin, hat die einen Humor! Lachen und Scherzen im Kontext von Machtausübung. – In: H. Kotthoff (Hrsg.), Das Gelächter der Geschlechter. Humor und Macht in Gesprächen von Frauen und Männern. Frankfurt a. M., 154 – 194.

Klein, J. (Hrsg., 1989): Politische Semantik. Bedeutungsanalytische und sprachkritische Beiträge zur politischen Sprachverwendung. Opladen.

Klein, J. (1989): Wortschatz, Wortkampf, Wortfelder in der Politik. – In: Klein (Hrsg.), 3 – 50.

Koller, W. (1977): Redensarten. Linguistische Aspekte, Vorkommensanalysen, Sprachspiel. Tübingen.

Köpf, U. (1989): „Lassen Sie mich zunächst einmal sagen". Kommunikative Strategien von Politikern in Fernsehdiskussionen am Beispiel der Spitzenkandidatendiskussion „Drei Tage vor der Wahl" vom 2.10.1980. – In: W. Holly/ P. Kühn/ U. Püschel (Hrsg.), 48 – 63.

Krzeminski, M. (1986): Thematisierung im Hörfunk. Diss. Aachen.

Leitner, G. (1983): Gesprächsanalyse und Rundfunkkommunikation. Die Struktur englischer phone-ins. Hildesheim.

Linke, A. (1985): Gespräche im Fernsehen. Eine diskursanalytische Untersuchung. Bern (= Zürcher Germanistische Studien 1).

Löffler, H. (1984): Gewinner und Verlierer(-sprache) − Beobachtungen an kontrovers geführten (Fernseh-)Gesprächen. − In: I. Rosengren (Hrsg.), Sprache und Pragmatik, Stockholm, 293 − 313.

Löffler, H. (1989): Die Frage nach dem landesspezifischen Gesprächsstil − oder die Schweizer Art zu diskutieren. − In: E. Weigand/F. Hundsnurscher (Hrsg., 1989 b), 207 − 221.

Lüger, H.-H. (1983): Pressesprache. Tübingen (= Germanistische Arbeitshefte 28).

Lüger, H.-H. (1989): Ritualität in Gesprächen − untersucht am Beispiel literarischer Texte. Deutsche Sprache 1, 129 − 145.

Lüger, H.-H. (1990): Phraseologismen als Argumentationsersatz? Zur Funktion vorgeprägten Sprachgebrauchs im politischen Diskurs. − Erscheint in: U. Püschel/B. Sandig (Hg.), Argumentationsstile. Hildesheim.

Maletzke, G. (1988): Kulturverfall durch Fernsehen? Berlin 1988.

Muckenhaupt, M. (1981): Spielarten des Informierens. − In: Hermann, I./ Heygster, A. L. (Hrsg.), 211 − 245.

Muckenhaupt; M. (1986): Text und Bild. Tübingen (= TBL 271).

Mühlen, U. (1985): Talk als Show. Frankfurt a. M.

Müller, M. (1988): Schweizer Pressereportagen − Eine linguistische Textsortenanalyse. Aarau (= Reihe Sprachlandschaft Bd.7).

Narr, A. (1988): Verständlichkeit im Magazinjournalismus − Probleme einer rezipientengerechten Berichterstattung im Hörfunk. Frankfurt a. M. (= Sprache in der Gesellschaft 12)

Naumann, B. (1989): Ratgeben − am Beispiel der Sendereihe „Von Mensch zu Mensch" (BR 1 Sa 23.05 − 24.00 Uhr). − In: E. Weigand/F. Hundsnurscher (Hrsg., 1989 a), 407 − 418.

Neugebauer, E. (1986): Mitspielen beim Zuschauen. Analyse zeitgleicher Sportberichterstattung im Fernsehen. Dargestellt am Beispiel der LANDESSCHAU BADEN-WÜRTTEMBERG. Frankfurt a. M. (= Sprache in der Gesellschaft 9).

Neumann-Bechstein, W. (1988): Zeitnot − Veränderungen der Zeitstrukturen und Folgen für das Programmfernsehen. Rundfunk und Fernsehen 36/ 2, 174 − 188.

Nowotny, B. (1982): Rundfunk bürgernah. Regionalisierung, lokale Sender und Privatfunk in Großbritannien. Hameln.

Nowottnick, M. (1989): Jugend, Sprache und Medien. Untersuchungen von Rundfunksendungen für Jugendliche. Berlin.

Postman, N. (1985): Wir amüsieren uns zu Tode. Frankfurt a. M.

Ramseier, M. (1988): Mundart und Standardsprache im Radio der deutschen und rätoromanischen Schweiz. Aarau und Frankfurt a. M. 1988 (= Sprachlandschaft 6).

Rehbock, H. (1985): Herausfordernde Fragen. Zur Dialogrhetorik von Entscheidungsfragen. – In: W. Sucharowski (Hrsg.), 177 – 227.

v. La Roche, W./Buchholz, A. (Hrsg., 1980): Radio-Journalismus. München.

Rütten, D. (1989): Strukturelle Merkmale politischer Rundengespräche im Fernsehen. Dargestellt am Beispiel der „Elefantenrunde". – In: J. Klein (Hrsg.), 187 – 230.

Sager, S. F. (1985): Ein gesprächsanalytisches Schichtmodell – dargestellt am Beispiel der ‚Bonner Runde'. In: Sucharowski (Hrsg.), 228 – 264.

Saxer, U. (1989): Lokalradios in der Schweiz. Schlußbericht über die Ergebnisse der nationalen Begleitforschung zu den lokalen Rundfunkversuchen 1983 – 1988. Zürich 1989.

Scheflen, A. E. (1976): Körpersprache und soziale Ordnung. Kommunikation als Verhaltenskontrolle. Stuttgart (amerik. Original 1972).

Schult, G./ Buchholz, A. (Hrsg., 1982)): Fernseh-Journalismus. München.

Siegrist, H. (1986): Textsemantik des Spielfilms. Zum Ausdruckspotential der kinematographischen Formen und Techniken. Tübingen (= Medien in Forschung in Forschung + Unterricht A/19).

Straßner, E. (1982): Fernsehnachrichten. Eine Produktions-, Produkt- und Rezeptionsanalyse. Tübingen (= Medien in Forschung + Unterricht A/8).

Strauß, G. (1986): Der politische Wortschatz. Zur Kommunikations- und Textsortenspezifik. Tübingen (= Forschungsberichte IDS 60).

Strauß, G./Zifonun, G (1986).: Formen der Ideologiegebundenheit. Versuch einer Typologie der gesellschaftspolitischen Lexik. – In: Strauß, 67 – 147.

Strauß, G./Haß, U./Harras, G (1989).: Brisante Wörter von Agitation bis Zeitgeist. Ein Lexikon zum öffentlichen Sprachgebrauch. Berlin (= Schriften des Instituts für deutsche Sprache 2)

Sucharowski, W. (Hrsg., 1985): Gesprächsforschung im Vergleich. Analysen zur Bonner Runde nach der Hessenwahl 1982. Tübingen (= Linguistische Arbeiten 158).

Thomas, J. (1988): Denn sie leben ja voneinander. Analyse von Sport-Interviews im Zweiten Deutschen Fernsehen und im Fernsehen der DDR. Frankfurt a. M. (= Sprache in der Gesellschaft 11).

Thorn, B. M. (1981): Hörfunkmagazine. Zum Einfluß publizistischer Produktionsbedingungen auf das Sprachverhalten von Hörfunk-Journalisten. Diss. Tübingen.

Troesser, M. (1986): Moderieren im Hörfunk. Handlungsanalytische Untersuchung zur Moderation von Hörfunksendungen des Westdeutschen Rundfunks mit Publikumsbeteiligung. Tübingen.

Watzlawick, P./ Beavin, J. H./ Jackson, D. D. (1969): Menschliche Kommunikation. Formen, Störungen, Paradoxien. Bern (engl. Original 1967).

Watzlawick, P. (1976): Wie wirklich ist die Wirklichkeit? Wahn — Täuschung — Verstehen. München.

Weigand, E./Hundsnurscher, F. (Hrsg.,1989 a und b): Dialoganalyse II. Referate der 2. Arbeitstagung Bochum 1988. Bd. 1 (1989 a), Bd. 2 (1989 b), Tübingen1989 (= Linguistische Arbeiten 229 und 230).

Wodak, R. (Hrsg., 1989): Language, Power and Ideology — Studies in political discourse. Amsterdam/ Philadelphia.

Woetzel, H. (1988): Uneigentliche Bedeutung und Wörterbuch oder die Markierung Ü/ als Stein des Anstoßes für die Lexikographie. — In: H. E. Wiegand (Hrsg.), Studien zur nhd. Lexikographie VI, 2. Teilband, Hildesheim, 391 — 461.

Wörterbücher:

Duden GW = Duden Großes Wörterbuch der deutschen Sprache. 6 Bde. Mannheim 1976 — 81.

HWDG = Handwörterbuch der deutschen Gegenwartssprache in zwei Bänden. Berlin 1984.

Wörter und Wendungen. Wörterbuch zum deutschen Sprachgebrauch. Hrsg. von E. Agricola unter Mitw. von H. Görner/ R. Küfner, 10. Aufl. Leipzig 1981.

Sachregister

Walter de Gruyter
Berlin · New York

HARALD BURGER
Sprache der Massenmedien
Eine Einführung

2., durchgesehene und erweiterte Auflage
Oktav. 388 Seiten. 1990. Kartoniert DM 29,80
ISBN 3 11 012306 1
(Sammlung Göschen, Band 2225)

WERNER HOLLY
Politikersprache
Inszenierungen und Rollenkonflikte
im informellen Sprachhandeln
eines Bundestagsabgeordneten

Oktav. XI, 406 Seiten. 1990.
Ganzleinen DM 164,- ISBN 3 11 012307 X

Preisänderungen vorbehalten

**W
DE
G** **Walter de Gruyter
Berlin · New York**

HELMUT HENNE

Jugend und ihre Sprache

Darstellung - Materialien - Kritik

Oktav. XIV, 385 Seiten. 1986.
Kartoniert DM 38,- ISBN 3 11 010967 0

MARLIES NOWOTTNICK

Jugend, Sprache und Medien

**Untersuchungen von
Rundfunksendungen für Jugendliche**

Oktav. XII, 416 Seiten. 1989.
Kartoniert DM 76,- ISBN 3 11 012119 0

Preisänderungen vorbehalten

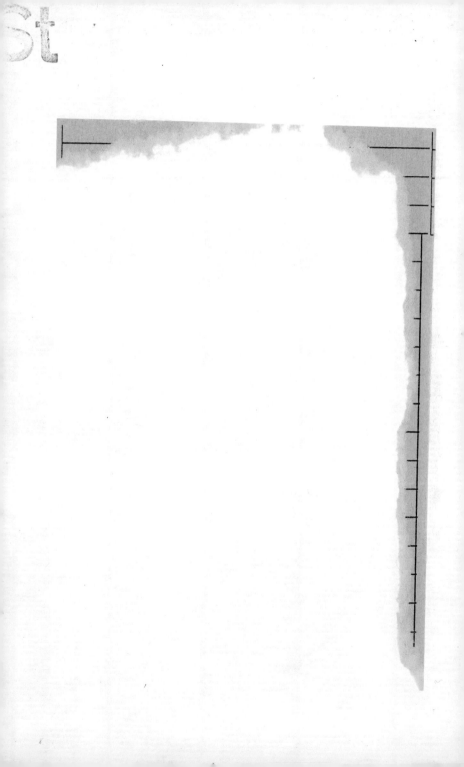